Thomas E. Hauck, Stefanie Hennecke, Stefan Körner (Hg.)
Aneignung urbaner Freiräume

Urban Studies

Thomas E. Hauck, Stefanie Hennecke, Stefan Körner (Hg.)

Aneignung urbaner Freiräume

Ein Diskurs über städtischen Raum

[transcript]

UNIKASSEL
VERSITÄT

Bibliografische Information der Deutschen Nationalbibliothek
Die Deutsche Nationalbibliothek verzeichnet diese Publikation in der Deutschen Nationalbibliografie; detaillierte bibliografische Daten sind im Internet über http://dnb.d-nb.de abrufbar.

Umschlaggestaltung: Kordula Röckenhaus, Bielefeld
Umschlagabbildung: Thomas E. Hauck, Berlin und Niagara, 2015
Korrektorat & Satz: Kirsten Klaczynski
Druck: Majuskel Medienproduktion GmbH, Wetzlar
Print-ISBN 978-3-8376-3686-4
PDF-ISBN 978-3-8394-3686-8

Gedruckt auf alterungsbeständigem Papier mit chlorfrei gebleichtem Zellstoff.
Besuchen Sie uns im Internet: *http://www.transcript-verlag.de*
Bitte fordern Sie unser Gesamtverzeichnis und andere Broschüren an unter: *info@transcript-verlag.de*

Inhalt

Aneignung als Kritik

Aneignung urbaner Freiräume – Einleitung

THOMAS E. HAUCK, STEFANIE HENNECKE UND STEFAN KÖRNER

Der Begriff der Aneignung wird nach seinem ersten Höhepunkt in der Planungstheorie der 1960er und 1970er Jahre neuerdings in Diskursen zu Theorie, Praxis und Politik der Stadtentwicklung wieder aufgegriffen. Angesichts der als unentrinnbar empfundenen Dynamiken spätmoderner Ökonomie und Politik geht es, begleitet von Schlagwörtern wie ‚Entschleunigung', ‚Do-It-Yourself' oder ‚Sharing', um die Verfügbarkeit und den selbstbestimmten Gebrauch von Raum und Lebenszeit im Alltag. Dieser Diskurs schließt auch das ‚Selber machen' von urbanen Freiräumen mit ein. Stadtentwicklung ‚von unten' soll die urbanen Freiräume von morgen bestimmen. Prototypisch dafür stehen Projekte und Initiativen, die Freiräume jenseits der kommunalen Grünplanung gestalten und betreiben – vom nachbarschaftlichen Gemeinschaftsgarten bis hin zur politischen und praktischen Aneignung des Tempelhofer Flugfeldes in Berlin durch sogenannte ‚Raumpioniere'. Geleitet und begleitet werden diese Aneignungspraktiken von verschiedenen gesellschaftlichen Theorien und einem grundlegenden Diskurs darüber, was unter Aneignung von urbanen Freiräumen zu verstehen und welcher gesellschaftliche Nutzen davon zu erwarten sei.

Ein ähnlicher Diskurs über urbane Freiräume wurde schon einmal geführt: als die Planungseuphorie der 1950/60er Jahre mit der ersten ‚Ölkrise' der 1970er Jahre zu Ende ging und damit der Blick frei wurde für ‚andere' Akteure der Produktion und des Gebrauchs von urbanen Freiräumen. Diese neue vom damaligen Zeitgeist getragene Perspektive, die sich in Schlagwörtern wie ‚Emanzipation', ‚Selbstverwirklichung' und ‚Sozialisierung' ausdrückte, musste in der Planung erst durchgesetzt werden. Den Benutzern und Bewohnern der Stadt sollten nun ihre Freiräume nicht mehr ‚von oben' in Form gartenkünstlerischer Werke oder als heilsame Medizin gegen die Zumutungen der Stadt verschrieben werden, sondern von ihnen selbstbestimmt in Gebrauch genommen oder gestaltet werden.[1] Prägende Theorien und Beiträge zu diesem Diskurs über Aneignung steuerten in Deutschland zum Beispiel die sogenannte Kasseler Schule oder die emanzipatorische Freiraumplanung Hannoveraner Prägung bei.

Was aber bei der aktuellen ‚Wiederkehr der Aneignung' auffällt, ist vor allem, dass in der Diskussion darüber nur wenige und wenn dann unsystematische Verbindungen zu den Theorien der Vergangenheit hergestellt werden. Es ist das Ziel dieses Buches, gemeinsame theoretische Bezüge und argumentative Parallelen der damaligen und heutigen Diskussion um Aneignung urbaner Freiräume aufzuzeigen. Der Band veröffentlicht die Ergebnisse des Workshops „Theorien der Aneignung von urbanen Freiräumen", den die Herausgeber im März 2016 an der Universität Kassel ausgerichtet haben. Wir widmeten uns auf dieser Veranstaltung der vergleichenden Betrachtung der damaligen und aktuellen Theorien über die Aneignung von urbanen Freiräumen in verschiedenen Fachdisziplinen in der Absicht, einen ersten systematischen Überblick in Angriff zu nehmen. Der Band versammelt Beiträge aus der kommunalen Planung, der Landschaftsarchitektur, den Kulturwissenschaften und der Sozialen Arbeit. Sie betrachten die Aneignung urbaner Freiräume aus unterschiedlichen Fachperspektiven und auf verschiedenen Maßstabsebenen und bieten so die Möglichkeit, einen breiten und interdisziplinären Blick auf die Verwendung des Begriffs Aneignung bezogen auf urbane Freiräume zu gewinnen.

Drei ‚Lesarten' der Aneignung am Beispiel des Lucius-Burckhardt-Platzes der Universität Kassel

In der Mittagspause des Workshops besuchten Teilnehmerinnen und Teilnehmer den Lucius-Burckhardt-Platz auf dem Universitätscampus. Dieser Ort war in den Tagen zuvor zu einem ‚Kampf'-Platz geworden, an dessen Beispiel Fragen von räumlicher Aneignung, alltäglicher Freiraumnutzung und landschaftsarchitektonischer Planung heiß verhandelt wurden. Im Zuge der Campuserweiterung der Universität Kassel am Holländischen Platz war ein Landschaftsarchitekturbüro mit einer umfassenden Neugestaltung der Campusfreiräume an der Schnittstelle zwischen Baubestand und Neubauten beauftragt worden. Am Lucius-Burckhardt-

1 Der Sammelband „Grün in der Stadt" von 1981 versammelt beispielhaft viele der damals vertretenen ideologisch aufgeladenen und offizieller Stadt- und Grünplanung kritisch gegenüberstehenden Positionen, vgl. M. Andritzky/K. Spitzer: Grün in der Stadt.

Platz waren nun am Vortag des Workshops die Bäume und Hecken eines informellen und gut genutzten Biergartens vor einem bereits seit den 1990er Jahren etablierten studentischen Café von der ausführenden Baufirma gefällt worden.[2] Als Reaktion darauf wurden Weidensteckhölzer statt der gerodeten Pflanzen in die Erde gesteckt, Tische und Bänke aus Sperrholz gebaut und Transparente aufgehängt.

Abbildung 1: Lucius-Burckhardt Platz in Kassel im März 2016 (Foto: Thomas E. Hauck)

So war innerhalb kürzester Zeit ein neu möblierter Freiraum entstanden. Er sollte in den kommenden Monaten zum Austragungsort intensiver Auseinandersetzung um Planungsverfahren zwischen Top-down und Bottom-up werden. Die Protestierenden beschrieben den Platz *vor* der Abräumung als etablierten Ort der alltäglichen Aneignung durch die Anwohnerinnen und Anwohner der angrenzenden Stadtviertel ebenso wie durch die Universitätsangehörigen. Ihnen leuchtete es nicht ein, warum ein gut funktionierender Ort der Kommunikation mit dem Ziel

2 Vgl. ausführlich zur Geschichte des Lucius-Burckhardt-Platzes und der Diskussion um dessen Gestaltung F. Lorberg: Kein Lucius-Burckhardt-Platz; Sieben Texfresser*innen von der Initiative „Lucius-Burckhardt-Platz bleibt!“: Der Lucius-Burckhardt-Platz in Kassel. In den Artikeln wird auch dargelegt, dass die Benennung des Platzes nach Lucius Burckhardt im Jahr 2011 bereits ein erster Schritt des Protestes gegen Neuplanungen ohne Beteiligung der Nutzer war, um den namenlosen Platz benennbar und damit dessen Erhaltung verhandelbar zu machen.

beseitigt worden war, an genau dem gleichen Platz mit den Mitteln der Landschaftsarchitektur wiederum einen Ort der Kommunikation zu schaffen, nur, dass nun der Boden allen Nachhaltigkeitspostulaten zum Trotz fast völlig versiegelt werden sollte, und die Bierbänke ‚Sitzskulpturen' Platz machen mussten. Die Neuplanung sieht zwar auch Schatten spendende Bäume vor, doch die Bezugnahme der Landschaftsarchitekten auf das klassische ‚Piazza'-Motiv wirkt weit hergeholt. Inzwischen ist auch die temporäre Protest-Möblierung des Platzes verschwunden und die Landschaftsarchitektur nahezu fertig gestellt.

Die Debatte um den Lucius-Burckhardt-Platz soll Anlass sein, eine den Sammelband einführende Sortierung der unterschiedlichen Lesarten von Freiraumaneignung vorzunehmen. Rückblickend können wir am Lucius-Burckhardt-Platz drei verschiedene Auffassungen beschreiben. Wir halten eine Sortierung der argumentativen Ebenen für notwendig, da der Begriff der Aneignung in Fachdiskussionen keineswegs eindeutig verwendet wird. Es entsteht damit oft das Problem, dass dieser Begriff für verschiedene Planungshaltungen eingesetzt wird, ohne dass dies explizit gemacht wird. So kann jeder behaupten, über das Gleiche zu sprechen, ohne sich auf die Argumente des anderen wirklich einlassen zu müssen.

Lesart 1: Das ortsfremde Landschaftsarchitekturbüro lieferte einen gut gemeinten Entwurf für einen Platz vor einem neu gebauten Hörsaalzentrum, der die modernistische Architektursprache des Neubaus im Freiraum aufgreift und in Bodenbelag, Positionierung der Bäume und Bankdesign übersetzt. ‚Aneignung' ist hier im Sinne von ‚normaler Nutzung' *erwünscht*, wobei hauptsächlich die Universitätsangehörigen in den Blick genommen wurden: sie sollten über den Platz möglichst ungehindert den Haupteingang des Gebäudes erreichen und vor und nach den Veranstaltungen hier eine kurze Pause einlegen. Weitere Dimensionen des Nutzens der Gestaltung liegen in der robusten (und daher Pflegekosten sparenden) Ausführung und dem modern-repräsentativen Gesamteindruck, den Architektur und Landschaftsarchitektur als Medium für die Botschaft einer wachsenden Universität des 21. Jahrhunderts vermitteln.

Lesart 2: Den Aneignungsangeboten für die landschaftsarchitektonisch geplante Nutzung des Ortes im konkret räumlich und medial vermittelten Sinn steht eine ganz andere Auffassung von Aneignung gegenüber, die der zunächst namenlose Platz verkörperte. Bis zum März 2016 war er nicht das Ergebnis eines Entwurfs, sondern der schrittweisen Aneignung durch alltägliche Nutzung. Von seinen Rändern her wurde dieser Ort durch die sich allmählich einstellenden Nutzungen geformt, durch Cafébesucher, Passanten, die ihn auf ihren täglichen Wegen kreuzten, Boule-Spieler, denen die wassergebundene Decke zupasskam, sowie durch eine studentische Architekturprojektgruppe, die hier eine aus Holz gebaute Fahrradwerkstatt errichtete, welche bis heute selbstorganisiert betrieben wird. Die im Sinne des „kleinstmöglichen Eingriffes“ (Lucius Burckhardt) im Zuge eines studentischen Freiraumprojektes vorgenommene sparsame Zonierung des Platzes mit Bäumen und geschnittenen Hainbuchenhecken am Café ließ dies alles zu.[3] Der Platz war in seinem Aussehen unspektakulär und funktionierte. Man musste die Qualitäten des Ortes aber erst entdecken, er taugte nicht zur medialen Selbstdarstellung einer Universität, die sich im Wettbewerb um Exzellenz in der internationalen Konkurrenz um die besten Studierenden sieht und entsprechend weltläufig ‚urban‘ aussehen will.

Lesart 3: Zwischen der anlassbezogenen und schrittweisen Raumgestaltung ‚von unten‘ im Zuge alltäglicher Nutzung über einen langen Zeitraum hinweg und der ‚von oben‘ beauftragten Umsetzung eines Gesamtentwurfes durch eine Baufirma innerhalb kurzer Zeit steht die temporäre Besetzung des Freiraums im Rahmen des Protestes im März 2016 als eine dritte Form von Aneignung. Im Prinzip wurde hier, wie durch die Landschaftsarchitektur, ein Freiraum in einem Zug neugestaltet. Aber durch die Gesamtästhetik wurde klargestellt, dass es sich gerade *nicht* um eine professionelle dauerhafte Gestaltung handelte, sondern um eine gebaute Protestnote. Der Platz, der gegen den Willen der Nutzerinnen und Nutzer zur Baustelle geworden war, wurde demonstrativ besetzt. Die Aneignung wurde wie eine als notwendig erachtete Kampfhandlung gegen die als illegitim empfundene, offizielle Aneignung im Auftrag der Universität und des Landes vollzogen. Mit der Landschaftsarchitektur gemein hat diese Form des kämpferischen Protestes das Ziel der Produktion eines medial eingängig zu vermittelnden Bildes, das aber nicht für ‚Urbanität‘ steht, sondern die ‚gute Nutzbarkeit im Alltag‘ und ‚Autonomie‘ gegenüber den Institutionen der Universität versinnbildlichen soll.

Aneignung zwischen Planung, Alltagsgebrauch und Protest

Die drei Lesarten von Aneignung umreißen den argumentativen Bogen dieses Buches, der mit unterschiedlichen teilweise aber auch deckungsgleichen theoretischen Referenzen aus der Psychologie, der Sozialpädagogik, der Raumsoziologie und der Stadttheorie in den einzelnen Beiträgen diskutiert wird. Ein Versuch der Typisierung der Aneignung als Form der Raumgestaltung kann dabei gerade nicht

---

3 Vgl. dazu Sieben Texfresser*innen von der Initiative „Lucius-Burckhardt-Platz bleibt!“: Der Lucius-Burckhardt-Platz in Kassel. Zur Idee des „kleinstmöglichen Eingriffs“ siehe L. Burckhardt: Der kleinstmögliche Eingriff.

darauf verweisen, dass jeweils prinzipiell *unterschiedliche* Dinge getan werden – alle am Lucius-Burckhardt-Platz beschriebenen Handlungen bestanden ja letztlich in einer Nutzung und Veränderung des Raumes. Es kann vielmehr nur darum gehen, die bewussten oder unbewussten Zielsetzungen und Interessen der jeweiligen Akteure, die über Aneignung sprechen und diese ausführen, zu rekonstruieren und zu kategorisieren. Auf beide Betrachtungsebenen müsste in jeder der folgenden Fallstudien der Blick gerichtet werden: Welche Interessen werden durch die tatsächliche Aneignung jeweils verfolgt? Und wie wird diese Aneignung von den die Aktion beschreibenden und analysierenden Personen jeweils eingeordnet? Die dreizehn Beiträge des Buches reflektieren dabei unterschiedliche Akteursgruppen und deren Leitbilder wie etwa diejenigen von Verwaltungshandeln, von Planerinnen und Planern, von Initiativen oder auch Einzelpersonen, die einer bestimmten sozialen Gruppe zugeordnet werden. Entscheidend für eine Einordnung der Lesart von Aneignung ist dabei jeweils, ob die eigene Rolle als aneignende Instanz mitreflektiert wird oder nicht und mit welcher normativen Setzung Aneignung zum Ziel von Planung erklärt wird. Zu präzisieren bleibt zunächst, dass es genau genommen nicht verschiedene ‚Typen von Aneignung' sondern nur verschiedene *Auffassungen* davon, was Aneignung jeweils ist oder sein soll, gibt.

Die erste der oben angesprochenen Lesarten erkennt Aneignung schlicht als Wahrnehmung von Nutzungsangeboten im Rahmen planerischer Vorgaben. In den Beiträgen der Sektion „Planung von Aneignung" werden Strategien beschrieben und kritisch diskutiert, mit denen Aneignung im Freiraum induziert und moderiert werden soll. Es wird deutlich, dass diese Lesart von Aneignung vorrangig die Perspektive der Planung repräsentiert, die *über* Aneignung durch andere nachdenkt, oft ohne die eigene Rolle als aneignender, da den Raum überplanender Akteur zu reflektieren.

Die zweite Lesart sehen wir in der Beschreibung von Aneignung als Taktik der tätigen Anpassung der Umwelt an die eigenen Bedürfnisse und im individuellen und gesellschaftlichen Lernprozess im Zuge der Aushandlung mit anderen Nutzerinnen und Nutzern. Diese Lesart repräsentiert den Blick der aneignenden Personen selbst. In der Sektion „Aneignung im Gebrauch" werden Studien und wissenschaftliche Ansätze vorgestellt, die alltägliche Aneignung und deren Beweggründe beschreiben und nachvollziehen und daraus im zweiten Schritt wiederum Rückschlüsse für eine ‚gelingende' Planung zu ziehen.

Die dritte mögliche Lesart von Aneignung sehen wir in der Beschreibung von Aktionen, die Aneignung als Protest gegen andere machtvolle Nutzungen oder Aneignungen darstellen. Diese Lesart repräsentiert den Blick derjenigen, die in der Nutzung von Raum die Ausübung von Macht und Herrschaft erkennen. Hier wird der Fokus auf den *Konflikt* gelenkt, der bei der Raumnutzung in urbaner Verdichtung zwangsläufig entsteht, unabhängig davon, ob Aneignung geplant oder ungeplant vollzogen wird. In der Sektion „Aneignung als Kritik" werden historische und zeitgenössische Beispiele vorgestellt, in denen Aneignung als kritische Stellungnahme zu Entwicklungen und Planungen im urbanen Kontext durchgeführt wurden.

Aneignung als Ausdruck täglicher Notwendigkeit und politischer Utopie

Viele der in diesem Band bearbeiteten Fallstudien drehen sich um das Aushandeln von Zuständigkeiten für städtischen Raum. Selten explizit gemacht, geht es um die Etablierung einer neuen Alltagskultur, die nicht ‚idealistisch' sein soll, sondern sich ‚materialistisch' auf die ‚objektiven' Gegebenheiten in der Gesellschaft gründen soll. Dabei stellen sich immer zwei Fragen: Wem werden auf Basis welcher Interessen Zuständigkeiten zugestanden und wer ist auf der anderen Seite auch bereit diese Zuständigkeiten zu übernehmen? Je nachdem, ob Aneignung nun als ‚notwendiger' Akt im Alltag (‚Reich der Notwendigkeit') oder als Realisierung von individueller Freiheit als Vorschein einer politisch-emanzipatorischen Utopie (‚Reich der Freiheit') angesehen wird, ergibt sich eine weitere Differenzierung der drei vorgestellten Lesarten des Begriffs:

Wenn Aneignung als tätige Auseinandersetzung mit der Umwelt im Alltag durch Alltagshandlungen beschrieben wird, hebt das Nutzungsroutinen hervor. Es geht um die Vereinfachung *notwendiger* Handlungen, die sich in Konventionen niederschlagen. Die Zonierung und Gestaltung der Freiräume ‚passieren', sie ergeben sich quasi ‚naturwüchsig', ohne dass es einer übergeordneten Steuerung bedürfte. So ist es über lange Jahre hinweg am Lucius-Burckhardt-Platz geschehen.

Planerinnen und Planer, die sich für diese Formen der Aneignung interessieren, etwa die der Kasseler Schule, beobachten die Nutzungen des Freiraums und versuchen daraus Schlüsse für eigene Gestaltungen zu ziehen. Man würde hier eher von Freiraum*organisation* sprechen, weil es nicht um die Originalität landschaftsarchitektonischen Entwerfens geht, sondern darum, ‚Bestehendes' und ‚Bewährtes' fortzuführen. Die Rolle der Planung wird eher als unterstützend und zurückhaltend begriffen. Obwohl sich die Menschen emanzipieren sollen und man sich deshalb gegen obrigkeitsstaatliche Bevormundung wehrt, ist diese Haltung eher wertkonservativ-bewahrend. Angesichts der alltäglichen Planungspraxis z.B.

in der Verkehrsplanung oder der Pflege von Grünflächen zeigt sich, dass die ‚verständnisvolle' Orientierung der Planung an bewährten Routinen, wie sie die Kasseler Schule propagierte, einen seltenen Sonderfall darstellt.

Viel öfter begegnet man hingegen einer ‚autoritären' Orientierung an Normen und sogenannten Sachzwängen, mit denen das Gewohnte und Bewährte zum ‚Gesetz' erhoben wird. Scheinbare Notwendigkeiten werden zu Zwängen. Wenn Nutzern z.B. durch die Eigentümer der aneignende Gebrauch von Freiräumen verwehrt wird, sie sozusagen ‚enteignet' werden, kann dies in einen alltäglichen Protest umschlagen, sei es durch Zerstörung oder das ‚Beschmieren' von Gegenständen, die diese ‚Enteignung' repräsentieren, oder durch das taktische Ignorieren von Nutzungsregeln und -angeboten. Dieses subversive, manchmal auch brüske Zurückweisen von geplanten Angeboten kann von der Planung verständnisvoll als Zeichen von Fehlplanung interpretiert und zu einer Anpassung der Planung führen oder aber als deviantes Verhalten – als Vandalismus –, stellt es doch eine Kränkung für ihr Bemühen dar, Freiräume so zu planen und zu gestalten, dass sie von der Allgemeinheit ‚optimal' genutzt werden können.

Diese an den Alltagsbezügen orientierte Auseinandersetzung mit Aneignung zeichnet sich dadurch aus, dass die Akteure der Aneignung als die eigentlichen Experten betrachtet werden, deren Handeln Planung nur nachvollziehen aber nicht vorherbestimmen kann. Das Dilemma, das bei dieser Betrachtung für die Planung entsteht, ist offensichtlich: Sie kann allenfalls als nachvollziehende Dienstleistung für etwas nicht Beeinflussbares begriffen werden.

Den alltäglichen Notwendigkeiten steht der Entwurf einer Utopie unentfremdeten Handelns als Betrachtungsrahmen gegenüber; beide Perspektiven können sich aber auch durchdringen. Ausgehend von einer emanzipatorischen Grundhaltung kann Aneignung als Strategie angesehen werden, mit Konventionen und Routinen zu brechen und das Bestehende in Frage zu stellen. Gefragt wird aus dieser Perspektive nicht, was *ist*, sondern was sein *soll*. Damit wird Planung im eigenen Selbstverständnis zur Vertreterin einer euphorisch gedeuteten gesellschaftlichen Utopie oder einer fortschrittlichen Politik. Diese muss, weil die Menschen in entfremdeten kapitalistischen Verhältnissen noch nicht emanzipiert sind, pädagogisch umgesetzt werden. Planung will dann zum ‚Besseren' erziehen, die gesamte Welt und nicht nur den kleinen Alltag verändern, aber gleichfalls Bedürfnisse befriedigen, nur eben die ‚richtigen' Bedürfnisse. Die Erziehung zur Emanzipation endet ebenfalls in einem Dilemma für die Planung: Während man sich bei der Betonung der Alltagsbezüge darauf berufen kann, dass die Dinge aus der Notwendigkeit heraus passieren, kann sich im utopischen Ansatz eine Kluft von gutgemeinten Angeboten und richtigem Bewusstsein und der Nichtwahrnehmung oder Ablehnung der Angebote durch die Nutzenden auftun. Das kann bei Planerinnen und Planern wiederum zu Enttäuschung führen.

Auch Aneignung als Protest verweist auf eine gesellschaftliche Utopie, selbst wenn sie sich wie im Falle des Lucius-Burckhardt-Platzes auf verschwundenes Bewährtes bezieht. Denn kritisiert wird vor allem die abstrakte landschaftsarchitektonische, kühle Gestaltung der neuen Freiräume. In den aktuelleren Varianten werden Freiraum-‚Heterotopien', wie Gemeinschaftsgärten oder Wagenplätze zu Gegenentwürfen zu bestehenden gesellschaftlichen Freiraum- oder auch Wohnverhältnissen. In vielen Fällen hält sich der utopische Gehalt neuerdings aber in Grenzen, es geht dabei gerade nicht darum zu zeigen, was normativ sein *soll*, sondern einfach darum, sich die Freiheit zu nehmen, das zu tun, was man *will*, sich experimentell auszuprobieren, um damit über das Alltägliche hinaus zu gehen. Einer wertkonservativen Weltsicht steht damit nicht allein eine progressive Utopie notwendiger Gesellschaftsveränderung gegenüber, sondern auch – und das ist das neue der aktuellen Entwicklungen – eine individualistische und hedonistische Haltung, eine auch ästhetische Lust am Neuen und am improvisierten Experiment.

Die Schwerpunkte der Betrachtung in den Beiträgen werden im Folgenden den drei genannten Lesarten von Aneignung zugeordnet, unabhängig davon, ob sie als Ergebnis alltäglicher Notwendigkeit interpretiert oder in Hinblick auf utopische Freiheitsziele eingefordert werden. Das muss, wie oft bei Sammelbänden, ein provisorisches Unterfangen bleiben, da die möglichen Querverweise und gemeinsamen Bezugnahmen auf theoretische Grundlagen zu vielfältig sind, um hier eindeutige Gruppierungen festlegen zu können. Die folgenden Abschnitte bieten somit nur einen ersten sortierenden Einstieg für die autonome Lektüre des Bandes in selbst gewählter Reihenfolge.

Aneignung im Gebrauch

Die ersten vier Beiträge beschäftigen sich mit Aneignungslesarten, die den alltäglichen Gebrauch von urbanen Freiräumen in den Mittelpunkt stellen. Die Studien nehmen die Praktiken der Aneignung durch die Akteure in den Blick. Sie beschreiben Methoden, mit denen Aneignung gelesen, kartiert oder dokumentiert und im Anschluss interpretiert werden kann.

Frank Lorberg arbeitet in seinem Beitrag heraus, wie die ‚Gebrauchsfähigkeit' von urbanen Freiräumen durch deren ‚Lesbarkeit' bestimmt wird, bzw. dass überhaupt erst die verschiedenen ‚Spuren des Gebrauchs' anderer Nutzer, die sich z.B. in einer bestimmten Vegetation äußern, die Brauchbarkeit eines Freiraums vermitteln. Er weist darauf hin, dass ohne Nutzungsspuren und die Fähigkeit Freiräume zu lesen auch kein Konsens und keine Konventionen für die angemessene

Nutzung von Freiräumen entstehen könne. Freiraumplanung müsse zum einen (wieder) lernen, etablierte Aneignungen und Nutzungsroutinen anhand von Spuren zu lesen, zum anderen sich aber auch um eine entsprechende Lesbarkeit bei Neuplanungen bemühen.

Florian Bellin-Harder fasst in seinem Beitrag die Ideen der Kasseler Schule zur Aneignung von Freiraum am Beispiel der Diskussion um die Pflanzung und Pflege von Straßenbäumen zusammen. Es geht dabei um die Frage der Zuständigkeit für den öffentlichen Straßenraum. Bellin-Harder stellt dar, wie in Publikationen der 1980er Jahre der Universität Kassel Konflikte zwischen alltäglicher Nutzung und Nutzbarkeit und offizieller Grünplanung und Grünflächenpflege verhandelt wurden. Aneignung ist nach dieser Lesart der Akt der gesellschaftlichen Teilhabe über soziale Interaktion, indem man seine Zuständigkeit für Raum ausübt (oder auch nicht). Wenn einem diese Zuständigkeit nicht zugestanden wird, kann das zu ‚Enteignung' und ‚Bevormundung' führen, etwa über das Lichtregime von Straßenbäumen. Am Beispiel der 1982 auf der documenta von Joseph Beys initiierten ‚sozialen Plastik' der 7000 Eichen erläutert Bellin-Harder das Dilemma, in das Planung sich hineinmanövriert, wenn sie Aneignung im Rahmen offizieller Planung etablieren will.

Andrea Benze und *Anuschka Kutz* nehmen Bezug auf den Aneignungsbegriff, wie er in den letzten Jahren in der Sozialpädagogik vor allem mit Blick auf Kinder und Jugendliche weiterentwickelt wurde. In ihrem Beitrag wenden sie diese Diskussion aber auf die Lebensphase des Alterns an. Sie stellen ihre empirische Studie vor, in der sie Seniorinnen und Senioren in ihrem Alltag nach dem biografischen ‚Bruch' des Ausscheidens aus dem Berufsleben begleitet haben. Deren Strategien zur ‚Wiederaneignung' von Stadträumen haben Benze und Kutz zeichnerisch und textlich dokumentiert, um so einer wenig beachteten Akteursgruppe in der Aneignung von städtischem Raum im Planungsdiskurs Gehör zu verschaffen.

Dorothee Rummel stellt in ihrem Beitrag die Ergebnisse einer Studie zur Nutzung von urbanen ‚Resträumen' in der Stadt München vor. Sie kategorisiert die von ihr beobachteten Nutzungen auf innerstädtischen Brachen aber auch Verkehrsrestflächen oder Bahndämmen nach ‚Spielarten' von Aneignung. Um die Bedeutung dieser nicht geplanten aber viel genutzten Freiräume in der Stadt beurteilen zu können, fragt sie nach einer ‚Messbarkeit' der Intensität von Aneignung in diesen Resträumen. Auch in diesem Beitrag wird das Paradox deutlich herausgearbeitet, mit dem Planung konfrontiert wird, wenn sie informelle Aneignung in die Planung mit einbeziehen will. Der Freiraumwert des Restraums scheint nur so lange vorhanden zu sein, wie dieser außerhalb des Blickfeldes offizieller und professioneller Planung bleibt.

Planung von Aneignung

Die fünf Beiträge der Sektion zwei beschäftigen sich mit der Perspektive der Planung von Freiraum. Sie reflektieren die Rolle der Planung als aneignende Instanz sowie den blinden Fleck, den die Planung selber sich oft leistet, indem sie diese eigene Rolle nicht selbst reflektiert. Als Kritik daran wurde in den 1970er Jahren die Freiraumplanung als Planungsansatz mit dem Ziel entwickelt, diese Blindheit zu überwinden und die Gesellschaft mit ihren Ansprüchen ins Zentrum der Planung von Freiräumen zu rücken. Die Sektion beginnt mit einem historischen Überblick dieser ‚kritischen' Methode und zeigt daran anschließend konkrete Ansätze der Planungspraxis aus dieser Zeit und der kommunalen Planung heute. Außerdem werden Projekte und strategische Überlegungen vorgestellt, wie aus der Perspektive der Planung Aneignung induziert und moderiert werden kann.

Stefan Körner zeigt in seinem Beitrag, wie die Freiraumplanung in Deutschland in den 1970er Jahren in Abgrenzung zu der an den Methoden der Naturwissenschaften orientierten Landschaftsplanung und der künstlerisch ausgerichteten Landschaftsarchitektur entwickelt wurde. Sie folgte dabei einem Aufgabenverständnis, das die Gesellschaft und die Bedürfnisse der Menschen ins Zentrum stellte. Das führte zur methodischen Anlehnung an die Sozialwissenschaften (Hannoveraner Schule) oder zur Ausrichtung am bewährten-alltäglichen Gebrauch von Freiräumen (Kasseler Schule).

Susann Ahn und *Felix Lüdicke* stellen in ihrem Beitrag Konzepte zur professionellen Initiierung, Aktivierung und Begleitung von ‚Aneignung' an Beispielen aus den 1970er Jahren in München vor. Die Spielstraße im Münchner Olympiapark und das Spielkonzept für das Olympische Dorf verfolgten Ansätze einer ‚Freiraumintendanz', wie sie Günther Gzrimek dauerhaft für den Olympiapark konzipiert hatte, um (mit erzieherischem Auftrag zur Emanzipation) die kreative und selbsttätige Aneignung des Benutzerparks immer wieder aufs Neue anzuregen. Diese Ansätze wollen die Autoren angesichts aktuell formulierter Forderungen nach mehr Teilhabe und Aneignung wieder stärker in den Fokus der Fachdiskussion rücken.

Udo W. Häberlin und *Jürgen Furchtlehner* zeigen in ihrem Beitrag, wie die Stadt Wien mit verschiedenen Planungsinstrumenten und -strategien Aneignungsinteressen, die um öffentliche Freiräume konkurrieren, moderiert und steuert. Beispielhaft wird etwa die Aneignung von Straßenraum durch ruhenden Verkehr den Nutzungsinteressen spielender Kinder gegenübergestellt. Ein besonderes Augenmerk wird dabei auf Verfahren gelegt, die die „leisen Stimmen" von Nutzern und Nutzerinnen hörbar machen, um deren Interessen unterstützend berücksichtigen zu können.

Norika Rehfeld zeigt in ihrem Beitrag, wie der sozialpädagogische Begriff der Aneignung für die partizipatorische Planung von Freiräumen fruchtbar gemacht werden kann. Zunächst erläutert sie, dass der unter Bezug auf Leontjew entwickelte Aneignungsbegriff der Sozialpädagogik zu allgemein ist, um für die Planungspraxis urbaner Freiräumen brauchbar zu sein: Jedes Verhalten im Raum wäre demnach Aneignung im Sinne einer Persönlichkeitsbildung. Sie macht in ihrem Beitrag daher methodische Vorschläge für eine Schärfung des Begriffes und für ein partizipatorisches Planungs- und Analyseinstrument, das Potenziale zur Raumaneignung aufzeigt und dadurch Handlungsspielräume und Möglichkeitsräume eröffnet.

Christof Göbel nimmt wie Rehfeld Bezug auf sozialpädagogische und raumsoziologische Modelle der Entstehung von sozialem Raum. Davon ausgehend beschreibt er das Projekt eines im öffentlichen Raum temporär installierten Radiosenders in Mexiko City. Das „Radio Aguilita" wurde als von einer Universität begleitetes Experiment mit dem Ziel etabliert, einen öffentlichen aber verwahrlosten und nicht genutzten Stadtplatz mit Leben zu füllen. Der Beitrag beschreibt zum einen den erfolgreichen Versuch, Aktivitäten im öffentlichen Raum gezielt zu induzieren, zum anderen setzt er sich aber kritisch mit der Frage auseinander, wie nachhaltig die temporäre Aktion wirken kann, um ‚echte' und langfristige Raumaneignung und Identifikation mit dem Raum zu erreichen.

Aneignung als Kritik

In der dritten Sektion werden Fallbeispiele vorgestellt, in denen Aneignungsaktionen von den Akteuren in dem Bewusstsein durchgeführt wurden, damit ein kritisches Statement gegen Entwicklungen oder Planungen des urbanen Umfeldes zu setzen. Aneignung wird als kritische Praxis der Stadtentwicklung von den Akteuren selbst beschrieben und durchgeführt. Erst indem sie sich Räume aneignen, bringen sie die Aneignung der Gegenseite ans Licht und machen diese zum Gegenstand der Diskussion. Die normativen Setzungen von ‚guter', ‚gelungener', ‚verdrängenderv oder ‚schlechter' Aneignung können erst durch diese Formen des Protestes verhandelt und in Frage gestellt werden.

Sonja Dümpelmann stellt das historische Beispiel einer afro-amerikanischen Bürgerinitiative im New York City der 1960er Jahre vor, die durch Pflanzung von Straßenbäumen auf die Vernachlässigung ihres Wohnumfeldes durch die Stadtverwaltung aufmerksam machen wollte und der es damit gelang, den Straßenraum auch als politisch aufgeladenen Sozialraum zu etablieren. Die Aneignung als Form der Kritik fand hier auf zwei Ebenen statt: zum einen wurde in den Straßenraum durch die neu gepflanzten Bäume gestaltend eingegriffen zum anderen eigneten sich die Aktivisten auch die Zuständigkeit für eine Aufgabe an, die von offizieller Seite vernachlässigt worden war. Der Beitrag vergleicht diese Initiative mit einigen anderen Baumpflanzaktivitäten in der US-amerikanischen Stadtentwicklungsgeschichte des 20. Jahrhunderts und arbeitet die Unterschiede zwischen Top-down und Bottom-up gesteuerten Programmen heraus. Mit interessanten Parallelen zum Beitrag von Bellin-Harder wird hier deutlich, welche Bedeutung das Wohnumfeld für die politische Aufladung von öffentlichem Raum haben kann.

Serjoscha P. Ostermeyer verwirft in seinem Beitrag die grundlegende Einordnung von aktuellen Aneignungsaktivitäten im öffentlichen Raum nach den Kategorien von ‚produktiv' und ‚destruktiv'. Stattdessen schlägt er eine komplexere Matrix vor, die zwischen ‚geplanter' und ‚ungeplanter' Aneignung sowohl aus der Perspektive der Raumproduzenten als auch der Raumnutzer unterscheidet. Anhand von Beispielen aus der Stadt Magdeburg verweist er auf die verschiedenen möglichen Betrachtungsweisen von Interventionen durch Aneignung je nachdem, ob man die Perspektive der Stadtverwaltung, der Planungsdisziplinen, der Anwohner oder der temporären Initiativen in den Blick nimmt. Unabhängig von den realen Veränderungen des Raumes verweist der Beitrag auf den sozialen Lerneffekt bei den Akteuren der Aneignung, der von Bedeutung ist, wenn Stadtentwicklung auch als Stadt*gesellschafts*entwicklung begriffen wird.

Tanja Mölders und *Pia Kühnemann* übertragen das von Henri Lefebvre konstatierte ‚Recht auf Stadt' in eine Forderung nach dem ‚Recht auf Garten'. Die Autorinnen stellen zunächst die Definition des Verhältnisses von ‚Natur' und ‚Gesellschaft' in den theoretischen Ansätzen der Sozialen Ökologie dar. In Verbindung mit Lefebvres Überlegungen zu drei Dimensionen von ‚Raum' legen sie damit die Basis für ihre empirische Fallstudie vor. Anhand eines Urban Gardening Projektes in Hannover, dem NordStadtGarten, untersuchen sie, inwiefern dieses Projekt als gezielte Kritik an herrschenden Raumverhältnissen interpretiert werden kann. Gestützt auf eigene Beobachtungen und Aussagen der Initiativgruppe machen sie deutlich, dass der Akt der Raumaneignung und die eigenwillige Nutzung und Gestaltung des Gartens Instrumente der Kritik gleichzeitig aber auch Anlässe für Experimente zu einer anderen Form von gemeinschaftlicher Raum- und Lebensgestaltung sind.

Thomas E. Hauck erinnert in seinem Beitrag an das intensiv diskutierte Phänomen und Konzept der ‚Zwischennutzung', das in den 2000er Jahren als Kritik an einer investorenhörigen Stadtentwicklung zu einem alternativen Stadtentwicklungsmodell in Berlin und darüber hinaus erhoben wurde. Dieses Modell einer nutzergetragenen Stadtentwicklung wurde in den Folgejahren angesichts wachsender Städte und den dadurch schwindenden ‚urbanen Spielräumen' an die jeweilige Situation angepasst. Er stellt die konzeptionellen Akteurs-Typen dieses

Wandels vor und diskutiert ihre Relevanz in Zeiten der „doppelten Innenentwicklung".

Die Herausgabe eines Sammelbandes ist ein aufwendiger Prozess, der viele Korrekturdurchgänge und Rückfragen erfordert. Wir danken allen Autorinnen und Autoren des Buches für ihre geduldige Mitarbeit bis zum Schluss. Ganz besonders bedanken wir uns bei Kirsten Klaczynski für ihre engagierte und sorgfältige Unterstützung bei der Redaktion und dem Setzen der Textbeiträge.

LITERATUR

Andritzky, Michael/Spitzer, Klaus (Hg.): Grün in der Stadt. Von oben, von selbst, für alle, von allen, Hamburg: Rowohlt Verlag 1981.

Burckhardt, Lucius: Der kleinstmögliche Eingriff, Berlin: Martin Schmitz Verlag 2013.

Lorberg, Frank: Kein Lucius-Burckhardt-Platz, in: Vakuum. Dynamo Windrad, Heft 3 (2016), S. 40-47.

Sieben Texfresser*innen von der Initiative „Lucius-Burckhardt-Platz bleibt!": Der Lucius-Burckhardt-Platz in Kassel. Eine Geschichte über den Kampf um Legitimität und Deutungshoheit bei der Neugestaltung des Campus der Universität Kassel, in: sub/urban. Zeitschrift für kritische Stadtforschung, Band 4, Heft 2/3 (2016), S. 249-264.

Aneignung im Gebrauch

Lesbarkeit und Aneignung von Freiräumen

FRANK LORBERG

EINFÜHRUNG

Eine Fensterscheibe, Sinnbild der Transparenz und ein funktionales Bauteil, das einen Blick nach draußen und den Lichteinfall ins Zimmer ermöglicht, wird sichtbar, wenn sie Spuren trägt. Angesichts der Möglichkeit, Spuren zu tragen, wird auch die Spurlosigkeit zur Spur, die Anlass gibt für Vermutungen und zum Nachdenken anregt. Freiräume sind von Spuren durchzogen und können selber zur Spur werden. So vermittelt die Gestalt und Erscheinung öffentlicher Freiräume spontan einen Eindruck über die soziale Seite des Ortes sowohl für Besucher als auch für die Bewohner.[1] Unabhängig davon, ob der Eindruck zutrifft, legt er bestimmte Erwartungshaltungen und Verhaltensweisen nahe. Vermittelt über interessierte Menschen können sich Nutzungsspuren in Entscheidungen niederschlagen etwa in Bezug auf Handlungen, Investitionen und administrative Maßnahmen.[2] Beispielsweise unterscheiden Freiraumnutzer spontan zwischen Blumenbeeten und Spielplätzen, wenn Interessen realisiert werden: Ein Fußballspiel im Blumenbeet wäre nicht nur hinsichtlich der Vegetation und des Substrates funktional unangebracht, es würde auch kaum sozial akzeptiert. Sofern auf die Funktion und Nutzbarkeit der Freiräume nicht mit einer Beschilderung hingewiesen wird, muss das vom Nutzer an den Freiräumen selber erkannt werden, damit ein sozial adäquater Gebrauch stattfinden kann.

1 Vgl. G. Hard: Gärtnergrün und Bodenrente.

2 Vgl. P. Berger/T. Luckmann: Die gesellschaftliche Konstruktion der Wirklichkeit.

Abbildung 1: Ein Trampelpfad als ergänzender Verbindungsweg im Straßennetz und als Nutzungsspur, aus der Ortsfremde auf sozial tolerierte Handlungsoptionen schließen können, und ein Trampelpfad, der eine Orientierung im Ungewissen ermöglicht

Jede Freiraumnutzung vollzieht eine zumindest temporäre Aneignung bestimmter sozial-räumlicher Bereiche bzw. sozial-dinglicher Aspekte eines Freiraums[3], wobei in der Lesbarkeit von Freiräumen eine entscheidende Voraussetzung für deren Aneignung liegt.[4] Die Interpretation von Nutzungsangeboten und weiteren Nutzungsmöglichkeiten in Freiräumen bezieht sich auf die materielle *Ausstattung*, bauliche *Struktur*, aktuelle *Nutzung* und sichtbare *Nutzungsspuren*. Die Nutzung und damit auch Lesbarkeit von Freiräumen umfasst verschiedene Ebenen, die sich in der Freiraumnutzung durchdringen, von methodischen Überlegungen her aber separat betrachtet werden können. Sie betreffen *Erwartungshaltungen* der Nutzer gegenüber Freiräumen, die *Zeichenstruktur* der Freiräume, *Handlungsfolgen* hinsichtlich der weiteren Nutzung von Freiräumen und die *Planung* von Freiräumen.[5]

Lesbarkeit

Wird von Lesbarkeit gesprochen, dann meistens mit Bezug auf Texte, Symbole oder allgemein Zeichen. Beispielsweise liest man in Büchern oder man folgt Fährten; es wird aber auch im Kaffeesatz oder in den Sternen gelesen.[6] Wann immer von Lesbarkeit die Rede ist, wird ein bedeutsamer Zusammenhang vorausgesetzt, der über Zeichen auslegbar ist, wobei es hinsichtlich der prinzipiellen Lesbarkeit keine Rolle spielt, welcher Realitätsstatus dem Sinngebilde zuerkannt wird.[7] Der Leser geht von der Prämisse aus, dass das Zeichen bedeutsam ist und ein sinnvoller Zusammenhang existiert, und stellt in der Lektüre immer wieder Hypothesen über den möglichen Sinn auf, die im weiteren Lesefortgang geprüft und modifiziert werden, bis sie in eine zufriedenstellende Bedeutung münden.[8] Insofern ist alles Lesen auch Interpretieren, wobei jede Interpretation auf Annahmen basiert,

---

3 Vgl. H. Böse: Die Aneignung von städtischen Freiräumen.

4 Vgl. L. Burckhardt: Die Flächen müssen wieder in Besitz genommen werden; Von kleinen Schritten und großen Wirkungen, Design ist unsichtbar.

5 Vgl. H. Böse: Die Aneignung von städtischen Freiräumen; L. Burckhardt: Wer plant die Planung; Design ist unsichtbar; C. Ginzburg: Spurensicherung; G. Hard: Städtische Rasen hermeneutisch betrachtet; Begegnung an einer Spur; Ruderalvegetation; K.H. Hülbusch Das wilde Grün der Städte; U. Eisel et al.: Gefühlte Theorien; S. Körner et al.: Stadtökologie und Freiraumnutzung.

6 Vgl. W. Benjamin Über das mimetische Vermögen, S. 213; C. Ginzburg: Spurensicherung.

7 U. Eco: Zeichen.

8 H.G. Gadamer: Wahrheit und Methode.

die wiederum interpretiert werden können, weshalb sie im Grunde nicht abschließbar ist.[9]

Die Rede von der „Lesbarkeit der Welt" ist von Blumenberg ideengeschichtlich rekonstruiert worden. Er zeigt, dass die Metapher vom Lesen in Büchern über die religiöse Idee des Buches der Natur auf die Lesbarkeit der (profanen) Welt übertragen wurde.[10] Damit kann die Metapher von der Lesbarkeit der Welt zum Paradigma des Spurenlesens werden[11], unter dem sich das Verständnis von Welt ändert und der Textbegriff zeichentheoretisch verallgemeinert werden kann. Die wirkmächtige Metapher des Buches (der Natur) suggeriert überdies eine Totalität des Sinns.[12] Mit der Sinnerwartung wird die lesbar gewordene Welt zugleich interpretationsbedürftig, weil sie den Sinn nicht unmittelbar ausspricht, sondern den (Spuren-)Leser mit stummen Zeichen konfrontiert.[13] Die Wissenschaft, die sich mit der Auslegung bedeutsamer Texte beschäftigt, ist die Hermeneutik.[14] Ursprünglich als historisch-kritische Methode für die Exegese religiöser Schriften entwickelt[15], wurde sie auf die gesamte Literatur erweitert und schließlich auf die Auslegung von Kultur und Geschichte angewandt.[16] Die Hermeneutik, insbesondere die philosophische Hermeneutik[17], geht davon aus, dass die Bedeutung eines Textes oder von anderen bedeutsamen Phänomenen nicht unmittelbar in diesen liege, sondern sich aus Bezügen zu Sinnzusammenhängen ergebe, weshalb sie Texte und Phänomene in bedeutsame Kontexte versetzt, um ihre Bedeutung zu erschließen.[18] Die strukturalistische Wende in der Semiotik hat die hermeneutische Perspektive dahingehend modifiziert, dass die Bedeutung von Texten und

---

9 C.S. Peirce: Schriften zum Pragmatismus und Pragmatizismus.

10 H. Blumenberg: Die Lesbarkeit der Welt.

11 C. Ginzburg: Spurensicherung.

12 J. Derrida: Grammatologie, S. 34 f.

13 Vgl. R. Barthes: Autor; M. Frank: Das Sagbare und das Unsagbare.

14 Vgl. H.G. Gadamer: Wahrheit und Methode; Angehrn: Interpretation und Dekonstruktion.

15 M. Frank: Hermeneutik und Kritik.

16 Vgl. W. Dilthey: Der Aufbau der geschichtlichen Welt in den Geisteswissenschaften; Bätschmann: Das Werk im Kontext; Panofsky: Sinn und Deutung in der bildenden Kunst; Konersmann: Historische Semantik.

17 Vgl. M. Heidegger: Sein und Zeit, S. 142 ff.

18 H.G. Gadamer: Wahrheit und Methode; E. Panofsky: Sinn und Deutung in der bildenden Kunst.

Zeichen nicht in transzendenten bzw. jenseits des Textes befindlichen Sinnzusammenhängen liege[19], wie die Metapher des Buches nahelegt, und hat insofern den Text bzw. die ‚Schrift' vom ‚Buch' befreit.[20] Vielmehr ergebe sich die Bedeutung erst aus der Kombination von Texten und Zeichen zu Kontexten.[21] Demgemäß rekonstruiert zum Beispiel die Diskursanalyse, wie zeitgebundene Kontexte bzw. Diskurse strukturiert sind und wie Argumentationsstrukturen bestimmte Bedeutungen generieren.[22] Die dekonstruktive Hermeneutik analysiert in einem selbstreferenziellen sprachlichen Prozess die Verschiebung von Zeichenkombinationen, um die Generierung von Metaphern aufzuzeigen, die Wahrheit konstituieren.[23] Damit ist die erweiterte Hermeneutik zu einer anspruchsvollen Zeichentheorie geworden, die auf alle Bereiche der Wirklichkeit bezogen werden kann.

Alltagshermeneutik

Die Lesbarkeit von Freiräumen, die aus einer räumlichen sowohl dinglichen als auch sozialen Situierung von Handlungsmöglichkeiten bestehen[24], basiert auf einer hermeneutischen Sichtweise, die die profane Umwelt als ein bedeutsames Gebilde betrachtet, das verstehbar ist.[25] Der im Horizont seiner Lebenswelt handelnde Mensch lotet diese nach Handlungsmöglichkeiten aus, indem er u.a. nach Spuren sucht, die auf mögliche lokale Sinnzusammenhänge und soziale Konventionen deuten. Unter dieser pragmatischen Perspektive erscheinen Freiräume als zeichenhafte Gebilde, die auf sinnvolle Handlungszusammenhänge bezogen und in Geschichten eingebunden sind.[26] Hard spricht daher in einem doppelten Sinne von einer Alltagshermeneutik, die erstens Menschen alltäglich praktizieren und die zweitens auf alltägliche Phänomene bezogen ist. In dieser Alltagshermeneutik werden physisch-materielle Gegenstände wie zum Beispiel die Ausstattung von Freiräumen „als interpretierbare Gegenstände, als verständliche und verstehbare

19 G. Deleuze: Woran erkennt man den Strukturalismus.

20 Vgl. J. Derrida: Grammatologie.

21 Vgl. E. Angehrn: Interpretation und Dekonstruktion.

22 Vgl. M. Foucault: Die Ordnung der Dinge; M. Frank: Das Sagbare und das Unsagbare.

23 E. Angehrn: Interpretation und Dekonstruktion.

24 L. Burckhardt: Von kleinen Schritten und großen Wirkungen; Zwischen Flickwerk und Gesamtkonzeption, Die Stadtgestalt und ihre Bedeutung für die Bewohner; Böse: Die Aneignung von städtischen Freiräumen.

25 G. Hard: Begegnung an einer Spur.

26 C. Ginzburg: Spurensicherung.

Artefakte betrachtet, die eben deshalb verstehbar sind, weil sie mittelbar oder unmittelbar auf Absichten bezogen“ seien.[27] Diese alltagspraktisch motivierte und sinnbezogene Betrachtung betrifft sowohl die absichtsvolle Planung und Anlage von Freiräumen als auch ihre reale Nutzung, die bestimmten Absichten und Konventionen folgt, sowie die in ihnen – bedachter- oder zufälligerweise – enthaltenen Handlungsmöglichkeiten, auf die hin Freiräume durch interessierte Nutzer ausgelegt werden. Demnach enthalten Freiräume neben der *Zeichenstruktur* mindestens drei bedeutsame Dimensionen: die der planvollen *Anlage*, die der realisierten *Nutzung* und die der realisierbaren *Nutzungsmöglichkeiten*. Im Unterschied zur kulturgeschichtlichen Hermeneutik, die weite semantische Horizonte ausloten sowie politische, ökonomische und technische Faktoren berücksichtigen muss, um nachvollziehbare Sinnzusammenhänge rekonstruieren zu können[28], liegen die alltäglichen Absichten und Handlungshorizonte der Nutzer lebensweltlich näher. Obgleich die Bedeutung einer Spur nicht der Gebrauch ist, könne man aus der Art und Weise wie Akteure eine Spur auffassen, d.h. praktisch gewendet sich verhalten, auf *eine* Bedeutung der Spur schließen.[29] Spurenleser erzählen zu den entdeckten Spuren – in der Freiraumplanung sind das insbesondere Nutzungsspuren – Geschichten, die erklären sollen, wie diese Spuren zustande gekommen sind. Diese Geschichten können mehr oder weniger plausibel sein; sie können auf etablierte Sinnerwartungen zurückgreifen, gewagte Hypothesen implizieren oder geradezu irrsinnig erscheinen. Sofern sie aber auf Kommunizierbarkeit ausgerichtet sind, müssen sie mit alternativen Auslegungen rechnen.[30] Wollen sich Nutzer adäquat verhalten und soziale Konflikte vermeiden, dann müssen sie neben ihrem Blick auch den Blick anderer auf denselben Freiraum berücksichtigen[31], der dann vielleicht nicht mehr derselbe Freiraum ist, sondern mehrere Identitäten aufweist.[32] Diese Erwägung betrifft sowohl die Interpretation von Nutzungsspuren durch Freiraumnutzer mit alltagspraktischen Absichten als auch die planerische Überlegung, wie nutzbare Freiräume angelegt werden können. Die spontane Interpretation von Spuren durch Nutzer zeigt, dass die Alltagshermeneutik praktika-

27 G. Hard: Begegnung an einer Spur, S. 24.

28 O. Bätschmann: Das Werk im Kontext.

29 G. Hard: Begegnung an einer Spur, S. 26.

30 C. Ginzburg: Spurensicherung.

31 G. Hard: Begegnung an einer Spur, S. 26.

32 Vgl. F. Lorberg: Eigenart und Lesbarkeit von Freiräumen.

bel ist, und dass das Erfahrungswissen der Akteure für die alltagspraktische Lesbarkeit ausreicht zum Beispiel um in der sichtbaren Vegetationsverteilung den Verlauf eines Trampelpfads zu erkennen.[33]

INDIZIENWISSENSCHAFT

Zweifache Sichtweise

In der Indizienwissenschaft werden Spuren als kausale Resultate *und* bedeutsame Zeichen aufgefasst.[34] Daraus ergibt sich für den Indizienwissenschaftler eine doppelte Sichtweise auf die Welt und eine Verschränkung von erklärenden und verstehenden Methoden.[35] Einem *erklärenden* Ansatz folgend führen die analytischen Naturwissenschaften das Besondere auf allgemeine Gesetze oder Regeln zurück. So kann die Vegetationsausstattung eines Freiraums unter einer biologischen Perspektive quantitativ beschrieben werden zum Beispiel über Stoff- und Energietransfers und über funktionale ökologische Zusammenhänge erklärt werden.[36] Der erklärende Ansatz ermöglicht, Objekte und Zustandsveränderungen wissenschaftlich zu untersuchen und zu beschreiben, grenzt aber Fragen nach dem Sinn und Wert zum Beispiel von Zustandsveränderungen aus. Zur Beurteilung aber, wie erklärende Wissenschaften zu ihren Untersuchungsgegenständen und Methoden kommen und worauf ihre Parameter beruhen, wäre eine sinnerschließende Wissenschaft notwendig.[37] Fragen nach Sinn und Bedeutung werden von *verstehenden* Kulturwissenschaften thematisiert, die das Besondere an den (bedeutsamen) Phänomenen rekonstruieren und ihren Sinn interpretieren.[38] Die grundverschiedenen Ansätze in den analytischen Naturwissenschaften und den hermeneutischen Kulturwissenschaften zeigen also, dass Elemente der physisch-materiellen Umwelt weder per se bedeutungslos noch per se bedeutsam sind; beides ist vielmehr eine Frage der wissenschaftlichen Perspektive und Methodik.[39]

---

33 G. Hard: Begegnung an einer Spur, S. 32.

34 Ebd., S. 25 f.

35 Vgl. W. Dilthey: Der Aufbau der geschichtlichen Welt in den Geisteswissenschaften.

36 Vgl. G. Hard: Von Spuren und Spurenlesern, S. 21 ff.

37 Vgl. M. Weber: Wissenschaft als Beruf; P.L. Berger/H. Kellner: Für eine neue Soziologie; Th.W. Adorno: Negative Dialektik.

38 Vgl. W. Dilthey: Der Aufbau der geschichtlichen Welt in den Geisteswissenschaften; E. Cassirer: Philosophie der symbolischen Formen; C. Geertz: Dichte Beschreibung.

39 G. Hard: Begegnung an einer Spur, S. 27.

Für Indizienwissenschaftler sind physisch-materielle Phänomene bedeutsame Spuren, zu deren Auslegung unter anderem auf die Abduktion zurückgegriffen wird. Die Abduktion ist ein Syllogismus, der von einem einzelnen Resultat (entdecktes Indiz) ausgeht und mittels einer allgemeinen Regel (erzählte Geschichte) auf den besonderen Fall (Genese des Indizes) schließt.[40] Die Abduktion setzt Spürsinn und Erfahrung voraus, weshalb das Spurenlesen aus der alltäglichen Erfahrung und Vertrautheit mit bestimmten Phänomenen und Handlungsweisen schöpft, die in der Indizienwissenschaft in Kundigkeit mündet.[41] Mit dem hohen Anteil, den die Erfahrung an den Indizienwissenschaften einnimmt, sind sie weniger standardisiert als Naturwissenschaften und ihre Erkenntnisse erlangen dadurch einen anderen Grad an Plausibilität. Daher kommen Indizienwissenschaften zu Ergebnissen, „die einen Rest von Unsicherheit nie ganz vermeiden können"[42].

Reflexive Perspektiven

Hard gibt drei grundlegende Regeln für ein selbstkritisches und reflektiertes Spurenlesen an: „Der besonnene Spurenleser muß sich immer vor Augen halten, (1.) daß alle Spuren unsichtbar sind; (2.) daß jede Spur die Spur eines Spurenlesers ist und (3.) daß der Spurenleser reflexiv werden muß."[43] Unsichtbar seien Spuren (1), weil ihre mögliche Bedeutung nicht auf derselben Ebene erkannt werden kann wie das wahrnehmbare Zeichen, aus dem auf den Sinn geschlossen wird. Eine vegetationslose Linie in einer Rasenfläche wird erst dann zu einem Trampelpfad, wenn man sie als Spur einer Handlung auffasst, ohne die Handlung zu sehen. Diese indizienhaft erschlossenen Handlungen werden konkretisiert zum Beispiel als Gehen oder alltagspraktischer Wegebezug zwischen Orten. Wenngleich alles zur Spur werden könnte (2), falle doch nur Bestimmtes auf, das zur Spur wird, und die entdeckte Spur muss nicht auch von anderen als Spur identifiziert werden. Spuren werden also nicht nur *ge*funden, wenn Phänomene innerhalb von Geschichten als Spuren auffallen, sondern auch *er*funden angesichts des konstruktiven Charakters der Geschichte. Sowohl die thematisierten Spuren als auch die Geschichten „sind immer kontingent (auch-anders-möglich)"[44]. Beispielsweise

40 Vgl. U. Eco: Zeichen, S. 132; G. Hard: Von Spuren und Spurenleser, S. 76 f.; F. Lorberg: Randbemerkungen, S. 40.

41 C. Ginzburg: Spurensicherung, S. 116 f.

42 Ebd., S. 93.

43 G. Hard: Begegnung an einer Spur, S. 49, zu Folgendem ebd., S. 50 f.

44 Ebd., S. 51.

könnte ein vegetationsfreier Streifen in einem Scherrasen ein Trampelpfad oder auch Folge einer Baumaßnahme oder Ausdruck einer Besonderheit des Substrats oder alles zusammen sein. Bei widersprechenden spontanen Deutungen werden ergänzende Spuren herangezogen, um eine plausible Entscheidung zwischen den Alternativen zu fällen – usw. Der Spurenleser (3), der zunächst ein Beobachter von Spuren ist, kann die Perspektive wechseln und sich auch im Spurenlesen selber beobachten – was für einen professionellen Indizienwissenschaftler selbstverständlich sein sollte. In der Sprache der Systemtheorie formuliert, ist ein Spurenleser, wenn er Spuren entdeckt, ein Beobachter ersten Grades und, wenn er sich beim Spurenlesen beobachtet, ein Beobachter zweiten Grades.[45] Freiraumnutzer können in ihrem alltäglichen Spurenlesen Beobachter ersten Grades bleiben, was für die Alltagspraxis im Allgemeinen ausreicht und sogar vorteilhaft sein kann, um zum Beispiel rasch eine Entscheidung zu treffen.

Die Selbstkontrolle im professionellen Spurenlesen sei im wissenschaftlichen Sinne umso wichtiger, als Spuren „nur relativ zu bestimmten Sprach- und Interpretationsgemeinschaften, zu bestimmten Bedeutungs- und Relevanzsystemen Existenz gewinnen und weiterexistieren […]; die aber gibt es nur im *Plural*"[46]. Überdies seien die Interpretationsgemeinschaften weder interesselos noch wertneutral. Ist zum Beispiel ein Trampelpfad in einem Zierrasen für Freiraumnutzer eine Spur, die zeigt, dass der Rasen betretbar ist, wird er nicht selten von Gartenämtern als Spur von Vandalismus bewertet.[47] Für Indizienwissenschaftler, zumal wenn sie in planerischen Entscheidungsprozessen eingebunden sind, bedeutet diese Situation, die politischen Positionen und Implikationen, die mit der Interpretation verbunden sind, und die Wertsetzungen und Nutzungskonflikte, die mit den Planungen verknüpft sind, darzulegen.

Fährte und Asche

Im Sinne der Indizienwissenschaft ist das Paradigma des Spurenlesens die Fährte, die dem Kontext der Jagd entstammend als materielle Folge einer Handlung vom Indizienwissenschaftler gelesen werden kann und Prognosen ermöglicht.[48] Dieses Paradigma der lesbaren Spur erfüllt auch eine Weltbildfunktion, indem die Welt als ein sinnvolles Ganzes unterstellt wird, dessen Sinn man durch ein geduldiges,

45 N. Luhmann: Soziale Systeme; Ökologische Kommunikation.

46 G. Hard: Begegnung an einer Spur, S. 27 (Herv. i.O.).

47 Ebd., S. 30; vgl. F. Lorberg: Die ewige Wiederkehr des Nutzungsschadens in der Grünplanung.

48 C. Ginzburg: Spurensicherung.

hermeneutisches Nachgehen der Spuren erschließen könne.[49] Die moderne Zeichentheorie kennt ein weiteres Paradigma für das Spurenlesen: die Asche, die als materielle Folge eines Geschehens übriggeblieben ist, das aus der spurlosen Spur nicht mehr rekonstruiert werden kann.[50] „Die Asche verweist nur noch auf sich selber; sie ist […] ein Bedeutungsträger, der seine Bedeutung unwiederbringlich verloren hat."[51] Die Asche ist sozusagen das, was vom Buch der Natur nach der dekonstruktiven Wende in der Semiologie übriggeblieben ist. Mit dem Paradigma der Asche wird die Möglichkeit des indizienwissenschaftlichen Spurenlesens (überhaupt) problematisch. Alles Spurenlesen ist demnach Konstruktion, ohne externe Kontrollinstanz, so dass die Interpretation des Indizienwissenschaftlers grundsätzlich unsicher und kritisierbar bleibt.[52]

EINE THEORIE DER SPUR

Phänomen und Zeichen

Da ein Phänomen erst durch den Spurenleser zu einer Spur wird, die aus der Verknüpfung eines Phänomens mit Bedeutung resultiert, gibt es keine Spur an sich. Spuren sind Zeichen, deren mögliche Bedeutung einen großen Interpretationsspielraum umfasst.[53] Ein Zeichen lässt sich nicht auf der Objektebene, auf der es naturwissenschaftlich hinsichtlich seines Materials, seiner Form und seiner Funktion beschrieben werden kann, anhand eines positiv aufzeigbaren Merkmals qualifizieren.[54] Das Kriterium, das ein Objekt als Zeichen qualifiziert, ist ein negativer Wert, der Unterschied zu anderen Zeichen.[55] Nach der älteren Zeichentheorie umfasst ein Zeichen drei Aspekte: 1. den Signifikanten, d.h. den wahrnehmbaren Zeichenträger, der hörbar, sichtbar, tastbar, empfindbar und nicht zuletzt vorstellbar ist, 2. das Signifikat, d.h. die Bedeutung des Zeichens, das in einen Sinnhorizont eingelassen ist, der gedacht oder vorgestellt werden kann, und 3. den Referenten,

49 G. Hard: Begegnung an einer Spur, S. 45, S. 50; Von Spuren und Spurenlesern.

50 Vgl. J. Derrida: Feuer und Asche.

51 G. Hard: Begegnung an einer Spur, S. 48.

52 Ebd., S. 47 f.; Ginzburg: Spurensicherung.

53 Vgl. U. Eco: Zeichen; C. Ginzburg: Spurensicherung; G. Hard: Begegnung an einer Spur.

54 Vgl. G. Deleuze: Woran erkennt man den Strukturalismus, S. 13 f.

55 Vgl. F. de Saussure: Grundfragen der allgemeinen Sprachwissenschaft.

d.h. den (sprach-)äußerlichen Gegenstand, auf den sich ein Zeichen bezieht. Dagegen reflektiert die (post-)strukturalistische Zeichentheorie darauf, dass innerhalb des Erkenntnisprozesses sowohl der Referent vorgestellt wird, also als Zeichen erscheint, als auch das Signifikat symbolisiert wird, also ebenfalls als Zeichen fungiert. Demnach sind Referent und Signifikat auf den Signifikanten bezogen und erhalten von ihm her ihre Bedeutung und ihren Status.[56] Identifizierbare Zeichen werden durch bestimmbare Unterschiede zu anderen Zeichen charakterisiert, wobei die Unterschiedenheit durch eine grundlegende Differenzierung konstituiert wird.[57] Die Bedeutung von Zeichen entsteht aus der Negativität des Unterschieds zwischen Signifikanten und der Anordnung der Differenzen.[58] Daher kann die Bedeutung von Zeichen durch kleine Veränderungen in deren Anordnung deutlich verändert werden. Die folgenden Beispiele zeigen: 1. eine Zahlenfolge, deren Ziffern mit einem senkrechten Balken getrennt werden, 2. dieselbe Zeichenfolge, in der lediglich der Abstand zwischen den grafischen Elementen vergrößert wurde, die nunmehr Paare bilden, und 3. die Kombination der mittleren Zeichen mit zwei anderen Zeichen (Buchstaben).

121314 12 13 14 A 13 C

Abbildung 2: Drei Zeichenfolgen mit kleinen materiellen bzw. räumlichen Veränderungen und großen Unterschieden in der Bedeutung

Semiose und Pragmatik

Die Verschiedenheit der Zeichen betrifft insbesondere die Ebene der Signifikanten, d.h. den wahrnehmbaren bzw. vorstellbaren Zeichenträger. Da auch die Denkinhalte (z.B. Vorstellungen, Begriffe) aus Zeichen bestehen, kann der Horizont der Zeichen nur handelnd überschritten werden, wobei man diese Transzendierung wiederum nur zeichenhaft wahrnehmen kann.[59] Im Erkenntnisprozess verweisen Zeichen also immer auf weitere Zeichen, ohne dass die Erkenntnis an eine

56 Vgl. U. Eco: Zeichen; G. Deleuze: Woran erkennt man den Strukturalismus.

57 F. de Saussure: Grundfragen der allgemeinen Sprachwissenschaft, S. 143.

58 Vgl. G. Deleuze: Woran erkennt man den Strukturalismus, S. 18.

59 C.S. Peirce: Schriften zum Pragmatismus und Pragmatizismus; vgl. F. Lorberg: Eine kleine Theorie der Unauffälligkeit, S. 197 ff.

Wirklichkeit jenseits der Zeichen heranreichen könnte. Denn die Bedeutungsfindung (Semiose), in der Interpretation von Zeichen erfüllt sich darin, auf andere Zeichen (Interpretanten) zu verweisen.[60]

> „Das Signifikat eines Zeichens läßt sich nur klären durch den Verweis auf einen Interpretanten, der wieder auf einen weiteren Interpretanten verweist, und so fort bis ins Unendliche, was einen Prozeß unbegrenzter Semiose in Gang setzt, in dessen Verlauf der Empfänger das ursprüngliche Zeichen so weit dekodifiziert, wie er das für die Zwecke der betreffenden Kommunikation und die Bezugnahmen, bei denen er es anwenden möchte, braucht."[61]

Bedeutungsverschiebungen entspringen aus gleitenden Übergängen zwischen unabhängigen bedeutsamen Serien, die gemeinsame Elemente teilen, die z.B. als Metapher oder Metonymie von einem Bedeutungszusammenhang in einen anderen versetzt werden[62] (wie der gemeinsame Signifikant zwischen den Bedeutungen 13 und B sowie der Kreuzfigur, die einen religiösen Bedeutungshorizont eröffnet).

Das leere Feld der Spur

Die Variation der Zeichen benötigt Spielräume und Leerstellen. Die differenzielle Praxis, die die Verschiedenheit der Signifikanten konstituiert und ihre wechselnden Anordnungen – das Spiel der Signifikanten – ermöglicht, kann selber nicht repräsentiert werden.[63] Denn die ‚Bedingung der Möglichkeit von Signifikanz überhaupt' kann nicht selbst ein Signifikant sein und muss dem Spiel der Signifikanz entzogen sein.[64] Derrida bezeichnet die (transzendentale) Differenzierung mit dem Neonym ‚différance', die zwischen allen identifizierbaren Unterschieden, weder Phänomen noch Bedeutung „ist" bzw. nicht ist.[65] Wie oben erwähnt, werden in der Zeichentheorie unbestimmte Zeichen als Spuren bezeichnet[66], demge-

---

60 U. Eco: Zeichen, S. 162 ff.

61 Ebd., S. 173.

62 Vgl. R. Barthes: Mythen des Alltags; G. Deleuze: Woran erkennt man den Strukturalismus, S. 41, S. 43 ff.

63 J. Derrida: Grammatologie. Derrida bezieht sich auf die ontisch-ontologische Differenz; vgl. M. Heidegger: Vom Wesen des Grundes, S. 134; Vom Wesen der Wahrheit.

64 Vgl. G. Deleuze: Woran erkennt man den Strukturalismus, S. 44 f., S. 51, S. 54.

65 Vgl. J. Derrida: La differànce.

66 Vgl. U. Eco: Zeichen; C. Ginzburg: Spurensicherung.

mäß umschreibt auch Derrida die sich jeder festen Bedeutung entziehende Differenzierung (différance) als ‚Spur' (trace), die er unter dem Paradigma der Asche (der spurlosen Spur) auffasst. „*Die Spur ist die différance*, in welcher das Erscheinen und die Bedeutung ihren Anfang nehmen."[67]

Abbildung 3: Eine Kippfigur, die zwischen Gesichtsprofil und Schale changiert, und ein Penrose-Dreieck, das als unmögliche Figur erscheint. Über ein gemeinsames Element zweier unabhängiger Serien können Bedeutungen verschoben werden, wobei auf der Ebene der Signifikanten aus der Überschneidung weitere Zeichen entspringen können

Die gegen sich selbst verschobene différance verhält sich wie ein leeres Feld, dessen paradoxe Eigenschaft darin bestehe, „nicht dort zu sein, wo man es sucht, aber dafür auch gefunden zu werden, wo es nicht ist"[68]. So ermöglicht das leere Feld die wechselnden Kombinationen von Signifikanten und damit sowohl die Generierung von Bedeutung als auch Bedeutungsverschiebungen. Aus dieser Möglichkeit, innerhalb von Sprachen aus Zeichen neuen und anderen Sinn zu generieren, entsteht ein Überschuss an Bedeutung, der die Realisierung eines letztgültigen Sinns grundsätzlich aufschiebt. Erweitert wird die Bedeutungsoffenheit noch dadurch, dass es zu den verschiedenen Sprachspielen kein übergeordnetes Zeichensystem, keine totale Sprache gibt, sondern eine Vielzahl an Sprachen und Zeichensystemen.[69] Das betreffe auch das ‚Subjekt' der Bedeutungsgenerierung, das

67 J. Derrida: La differànce, S. 114 (Herv. i.O.); vgl. ders.: Der Schacht und die Pyramide, S. 48.

68 G. Deleuze: Woran erkennt man den Strukturalismus, S. 44.

69 Ebd., S. 44 ff., S. 58, S. 18, S. 28 f.; vgl. L. Wittgenstein: Philosophische Untersuchungen.

weder ein (transzendentes) Signifikat noch ein (substanzieller) Signifikant, sondern eine differenzielle Struktur sei.[70]

Textur der Wirklichkeit

Gemäß der verallgemeinerten Zeichentheorie erweitert Derrida den Textbegriff über literarische Phänomene hinaus auf alle Phänomene, weil die Lektüre

> „[...] nicht über den Text hinaus- und auf etwas anderes als sie selbst zugehen, auf den Referenten (eine metaphysische, historische, psycho-biographische Realität) oder auf ein textäußeres Signifikat, dessen Gestalt außerhalb der Sprache, das heißt in dem Sinne, den wir dem Wort hier geben, außerhalb der Schrift im allgemeinen seinen Ort haben könnte oder hätte haben können. *Ein Text-Äußeres gibt es nicht.*"[71]

Wenn alles Text ist und Texte aus Signifikanten bestehen, dann wäre die Wirklichkeit ein Geflecht aus Zeichen, die ihre Bedeutung aus der Konstellation der Signifikanten erhält.[72] Dies betrifft dann auch Freiräume, die als eine Anordnung von Signifikanten aufgefasst werden müssen, deren Bedeutung wiederum einem interpretativen Prozess unterliegt, der Kontexte herstellt und damit die Anordnung der Signifikanten verschiebt. Als ein Gewebe aus Zeichen ist ein Freiraum textuell hinsichtlich seiner Ausstattung, Struktur, Nutzung und Spuren. Lesbarkeit, Interpretation und Nutzung von und in Freiräumen können demnach vor dem Hintergrund einer Sprachpragmatik aufgefasst werden.

SPRACHPRAGMATIK VON UND IN FREIRÄUMEN

Beobachter und Akteure

Wenn es keine Bedeutung jenseits der Spur gibt, dann basiert Sinn auf Spuren und bleibt Sinn grundsätzlich an die Existenz von Spuren gebunden und verschwindet mit diesen – wie die Bedeutung in der Asche. Die Konstitution von Bedeutung durch die Konstellation von Signifikanten ist grundlegend für alle Arten von Zei-

---

70 Ebd., S. 17, S. 26; J. Derrida: Die Struktur, das Zeichen und das Spiel im Diskurs der Wissenschaften vom Menschen.

71 J. Derrida: Grammatologie, S. 274 (Herv. i.O.).

72 Vgl. G. Deleuze: Woran erkennt man den Strukturalismus, S. 13 f., S. 17 f.

chen. Für Spuren gilt diese Einsicht insbesondere, weil die Identifizierung bestimmter Signifikanten neben anderen Signifikanten und damit die Bestimmung des Kontextes weder naturgegeben noch notwendig ist. Vielmehr ist die Entscheidung, welche Phänomene als Spuren aufgefasst werden und wie sie angeordnet werden, auf den Spurenleser bezogen.[73] Im Sinne der Dekonstruktion tritt der Spurenleser als ein vorübergehender Subjekt-Effekt innerhalb der allgemeinen Semiose hervor. Dementsprechend entspringt der Spurenleser einer bestimmten differenziellen Kombination von Zeichen (Signifikanten), ohne dass er als transzendentales Subjekt über diese Anordnung autonom verfügen könnte.[74] Der (Spuren)Leser bildet vielmehr eine Spur neben anderen Spuren. Im Feld wird ein Indizienwissenschaftler von anderen Anwesenden nicht selten gefragt, was er da mache, und als Beobachter selber beobachtet.[75] Freiraumnutzer, ob nun kontemplative Besucher, aktive Nutzer, Stadtgärtner oder Planer, sind insofern ein Bestandteil des (materiellen, sozialen, semantischen usw.) Gewebes, in dem sie sich bewegen. Praktisch heißt das, dass sich Akteure im Gebrauch, den sie vom Freiraum machen, als Signifikanten zwischen Signifikanten positionieren und damit die Konstellation der Zeichen verändern, also Bedeutungen modifizieren. Ein Trampelpfad zum Beispiel kann als bedeutsame Figur vor dem Hintergrund des Rasens identifiziert werden, die Informationen über die ‚Betretbarkeit' des Rasens und soziale Konventionen vermittelt. Nutzer haben den Rasen betreten, d.h. die Anordnung der Zeichen praktisch verändert. Umgekehrt kann auch der Rasen als thematische Figur aufgefasst werden vor dem Hintergrund des Substrats, das im Trampelpfad hervortritt, und damit Informationen über ‚Nutzungsschäden' am Rasen vermittelt.[76] So positioniert sich der Freiraumnutzer, der den Rasen vom Weg aus ehrfurchtsvoll betrachtet, auf andere Weise als der Nutzer, der den Rasen betritt, im zeichenhaften Gewebe des Freiraums. Nutzungskonflikte basieren demnach auf unterschiedlicher Sprach-Pragmatik, woraus Kommunikationsstörungen und Auseinandersetzungen um die Deutungshoheit resultieren.[77]

---

73 Vgl. G. Hard: Von Spuren und Spurenlesern.

74 Vgl. G. Deleuze: Woran erkennt man den Strukturalismus, S. 26, S. 54 f., S. 58 f.

75 G. Hard: Spuren und Spurenleser; vgl. N. Luhmann: Soziale Systeme.

76 G. Hard: Begegnung an einer Spur, S. 29 f. Zur Bezeichnung „Nutzungsschaden" siehe F. Lorberg: Ewige Wiederkehr des Nutzungsschadens in der Grünplanung.

77 Vgl. F. Lorberg: Kein Lucius-Burckhardt-Platz.

Bedeutung und Verständigung

Freiräume sind also interpretationsbedürftig. Wenngleich die Selektion der Spuren und deren Interpretation vom Spurenleser mit abhängen, sind diese Entscheidungen doch nicht beliebig. Sowohl Nutzungsspuren in Freiräumen als auch Diskurse über Freiraumnutzungen enthalten wiederkehrende Muster, Vorstellungen, Motive und Motivationen, die den semantischen Rahmen für aktuelle Interpretationsweisen und Handlungsspielräume zeigen.[78] Bedeutende semantische Horizonte in der Gestaltung und Freiraumnutzung sind neben individuellen Erinnerungen und lokalen Erzählungen vor allem kulturgeschichtlich verankerte Bilder wie zum Beispiel ‚Arkadien' und ‚locus amoenus'.[79] Zeichensysteme – auch öffentlicher Freiräume und ihre Aneignung – weisen in der jeweiligen Sprachpragmatik (kontingente) Strukturen auf, die eine Kommunikation zwischen den Teilnehmern an einer Sprachgemeinschaft ermöglichen.

> „Das *Ergebnis* der Interpretation kann erst dann von einer Gemeinschaft akzeptiert und den bestehenden Kodes – die dadurch bereichert und umstrukturiert werden – eingefügt werden, wenn ein gelungener *Interpretationsakt* durch seine Interpretanten *kommuniziert* und von der Allgemeinheit akzeptiert wird."[80]

Daher bleibt die Interpretation wie auch der schöpferische Sprachgebrauch auf mögliche Zeichenverschiebungen innerhalb bestehender Zeichensysteme angewiesen – wobei aus minimalen Verschiebungen revolutionäre Bedeutungsveränderungen resultieren können.[81] Das alltägliche Verhalten folgt aber vorwiegend einem eingespielten Zeichengebrauch. Freiraumplaner haben daher zumeist mit trivialen Freiraumsituationen zu tun. Wie diese sozialräumlichen Situationen im Alltag ausgelegt werden, kann man mittels Beobachtungen von realisierten Nutzungsweisen und an sedimentierten Nutzungsspuren indizienwissenschaftlich erschließen – nicht aber, was die Nutzung für die Individuen letztlich bedeutet.

Lesbarkeit in der Freiraumplanung

Der alltagshermeneutische Zugang zur Bedeutung von Freiräumen bietet sich also neben den potenziellen Nutzern auch Planern an, die nutzbare Freiräume gestalten

---

78 Vgl. M. Foucault: Die Ordnung der Dinge.

79 G. Hard: Städtische Rasen hermeneutisch betrachtet.

80 U. Eco: Zeichen, S. 189 (Herv. F. Lorberg).

81 Vgl. G. Deleuze: Woran erkennt man den Strukturalismus, S. 58 f.

wollen, weil er die Sichtweisen und Nutzungsinteressen der Leute, die an einem Ort leben und dessen Freiräume nutzen, nachvollziehbar macht. Eine reflektierte Form der Alltagshermeneutik bildet zugleich eine Verständigungsbasis zwischen Freiraumnutzer und Planer, die Freiraumnutzungen in Bezug auf Gebrauchsabsichten und die Wahrnehmung bzw. praktische Interpretation der Akteure im Freiraum aus Nutzungsspuren rekonstruieren wollen. Hinsichtlich der Alltagshermeneutik der Nutzer spricht Hard von einer Alltagssprache, die Nutzer und Planer teilen sollten, um sich über die Nutzung und damit auch Lesbarkeit von Freiräumen verständigen zu können.[82] Die Planer müssen das Zeichensystem und den Zeichengebrauch der Akteure, d.h. deren Sprachpragmatik[83], kennen, um ihre Planungen so anlegen zu können, dass sie von Nutzern (spontan und intuitiv) verstanden werden können. Zur Ermittlung entsprechender Zeichensysteme können Nutzungsspuren genutzt werden, die im Allgemeinen informativer sind als Befragungen. Dazu gebe, so Hard, die Vegetation einen ausgezeichneten Untersuchungsgegenstand für einen indizienwissenschaftlich arbeitenden Freiraumplaner ab. Einen weiteren Anknüpfungspunkt an die etablierte Sprachpragmatik der Akteure bzw. hinsichtlich der Lesbarkeit von Freiräumen sei das Lernen an brauchbaren Vorbildern.[84] Das sind Freiräume, die sich in der Vergangenheit unter wechselnden sozialen Bedingungen und Nutzungsansprüchen bewährt haben, was die Vermutung nahelegt, dass sie auch zukünftig brauchbar sein werden.

Wohlgemerkt reproduziert ein solcher Planungsansatz, wenn er unreflektiert angewandt wird und Unverstandenes kopiert, auch Planungsfehler und unterstützt möglicherweise restriktive Freiraumnutzungen, die selbstbestimmte Aneignungen erschweren oder sogar ausgrenzen. Sind Formen der permanenten Aneignung notwendigerweise mit zumindest partiellen Enteignungen verbunden, so resultieren aus temporären Formen der Aneignung öffentlicher Freiräume zumindest zeitweise Ausgrenzungen anderer Nutzungen – bei Verstetigung droht sogar ein Ausschluss anderer Akteure. Um sowohl den reduktionistischen Funktionalismus, der zum Beispiel festgelegten Bedürfnissen bestimmte bauliche Elemente zuweist, als auch eine funktionalistische Semantik, die Zeichen feste Bedeutungen zuordnet, zu vermeiden, ist die kritische Aufmerksamkeit des Planers für die prinzipielle Offenheit der Bedeutung und Nutzung von Freiräumen notwendig. Beispielsweise

82 G. Hard: Begegnung an einer Spur, S. 35, zum Folgenden ebd., S. 33 ff.

83 C.S. Peirce: Schriften zum Pragmatismus und Pragmatizismus.

84 G. Hard: Begegnung an einer Spur, S. 32 f.; vgl. H. Böse: Die Aneignung städtischer Freiräume; H. Böse-Vetter: Vorbilder statt Leitbilder; H. Böse-Vetter/K.-H. Hülbusch: Alte Hüte rosten nicht.

hat sich die Nutzung des Stadthallengartens in Kassel nach 2000 deutlich geändert, obwohl dessen bauliche und gärtnerische Ausstattung nicht verändert worden ist.

Abbildung 4: Nutzungen im Stadthallengarten in Kassel

Die Grünanlage umfasst eine Rasenfläche, die von Zierbeeten mit Wechselbepflanzung gesäumt wird. Wie die Beete so erscheint auch der Rasen als Bild, das kontemplativ betrachtet werden soll, und wurde dementsprechend bis Ende der 1990er Jahre allenfalls von Kleinkindern betreten, die von den Begleitpersonen wieder eingefangen wurden. Dies änderte sich zunächst durch kleine Gruppen, die den Rasen für Entspannungsübungen nutzten. Sie halten sich bis heute an den Rändern auf. Während der bundesweiten Connichi-Treffen, die seit 2003 in der benachbarten Stadthalle stattfinden, wird die Grünanlage als Kulisse für Fotoshootings und der gesamte Rasen als Aufenthaltsort genutzt. Seit den 2000er Jahren ließen sich Eltern, die ihren Kindern auf den Rasen folgten, gelegentlich auf dem Grün nieder und breiteten schließlich mitgebrachte Decken aus. Mit diesen kleinen praktischen Interventionen hat sich das Zeichengefüge der Grünanlage bis in die Artenstruktur des Rasens hinein verändert. Die repräsentative Grünanlage wurde anders gelesen. Im Laufe der Jahre ist der Rasen immer häufiger und selbstverständlicher betreten worden, auf dem mittlerweile neue Nutzungen wie Lagern, Grillen und ruhige Feldspiele Platz finden. Der Nutzungswandel hat zu keinen Konflikten zwischen verschiedenen Nutzergruppen geführt, was auf die Etablierung eines neuen sozial tragfähigen Sprachspiels deutet.

Autonomie im Zeichengebrauch

Eine Theorie der Freiraumplanung kommt also nicht umhin, auf ihre zentralen Begriffe wie Autonomie, Gebrauch, Aneignung und Lesbarkeit zu reflektieren und sie ideengeschichtlich zu rekonstruieren. Freiraumplanung, die eine Erweiterung von Handlungsmöglichkeiten und Eröffnung von Alternativen erstrebt, steht in der Tradition der Aufklärung und knüpft an der politischen Idee der Autonomie (im Gebrauch) und autonomer Nutzer an, die ihre Interessen selbstbestimmt realisieren können.[85] Befindet sich die Idee der Lesbarkeit im Sinne der klassischen Hermeneutik im Horizont des konservativen Weltbildes, so steht sie im Sinne der Dekonstruktion dem liberalen Weltbild nahe. Damit teilt sie das ideengeschichtliche ‚Schicksal' der Autonomie, die als ‚Eigengesetzlichkeit' (Selbstbestimmung, Selbstbegrenzung) sich im Spannungsfeld zwischen Freiheit und Bindung entwickelt hat[86] und in entsprechenden Antinomien verwickelt ist[87]. Deshalb ist die Erinnerung an das kritische Paradigma der Asche wichtig, das auf die prinzipielle Offenheit der Nutzung und Aneignung von Freiräumen verweist. Die semiotische Struktur von Freiräumen wird im Gebrauch, den die Nutzer in Freiräumen realisieren, praktisch verändert. Wie die Bedeutungsverschiebung in der Sprachpragmatik zeigt, ist der Zeichengebrauch ein kreativer Prozess, weshalb Planungen mit der Anordnung der Signifikanten in einem gewissen Rahmen der Verständlichkeit spielen können, um dem Interpretationsvermögen der Nutzer offene Gelegenheiten einzuräumen und Nutzungsspielräume zu erweitern[88] zum Beispiel durch den Einbezug dysfunktionaler Anteile in die Freiraumplanung[89]. Unter der Dysfunktionalität von Freiräumen wird deren nicht eindeutige Funktionszuweisung zum Beispiel auf Brachflächen und eine geringe Funktionsbindung von nutzbaren Elementen im Freiraum verstanden. Aus der geringen bzw. entfallenden Funktionsbindung von Elementen eines Freiraums resultieren dessen dysfunktionale Anteile, die Nutzungsspielräume eröffnen. Die dysfunktionalen Anteile fungieren

85 Vgl. F. Lorberg: Das Maß der Dinge, S. 156 ff.; Eigenart und Lesbarkeit von Freiräumen.

86 Vgl. I. Kant: Antwort auf die Frage: Was ist Aufklärung; Kritik der praktischen Vernunft, S. 144 ff.

87 Vgl. M. Horkheimer/Th.W. Adorno: Die Dialektik der Aufklärung; Z. Bauman: Moderne und Ambivalenz.

88 Vgl. F. Lorberg: Das Maß der Dinge; Eine kleine Theorie der Unauffälligkeit.

89 G. Heinemann/K. Pommerening: Struktur und Nutzung dysfunktionaler Freiräume. Vgl. den Beitrag von D. Rummel in diesem Band.

wie Leerstellen in einem Text, der aus diesen seine Interpretationsspielräume gewinnt. Diese funktional unterdeterminierten Freiräume bieten semiotische Leerräume für semantische Überdeterminationen, d.h. auf der praktischen Ebene betrachtet, für die Möglichkeit eigene Bedeutungen durch alternative Nutzungen einzuschreiben. Planung kann insofern Ansätze für die Interpretation zum Besseren, d.h. zum Brauchbaren, Lustvollen, Schönen geben, die einen semantischen Prozess der praktischen Aneignung ermöglichen.[90]

LITERATUR

Adorno, Theodor W.: Negative Dialektik, Frankfurt a.M.: Suhrkamp Verlag 1992.

Angehrn, Emil: Interpretation und Dekonstruktion, Weilerswist: Velbrück Verlag 2003.

Bätschmann, Oskar: Werk im Kontext, in: Einführung in die Kunstgeschichte, Berlin: Reimer Verlag 1988.

Barthes, Roland: Mythen des Alltags, Frankfurt a.M.: Suhrkamp Verlag 1988.

Barthes, Roland.: Der Tod des Autors, in: Ders., Das Rauschen der Sprache, Frankfurt a.M.: Suhrkamp Verlag 2006.

Bauman, Zygmunt: Moderne und Ambivalenz, Hamburg: Hamburger Edition 2005.

Benjamin, Walter.: Über das mimetische Vermögen, in: Ders., Gesammelte Schriften, Bd. II, T. 1, Frankfurt a.M.: Suhrkamp Verlag 1977.

Berger, Peter L./Kellner, Hansfried: Für eine neue Soziologie, Frankfurt a.M.: Fischer Verlag 1984.

Berger, Peter L./Luckmann, Thomas: Die gesellschaftliche Konstruktion der Wirklichkeit, Frankfurt a.M.: Suhrkamp Verlag 1991.

Blumenberg, Hans: Die Lesbarkeit der Welt, Frankfurt a.M.: Suhrkamp Verlag 1986.

Böse, Helmut: Die Aneignung von städtischen Freiräumen, Kassel: Fachbereich Stadt- und Landschaftsplanung 1981.

Böse-Vetter, Helmut: Vorbilder statt Leitbilder, in: Nachlese Freiraumplanung. Kassel: AG Freiraum und Vegetation 1989.

Böse-Vetter, Helmut/Hülbusch, Karl Heinrich: Alte Hüte rosten nicht, in: Nachlese Freiraumplanung, Kassel: AG Freiraum und Vegetation 1989.

90 L. Burckhardt: Von kleinen Schritten und großen Wirkungen, Der kleinstmögliche Eingriff.

Burckhardt, Lucius: Der kleinstmögliche Eingriff, Berlin: Martin Schmitz Verlag 2013.

Burckhardt, Lucius: Wer plant die Planung, Berlin: Martin Schmitz Verlag 2004.

Burckhardt, Lucius: Die Flächen müssen wieder in Besitz genommen werden, in: Ders., Wer plant die Planung, Berlin: Martin Schmitz Verlag 2004.

Burckhardt, Lucius: Die Stadtgestalt und ihre Bedeutung für die Bewohner, in: Ders., Design ist unsichtbar, Berlin: Martin Schmitz Verlag 2012.

Burckhardt, Lucius: Design ist unsichtbar, in: Ders., Design ist unsichtbar, Berlin: Martin Schmitz Verlag 2012.

Burckhardt, Lucius: Von kleinen Schritten und großen Wirkungen, in: Ders., Wer plant die Planung, Berlin: Martin Schmitz Verlag 2004.

Burckhardt, Lucius: Zwischen Flickwerk und Gesamtkonzeption, in: Ders., Wer plant die Planung, Berlin: Martin Schmitz Verlag 2004.

Cassirer, Ernst: Philosophie der symbolischen Formen, Darmstadt: Wissenschaftliche Buchgesellschaft 1994.

Deleuze, Gilles: Woran erkennt man den Strukturalismus?, Berlin: Merve Verlag 1992.

Derrida, Jacques: Feuer und Asche, Berlin: Brinkmann und Bose Verlag 1987.

Derrida, Jacque: Grammatologie, Frankfurt a.M.: Suhrkamp Verlag 1992.

Derrida, Jacque: Der Schacht und die Pyramide, in: Ders., Randgänge der Philosophie. Wien: Passagen Verlag 1988.

Derrida, Jacque: Die Struktur, das Zeichen und das Spiel im Diskurs der Wissenschaften vom Menschen, in: Ders., Die Schrift und die Differenz, Frankfurt a.M.: Suhrkamp Verlag 1994.

Derrida, Jacque: La differànce, in: Ders., Randgänge der Philosophie. Wien: Passagen Verlag 1988.

De Saussure, Ferdinand: Grundfragen der allgemeinen Sprachwissenschaft, Berlin: De Gruyter Verlag 1967.

Dilthey, Wilhelm: Der Aufbau der geschichtlichen Welt in den Geisteswissenschaften, Frankfurt a.M.: Suhrkamp Verlag 1970.

Eco, Umberto: Zeichen. Einführung in einen Begriff, Frankfurt a.M.: Suhrkamp Verlag 1977.

Eisel, Ulrich et al.: Gefühlte Theorien. Innerstädtische Brachflächen und ihr Erlebniswert, in: S. Hauser (Hg.), Natur, Umwelt, Zeichen. Zeitschrift für Semiotik, Bd. 18, H. 1 (1996), S. 67-81.

Foucault, Michel: Die Ordnung der Dinge, Frankfurt a.M.: Suhrkamp Verlag 1988.

Frank, Manfred: Das Sagbare und das Unsagbare, Frankfurt a.M.: Suhrkamp Verlag 1992.

Frank, Manfred: Hermeneutik und Kritik, Frankfurt a.M.: Suhrkamp Verlag 1995.

Gadamer, Hans-Georg: Wahrheit und Methode I, Tübingen: Mohr Verlag 1986.

Gadamer, Hans-Georg: Der hermeneutische Zirkel des Verstehens, in: Ders., Wahrheit und Methode II, Tübingen: Mohr Verlag 1993.

Geertz, Clifford.: Dichte Beschreibung, Frankfurt a.M.: Suhrkamp Verlag 2003.

Ginzburg, Carlo: Spurensicherung, in: Ders., Spurensicherungen, München: Deutscher Taschenbuch Verlag 1988.

Hard, Gerhard: Ruderalvegetation, Kassel: AG Freiraum und Vegetation 1998.

Hard, Gerhard: Spuren und Spurenlesern, Osnabrück: Rasch Verlag 1995.

Hard, Gerhard: Begegnung an einer Spur, in: Ders., Hard Ware, Kassel: AG Freiraum und Vegetation 1990.

Hard, Gerhard.: Gärtnergrün und Bodenrente, in: Landschaft und Stadt, H. 3 (1983), S. 97-104.

Hard, Gerhard: Städtische Rasen ‚hermeneutisch' betrachtet, in: Festschrift Elisabeth Lichtenberger. Klagenfurter Geographische Schriften, Bd. 6. Klagenfurt 1985. S. 29-52.

Heidegger, Martin: Sein und Zeit, Tübingen: Niemeyer Verlag 1984.

Heidegger, Martin: Vom Wesen der Wahrheit, in: Wegmarken. Frankfurt a.M.: Klostermann Verlag 1996.

Heidegger, Martin: Vom Wesen des Grundes, in: Wegmarken. Frankfurt a.M.: Klostermann Verlag 1996.

Heinemann, Georg/Pommerening, Karla.: Struktur und Nutzung dysfunktionaler Freiräume, Kassel: AG Freiraum und Vegetation 1989.

Horkheimer, Max/Adorno, Theodor W.: Dialektik der Aufklärung, Frankfurt a.M.: Fischer Verlag 1986.

Hülbusch, Karl-Heinrich: Das wilde Grün der Städte, in: Grün in der Stadt, Reinbek: Rowohlt Verlag 1981.

Kant. Immanuel: Kritik der praktischen Vernunft, Frankfurt a.M.: Suhrkamp Verlag 1987.

Kant, Immanuel: Beantwortung der Frage: Was ist Aufklärung, in: Ders., Schriften zur Anthropologie, Geschichtsphilosopie, Politik und Pädagogik, Frankfurt a.M.: Suhrkamp Verlag 1983.

Körner, Stefan et al.: Stadtökologie und Freiraumnutzung, in: Stadt und Grün, H. 9 (2002). S. 33-43.

Konersmann, Ralf: Historische Semantik, in: Historisches Wörterbuch der Philosophie, Basel: Schwabe Verlag 1995.

Lorberg, Frank: Metaphern und Metamorphosen der Landschaft, Kassel: AG Freiraum und Vegetation 2007.

Lorberg, Frank: Randbemerkungen. Diplomarbeit an der Universität Kassel. Unveröffentliches Manuskript, Kassel 1998.

Lorberg, Frank: Das Maß der Dinge, in: Das Maß der Dinge, Kassel: AG Freiraum und Vegetation 1997, S. 146-164.

Lorberg, Frank: Die ewige Wiederkehr des Nutzungsschadens in der Grünplanung, in: Stadt und Grün, H.1 (2002), S. 18-21.

Lorberg, Frank: Eigenart und Lesbarkeit von Freiräumen, in: Eigenart der Landschaft. Schriftenreihe der TLUG, H. 103 (2012), S. 63-77.

Lorberg, Frank: Eine Theorie der Unauffälligkeit, in: Symposien der AG Freiraum und Vegetation 2001-2004, Kassel: AG Freiraum und Vegetation 2005, S. 193-204.

Lorberg, Frank: Kein Lucius-Burckhardt-Platz, in: Vakuum. Dynamo Windrad, Heft 3/2016. S. 40-47, http://www.dynamo-windrad.de/dynamoheft/ vom 19.02.2017.

Luhmann, Niklas: Ökologisch Kommunikation, Opladen: Westdeutscher Verlag 1986.

Luhmann, Niklas: Soziale Systeme, Frankfurt a.M.: Suhrkamp Verlag 1984.

Panofsky, Erwin: Sinn und Deutung in der bildenden Kunst, Köln: Dumont Verlag 1989.

Peirce, Charles Sanders: Schriften zum Pragmatismus und Pragmatizismus, Frankfurt a.M.: Suhrkamp Verlag 1968.

Weber, Max: Wissenschaft als Beruf, in: Ders., Gesammelte Aufsätze zur Wissenschaftslehre. Tübingen: Mohr Verlag 1988.

Wittgenstein, Ludwig: Philosophische Untersuchungen, in: Ders., Werkausgabe Bd. I. Frankfurt a.M.: Suhrkamp Verlag 1993.

ABBILDUNGEN

Abbildung 1: Frank Lorberg 2015.

Abbildung 2: Frank Lorberg 2016.

Abbildung 3: Abb. links Jim87 2011 und mittig Tobias R. Metoc 2007 (beide Wikimedia Creative Commons), Abb. rechts Frank Lorberg 2016.

Abbildung 4: Jelena Sophie Kupka 2016.

Autonome Aneignung und planerische Regel in der Kasseler Schule

Wie der Straßenbaum vom Hausbaum zum ‚guten' Verwaltungsakt wird

FLORIAN BELLIN-HARDER

Der folgende Beitrag hat die Aneignung von Straßenfreiräumen und darin insbesondere die Bedeutung und Funktion von Bäumen zum Gegenstand. Ins Zentrum der Diskussion werden die dafür relevanten Argumentationen der Kasseler Schule gerückt.[1] Sie stammen aus deren Schriften zum einen zur „Verfügung über Haus und Hof", also zur Bebauungsplanung[2] und zum anderen zur Entwicklung der Beuys-Bäume in Kassel, also zur Pflanzenverwendung.[3] Während Haus und Hof in den Augen der Kasseler Schule sehr eng an möglichst große Aneignungsqualitäten und die Autonomie der Individuen gekoppelt sind, werden die Straßenbäume als kommunale, also überindividuelle Aufgabe mit allgemeinem Nutzen angesehen. Für beide Perspektiven werden Regeln der Organisation und Herstellung formuliert, also Regeln für das privat verfügte Haus ebenso wie für die öffentliche Straße. Diese Regeln beschneiden in letzter Konsequenz wieder die Handlungs- und Entscheidungsspielräume der Individuen, weil sie auf allgemein geltenden

1 Körner hat in jüngerer Zeit verschiedentlich auf die Bedeutung und das Ideengebäude der Kasseler Schule innerhalb der Diskussionen von Landschafts- und Freiraumplanung hingewiesen (z.B. S. Körner: Die Kasseler Schule; s.a. Beitrag Körner in diesem Band).

2 Vgl. I.M. Hülbusch: Innenhaus und Außenhaus.

3 Vgl. AG Freiraum und Vegetation: StadtbaumSchule.

Vereinbarungen gründen, in die sich die Individuen fügen sollen.[4] Bei Anwendung der Regeln entsteht im Straßenfreiraum eine Zonierung, d.h. ein geordnetes Nebeneinander der Freiräume mit unterschiedlichen Funktionen und insbesondere mit verschiedenen Verfügbarkeiten und Zuständigkeiten, z.B. durch die Unterscheidung in öffentliche und private Anteile.[5]

Am Beispiel der Bäume in Straßenfreiräumen kommt es zum Konflikt zwischen der Verfügung über Haus und Hof auf der einen und der gesellschaftlichen Verfügung über öffentliche Freiräume (einschließlich Bäumen) auf der anderen Seite. Die Straßenbäume sind nämlich u.a. durch die Ausdehnung der Krone nicht ohne weiteres auf ihre positiven Wirkungen im öffentlich zugänglichen Freiraum zu beschränken, sie wirken sich auch auf die Nutzungsqualitäten der privaten Freiräume aus. Die Alternativen, geschnittene Bäume in kommunaler Zuständigkeit oder am Haus in privater Zuständigkeit als Bestandteil des Straßenfreiraums und mit Nutzen für den öffentlichen Freiraum, werden von der Kasseler Schule nur am Rande wahrgenommen. Die Diskussion scheint in diesem Punkt nicht ganz ausgereift, obwohl sie wesentliche Fragen der Freiraumplanung berührt. Sie führt nämlich zu einem allgemeinen planungstheoretischen Problem, der Notwendigkeit, in Freiraumplänen die Relation zwischen allgemeinem und individuellem Handlungsspielraum zu klären.

Um die Diskussionsstränge der Kasseler Schule nachvollziehen zu können, ist es in jedem Fall notwendig, zumindest partielles Verständnis von deren spezifischen Begriffsbedeutungen zu erlangen. *Aneignung* ist einer der zentralen Begriffe der Kasseler Schule und wird in der Regel als positiver Akt seitens der Nutzenden von Freiräumen verstanden. Sie nutzen Wege, Straßen und Plätze in ihrem Alltag für ihre Zwecke und dafür sollen diese möglichst *frei* von Barrieren und hinderlichen Gegenständen oder Verzierungen sein. Die Begrünung gilt als Nebensache. Deshalb wird der Begriff *Frei*raum der ‚*Grün*fläche' vorgezogen. Das Potenzial der Aneignungsmöglichkeiten wird als zentrales Qualitätskriterium von Freiräumen angesehen.[6] Als förderlich für diese Qualität gilt u.a. die klare und für die Nutzenden gut erkennbare *Zuständigkeit* für und in Freiräumen.[7] Sie kann z.B. durch deutliche Grenzausbildung (also Zäune, Hecken oder Mauern) zum Ausdruck gebracht werden und damit Besitzverhältnisse anzeigen. Dadurch wird die

4 Von H. Böse (Die Aneignung, S. 163 ff.) wird die Diskussion der Institutionalisierung von sozialen Vereinbarungen nach P.L. Berger/T. Luckmann (Die gesellschaftliche Konstruktion) aufgegriffen.

5 Vgl. H. Böse: Die Aneignung, S. 163 ff.

6 Vgl. ebd.; K.H. Hülbusch: Morphologie und Organisation.

7 Vgl. H. Böse: Die Aneignung, S. 163 ff.

jeweilige Zuständigkeit für Herstellung und Unterhaltung von Ausstattungsgegenständen in Freiräumen für die Nutzenden „lesbar“, was für die Orientierung im Freiraum relevant ist.[8] Mit *Orientierung* ist wiederum gemeint, dass von Nutzern und Nutzerinnen ohne Umstände eingeschätzt werden kann, ob sie auch selbst über den Freiraum verfügen, d.h. ihn aneignen können. Häufig verfügen diejenigen über die Nutzung in Freiräumen, die auch zuständig sind (z.B. Hausbesitzende). Aber gerade in Straßenfreiräumen liegt die Verfügung über den öffentlichen Anteil bei der Allgemeinheit, während zumindest Teile der Zuständigkeit, nämlich für die Pflege, nicht nur bei der Verwaltung, sondern auch bei den Parzellenbesitzern und -besitzerinnen liegen. Nicht umsonst gelten Straßenfreiräume deshalb auch als komplizierter Rechtsraum[9] mit Anteilen der historischen Allmende.[10] Mit den Rechts- und Eigentumsfragen in Freiräumen werden von der Kasseler Schule also auch weitergehende planungs- und gesellschaftspolitische Themen diskutiert. Da die Frage nach der Relation zwischen aneignendem Individuum und administrativ-planerischer Reglementierung der Baustrukturen, insbesondere der Freiraumausstattungen nach wie vor in jeder Form von Stadt- und Freiraumplanung enthalten ist, ist sie auch grundsätzlich relevant für die Diskussion um die „Theorien der Aneignung von urbanen Freiräumen“.

ANEIGNENDES INDIVIDUUM UND GESELLSCHAFTLICHE REGELN IM PLANUNGSVERSTÄNDNIS DER KASSELER SCHULE

Nachfolgendes Zitat von Karl Heinrich Hülbusch von 1981 fasst die zuvor erwähnte Relation aus Sicht der Kasseler Schule zusammen:

„Aber wie setzt man gegen die administrative Verwaltung die Selbstbestimmung? Welche Erfahrungen, Beispiele und Vorbilder lehren uns, die beschriebene herrschende Hierarchie [der Bestimmung über die Ausstattung und Strukturierung der Freiräume; A.d.V.] zwangsläufig als Zentralisation zu verstehen, und helfen uns gegenzusteuern? Was unterscheidet Freiraumplanung von Grünplanung? Nun, dass diese unten bei den Menschen als Bewohnern und nicht oben bei den Leuten als Figuren anfängt: also eine Freiraumplanung, die nicht die Freiräume als Spielwiese für Stadtgärtner betrachtet, sondern als Spielraum für die

8 Vgl. ebd.; K.H. Hülbusch: Kartierung der Vegetation, S. 321-362; G. Hard: Spuren und Spurenleser; B. Harenburg/I. Wannags: Von Haustür zu Haustür, S. 8 ff.

9 Vgl. W. Blümel: Die Straße als Mehrzweckinstitut.

10 Vgl. B. McCay/S. Jentoft: Unvertrautes Gelände.

Menschen akzeptiert. Haus und Hof gehören dazu, sind Voraussetzung für die soziale Besetzung des Quartiers. Ohne privaten Freiraum, ohne ‚Außenhaus', ist Autonomie nicht denkbar."[11]

Als große Gegenspieler der selbstbestimmten Aneignung werden Bodenspekulation und obrigkeitliche Architektur, Stadtplanung und Grünplanung bzw. Landschaftsarchitektur angesehen, deren vorherrschende Wirkung als „Enteignung" eingestuft wird.[12] Dabei ist das Verständnis der Kasseler Schule vom aneignenden Individuum ambivalent: Auf der einen Seite wird ein selbstbewusstes, sich gegen obrigkeitliche Zumutungen wehrendes, für die eigenen Interessen einstehendes und vor allem – immer wieder betont – „kluges" Individuum hofiert.[13] Der Trampelpfad durch das „Gärtnergrün" ist z.B. deshalb eine Ikone des lebensweltlichen Widerstandes und der Aneignung von Freiraum.[14]

Auf der anderen Seite wird den modernen Spielarten individueller Lebensgestaltung mit Skepsis begegnet, insbesondere beim modernen Einfamilienhaus. Diese Skepsis basiert darauf, dass die Autoren und Autorinnen der Kasseler Schule durch die Erforschung der baulichen Anteile der Alltagswelt zunehmend das Bewusstsein von ‚Freiraumexperten' erworben haben, die wissen, was für die aneignenden Individuen am besten ist.[15] Die Kasseler Schule stellt in professionsweit einzigartiger Weise mit dem Aufbau von Typologien Vergleiche von Freiraumqualitäten an, die u.a. am Nutzerverhalten, an Herstellungs- und Unterhaltungskosten gemessen werden. Dabei ist die Bewährung der baulichen Strukturen in unterschiedlichen gesellschaftlichen Situationen und damit die vielfache Erfahrung mit diesen Strukturen eines der Kriterien, das über die Bedürfnisse einzelner aktueller Nutzer hinaus weist, d.h. die Anpassungsfähigkeit bewährter Baustrukturen ist Ergebnis akkumulierter gesellschaftlicher Erfahrungen des Wohnens und Bauens.[16] Das Alltagsleben prüft sozusagen im normalen Leben die Pläne und Entwürfe auf ihre Tauglichkeit und war auch in der Planungshistorie zum Teil bis in die Gründerzeit hinein die Basis der Bauentwicklung, bevor akademisch ausgebildete Architekten die aus dem Handwerk stammenden Baumeister ablösten. Um aus Aneignungserfahrungen für künftiges Bauen lernen zu können, „muss das

11 K.H. Hülbusch: Zur Ideologie, S. 327.

12 Vgl. G. Schneider: Die Liebe zur Macht.

13 Vgl. K.H. Hülbusch/N. Scholz: Joseph Beuys, S. 7 ff.

14 Vgl. K.H. Hülbusch: Das wilde Grün, Abb. auf S. 196; G. Hard: Gärtnergrün, S. 251 ff., Abb. auf S. 254; ders.: Das Grünflächenamt.

15 Vgl. H. Böse-Vetter et al.: Das Haus, S. 18.

16 Vgl. U. Steinhäuser: Planen für die Wechselfälle, S. 55.

Bewährte bekannt sein – nach den Regeln – und verstanden sein – nach den Gedanken. Ernst Neef (1949) hat in der jeweils zeitgemäßen Anpassung älterer Kulturwerke die Persistenz, die Dauerhaftigkeit der Kulturwerke erkannt. Zur Zeit der Herstellung wird das Werk ‚funktionstreu' und mit der Zeitdistanz ‚funktionsentfremdet' sein und damit einen Spielraum der Nutzung/des Gebrauchs haben. Dieser Spielraum/Freiraum des Gebrauchs macht die Bevorzugung alter Häuser und Bauwerke aus."[17]

Wenn die Planung die Alltagsroutinen und Wohnerfahrungen ernst nimmt, so der Gedanke, dann kann sie dem Bedarf der Bewohnerinnen und Bewohner besser entsprechen. Dies birgt die Annahme, dass eine gemeinsame Bedürfnisbasis in der Erledigung alltäglicher Geschäfte besteht. Allerdings sind weder diese, noch ein großer Teil der auf ihnen basierenden Alltagsroutinen den Nutzenden zwingend bewusst. Auch die jenseits von Alltagsroutinen auf das Eigenheim gerichteten Gestaltungswünsche sind von den Bewohnerinnen und Bewohnern häufig nicht nur wenig reflektiert, sondern seit der Gründerzeit auch in starkem Maße von Versprechen aus Architektur, Landschaftsarchitektur und Lifestyle-Kreationen mit beeinflusst.[18] Die Erfüllung individueller Wünsche im Bauen, die auf alle Gegenstände des Alltags gerichtet wird (von der Lage und dem Zuschnitt des Grundstücks über den Gebäudeentwurf bis hin zu den Details der Innenausstattung), ist inzwischen eine bauwirtschaftlich lukrative Selbstverständlichkeit geworden. Es kann deshalb kaum eine konsistente Übereinstimmung zwischen dem Problembewusstsein von Alltagsnutzern und -nutzerinnen und dem von reflektierten Planern und Planerinnen der Kasseler Schule vorausgesetzt werden. Deshalb gibt es keine Gewähr, dass die von der Kasseler Schule differenziert belegten Bauregeln von den autonom handelnden Individuen umstandslos verstanden und angenommen werden. Statt zur Nutzung von Bewährtem kommt es zu Umbau und Neubau.

Die Autonomie, von der die Debatte der Kasseler Schule ihren Ausgang nahm, war eine, die mit herrschenden Regeln und vor allem mit Herrschaftsverhältnissen brechen und daraus als befreites, eigenmächtiges Individuum hervorgehen wollte. *Gemeint* ist aber eher eine Rückkehr zu bewährten selbstbestimmten Verhältnissen und gesicherten Handlungsspielräumen, also die Einbindung in etwas, das als gelungen angesehen und als gebundene Freiheit gewählt wird.[19] Es ist demnach

---

17 H. Böse-Vetter et al.: Das Haus, S. 18.

18 Die Kasseler Schule verweist im Kontext der Erschaffung von Bedürfnissen auf M. Gronemeyer: Die Macht der Bedürfnisse.

19 Vgl. AG Freiraum und Vegetation: StadtbaumSchule, S. 16; K. Mannheim: Das konservative Denken, S. 36 f.; G.-K. Kaltenbrunner: Der schwierige Konservatismus, S. 122 f.

mindestens zwischen immer noch und immer wieder reichlich vorhandenen Bewohnenden von Häusern zu unterscheiden, die die Thesen der Kasseler Schule durch die Bevorzugung von ‚Altbauten' bestätigen und jenen, die kaum Kosten und Mühen scheuen, sich ein individuelles Eigenheim jenseits des Tradierten zu erschaffen. In Planungsgesprächen mit letzteren trifft das Bewusstsein über die im Gebrauch bewährten baulich-organisatorischen Strukturen von Grundstücken, also das ‚Regelbewusstsein' seitens der Kasseler Schule unmittelbar auf die verbreitete Realität der Entwürfe von Einfamilienhaus-Siedlungen sowie auf das Selbstverständnis der Eigenheimbesitzer und -besitzerinnen, über die Qualitäten des von ihnen erworbenen Grundstücks und Gebäudes selbst zu bestimmen. Das Gespräch beispielsweise eines Freiraumplaners mit einem möglichen Auftraggeber ist hierbei im besten Fall auf den Versuch gerichtet, möglichst viel Erfahrung in eine (aus Sicht der Kasseler Schule) verfahrene Situation einfließen zu lassen, was ohne offenes oder subtiles psychologisches und pädagogisches sowie argumentatives Geschick mit Verweis auf die bewährten Regeln schlechterdings möglich ist.[20] Allerdings kann der besagte Auftraggeber als Eigenheimbesitzer das Gespräch prinzipiell abbrechen und behält die Entscheidung über den Umgang mit seinen einmal vorbestimmten Freiräumen letztendlich für sich. Die Regel kann in diesem Kontext nur angeboten, nicht durchgesetzt werden.

Beim Beispiel der Straßenbäume gilt die Kritik der Kasseler Schule indessen hauptsächlich einer verfehlten Stadtgärtnerei und der Suche nach einer besser gelingenden Pflege und Entwicklung der Bäume. Die Kasseler Schule vertritt hier eher die Rolle einer Verwaltung, die Entscheidungen trifft und konsequent durchsetzt, die sich auf alle Nutzenden öffentlicher Freiräume, einschließlich z.B. der Hausbesitzer, auswirken.[21] Die Distanz zu den davon betroffenen Individuen ist erheblich größer. Individuelle Vorlieben und Belange müssen notwendigerweise zurückgestellt und auf jene Anteile der Straßen und Plätze beschränkt werden, die in privater Zuständigkeit und auch Entscheidungsbefugnis verbleiben oder die weiterhin im vorgegebenen öffentlichen Rahmen möglich sind und für alle Nutzenden gelten. Da Haus und Hof als Basis der Selbstbestimmung der Stadtbewohner und -bewohnerinnen verstanden werden, wird nachfolgend zuerst erläutert, wie eine Straße aus Häusern und, in Addition der Straßen, eine Stadt aus Häusern nach dem Verständnis der Kasseler Schule aufgebaut sein und wie darin selbstbestimmtes Handeln Platz finden soll.

20 Vgl. H. Beekmann et al.: Planen in unmöglichen Vorgaben, S. 182 ff.

21 Vgl. A. Blaß et al.: Vom Gedeihen der ‚7000 Eichen', S. 16 ff.

DIE STADT AUS HÄUSERN – DIE SYSTEMATISCHE GLIEDERUNG DER FREIRÄUME FÜR INDIVIDUELLE UND GETEILTE NUTZUNGSANSPRÜCHE

Seit den 1970er Jahren wurde in der Kasseler Schule im Zuge zahlreicher vergleichender Beschreibungen zunehmend die These erhärtet, dass das gründerzeitliche „Bremer Haus" der Idealtyp des städtischen Hauses sei, u.a. weil es alle für den Alltagsnutzen notwendigen Bestandteile enthält und in der Aneinanderreihung für die in Städten notwendige Dichte sorge.[22] Eine Zusammenfassung der jahrzehntelangen Debatten wurde jüngst publiziert.[23] Die Verfügung über Haus und Hof erschöpft sich demnach nicht im Besitz von etwas Eigenem, Selbstbestimmtem, das gefällig gestaltet werden kann. Vielmehr wird von der Kasseler Schule der differenzierte Aufbau der unterschiedlichen Bestandteile des Hauses bis hin zur Abfolge der Räumlichkeiten im Innern, den Größen der Fenster, den Raumzuschnitten usw. von vorne nach hinten und von unten nach oben als Sediment von Nutzungserfahrungen erklärt. Der so gesteckte relativ eng anmutende bau-organisatorische Rahmen eines umfassenden Regelwerks soll gerade dadurch Platz für die Individuen schaffen, dass Alltagstätigkeiten, verschiedene Raumnutzungen in unterschiedlichen Lebenslagen und bei unterschiedlichem Benutzer- bzw. Benutzerinnenbesatz fraglos gelingen können, also besonders leicht gemacht werden und einer eigenen Interpretation, sprich Aneignung, kaum im Wege stehen.[24]

Nach dem gleichen Grundgedanken sollen auch Straßen und Siedlungsgrundrisse organisiert werden.[25] Sie sollen der Erfahrung folgend zweckmäßig, mit Nutzungs- und Interpretationsspielraum eingerichtet und einfach aufgebaut sein,[26] zusammengesetzt aus der wiederkehrenden Einheit von Haus, Hof und einem Stück Straße. Dabei werden unterschiedliche Quantitäten (z.B. unterschiedlich kostspielige Materialien) prinzipiell eher akzeptiert als Abweichungen von Organisation und Aufbau. Abbildung 1 zeigt, wie durch die geschlossene Häuserfront und die Aneinanderreihung der gleichen Abfolge von Vorgarten, Haus, Hof, Gehweg, Baumstreifen und Fahrweg der Straßenfreiraum entsteht. Ein Teil, nämlich der Vorgarten bzw. Vorhof, ist in privatem Besitz und damit in privater Zuständigkeit,

22 Den Ausgangspunkt bildet I.M. Hülbusch: Innenhaus und Außenhaus.

23 Vgl. H. Böse-Vetter et al.: Das Haus.

24 Vgl. H. Böse: Aneignung, S. 143 ff.; zur Routinisierung vgl. P.L. Berger/T. Luckmann: Die gesellschaftliche Konstruktion, S. 43 ff.

25 Vgl. H. Beekmann: Von ‚Gemeinen Hufen'.

26 Vgl. K.H. Hülbusch: Die Straße als Freiraum; J. Jacobs: Tod und Leben, S. 27 ff.

gleichwohl Bestandteil des Straßenfreiraums. Form und Inhalt des Vorgartens bestimmen wesentlich die Gestalt der Straße mit. Aber auch ohne Vorgärten bleibt noch die Möglichkeit für die Bewohnerinnen und Bewohner, durch Spuren der Aneignung, Pflege und Gestaltung die Zuständigkeit für ein Stück der Straße zum Ausdruck zu bringen, z.B. in der Fuge am Haus (Abb. 2). Darüber hinaus reicht die Zuständigkeit der Besitzerinnen und Besitzer für die Unterhaltung der Nutzbarkeit der Gehwegoberfläche und der Entwässerung (Rinnstein) bis zum Fahrbahnrand, also in den kommunalen Besitz hinein. In städtischen Freiräumen ist diese Arbeit häufig an Firmen oder die Stadtreinigung vergeben. In Dörfern, Reihenhaussiedlungen oder Einfamilienhausgebieten kann man dagegen z.B. im Winter sehr gut erkennen, wer wie die eigene Zuständigkeit für „sein oder ihr Stück Straße" interpretiert (Abb. 3). Hierin kommt die ursprüngliche Konstruktion gegenseitiger Gewährung von Grundstückszugängen ebenso zum Ausdruck[27], wie in der Beteiligung der Hausbesitzenden an den Herstellungskosten von Fahrbahn und Kanalisation etc. Die Addition von Straßenstücken, die Hausbesitzende einander zur Verfügung stellen, führt zu einer Straße, die auch von denen genutzt werden kann, die keine Hausbesitzenden sind.[28]

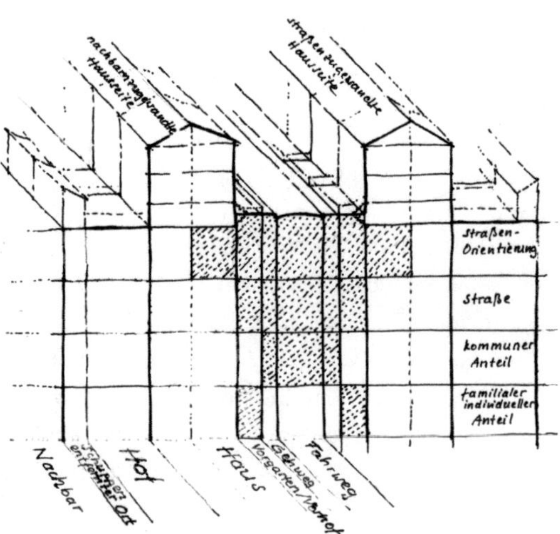

Abbildung 1: Prinzip der sozialen Gliederung von Straßen, nach Bellin 2004

27 Vgl. J. Grimm/W. Grimm: Wörterbuch, S. 2854.

28 Vgl. F. Bellin: Ein Stück Storkower Straße, S. 160.

Mit der Zuständigkeit ist also zugleich auch ein Stück Aneignung im öffentlich verfügten Freiraum verbunden, die allerdings nie so weit geht, dass sie dort den Gebrauch durch Nachbarn und alle anderen Passierenden wesentlich und dauerhaft einschränkt. So bleiben private und öffentliche Nutzungsspielräume für alle sichtbar durch Grenzen bestimmt und nebeneinander bestehen. Jane Jacobs[29], auf die sich die Kasseler Schule beruft[30], hat mit der Zuständigkeit und Anwesenheit der Bewohnerinnen und Bewohner einst die soziale Kontrolle der Straße verbunden und ihr zugesprochen, für Sicherheit und Geborgenheit im öffentlichen Anteil der Straße zu sorgen. Deshalb hält die Kasseler Schule auch klar an der Straßenorientierung der Bebauung fest, mit der der beiläufige Blick auf die Straße, das Gespräch am Vorgartenzaun etc. erst möglich werden. Demnach wird der Zuständigkeit der Bewohner und Bewohnerinnen für „ihre" Straße, und damit deren Anwesenheit durch Unterhaltung der Ausstattung sowie durch die Nutzung, viel Gewicht beigemessen.

Abbildung 2: Fugenvegetation von der Hausseite aus selektiv gepflegt

Mit dem Automobil beginnt allerdings anders herum, also von der Fahrbahn ausgehend, allmählich der Zugriff auf die privat verfügten Anteile des Gehweges und auf den Vorhof bzw. Vorgarten. Aber auch die Bäume im öffentlichen Anteil deh-

29 Vgl. J. Jacobs: Tod und Leben, S. 27 ff.

30 Z.B. H. Böse, Helmut/B. Schürmeyer: Die Freiräume der Straße.

nen ihre Wirkung im ungeschnittenen Zustand bis in den privat verfügten Freiraum hinein aus, durchbrechen also die im Straßenfreiraum nebeneinander angeordneten Zuständigkeiten und Verfügbarkeiten mit ihren Kronen (Abb. 4), was zum Unmut von Anwohnerinnen und Anwohnern führen kann.

Abbildung 3: Je Grundstück verschiedene Pflegespuren als Ausdruck unterschiedlich wahrgenommener Zuständigkeiten

BÄUME IN ÖFFENTLICHER ZUSTÄNDIGKEIT – VOM GESCHNITTENEN VORDACH ZUM DACH IN LICHTER HÖHE

Die Bäume im öffentlichen Anteil von Straßen werden von der Verwaltung (bzw. der Bauleitplanung) hinzugefügt und unterhalten. Für die Kasseler Schule ist an den Bäumen vor allem ein klimameliorierendes Dach über dem Straßenfreiraum von Interesse sowie, bei richtiger Positionierung am Fahrbahnrand, die Unterstützung der Schwelle zum Gehweg.[31] Durch die gegenseitige Beschattung der Hausfassaden sind Bäume bei engem Straßenquerschnitt kaum nötig. Sie sind „offenbar erst dann in der Straße für die Linearität und den Schirm notwendig, wenn die Distanz von Haus zu Haus, Gebäude zu Gebäude über 20 bis 22 Meter hinausgeht.

31 Vgl. A. Blaß et al., S. 71 ff.

Mit Vorhöfen und Vorhofzäunen ist dies bei Abständen unter 18 Metern offenbar nicht erforderlich und mit Vorhöfen zum Haus nicht einzurichten."[32]

Abbildung 4: Ausladende Krone von Platane oberhalb der Dachtraufe bei zwei Geschossen. Das Dach wird trotz eingekürzter Äste berührt

Moes dagegen rekonstruiert die Historie der Baumerziehung in der Gründerzeit und sieht die Ursache sowohl für das unterschiedliche Platzangebot als auch für die unterschiedliche Ausstattung in den Straßen zunächst in den verschiedenen Privilegierungen der Bewohner und Bewohnerinnen durch die Stadtplanung.[33] Er geht davon aus, dass die Kronen der Straßenbäume zuerst durch regelmäßigen Schnitt am Längenwachstum gehindert und vertikal erzogen wurden. Sie entwickelten Schnittköpfe und ähnelten den traditionellen bäuerlichen Schneitelbäumen (s.u.; Abb. 5). Und er geht davon aus, dass zeitweise auch in weniger privilegierten engen Straßen Bäume gepflanzt wurden. Weil aber die Unterhaltungskosten zu groß geworden seien, wäre das Pflanzen wieder auf ‚bessere' Lagen und damit

32 Ebd., S. 83; ebd, S. 81.

33 Vgl. G. Moes: Von großen zu kleinen Bäumen, S. 120.

breitere Straßen beschränkt worden, wo gegen Ende der Gründerzeit neben kleinkronigen Bäumen vermehrt solche mit ‚frei' entfalten Kronen standen. Diese wiesen dann Erziehungsmängel auf.[34]

Abbildung 5: Geschneitelte Straßenbäume in Straßburg, Frankreich

Moes erklärt weiter, dass die Strategie der Stammerziehung, also des hoch aufgeasteten Baums mit weitgehend ungeschnittener Krone in lichter Höhe, schon damals die Ausnahme bildete, gleichwohl aber die einzig empfehlenswerte Alternative der Stadtbaumerziehung sei[35], an der sich auch die Kasseler Schule orientiere. Diese sucht nach einem optimierten (und kostengünstigen) Weg zur Herstellung hoher Stämme für ein lichtes Dach über dem gesamten Straßenfreiraum.

Dadurch folgt sie in letzter Konsequenz nicht mehr der Perspektive autonomer an der Ausstattung von Straßen beteiligter Individuen, sondern wechselt zur Perspektive der sich entlang der Straße bewegenden Personen, die den größten Nutzen von die Straßen überdeckenden Bäumen haben. Dieser Perspektivwechsel beinhaltet unausgesprochen den Gedanken, dass die Bewohnerinnen und Bewohner von Geschosswohnungsbauten als teilenteignet angesehen werden müssen. Sie verfügen nicht mehr über das vollständige Innen- und Außenhaus, sondern nur über mit anderen Mietparteien geteilte Flure, Treppenhäuser, Vorgärten und Höfe.

34 Ebd., S. 118 ff.

35 Ebd, S. 127 f.

Dadurch wird für die Individuen das weitergehende Außenhaus, insbesondere die Straße, wichtiger als verfügbarer Freiraum. Die Bäume werden dann als genereller Vorteil der Straßennutzung angesehen und für alle bereitgestellt und nicht für den eigenen Bedarf am eigenen Haus. Die gründerzeitlichen Bäume werden folglich als Kompensation ungünstiger Lebensbedingungen verstanden und von der Stadtverwaltung bereitgestellt. Die Diskussion der Kasseler Schule um die Stadt-Bäume wird in der Folge konsequent weiter aus dieser Perspektive geführt und dann grundsätzlich auf Bäume in öffentlichen Freiräumen ausgedehnt.

Während der in der Krone geschnittene öffentliche Baum weitgehend ignoriert wird[36], findet eine Erinnerung an den privaten in der Krone geschnittenen Baum tatsächlich statt. Sie bezieht sich auf Bäume an Häusern in privater Zuständigkeit:

> „Woher stammt denn der geschnittene, geköpfte Baum an den Straßen? Wenn wir uns umsehen, finden wir ihn auch heute noch überall an Häusern des 18. und 19. Jahrhunderts. Er steht relativ dicht vor der Hauswand und bildet in einem oder zwei Exemplaren das Vordach über der Treppe, Haustür und Vorhof (Vorgarten). Er markiert den häuslichen Vorplatz. [...] Dieser Baum ist also ‚Haustürlaube' und ‚Vor-Dach' [...] – mit einem schmalen gedeckten Umgang vergleichbar. Er ist Bestandteil von ‚Haus + Hof' und gehört zur privaten Parzelle."[37]

Die Krone soll deshalb auch bei Geschosswohnungsbauten nicht unmittelbar vor den Fenstern einer Etage gebildet werden, sondern, wie im historischen (verlorenen) Vorbild des geschnittenen Baums am Haus, auf Traufhöhe der Bebauung. Bei vier- bis sechsstöckigen Blockrändern ist das sehr hoch, aber aus Sicht der

36 Lediglich bei Schürmeyer wird die Diskussion um in der Krone geschnittene Straßenbäume noch einmal aufgegriffen, allerdings ohne dass der Widerspruch zur sonstigen am Dach in lichter Höhe orientierten Diskussion auffiele, nämlich dass auch hoch aufgeastete Bäume generell ein Kronendach bilden sollten. Er verweist in Anlehnung an eine mündliche Äußerung seines Kollegen Boss darauf, dass dachförmige Erziehung an Bäumen in Norddeutschland unüblich sei: „Der Norden produziert Wände als Baumform mit ausgesprochener Leittriebdominanz; der Süden dagegen Dächer aus hohen oder zum Teil flacheren Astgewölben durch die Erziehung dominanter Seitentriebe. Es liegt nahe, diese unterschiedlichen Präferenzen mit den verschieden hohen sommerlichen Sonnenständen in Verbindung zu bringen." (Zit. nach B. Schürmeyer: Arkadien an der Fulda, S. 130).

37 H. Böse-Vetter/K.H. Hülbusch: Und was sagt Leberecht Migge zu den Bäumen?, S. 115-116.

Kasseler Schule durchaus erreichbar.[38] Den Haupt-Wachstumsimpuls, nämlich die Ausnutzung des Lichts, behalten die Bäume jedoch bei, weshalb sie auch auf Traufhöhe von Geschosswohnungsbauten den Lichtraum schließen und letztlich den gesamten Straßenfreiraum in ein gleichmäßiges diffuses Licht tauchen.[39] Das Lichtregime im Straßenfreiraum steht somit unter öffentlicher Kontrolle. Deshalb müssen von allen Anwesenden im Freiraum Schatten u.ä. Konsequenzen auch für die privaten Freiraumanteile in Kauf genommen werden. Viele der bewährten Straßenbäume (Eiche, Linde, Kastanie, Platane) entwickeln Kronen, die noch bei groß dimensionierten Straßen (Abb. 4) das Lichtregime dominieren. Gemessen an der von der Kasseler Schule geführten Diskussion der Aneignungsqualitäten von Freiräumen wäre es insofern konsequent, beim Pflanzen von Bäumen nicht nur über Straßenbreiten und bei der Herstellung und Pflege nicht nur über Kosten zu sprechen, sondern auch über Alternativen der Zuständigkeit für die Ausstattung von Freiräumen nachzudenken und die anderen Kronen- bzw. Erziehungsformen von Bäumen auch nach ihren Gebrauchsqualitäten zu betrachten.[40]

Abbildung 6: Differenzierung in Licht und Schatten im Freiraum durch geschnittene Kronen. Straßburg, Frankreich

38 Vgl. G. Moes: Von großen zu kleinen Bäumen, S. 127. Handwerklich ist diese Höhe an Bäumen im Forst orientiert.

39 Vgl. H. Böse/K.H. Hülbusch: Und was sagt Leberecht Migge, S. 114, S. 116.

40 Die Kostenfrage wurde, dessen ungeachtet, kürzlich von Prinz detailliert bearbeitet und der als in der Pflege zu teuer geltende geschnittene Baum als bezahlbare Alternative zumindest teilweise rehabilitiert.

Ein Vorteil von geschnittenen Bäumen auf öffentlicher wie privater Seite wäre in jedem Fall, dass eine Licht- und Kleinklimadifferenzierung hergestellt werden kann, also im Freiraum nebeneinander gleichzeitig Orte im Schatten wie im Licht bzw. in der Sonne liegen (Abb. 6). Dadurch entstehen mehr und verschiedene Nutzungsmöglichkeiten im Freiraum, vor allem nimmt auch der Spielraum zur ‚Mitgestaltung' des Freiraums auf privater Seite wieder zu, weil der durch die öffentliche Ausstattung nicht von vorne herein mit definiert wird. Der Freiraum würde dadurch wieder klar in Bereiche mit unterschiedlicher Zuständigkeit und Verfügbarkeit gegliedert werden. Vorbilder für die geschnittenen Bäume gibt es nicht nur, wie oben erwähnt, in Frankreich oder in Spanien, sondern auch noch immer in Dänemark, Holland, der Schweiz und auch in Deutschland (Abb. 9).

Abbildung 7: Von der Kasseler Schule hoch aufgeastete Eschen, gepflanzt im Rahmen der Beuys-Baum-Aktion am Standort der Universität

Die Herleitung der Regeln für die Herstellung des bis heute von der Kasseler Schule favorisierten Baumtyps mit hohem Stamm und Krone in lichter Höhe (Abb. 7) fußt jedenfalls weder auf historisch akkumulierter Herstellungs- noch Zuständigkeitserfahrung für die Ausstattung von Freiräumen. Sie basiert auch nicht auf der Nutzungserfahrung von Hausbewohner und -bewohnerinnen, sondern auf der von Wegnutzenden. Für die würde auch ein Dach reichen, das die Vorgärten nicht mit überdeckt bzw. nicht bis an die Fassaden reicht. Dieser hoch aufgeastete Baumtyp ist vor allem eine Antwort auf die administrative Baumpflege, die bis heute auf hohem Kostenniveau kaum alterungsfähige Bäume produziert hat. Entstanden ist diese Antwort, wie nachfolgend ausgeführt, auf Basis der Baumpflege im Kontext der Beuys-Baum-Aktion „7000 Eichen", in die die Kasseler Schule involviert war und die sie zum Anlass genommen hat, die Arbeit des Pflanzens und Erziehens von Bäumen ernst zu nehmen.[41]

7.000 EICHEN

Die Beuys-Baum-Aktion war ein documenta-Beitrag und eine der zentralen „sozialen Plastiken" des Künstlers Joseph Beuys zwischen 1982 und 1987 in Kassel.[42] Beuys bot der Stadt Kassel an, „7000 Eichen" im Stadtgebiet zu pflanzen (Abb. 7), das zunächst vom Bombenkrieg gezeichnet und später durch Bauten der 1950er und 1960er Jahre autogerecht überformt worden war, ohne dass Bäume darin eine allzu große Rolle gespielt hätten. Den Bäumen standen in den 1980er Jahren in Kassel als Alternative Asphalt, Autos, pflegeaufwendiges Gärtnergrün und Ordentlichkeit gegenüber[43], also Optionen, von denen sich die beginnende Ökobewegung verabschieden wollte. Beuys, der zu den Gründungsmitgliedern der Grünen zählte, formulierte seine Ziele wie folgt:

„Die Pflanzung von 7000 Eichen ist ein erster Schritt, die gegenwärtige Notlage der (Um)welt anzugehen. Denn die Kunst ist die einzige Form, in der Umweltprobleme gelöst

41 Vgl. A. Blaß et al.: Vom Gedeihen der ‚7000 Eichen', S. 42.

42 Es gibt eine Reihe sehr ausführlicher Darstellungen seitens der Kasseler Schule: N. Scholz/K.H. Hülbusch: Joseph Beuys; N. Scholz/V. Rothmaler: Kunst wächst; vgl. außerdem F. Groener/R.-M. Kandler: ‚7000 Eichen – Joseph Beuys'.

43 Vgl. K.H. Hülbusch/N. Scholz: Joseph Beuys, S. 6; H. Grundler/H. Lührs: Straßenbegleitgrün in der Krise.

werden können. [...] Also ist ‚7000 Eichen' eine Plastik, die sich auf das Leben der Menschen bezieht, auf ihre alltägliche Arbeit. Das ist mein Kunstbegriff, den ich den erweiterten Kunstbegriff oder die soziale Skulptur nenne."[44]

Die Bevorzugung der Gehölzart Eiche sollte u.a. für das Erreichen eines hohen Baumalters sorgen. Das Altern an sich sollte durch das sich ständig verschiebende Größenverhältnis zwischen den Bäumen und der jeweils hinzu gestellten Basalt-Stele als Maßstab lesbar werden, bis die Steine wie Zwerge gegenüber Baumriesen aussehen. Doch Beuys verband mit der Aktion noch weitere Absichten. Unter anderem sollte die Bevölkerung eingebunden und damit ein Bewusstsein für die Veränderung der Lebensbedingungen in der Stadt geschürt werden. Die in der Stadt Lebenden sollten die Chance bekommen, ihre Stadt, die ‚Stadtnatur' zu gestalten und mit Bäumen anzureichern. Hülbusch und Scholz, die in die Umsetzung der Aktion eingebunden waren, formulieren dies wie folgt:

„Und wir Bewohner, die so gerne als mündige Bürger tituliert werden, solange wir keinen Anspruch aus dieser Mündigkeit formulieren, müssen lernen, zuständig zu werden und uns der unnötigen und unseren Freiraum einschränkenden Bevormundung, die jovial als Hilfe oder Sachzwang getarnt wird, durch Autonomie zu entledigen. Bewohner sind immer intelligenter als alle Sorten von Experten, denen nicht unser Leben, sondern der Verkauf ihrer Expertisen und Produkte am Herzen liegt. Offenbar ist es in einer Stadt aber so, daß die von den Bauformen diktierten Wohnformen für den täglichen Lebensbereich sehr verschiedene Unmündigkeiten herstellen und Chancen des Ausbruchs und der produktiven Positionen ermöglichen."[45]

Diese Aussagen schließen an die oben erwähnten Gedanken der Kasseler Schule zum Haus an. Die Autonomie im Wohnen sollte durch Einbindung von Bürgern in die Auswahl und Herstellung von Pflanzorten, die Pflanzung und Unterhaltung gestärkt werden. Während später die handwerkliche Herstellung von Bäumen vielfach diskutiert wurde, ist die Frage der Bedeutung der Herstellung und Unterhaltung von Straßenbäumen für die Autonomie im Wohnen indessen kein Thema mehr. Aber deshalb ist sie im gedanklichen Rahmen der Kasseler Schule nicht irrelevant für die Freiraumausstattung. Neben der Diskussion des Schnitts von

44 J. Beuys (1982) zitiert in N. Scholz/K.H. Hülbusch: Joseph Beuys, S. 31.

45 N. Scholz/K.H. Hülbusch: Joseph Beuys, S. 8. Gemeint ist hier der Widerspruch der Bevölkerung zu den Baumpflanzungen, der aber eben Ausdruck des grundsätzlichen Widerspruchs gegen die Wohn- und Lebensbedingungen sei.

Bäumen in öffentlicher Hand ist eine Betrachtung von Bäumen in privater Zuständigkeit, die den höchsten Grad autonomer Verfügung gewähren, nach deren eigener Logik unumgänglich.

Abbildung 8: Unterschiedliche Pflegeformen und Zuständigkeiten bei Straßenbäumen

GESCHNITTENE BÄUME IN PRIVATER ZUSTÄNDIGKEIT

An Häusern in Privatbesitz entlang von Straßen aus jeder Bauzeit bzw. jedem Baustil sind heute Vegetationsausstattungen aus Exemplaren aller Lebensformen[46] von Pflanzen zu finden. Dabei spielt es keine Rolle, ob ein Vorgarten bzw. Vorhof vorhanden ist, die Nische neben einem Treppenabsatz oder nur eine Fuge zwischen Hauswand und Gehweg. Zu diesen für die Kommunen kostenfreien, gleichwohl arbeitsaufwendigen und z.T. sehr aufmerksam hergestellten Formen von Ausstattung des Straßenfreiraums zählen auch die geschnittenen bzw. ‚geschneitelten' Bäume.[47] In der Regel waren mehrere Nutzungen mit den ehemaligen bäuerlichen Arbeitsgegenständen verbunden, wie die Gewinnung von Laub

46 Im Wesentlichen sind damit Bäume, Sträucher, Stauden, Zweijährige und Annuelle gemeint.

47 Die Kenntnisse zur Schnittpraxis und zu Details von Nutzen und Pflegewirkung basieren u.a. auf persönlichen Erfahrungen des Autors seit 2001 am eigenen Haus mit seit 150 Jahren geschneitelten Bäumen.

als Frisch- oder getrocknetes Winterfutter sowie z.B. bei Linden als Bast.[48] Dass dann noch ein Ort auf dem eigenen Grundstück gesucht wurde, der Schatten und Schutz vor Unwetter bietet, ist nachvollziehbar (Abb. 10).

Abbildung 9: Teilbeschattung der Terrasse eines Einfamilienhauses im ersten Stock mit geschneitelter Platane, Ehringen, Nordhessen

Bei den vielen Vorzügen der geschnittenen Bäume ist ihr generelles Verschwinden aus den Straßen nicht allein auf Mühen oder Kosten zurückzuführen. Relevant ist auch die Verschiebung des kulturellen Verständnisses der Vegetation vom Barock zum Landschaftspark. Mit geschnittenen Bäumen sind das Ideal und die Gartenkunst von Renaissance und Barock verbunden. Die geometrischen Formen von Formschnittgehölzen entsprechen der Vorstellung von beherrschbarer und kontrollierter Natur. Im Landschaftspark wird dagegen das Ideal individuell und charakteristisch entwickelter ‚freier' Baumkronen dominant. Bäume sollen ‚ihren' Habitus entwickeln und zeigen können. Prinz hat kürzlich nachgewiesen, dass sich der in der Krone ungeschnittene Baum in der aktuellen Baumpflege zum Dogma verfestigt hat.[49] Dieses hat sich aber auch bis hinein in die Privatgärten durchgesetzt.

48 Vgl. M. Machatschek: Laubgeschichten, S. 165; D. Laudert: Mythos Baum, S. 165.

49 Vgl. C. Prinz: Untersuchungen, S.43 ff.; F. Bellin-Harder: Nachdenken über Stadtbäume.

Wie die Gartenämter so stoßen auch Besitzerinnen und Besitzer von Eigenheimen auf das Problem, mit dem Wachstum der Bäume fertig werden zu müssen. Viele geraten in einen Konflikt zwischen dem landschaftlichen Naturverständnis nebst seiner Wertschätzung des vermeintlich frei entwickelten Baums und der praktischen Erfahrung der Vorzüge von geschnittenen Bäumen am Haus. Nicht selten werden auch dort z.B. kleinkronige Bäume bzw. generell Bäume gepflanzt, die das Dilemma mit dem Versprechen einer dauerhaft gewünschten kompakten Kronenform ohne notwendig werdenden ‚Eingriff' und dauerhafte Pflege auflösen sollen.[50]

Abbildung 10: Seit mehreren Generationen geschneitelte Linde in Breuna, Nordhessen

Viel häufiger fehlt aber prinzipiell die Kenntnis über die Wachstumsdynamik der angeschafften Gehölze, einerlei mit welcher Kronenform. Sie drohen den Besitzern doch irgendwann über den Kopf zu wachsen (Abb. 11). Rückschnitte und Kappungen sind Versuche, die auffälligsten Konsequenzen zu verhindern oder die

50 Vgl. C. Prinz: Untersuchungen; S. Körner: Pariser Straßenbäume.

Kontrolle wiederzuerlangen. Manchmal münden diese in Wiederholungsschnitte ein, die aber selten zu Schneitelbäumen, sondern allenfalls zu Formschnittgehölzen (Abb. 12) oder aber zu zerstörten Kronen (Abb. 13) führen. Am besten sehen Bäume aus, bei denen die Erfahrungen zu Schnittführung und Schnitthäufigkeit weitergereicht werden, also z.B. wenn sie innerhalb von Familien zusammen mit dem Besitz oder/und der Zuständigkeit für Haus und Hof an die Nachfolgenden übergeben werden (Abb. 10) und dadurch zu sehr alten Freiraumbestandteilen heranwachsen können. Die positive Wirkung des Ergebnisses erfolgreich geschneitelter Gehölze ist in jedem Fall mit entscheidend dafür, dass die Pflege fortgeführt wird.

Abbildung 11: Ehemaliger Kugelahorn, der, ungeschnitten, Ersten Stock, Erdgeschoss und Eingang beschattet

Wenn einmal verstanden ist, wie die Pflege arbeitsökonomisch und baumerhaltend optimal erfolgen kann, dann ist sie lediglich unter Zuhilfenahme einer Leiter und einer Rosenschere am besten einmal jährlich leicht durchzuführen. Bei der

Pflege oder Korrektur ausgewachsener Bäumen mit frei entfalteter Krone ist das ganz anders. Hier sind Eigenheimbesitzerinnen und -besitzer häufig unsicher. Wenn sie die Bäume nicht fällen, dann delegieren sie die notwendig werdende Pflege lieber an externe Auftragnehmer. Das kann mit hohen Kosten verbunden sein und mit Sicherheitsrisiken, wenn die Eingriffe zu spät kommen oder zu große Schnittwunden die Baumgesundheit gefährden. Das führt zum letzten und nicht unwichtigsten Vorzug der geschnittenen Bäume in privater Zuständigkeit: Sie stellen kein Sicherheitsrisiko dar, zum einen weil sie statisch unbedenklich sind, zum anderen haben diese Bäume eine geringere Wurzelraumausdehnung.

Abbildung 12: Ahorn mit ehemals entfalteter Krone verhüllt den Hauseingang, weshalb er nachträglich in Form geschnitten wurde

Was Bäume aus privater Hand nicht bieten, ist ein einheitliches Straßenbild. Die Baumarten variieren auf privaten Grundstücken häufig ebenso wie der Pflanzort und die Pflegestrategie. Die Wirkung auf den öffentlichen Anteil in Straßen kann deshalb stark schwanken. Ginge die Verfügung über die Vegetationsausstattung des Straßenfreiraums ganz auf die Besitzer und Besitzerinnen angrenzender Grundstücke über, könnte es sein, dass nicht alle meliorativen Vorzüge von Vegetation, insbesondere der Schatten, auch einen Nutzen für den öffentlichen Anteil abwerfen (Abb. 10). Es wäre auch gar nicht sicher, ob überhaupt Bäume gepflanzt werden würden, weil neben privaten Vorlieben auch Abneigungen, z.B. gegen Laub- und Schattenwurf, bestehen. Bei der Planung von Baumpositionen ist folglich nicht nur die Klärung der Zuständigkeiten, sondern auch die der räumlichen, funktionalen und sozialen Folgewirkungen relevant.

Abbildung 13: Ehemaliger Kugel-Ahorn, der nachträglich für eine Durchfahrt „aufgeastet" wurde

VOM WIDERSTAND ZUR SELBSTBESCHRÄNKUNG

Der leitende Gedanke der Beuys-Baum-Aktion in den 1980er Jahren mit dem Motto „Stadtverwaldung statt Stadtverwaltung" war zunächst gegen die herrschenden Lebensbedingungen in der autogerechten und restriktiv verwalteten Stadt gerichtet, mit dem ausdrücklichen Ziel, dass überhaupt Bäume in den Straßen gepflanzt werden.[51] „Statt Stadtverwaltung" bedeutete aber auch eine Verlagerung der Zuständigkeit für die Stadtnatur von der Verwaltung auf die Nutzeenden. Davon ist aktuell in den Diskussionen der Kasseler Schule, z.B. im Notizbuch zu den Beuys-Bäumen von 2014[52], wenig geblieben. Die Verwaltung soll vielmehr als positive für die Bewohner agierende Institution in die Pflicht genommen werden.

„Das Zeichen, vom dem Beuys spricht, und die Absicht, ‚mitten ins Alltagsleben' zu pflanzen, setzt voraus, dass es einen Auftrag an die Verwaltung der Kommune – eine soziale, bürgerschaftliche Institution – gibt, die ihn treuhänderisch bearbeiten wird. Die Verwaltung ist weder autonom, noch arbeitet sie im Auftrag der politischen Verwaltung, erst recht nicht für Investoren, denen die Politiker die ‚Kommune' immer verkaufen wollen. Die ‚soziale Plastik', das ‚soziale Kunstwerk' kann nur wahr werden, wenn die Verwaltung im Auftrag der sozialen Institution Kommune tätig ist."[53]

Es wird also gar nicht mehr zwingend davon ausgegangen, dass die ‚Leute' ein Einsehen mit den Bäumen haben.[54] Letztendlich sollen sie der Verwaltung vertrauen können, wenn die ihre Arbeit richtig macht, weil von ihrer positiven Wirkung ausgegangen wird. Zur Realisierung wäre deshalb ein überindividuelles Bewusstsein für die Qualität von Freiräumen mit Baumdächern auf Seiten der Bevölkerung und der Verwaltung notwendig. Während aber bei Häusern zur Überzeugung sowohl auf bestehende Vorbilder für die relevanten Qualitäten als auch die tradierten Erfahrungen überindividueller Baustrukturierung verwiesen werden kann, ist die Qualität der hoch aufgeasteten öffentlichen Bäume vor allem eine prognostizierte.[55] Überindividueller Konsens ist hier v.a. über die Natürlichkeit der frei entfalteten Krone vorhanden, die aber im Freiraum die genannten Nebenwirkungen zeitigt. Der Verweis auf die geschnittenen Bäume im Straßenfreiraum

51 Vgl. N. Scholz/K.H. Hülbusch: Joseph Beuys, S. 51 ff.

52 Vgl. A. Blaß et al.: 7000 Eichen.

53 Ebd., S. 16.

54 Vgl. ebd., S. 19, 28; N. Scholz/K.H. Hülbusch: Joseph Beuys, S. 8.

55 Körner (Pariser Stadtbäume) berichtet von Beispielen aus Paris.

kann dagegen sowohl im privaten als auch im öffentlichen Anteil schon eher auf tradierte Vorbilder gestützt werden.

LITERATUR

AG Freiraum und Vegetation (Hg.): StadtbaumSchule. ,Vertrauliche Mitteilungen über Bäume' (= Notizbuch 38 der Kasseler Schule), Kassel: Eigenverlag 1996.

AG Freiraum und Vegetation (Hg.): Vom Gedeihen der ,7000 Eichen' (= Notizbuch 85 der Kasseler Schule), Kassel: Eigenverlag 2014.

Beekmann, Helena et al.: „Planen in unmöglichen Vorgaben. Der Garten zum Einfamiliengebäude", in: Arbeitsgemeinschaft Freiraum und Vegetation (Hg.), Licht und Schatten (= Notizbuch 58 der Kasseler Schule), Kassel: Eigenverlag 2004, S. 149-222.

Beekmann, Helena et al.: „Von gemeinen Hufen und extravaganten Blöcken und anderen Typen", in: Arbeitsgemeinschaft Freiraum und Vegetation (Hg.), Von ,Gemeinen Hufen' (= Notizbuch 64 der Kasseler Schule), Kassel: Eigenverlag 2003, S. 40-121.

Bellin, Florian: „Ein Stück Storkower Straße", in: Arbeitsgemeinschaft Freiraum und Vegetation (Hg.), Gagel, Speik und Wegerich (= Notizbuch 52 d. Kasseler Schule), Kassel: Eigenverlag, 1999, S. 153-169.

Bellin, Florian: „Zonierung. Haus und Hof", in: Arbeitsgemeinschaft Freiraum und Vegetation (Hg.), Licht und Schatten (= Notizbuch 58 d. Kasseler Schule), Kassel: Eigenverlag 2004, S. 176-184.

Bellin-Harder, Florian: Nachdenken über Stadtbäume. Unveröffentlichtes Vortragsmanuskript, Stammtisch der Arbeitsgemeinschaft Freiraum und Vegetation, Kassel 2010, S. 12.

Berger, Peter L./Luckmann, Thomas: Die gesellschaftliche Konstruktion der Wirklichkeit, Frankfurt a.M.: Fischer TB Verlag 1969.

Blaß, Anne et al.: „Vom Gedeihen der ,7000 Eichen', die Joseph Beuys von 1982 bis 1987 in Kassel pflanzte", in: Arbeitsgemeinschaft Freiraum und Vegetation (Hg.) (= Notizbuch 85 der Kasseler Schule), Kassel: Eigenverlag 2014, S. 9-163.

Blümel, Willi (Hg.): Die Straße als Mehrzweckinstitut, Speyer: Deutsches Forschungsinstitut für öffentliche Verwaltung 1997.

Böse, Helmut: Die Aneignung von städtischen Freiräumen. Beiträge zur Theorie und sozialen Praxis des Freiraums (= Arbeitsberichte des FB Stadtplanung und Landschaftspl, Heft 22), Kassel: Eigenverlag des Fachbereichs 1981.

Böse, Helmut/Schürmeyer, Bernd: „Die Freiräume der Straße oder die Straße als Landschaft?“, in: Arbeitsgemeinschaft Freiraum und Vegetation (Hg.), Nachlese Freiraumplanung (= Notizbuch 10 der Kasseler Schule), Kassel: Eigenverlag 1989, S. 136-160.

Böse-Vetter, Helmut et al.: Das Haus (= Notizbuch 80 der Kasseler Schule), Kassel: Eigenverlag AG Freiraum u. Vegetation 2013.

Grimm, Jacob/Grimm, Wilhelm: Wörterbuch der deutschen Sprache Band 27, München: dtv 1999 [Nachdruck].

Groener, Fernando/Kandler, Rose-Maria: 7000 Eichen – Joseph Beuys, Köln: Verlag der Buchhandlung Walther König 1987.

Gronemeyer, Marianne: Die Macht der Bedürfnisse, Reinbek: Rowohlt 1988.

Grundler, Hubert/Lührs, Helmut: „Straßenbegleitgrün in der Krise“, in: Arbeitsgemeinschaft Freiraum und Vegetation (Hg.), Vom Rand zur Bordüre (= Notizbuch 27 der Kasseler Schule), Kassel: Eigenverlag 1993, S. 1-99.

Hard, Gerhard: „Das Grünflächenamt und seine Zäune“, in: Uni Osnabrück 2 (1987), S. 27-29.

Hard, Gerhard: „Gärtnergrün und Bodenrente“, in: Arbeitsgemeinschaft Freiraum und Vegetation (Hg.), Hard-Ware (= Notizbuch 18 der Kasseler Schule), Kassel: Eigenverlag 1990, S. 251-272.

Hard, Gerhard: Spuren und Spurenleser. Zur Theorie und Ästhetik des Spurenlesens in der Vegetation und anderswo (= Osnabrücker Studien zur Geographie 16), Osnabrück 1995.

Harenburg, Bernd/Wannags, Ingeborg: Von Haustür zu Haustür. Organisationsformen und ihre Gebrauchsmerkmale, in: Arbeitsgemeinschaft Freiraum und Vegetation (Hg.), Von Haus zu Haus (= Notizbuch 23 der Kasseler Schule), Kassel: Eigenverlag 1991, S. 6-123.

Hülbusch, Inge M.: Innenhaus und Außenhaus. Umbauter und sozialer Raum (= Gesamthochschule Kassel Schriftenreihe OE 01), Kassel 1978.

Hülbusch, Karl H.: „Das wilde Grün der Städte“, in: Michael Andritzky/Klaus Spitzer (Hg.), Grün in der Stadt, Reinbek: Rowohlt 1981, S. 191-201.

Hülbusch, Karl H.: „Die Straße als Freiraum“, in: Stadt + Grün 4 (1996), S. 246-251.

Hülbusch, Karl H.: „Kartierung der Vegetation in Siedlungsgebieten“, in: Reinhold Tüxen (Hg.), Assoziationskomplexe (Sigmeten) (= Berichte d. Internat. Symposien d. Internat. Vereinigung f. Vegetationskunde), Vaduz: Cramer 1978, S. 321-362.

Hülbusch, Karl H.: „Morphologie und Organisation“, in: Arbeitsgemeinschaft Freiraum u. Vegetation (Hg.), Von Haus zu Haus (= Notizbuch 23 der Kasseler Schule), Kassel: Eigenverlag 1991, S. I-VIII.

Hülbusch, Karl H.: Zur Ideologie der öffentlichen Grünplanung, in: Andritzky, Michael/Klaus Spitzer (Hg.): Grün in der Stadt, Reinbek: Rowohlt 1981, S. 320-330.

Hülbusch, Karl H./Rothmaler, Valentin: „Kunst wächst manchen über den Kopf", in: Arbeitsgmeinschaft Freiraum und Vegetation (Hg.), Kunst wächst manchen über den Kopf (= Notizbuch 45 der Kasseler Schule), Kassel: Eigenverlag 1997.

Hülbusch, Karl H./Scholz, Norbert: Joseph Beuys – 7000 Eichen zur documenta 7 in Kassel. „Stadtverwaldung statt Stadtverwaltung". Ein Erlebnis- und gärtnerischer Erfahrungsbericht, Kassel: Kasseler Verlag 1984.

Jacobs, Jane: Tod und Leben großer amerikanischer Städte (= Bauwelt Fundamente 4), Berlin/Frankfurt a.M./Wien: Ullstein 1963.

Kaltenbrunner, Gerd-K.: Der schwierige Konservatismus, Herford/Berlin: Nicolai 1975.

Körner, Stefan: „Die Kasseler Schule", in: Schweiz. Gesellschaft für Gartenkultur (Hg.), Topiaria Helvetica, Zürich: vdf Hochschulverlag 2016, S. 61-70.

Körner, Stefan: „Pariser Straßenbäume und ein Rückblick auf eine alte Kontroverse mit neuen Akzenten", in: Pro Baum 1 (2015), S. 2-7.

Laudert, Doris: Mythos Baum, München: BLV 2001.

Machatschek, Michael: Laubgeschichten, Wien: Böhlau Verlag 2002.

Mannheim, Karl: „Das konservative Denken", in: Hans G. Schumann (Hg.), Konservatismus, Köln: Kiepenheuer & Witsch, S. 24-75.

McCay, Bonnie/Jentoft, Svein: „Unvertrautes Gelände: Gemeineigentum unter der sozialwissenschaftlichen Lupe", in: Andreas Diekmann/Carlo C. Jaeger (Hg.): Umweltsoziologie (= Kölner Zeitschrift für Soziologie u. Sozialpsychologie, Sonderheft 36), Opladen: Westdeutscher Verlag 1996, S. 272-291.

Moes, Georges: „Von großen zu kleinen Bäumen", in: Arbeitsgemeinschaft Freiraum und Vegetation (Hg.): StadtbaumSchule (= Notizbuch 38 der Kasseler Schule), Kassel: Eigenverlag 1996, S. 118-129.

Prinz, Claus: Untersuchungen zur Relevanz und ökonomischen Tragweite alternativer Pflegestrategien bei der Straßenbaumpflege. Unveröffentlichte Dissertation, Kassel 2016.

Schneider, Gerda: „Die Liebe zur Macht. Über die Reproduktion der Enteignung in der Landespflege", in: Arbeitsgemeinschaft Freiraum und Vegetation (= Notizbuch 15 der Kasseler Schule), Kassel: Eigenverlag 1989.

Schürmeyer, Bernd: „Arkadien an der Fulda", in: Arbeitsgemeinschaft Freiraum und Vegetation (Hg.): StadtbaumSchule (= Notizbuch 38 d. Kasseler Schule), Kassel: Eigenverlag 1996, S. 130-134.

Steinhäuser, Urta: „Planen für die Wechselfälle des Lebens“, in: Arbeitsgemeinschaft Freiraum und Vegetation (Hg.) (= Notizbuch 16 der Kasseler Schule), Kassel: Eigenverlag, S. 6-78.

ABBILDUNGEN

Abbildung 1: Erstmals veröffentlicht in: F. Bellin: Zonierung. Haus und Hof, S. 178

Abbildungen 2-13: Florian Bellin-Harder.

Nahezu unsichtbare Aneignung

Alltägliche Stadträume von Senioren

ANDREA BENZE UND ANUSCHKA KUTZ

Heutige Diskurse zur Aneignung urbaner Freiräume, die im Rahmen der Stadtentwicklung geführt werden, richten sich meist auf die aktive und temporäre Umgestaltung städtischer Freiräume durch zivilgesellschaftliche Initiativen.[1] Durch diesen Schwerpunkt besteht die Gefahr, dass Aneignung nur in einem sehr eingeschränkten juristischen Sinn verstanden wird und andere Formen der beiläufigen und alltäglichen Aneignung vernachlässigt werden. Aneignungskonzepte, die Aneignung als alltägliche und teilweise beiläufige Produktion und Weiterentwicklung einer vielfältigen urbanen Kultur verstehen, werden übersehen einhergehend mit dem Verschwinden von Orten, die diese Form der Aneignung ermöglichen.

Für die Bevölkerungsgruppe der Senioren ist die Gefahr, dass ihre Art der Raumaneignung übersehen wird, besonders hoch, da sie sich selten in lautstarken oder aktionistischen Initiativen im Stadtraum äußert. Das Gefühl, nicht oder viel zu wenig über die Art zu wissen, in der ältere Menschen die Stadt im erweiterten Sinn bewohnen, gab Anlass zur Durchführung der Pilotstudie „Urbane Portraits. Senioren, ihre Vorstellungswelten und die Stadt“[2], in der aus architektonischer, städtebaulicher und stadtforscherischer Perspektive der gelebte Raum von Senioren sowie ihre Raumproduktion untersucht wurden. Dieses geschieht vor dem

1 Vgl. studio UC: Urban Pioneers; L. Buttenberg/K. Overmeyer/G. Spars: Raumunternehmen.

2 Die Pilotstudie wurde während des gemeinsamen Stipendiums im Zeitraum an der Akademie Schloss Solitude von Andrea Benze und Anuschka Kutz 2013/1014 durchgeführt. Vgl. dies.: Urban Portraits. Seniors, their Worlds and the City.

Hintergrund einer relationalen Raumvorstellung.[3] Im Folgenden sollen Einsichten und Entdeckungen aus dieser Studie bezogen auf Erkenntnisse aus der Auseinandersetzung mit Theorien der Aneignung interpretiert werden.

„Urbane Portraits“ untersucht die Raumaneignung älterer Bürger hinsichtlich ihrer veränderten Situation nach dem Ende der Erwerbsarbeit, einer Lebensphase, die aufgrund fundamentaler Veränderungen wieder viele Aneignungsprozesse erforderlich macht. In der Studie wird untersucht, inwiefern Senioren in ihrem alltäglichen und beiläufigen Handeln auf ihre veränderte Stellung im städtischen und gesellschaftlichen Raum reagieren und wie sie in diesem agieren. Es wird deutlich, dass es auf der Ebene individueller Lebenswelten eine große Vielzahl von Lösungen oder Lösungsansätzen für die neuen Lebenslagen gibt, die sich allerdings nicht immer mit den Möglichkeiten decken, die im Stadtraum geboten werden. Individuelle Raumaneignungen werden durch Möglichkeiten im Stadtraum oft nicht unterstützt oder gefördert, so dass sich eine Diskrepanz zwischen Bedürfnissen und gesellschaftlichen Möglichkeiten feststellen lässt. Diese Diskrepanz wird besonders brisant, wenn man sich auf den im Aneignungskonzept formulierten unmittelbaren Zusammenhang zwischen individueller Aneignung und gesellschaftlicher Entwicklung beruft.

ANEIGNUNG: VIELFÄLTIGE WORTBEDEUTUNGEN

Der Begriff ‚Aneignung‘ hat im Deutschen mehrere Bedeutungen. Oft wird er synonym mit ‚Lernen‘ verwendet und bezeichnet das Aneignen von Kenntnisse oder Gewohnheiten. Dieses kann bis zur Verschmelzung der eigenen Person mit dem Angeeigneten gehen. Juristisch gesehen kann man sich herrenlose Gegenstände aneignen und sie danach besitzen.

3 Der Begriff Raumproduktion wird im Zusammenhang mit der Theorie zur Produktion des Raumes von Henri Lefebvre entwickelt in diesem Zusammenhang wird auch der Begriff gelebter Raum verstanden. Lefebvre bezieht sich mit seinem meta-philosophischen Ansatz zur Produktion des Raumes auf ein relationales Raumverständnis. Vergleiche hierzu A. Benze/A. Kutz: Senioren, ihre Vorstellungswelten und die Stadt. Aufklärung über die Raumproduktion im Alter. Und dies.: Behind the Scenes. Old Age in the City. In A. Benze: „Alltagsorte in der Stadtregion“ wird die Theorie zur Produktion des Raumes und ihre Bedeutung für die Untersuchung und Entwicklung des Stadtraumes ausführlich dargelegt, S. 55-70.

„Im strengen, d.h. juristischen Sinne bezeichnet ‚Aneignung' den *rechtmäßigen Erwerb des Eigentums an herrenlosen Sachen* (BGB §§958 ff.); im landläufigen Sinne steht dieser Ausdruck jedoch entweder für die *widerrechtliche Inbesitznahme einer Sache* oder für das *Sich-zu-eigen-machen* bzw. die Übernahme (fremder) *‚geistiger Gehalte'* (Erfahrungen, Kenntnisse, Fertigkeiten, Gewohnheiten, Anschauungen usw.)."[4]

Aneignung als rechtsphilosophisches Konzept bezieht sich auf herrenlose Sachen, die demjenigen als Eigentum zufallen, der sie als erster in Besitz nimmt und es wird weiter differenziert in ‚occupatio rei', dem bloßen Aufsammeln eines Gegenstandes und einer Formung und Bearbeitung des Gegenstandes als ‚formatio rei'.[5] Bezogen auf urbane Freiräume könnte man demgemäß zwischen Aneignung als Nutzung des öffentlichen Raumes und Nutzung eines öffentlichen Raumes und dessen (teilweise) Mitgestaltung oder Umgestaltung unterscheiden. Diese Mit- bzw. Umgestaltung kann innerhalb des geltenden rechtlichen Rahmens möglich sein oder widerrechtlich erfolgen bzw. sich in einem Grenzbereich abspielen.

ANEIGNUNG ALS PSYCHOLOGISCHES UND PÄDAGOGISCHES KONZEPT

Parallel zur rechtsphilosophischen Differenzierung gibt es ein pädagogisch-psychologisches Verständnis von Aneignung als Erwerb von Fähigkeiten durch die tatkräftige Auseinandersetzung mit der materiellen und symbolischen Umwelt. Hierbei wird Aneignung als wesentlicher Vorgang in der menschlichen Entwicklung verstanden.[6] „Aneignung meint sehr allgemein das Erschließen, Begreifen, aber auch Verändern, Umfunktionieren und Umwandeln der räumlichen und sozialen Umwelt."[7] Aneignung ist mit aktivem Handeln verbunden, erläutern die Pädagogen Ulrich Deinet und Christian Reutlinger. Es ist eine Auseinandersetzung mit der räumlichen, sozialen und kulturellen Umwelt. Das handelnde Subjekt macht sich diese Umwelt zu eigen und findet sich dabei auch gestaltend in ihr wieder bzw. kann sich dabei gestaltend in ihr wiederfinden. Aus der Perspektive der Aneignung ist die menschliche Entwicklung keine Anpassung des Menschen an die Umwelt, sondern es kann auch sein, „dass er [der Mensch] den Rahmen

4 Vgl. P. Keiler: Betrifft: ‚Aneignung', S. 103 (Herv. i.O.).

5 Vgl. ebd., S. 104-105.

6 Vgl. U. Deinet/C. Reutlinger: „Aneignung" als Bildungskonzept der Sozialpädagogik, S. 7.

7 U. Deinet/C. Reutlinger: Einleitende Grundgedanken, S.11.

seiner begrenzten Natur verlässt, dass er sich ihr nicht anpasst, weil er durch sie daran gehindert wird, den Reichtum echter menschlicher Züge und Fähigkeiten voll zu entfalten“[8].

Der Ursprung des psychologischen Aneignungskonzeptes liegt in der von Lev Semenovic Wygotski (1896-1934) begründeten „kulturhistorischen Schule der sowjetischen Psychologie“. Allerdings gibt es seitdem keine durchgängige theoretische Weiterentwicklung dieses Konzeptes, sondern darauffolgend unterschiedliche Perioden, in denen das Aneignungskonzept in verschiedenen historischen und gesellschaftlichen Kontexten wieder aufgegriffen und weiterentwickelt wurde.

Wygotski beschreibt den Vorgang der Aneignung das erste Mal aus psychologischer Perspektive. Seine Gedanken werden besonders durch die Arbeiten von Alexei Nikolajew Leontjew (1903-1979) weiterentwickelt. Dieser wird in den 1970ern in Deutschland vorwiegend von Klaus Holzkamp rezitiert, der Aneignung als Begriff innerhalb der von ihm begründeten „kritischen Psychologie“ weiterentwickelt. Nach Holzkamps Tod 1995 sind diese Theorien lange nicht aufgegriffen worden. Erst seit dem Beginn der 2000er-Jahre haben die Sozialwissenschaftler Ulrich Deinet und Christian Reutlinger sich systematisch mit Theorien zur Aneignung auseinandergesetzt und damit unterschiedliche Ansätze wie die der kulturhistorischen Schule und der kritischen Psychologie für die Pädagogik zugänglich gemacht. Damit werden sie den schillernden Facetten der Theorien zur Aneignung gerecht, welche sich nicht eindeutig und durchgängig auf eine Fachrichtung oder Denkschule reduzieren lassen. Interessant ist diese Auseinandersetzung, da es Deinet und Reutlinger gelungen ist, Verbindungen zwischen dem Leontjew'schen Konzept der Aneignung und gegenwärtigen sozialräumlichen Diskussionen zu erstellen, in denen Raum nicht mehr als Behälterraum – als feststehendes Gerüst in dem sich Handlungen lediglich abspielen – sondern als relationaler Raum verstanden und theoretisiert wird.

Eine besondere Form der Aneignung ist die Aneignung von Stadträumen. Deinet und Reutlinger fokussieren auf diesen interessanten Aspekt der Aneignung und entwickeln ein Konzept der ‚Raumaneignung‘, indem sie Verbindungen zu unterschiedlichen Theorierichtungen aufbauen, wie zu handlungsorientierten Ansätzen, der kulturhistorischen Schule, sozialökologischen sowie neueren raumsoziologischen und sozialräumlichen Ansätzen.

„Mit diesem Zugang verstehen wir [U. Deinet und C. Reutlinger, A.B., A.K.] die räumliche Umwelt nicht nur physisch-materiell über Artefakte und die gebaute gegenständliche Welt,

8 A.N. Leontjew: Probleme der Entwicklung des Psychischen, S. 232.

sondern vielmehr als eine vom Menschen unter bestimmten historischen Bedingungen in gesellschaftlichen Prozessen konstituierte soziale Welt, die sich ein Kind oder Jugendlicher genauso aneignen muss, wie konkrete Gegenstände."[9]

Diese Verbindung von Aneignungskonzepten zu neueren raumsoziologischen und sozialräumlichen Ansätzen, macht das Konzept der Raumaneignung in der Diskussion um die Entwicklung von Stadträumen besonders fruchtbar und aktuell. Innerhalb dieses Beitrags soll nun ein großer und in Teilen auch gewagter Bogen gespannt werden, in dem nicht nur versucht wird, die Entwicklung des Aneignungskonzeptes von Leontjew in der Psychologie bezogen auf die Entwicklung von Kindern bis zur Weiterentwicklung des Konzeptes als Raumaneignung von Deinet und Reutlinger in der Pädagogik bezogen auf die Konstitution von Bildungsräumen für Kinder und Jugendliche darzulegen, sondern auch die Erkenntnisse aus dieser Auseinandersetzung auf die Entwicklung und Gestaltung von Stadträumen mit besonderer Berücksichtigung von Senioren zu übertragen.

GEGENSTÄNDE ALS TRÄGER GESELLSCHAFTLICHER UND KULTURELLER BEDEUTUNG

Für Leontjew ist die Entwicklung des Kindes kein innerpsychischer Prozess, sondern eine tätige Auseinandersetzung mit seiner Umwelt als Aneignung der gegenständlichen und symbolischen Kultur.[10] Gegenstände sind hierbei Träger gesellschaftlicher und kultureller Bedeutungen. Der Begriff der Gegenstandsbedeutung steht daher im Mittelpunkt der materialistischen Aneignungskultur. Unter Bezugnahme auf den Begriff ‚Arbeit' von Karl Marx versteht Leontjew diese als produktive Tätigkeit, die den Menschen vom Tier unterscheidet. Beim Arbeiten werden sowohl materielle wie auch geistige Werte reproduziert und in ihrem Produkt fixiert:

„Was auf dem einen Pol – beim Individuum – in der Handlung, in der Bewegung zu Tage trat, wandelt sich auf dem anderen Pol – im Produkt – zu einer unbeweglichen Eigenschaft. Diese Umwandlung ist ein Prozess, in dessen Verlauf die menschlichen Fähigkeiten, die Errungenschaften der gesellschaftlich-historischen Entwicklung der Art ‚vergegenständlicht' werden."[11]

---

9 U. Deinet/C. Reutlinger: Tätigkeit – Aneignung – Bildung, S. 12.

10 Vgl. U. Deinet: Aneignung der Lebenswelt – Entwicklungsaufgabe der Teenies, S. 1.

11 A.N. Leontjew: Probleme der Entwicklung des Psychischen, S. 368.

Leontjev illustriert das mit Beispielen:

„In jedem von Menschen geschaffenen Gegenstand, sei es ein einfaches Werkzeug oder eine moderne elektronische Rechenmaschine, ist die historische Erfahrung der Menschheit enthalten. Zugleich sind in ihm die im Laufe dieser Erfahrung erworbenen geistigen Fähigkeiten verkörpert. Das gleiche gilt, vielleicht noch offensichtlicher, für die Sprache, für die Wissenschaft und die Kunst."[12]

„Für den Menschen ist ein Werkzeug nicht schlechthin ein Ding von bestimmter Form und mit bestimmten mechanischen Eigenschaften, sondern ein Gegenstand, in dem gesellschaftlich geschaffene Arbeitsverfahren und Arbeitsoperationen fixiert sind. [...] Die adäquate Beziehung des Individuums zum Werkzeug äußert sich darin, daß es sich (praktisch oder theoretisch) die in ihm fixierten Operationen aneignet und seine menschlichen Fähigkeiten daran entwickelt."[13]

Der Prozess der Aneignung besteht darin, die Bedeutung dieser Gegenstände durchaus im wörtlichen Sinn zu *begreifen* und sich die in den Gegenständen verkörperten menschlichen Erkenntnisse und Fähigkeiten *anzueignen*.[14] Leontjew unterscheidet hierbei zwischen gesellschaftlicher und persönlicher Gegenstandsbedeutung. Im Prozess der Aneignung wird somit eine Brücke zwischen persönlicher Lebenswelt und Gesellschaft gebaut. Darüber hinaus macht er einen wichtigen Unterschied zwischen Anpassung und Aneignung. Das Kind „passt sich seiner Umwelt nicht einfach an, sondern macht sie sich zu eigen, das heißt *es eignet sie sich an*"[15]. Im Gegensatz zur Anpassung kann Aneignung auch zu einer gestaltenden Veränderung der Lebenswelt führen.

12 Ebd., S. 368.

13 Ebd., S.232 f.

14 Deinet und Reutlinger verweisen auf die Nähe zu einem derzeit in der Stadtforschung häufiger aufgegriffenen Konzept der nicht-menschlichen Akteure, das von Bruno Latour im Buch „Das Parlament der Dinge" formuliert wird; U. Deinet/C. Reutlinger: Tätigkeit – Aneignung – Bildung, S. 13.

15 A.N. Leontjew: Probleme der Entwicklung des Psychischen, S. 369 (Herv. i.O.).

ANEIGNUNG ALS PRINZIP GESELLSCHAFTLICHER UND KULTURELLER ENTWICKLUNG

Aneignung wird immer im Spannungsfeld zwischen Individuum und Gesellschaft konzeptualisiert. Pestalozzi formuliert das bereits sehr eindeutig:

> „Soviel sahe ich bald, die Umstände machen den Menschen, aber ich sahe eben sobalde, der Mensch macht die Umstände, er hat eine Kraft in sich selbst, selbige Vielfalt nach seinem Willen zu lenken. So wie er dieses thut, nimmt er selbst Anteil an der Bildung seiner selbst, und an dem Einfluss der Umstände, die auf ihn wirken."[16]

Leontjew greift dieses Spannungsfeld auf und unterscheidet zwischen „sachlichen Gegenstandsbedeutungen" und „personalen Gegenstandsbedeutungen". Die sachliche Gegenstandsbedeutung, also die Art, wie ein Gegenstand gebraucht werden soll, seine Zweckbestimmung ist nach Leontjew im Gegenstand selbst ablesbar und sichtbar. Der Gegenstand ist durch menschliches Verhalten geprägt und beeinflusst dieses auch. Die personale Gegenstandsbedeutung schließt wiederum eine Auseinandersetzung mit der sachlichen Gegenstandsbedeutung ein. „Die sachliche und personale Seite dieser gegenständlichen Bedeutungsstrukturen stehen dabei in einer *relationalen* Beziehung, sie haben den Charakter der gegenseitigen Bedeutungszuweisung."[17]

Durch diese wechselseitige Beziehung zwischen „sachlichen Gegenstandsbedeutungen" und „personalen Gegenstandsbedeutungen" zeichnet sich Aneignung nicht nur dadurch aus, die sachliche Gegenstandbedeutung zu verstehen und in alltägliches Handeln einzubauen, sondern die personale Gegenstandbedeutung kann auch die sachliche Gegenstandbedeutung erweitern und verändern. In diesem Fall ruft individuelle Aneignung eine Veränderung der sachlichen Gegenstandsbedeutung hervor. Aneignung wird so zum Bestandteil und Motor gesellschaftlicher Entwicklung.

Die Fähigkeit zur Aneignung ermöglicht es dem Menschen, Erfahrungen und Erkenntnisse von einer Generation zur nächsten weiterzugeben und damit zu bewahren. Diese Fähigkeit hat der Mensch den Tieren voraus. Im Verlauf der Evolution kann der Mensch so schneller auf Veränderungen reagieren als Tiere, die

---

16 Pestalozzi in seinen „Nachforschungen über den Gang der Natur des menschlichen Geschlechts", 1938, S. 57 zitiert bei M. Winkler: Aneignung und Sozialpädagogik, S. 76.

17 K. Holzkamp: Sinnliche Erkenntnis, Frankfurt a.M.: Fischer Athenäum 1973, S. 146 zitiert bei K.-H. Braun: Raumentwicklung als Aneignungsprozess, S. 23 (Herv. i.O).

sich lediglich durch die Veränderung des genetischen Materials an neue Situationen anpassen können. Diese menschliche Eigenart bedingt, dass menschliche Kulturen im ständigen Wandel begriffen sind, stellt der Pädagoge Michael Winkler heraus und verweist auf Claude Levy-Strauss, der das untermauert, indem er zwischen „heißen" und „kalten" Kulturen unterscheidet. „Kalte Kulturen" beschreibt er als auf Konstanz ausgerichtete, deren Pädagogik hauptsächlich disziplinierende Ansätze verfolge. „Heiße Kulturen" befänden sich demgegenüber im ständigen Wandel und böten eine große Liberalität gegenüber Aneignung. Aus diesen Überlegungen schlussfolgert Winkler:

> „Damit zeigt sich, was Aneignung eigentlich bedeutet: Sie vollzieht sich als eine lebendige Praxis (oder auch als: Praxis des Lebens), indem ein sich verändernder Organismus mit dem sich verändernden ‚Organismus' der Kultur so vermittelt, dass hier wie dort neue Strukturen entstehen."[18]

Aneignung verändert demnach nicht nur die Person, die sich etwas aneignet, sondern über den Prozess der Aneignung ist auch der „Organismus" der Kultur in ständiger Veränderung. Übertragen auf die Raumaneignung würde das bedeuten, dass durch den Prozess der Aneignung auch neue Räume entstehen.

NÄHE ZU KONZEPTEN ZUM RELATIONALEN RAUM

Sowohl Braun[19] wie auch Deinet[20] arbeiten die theoretische Nähe des Aneignungskonzeptes zu einer historisch relationalen Raumtheorie, wie sie besonders von Martina Löw entwickelt worden ist, heraus. Löw versteht

> „Raum als eine relationale (An)Ordnung von Körpern, welche unaufhörlich in Bewegung sind, wodurch sich die (An)Ordnung selbst ständig verändert. Das bedeutet, Raum konstituiert sich auch in der Zeit. Raum kann demnach nicht der starre Behälter sein, der unabhängig von den sozialen und materiellen Verhältnissen existiert, sondern Raum und Körperwelt sind verwoben. Durch den Begriff der „(An)Ordnung" mit der hier gewählten

18 M. Winkler: Aneignung und Sozialpädagogik, S. 81.

19 Vgl. K.-H. Braun: Raumentwicklung als Aneignungsprozess, S. 24 f.

20 Vgl. U. Deinet: „Spacing", Verknüpfungen, Bewegung, Aneignung von Räumen – als Bildungskonzept sozialräumlicher Jugendarbeit; U. Deinet: Raumaneignung von Jugendlichen; U. Deinet: Einleitende Grundgedanken, U. Deinet: Raumaneignung als Bildung im Stadtraum.

Schreibweise wird betont, dass Räumen sowohl eine Ordnungsdimension, die auf gesellschaftliche Strukturen verweist, als auch eine Handlungsdimension, das heißt der Prozess des Anordnens, innewohnt."[21]

Nach dieser Definition befindet sich Raum in ständiger Veränderung. Er ist sowohl eine Vorgabe, die menschliche Handlungen beeinflusst, als auch Produkt menschlicher Handlungen. Raum entsteht nach Löw durch den Vorgang der Platzierung von Gütern und Personen durch Einrichten, Bauen und Positionieren im Verhältnis zu anderen Gütern und Personen. Diese Verhältnisse sind nicht ausschließlich geografischer oder geometrischer Natur, sondern drücken auch Sinnzusammenhänge aus. Auf diese Weise wird die Aneignung von Räumen immer ein sowohl materieller wie auch symbolischer Akt. Dieselben Orte können hierbei von unterschiedlichen Gruppen verschieden angeeignet werden und mit verschiedenen Handlungen und Bedeutungen belegt werden. Raumaneignung erfordert auch eine Syntheseleistung, die darin besteht, das Wahrgenommene, Erlebte und Vorgestellte zu einem inneren Raumbild zusammenzufügen. Der Vorgang der Aneignung ist also direkt mit der Erschaffung von Räumen verbunden. Diese Feststellung mag überraschend banal klingen. Doch es soll betont werden, dass mit Aneignung nicht nur die eingangs beschriebene landläufige Bedeutung des Wortes als widerrechtliche in Besitznahme gemeint ist, sondern es geht um die in pädagogisch-psychologischen Theorien beschriebenen alltäglichen und beiläufigen Aneignungsprozesse, die einen wesentlichen Beitrag zur Konstituierung von Persönlichkeit einerseits und gesellschaftlicher Kultur andererseits leisten.

Ist das Aneignungskonzept auf das Alter übertragbar?

Das Aneignungskonzept ist im Zusammenhang mit der Untersuchung der psychischen Entwicklung von Kindern entstanden. Allerdings ist der Vorgang der Aneignung – als konstitutiver Vorgang in der menschlichen Entwicklung – nicht auf die Kindheit begrenzt. Aufgrund der großen Veränderungen im Alter, insbesondere nach dem Ende der Erwerbstätigkeit, wird die Aneignung alltäglicher Räume und Orte für viele Senioren wieder zu einem wichtigen und oft sehr bewusst durchgeführten Prozess. Die Pädagogen und Altersforscher Lothar Böhnisch und Wolfgang Schröer beschreiben analog zu den Erfahrungen, die in der Pilotstudie „Urbane Portraits" gesammelt werden konnten, dass das Alter für die meisten zunächst als Bruch empfunden wird. Mit dem Ende der Erwerbstätigkeit tritt die

21 Vgl. M. Löw: Raumsoziologie, S. 131.

soziale Rolle, die man im Berufsleben erfüllte, in den Hintergrund. Zudem entfallen viele Routinen und Verpflichtungen, die zuvor den Alltag strukturiert hatten. Auch die Arbeit in der Familie und die Rolle, die man dort eingenommen hat, wandeln sich. Viele Senioren müssen sich einer bewussten Auseinandersetzung darüber stellen, wie sie ihre Zeit verbringen möchten und welchen Sinn sie ihrem jetzigen Leben geben wollen. Böhnisch und Schröer analysieren, dass mit dem Wegfallen der (beruflichen) Rolle, „Körperlichkeit wieder spürbar“ wird: „Räume müssen körperlich-territorial und in sozialen Netzwerken neu erschlossen werden.“[22] Neue Aneignungsprozesse werden erforderlich. In der Pilotstudie „Urbane Portraits“ wurde deutlich, dass Senioren hierbei nicht nur auf ihren Nahraum zurückgeworfen sind, sondern insgesamt ihre räumlichen Beziehungen umstrukturieren und neu organisieren müssen. Es wird sich zeigen, dass in dem Prozess der Neuverankerung der Stadtraum eine wichtige unterstützende oder auch verhindernde Rolle spielen kann. Die konzeptionellen Ideen zur Aneignung können allerdings nicht ohne weiteres und 1:1 vom Kind auf Senioren übertragen werden. Im Gegensatz zum Kind steht der alte Mensch nicht am Anfang und muss seine Persönlichkeit durch Aneignung erst herausbilden, sondern ist bereits ein reifer Mensch, der im Laufe seines Lebens seine Identität erworben hat. Böhnisch und Schröer beschreiben den Aneignungsprozess im Alter als doppelten und ineinander verschränkten, zwischen mentaler Wiederaneignung der eigenen Biografie und körperlicher Aneignung des physischen Nahraumes wie der virtuellen Welt der Medien.[23] Der Verlust der beruflichen Rolle und damit verbundener gesellschaftlicher Stellung, kann zu Brüchen in der Biografie führen, eine Wiederaneignung der alltäglichen Lebenswelt erforderlich machen und zur Neudefinition oder Veränderung der Definition der eigenen Identität führen. Unter „Biografisierung des Alters“ verweist Böhnisch darauf, dass es keine festen Rollenzuweisungen für ältere Menschen mehr gibt, sondern sich jeder in der Situation befindet, die eigene Rolle im Alter selber zu definieren. Diese Tatsache kann sowohl als Freiheit als auch als Zwang wahrgenommen werden.[24]

22 L. Böhnisch/W. Schröer: Soziale Räume im Lebenslauf – Aneignung und Bewältigung, S. 5.

23 Vgl. ebd., S. 5.

24 B. Pichler: Autonomie im Alter, S. 57 ff. und S. 65 ff.

VON ANEIGNUNG ZUR RAUMANEIGNUNG

Deinet und Reutlinger haben mit ihren Überlegungen zur „Raumaneignung" Aneignung als Konzept weiterentwickelt, dabei die Aneignung von Räumen und Stadträumen in den Mittelpunkt gestellt und eine Vielzahl von theoretischen Arbeiten zur Aneignung zu einem für die gegenwärtige Gesellschaft anwendbaren Konzept synthetisiert. Sie entwickeln unterschiedliche „Dimensionen der Aneignung"[25], um das Aneignungskonzept – das ursprünglich in der Psychologie entstanden ist – für stadträumliche pädagogische Untersuchungen über Kinder und Jugendliche anwenden zu können. Im Folgenden soll getestet werden, wie diese Dimensionen für die Untersuchung der Raumaneignung von Senioren verwendet werden können.

Aneignung als Erweiterung motorischer Fähigkeiten

Zu Beginn des Lebens werden motorische Fähigkeiten an sehr einfachen und alltäglichen Gegenständen erprobt, wie zum Beispiel bei der Handhabung des Löffels. Darüber hinaus gibt es auch für Jugendliche und Erwachsene noch einige Gegenstände, deren Handhabung angeeignet werden kann. Denkt man an den sich immer schneller vollziehenden technischen Fortschritt, ist es kontinuierlich erforderlich, sich die Handhabung von neuen Gegenständen anzueignen. In diesem Sinn ist es eine Dimension der Aneignung, die für Senioren hochgradig relevant ist.

Aneignung als Erweiterung des Handlungsraumes

Innerhalb von sozialökologischen Modellen wird eine Vergrößerung des Handlungsraumes von Heranwachsenden mit dem Modell konzentrischer Kreise beschrieben, von denen im Lauf des Erwachsenwerdens immer weitere erobert werden. Senioren haben bereits einen Handlungsraum, der sich aber mit dem Ende der Erwerbstätigkeit bzw. der aktiven Familienarbeit verändert. Soll sich der Handlungsraum nicht durch den Wegfall von Verpflichtungen verkleinern, sind aktive Schritte nötig. Durch diese Umorientierung kann sich der Handlungsraum im Einzelfall auch vergrößern. In jedem Fall ist ein kontinuierlicher Aneignungsprozess erforderlich.

---

25 Ulrich Deinet entwickelt die Dimensionen der Aneignung in seiner Publikation „Vom Aneignungskonzept zur Activity Theory" in mehreren Kapiteln. Innerhalb dieses Textes können sie nur sehr kurz zusammengefasst wiedergegeben werden.

Aneignung als Veränderung von Situationen

Situationen sind „räumlich zeitliche Handlungseinheiten“[26]. „Situationen stellen Ausschnitte der Lebenswelt dar und können als Einheiten der subjektiven Erfahrung von Welt und Wirklichkeit beschrieben werden.“[27] Deinet bezieht sich in seiner Theorie des Begriffs „Situation“ auf den Soziologen Jürgen Markowitz. Dieser beschreibt eine Situation als „Möglichkeitsbereich“ und „selektiven Prozess zwischen System und Umwelt“[28]. Für Makrowitz sind Situationen durch einen Horizont und ein Thema gekennzeichnet. „Nicht durch irgendwelche Randbedingungen wird eine Situation definiert, sondern nur durch ein Thema der Handlung.“[29] Der Horizont einer Situation „wird gebildet von Objekten, denen momentan keine Selektivität zukommt, die aber dennoch mit Aufmerksamkeit besetzt werden, weil sie die aktuelle Selektivität erst ermöglichen“[30]. In dieser Dimension der Aneignung wird ihr Bezug zu relationalen Raumvorstellungen besonders deutlich. Ein aus Situationen bestehender Aneignungsraum ändert sich nicht vorrangig durch Veränderungen der Morphologie, sondern durch Bedeutungsveränderungen und Veränderungen der Handlungszusammenhänge.

Kinder und Jugendliche verändern Situationen häufig spielerisch. Deinet schildert ein Beispiel aus der Jugendarbeit: Um einen bestimmten Gegenstand zu erstellen, wurden von Pädagogen Werkzeuge bereitgehalten. Die Jugendlichen interpretierten die Situation für sich um, indem das eigentliche Ziel, den Gegenstand zu erstellen, für sie nicht mehr das Thema ihrer Handlungen war, sondern die Betätigung und Aneignung der Handhabung der Werkzeuge an sich. In der Pilotstudie wird deutlich, dass bei Senioren diese Dimension der Aneignung zunächst unauffälliger, doch bei genauem Hinsehen widerständiger stattfindet. Zum Beispiel werden funktional ausgerichtete Orte zum nicht zielgerichteten Aufenthalt umgenutzt. Obwohl dieses Verhalten nicht mit baulich räumlichen Veränderungen verbunden ist, eröffnet es eine interessante Dimension für den Stadtraum. Aneignung führt hier zur Neuinterpretation von Orten. Für Architekten und Städtebauer stellt sich die Frage, wie bauliche Voraussetzungen für Situationen mit einem großen Möglichkeitsbereich geschaffen werden können.

---

26 U. Deinet: Vom Aneignungskonzept zur Activity Theory, S. 47.

27 Bernhard Haupt: Situation – Situationsdefinition – soziale Situation, Frankfurt: Peter Lang Verlag 1984, S. 26 zitiert nach U. Deinet: Vom Aneignungskonzept zur Activity Theory, S. 47.

28 U. Deinet: Vom Aneignungskonzept zur Activity Theory, S. 47.

29 Jürgen Markowitz: Die soziale Situation, Berlin: Suhrkamp 1979, S. 171 zitiert nach U. Deinet: Vom Aneignungskonzept zur Activity Theory, S. 48.

30 J. Markowitz: Die soziale Situation, S. 107 zitiert nach ebd., S. 48.

Aneignung als Verknüpfung von Räumen

Diese Dimension der Aneignung bezieht sich auf eine durch Mobilität und vielfältige Kommunikationsmöglichkeiten entstandene und weitgehend verinselte Lebenswelt, die nicht nur das Leben von Kindern und Jugendlichen charakterisiert. Verschiedene Raumvorstellungen und Rauminseln müssen verknüpft und dadurch angeeignet werden. Für ältere Menschen werden auf Mobilität beruhende, verinselte Lebenswelten zunehmend zu einem fragilen und gefährdeten Konstrukt. Böhnisch und Schröer formulieren, dass in dieser Situation Körperlichkeit wieder stärker spürbar wird. Es lässt sich allerdings feststellen, dass deswegen nicht umgehend mit vorhandenen Erwartungen an die Umwelt und bisherigen Lebensgewohnheiten gebrochen wird. Dieses ist oft auch gar nicht so einfach möglich, wie z.B. eine Verlegung des Wohnortes. Auch Senioren bauen ihre alltägliche Lebenswelt aus der Verknüpfung einzelner Inseln auf. In der Darstellung der Pilotstudie „Urbane Portraits“ wird sich zeigen, dass diese Verinselung nicht nur offensichtliche Nachteile hat, sondern auch mit Vorteilen verbunden ist.

Aneignung als Spacing

Spacing ist als ein *sich Positionieren* zu verstehen. Bezogen auf Jugendliche ist die Art und Weise gemeint, wie sie ihr räumliches Verhalten inszenieren und wie sie entsprechend selber im Stadtraum wahrgenommen werden wollen. Durch „gegenkulturelle Räume“[31] erzeugen Jugendliche ihre eigene Sichtbarkeit. Spacing ist das „eigentätige Schaffen von Räumen“ und eine „erweiterte Form der Aneignung“.[32] Auch Senioren betreiben Aneignung als Spacing, doch ihre Vorgehensweise und ihre Zielsetzung unterscheiden sich von der der Jugendlichen diametral. Die angestrebte Position der Senioren ist Zugehörigkeit zur Gesellschaft. Das bedeutet, teilzuhaben ohne aufzufallen. Vor dem Hintergrund, dass die meisten älteren Menschen vor dem Ruhestand über ihren Beruf oder ihre Aufgaben in der Familie fest in die Gesellschaft eingebunden waren und diese Position mit dem Eintritt in den Ruhestand in Frage gestellt wird, ist ihr Vorgehen verständlich. Es stellt sich die Frage, wie Ältere in die heutige auf Produktivität und Erwerbsarbeit ausgerichtete Gesellschaft integriert werden können. Stadträumliche Qualitäten können dabei keine Integration bewirken, sie aber unterstützen oder verhindern. Gesellschaftliche und kulturelle Untersuchungen müssen daher dringend um morphologische Aspekte erweitert werden.

31 U. Deinet: Vom Aneignungskonzept zur Activity Theory, S. 71 und U. Deinet: Spacing, S.185 f.

32 U. Deinet: Vom Aneignungskonzept zur Activity Theory, S. 71.

SPANNUNGSFELD ZWISCHEN ERMÖGLICHUNG UND VERHINDERUNG INTENTIONALER RAUMANEIGNUNG

Es ist augenfällig, dass die gesellschaftlichen Bedingungen Aneignungstätigkeiten von Individuen unterstützen können oder diesen zuwiderlaufen. Oft ist dies mit dem individuellen Einverständnis oder Widerstand gegen gesellschaftlich vorherrschende Raumaneignungen verbunden. Den Gegenbegriff zu Aneignung definiert der Pädagoge Karl-Heinz Braun allerdings nicht als Widerstand, sondern als „Enteignung", also als strukturellen Ausschluss von allen relevanten Formen der gesellschaftlichen Teilhabe.

Gegenseitige Wechselwirkungen zwischen physischem Raum und gesellschaftlich-kulturellem Handeln werden verstärkt, wenn die Möglichkeit besteht, dass zukünftige Nutzer an der physisch räumlichen Entwicklung beteiligt werden. So können gesellschaftliche, gemeinschaftliche und individuelle Aneignungsprozesse gefördert werden. Umgekehrt können räumliche Aneignungsprozesse auch eingeschränkt werden; z.B. setzt der Wohnraum, den man sich noch leisten kann, der eigenen Entfaltung und Aneignung zu enge Grenzen. Diese Begrenzung der Aneignungsmöglichkeiten kann teilweise bis zur Entmündigung gehen.[33] Sieht man sich manche Architekturen von Seniorenwohnheimen an, wird dieser Sachverhalt in drastischer Weise offenkundig. Doch auch im Stadtraum kann der Ausschluss bestimmter Gesellschaftsgruppen ablesbar werden.

> „Diese Spannungen zeigen sich auch in der milieuspezifischen Raumnutzung, wenn z.B. die Ausgeschlossenen und ‚Überflüssigen' (seien es nun depravierte Jugendliche, Langzeitarbeitslose oder alte Menschen) zunehmend unsichtbare Sozialräume ausbilden müssen, weil sie von der physischen, perzeptiven und emotionalen Besetzung des öffentlichen Raumes und der Kommunikation in ihm ausgeschlossen werden – und als Antwort darauf unerkennbare eingeschlossene Räume als Formen ihrer (Über-)Lebenswelten entwickeln."[34]

Der Ausschluss von Bevölkerungsgruppen an gesellschaftlicher Teilhabe wird besonders in alltäglichen Raumnutzungen ablesbar. Die Möglichkeit, sich die alltägliche Lebenswelt aneignen zu können, kann als wichtiger Aspekt der Stadtentwicklung sowie als kulturelle und soziale Triebkraft gar nicht unterschätzt werden. Zugängliche Orte – auch wenn sie im Alltag nur sehr kleine und temporäre Möglichkeiten zur Aneignung bieten – können einen wesentlichen Beitrag zur Integration von marginalisierten Bevölkerungsgruppen leisten. Suzanne Hall weist

33 K.-H. Braun: Raumentwicklung als Aneignungsprozess, S. 25 f.

34 Ebd., S. 29.

beispielsweise in ihrer Forschungsarbeit über multikulturelles Zusammenleben in der Londoner Walworth Road nach, dass einzelne Läden sehr integrative Orte sein können. Die dort täglich stattfindenden Gesprächssituationen unter Vertrauten tragen zum gegenseitigen Verständnis unterschiedlichster Bewohner und zum Erlernen des Zusammenlebens mit Anderen bei.

„I argue for the recognition of the ordinary combinations of life and livelihoods in mixed neighbourhoods as spaces of social value where individual imaginations and social skills, test and alter the routines of everyday urban life. [...] The recognition of contact as a form of learning about difference requires a disaggregated view: a greater commitment to observing actual everyday life, and willingness to acknowledge the variability and plurality of informal memberships engaged in the small meeting spaces of the city."[35]

URBANE PORTRAITS – MOMENTAUFNAHMEN

In der Pilotstudie „Urbane Portraits" werden alltägliche" Details untersucht und die Raumaneignung von Senioren im städtischen Kontext nahezu forensisch portraitiert. Da die Orte von Senioren im Stadtbild wenig ablesbar sind, beginnt die Untersuchung mit Interviews einzelner älterer Bürger und erforscht zunächst individuelle Taktiken zur Raumaneignung. Die Studie zielt auf eine detaillierte qualitative Untersuchung ähnlich einer ethnografischen Untersuchung, denn nur so werden schwache und erfindungsreiche Momente des menschlichen Lebens sichtbar. Vorstellungen, die in der Theorie klar und eindeutig erscheinen, werden innerhalb der komplexen Lebensumstände und Räumlichkeiten in der Stadt in einer viel größeren Vielgestaltigkeit wahrgenommen.[36]

Die komplexen und unter Umständen widersprüchlichen und feinkörnigen Untersuchungsergebnisse wurden als „Urbane Portraits" mit detaillierten Texten und Kartierungen dargestellt. Im Gegensatz zum linearen Text erlauben Zeichnungen die gleichzeitige Darstellung unterschiedlichster Vorgänge. Einzelne räumliche Situationen werden so zu Momentaufnahmen verdichtet und nicht reduziert. In Anlehnung an die „Miniaturen" in Walter Benjamins Stadtbeschreibungen[37] – hier allerdings sprachliche Bilder – und analog zu der von Kathrin Wildner beschriebenen Methode des „Picturing" werden „einzelne Momentaufnahmen von räumlichen Situationen, alltäglichen Ereignissen und Begegnungen

35 S. Hall: City, Street and Citizen, S. 109.

36 Vgl. hierzu auch S. Hall: City, Street and Citizen, S.13 f.

37 Vgl. zum Beispiel W. Benjamin: Berliner Kindheit um neunzehnhundert.

zunächst als einzelne Bilder beschrieben und im weiteren zu einem vielstimmigen und komplexen Bild der Stadt zusammengefügt“[38].

Trotz des sehr persönlichen Ausgangspunkts der Untersuchung sind räumliche Themen und Phänomene sichtbar geworden, die weit über sich hinausweisen. Einige Taktiken der Raumaneignung sollen im Folgenden vorgestellt werden. Die Frage nach den Möglichkeiten ein Gefühl der Zugehörigkeit zu entwickeln und nach Orten der Teilhabe am urbanen Leben steht dabei im Vordergrund.

EINSCHNITTE IM ALTER, DIE EINE (WIEDER)ANEIGNUNG DES RAUMES ERFORDERLICH MACHEN

Es wurde bereits vom Bruch gesprochen, den ältere Menschen nach dem Ende der Erwerbstätigkeit erleben. Auch philosophisch betrachtet ändert sich ihre Lage fundamental:

> „Unsere gewisseste Zukunft ist der Tod. Im Alter wird diese Zukunft immer aufdringlicher. Aber der Tod ist jene Zukunft, die besiegelt, dass wir keine Zukunft mehr haben. Zum Alter – der Lebensperiode des Zukunftsschwundes – gehört, dass es uns – aus zunehmendem Mangel an Zukunft immer schwerer fällt, Zukunftsillusionen zu entwickeln und aufrechtzuerhalten.“[39]

Philosophisch kann daraus gefolgert werden, dass wir Wahrheiten radikaler sehen können. Thomas Rentsch spricht vom „Altern als Werden zu sich selbst“ und sieht darin ein großes Potenzial.[40] Bezogen auf das alltägliche Leben nimmt die Gegenwart eine große Bedeutung ein. Der Alltag und die Freude an alltäglichen Situationen ist für viele ein sehr wichtiger Bestandteil ihrer Lebensqualität. Zum Einschnitt durch das Ende der Erwerbstätigkeit kann auch eine spürbare Einschränkung der Mobilität bis zur (möglichen) Immobilität treten.

Darüber hinaus ist die Lebensqualität älterer Bürger sehr stark vom gesellschaftlichen Kontext abhängig. Eine gesellschaftlich abgetrennte Lebensphase des Alters weist auf eine schlechte Lebensqualität in der letzten Lebensphase hin. Simone de Beauvoir analysiert das in ihrem in vielen Teilen noch immer hochaktuellen Buch „Das Alter“ und stellt zusammenfassend fest: „Das Leben behält einen Wert, solange man durch Liebe, Freundschaft, Empörung oder Mitgefühl am

---

38 K. Wildner: Picturing the City, S. 18.

39 O. Marquard: Theoriefähigkeit des Alters, S. 207.

40 Vgl. T. Rentsch: Altern als Werden zu sich selbst.

Leben der anderen teilnimmt. Dann bleiben auch Gründe, zu handeln oder zu sprechen."[41]

Alltagspraktisch und bezogen auf den materiellen Raum verändert das Ende der Erwerbstätigkeit in der Regel grundsätzlich das Verhältnis zwischen Zuhause, verstanden als die eigene Wohnung und der Stadt, insbesondere ihrer urbanen Freiräume. Während man früher zur Arbeit das Haus verlassen musste und Pflichten und Erledigungen die alltäglichen Wege bestimmten, kehrt sich das Verhältnis im Alter um. Zuhause ist nicht mehr mit einem Moment der Erholung vom anderen umfassenderen anstrengenden Leben verbunden, sondern – ganz deutlich gesagt – man sitzt zu Hause, wenn man nichts macht. Draußen sein kann jetzt Erholung vom Zuhause sein bieten. Die Gründe das Haus zu verlassen beruhen zum größten Teil auf eigener und freiwilliger Initiative.

Genauso ist es mit der Gliederung der Zeit. Ein aufgezwungener Rhythmus entfällt. Die Aufteilung der Zeit fällt jetzt in den eigenen Verantwortungsbereich. Es liegt sehr nah, dass unter diesen Bedingungen die alltäglichen Räume individuell neu angeeignet werden müssen. Die persönliche Wahrnehmung alltäglicher Orte und ihre Bedeutung wandeln sich.

Wie genau ältere Menschen mit diesen Veränderungen umgehen und welche Taktiken sie entwickeln, Raum und Zeit für sich neu zu strukturieren, wurde in der Pilotstudie „Urbane Portraits" anhand von 18 leitfadengestützten Interviews mit unterschiedlichen älteren Menschen in Stuttgart untersucht. Mit sieben von ihnen haben wir zusätzlich gemeinsame Spaziergänge unternommen. Alle im Folgenden beschriebenen Taktiken zielen auf eine Teilhabe am gesellschaftlichen Leben.

TAKTIK DER SELBSTVERWURZELUNG

Frau Eisenkraut[42], 65 Jahre, lebt in WG, getrennt lebend, Akademikerin, zwei Kinder

Frau Eisenkraut hat nach dem kürzlichen Ende ihrer Erwerbstätigkeit ihren Handlungsraum bewusst umstrukturiert. Sie spricht sehr offen über die Verunsicherung und die Kraft, die es kostet, sein Leben neu zu strukturieren und auszufüllen. Bevor sie eventuell körperlich dazu gezwungen sein wird, hat sie sich sehr bewusst für ein Leben in ihrem Stadtteil entschieden. Hier verbringt sie die meiste Zeit und beteiligt sich an Veränderungen. Sie versucht alles in ihrem Alltagsleben zu Fuß

41 S. de Beauvoir: Das Alter, S. 708.

42 Alle Namen sind geändert worden.

oder mit dem Fahrrad im Stadtteil zu verrichten. Gibt es ein Angebot nicht, denkt sie darüber nach, es selber zu gründen. Der gemeinsame Spaziergang mit Frau Eisenkraut hat – obwohl alle sehr gut zu Fuß waren – bei einer Länge von ungefähr 500 Metern über zwei Stunden gedauert, eingeschlossen war ein spontaner Besuch bei einer Freundin. In dieser selbstgemachten Nachbarschaft verknüpft die Seniorin private und öffentliche (Frei-)Räume. Die Wohnungen von Freunden und Freundinnen gehören ebenso zur Nachbarschaft wie Straßen, Plätze und Läden. Die Nachbarschaft ist auch in ihre Wohnung eingezogen, in der sie Zimmer untervermietet, teilweise zum Wohnen und teilweise an Dienstleistende. Frau Eisenkraut hat sich ihr Lebensumfeld nicht nur durch die Umstrukturierung ihrer Handlungsräume neu angeeignet, sondern auch durch die Veränderung von Situationen. Ihr Entschluss, ihre räumliche Nachbarschaft zu ihrem Lebensumfeld zu machen, hat zu einer Bedeutungsverschiebung geführt. Während sie vorher Angebote nur zu funktionalen Zwecken benutzte, begreift sie diese jetzt als Teil ihrer Lebenswelt, die sie auch aktiv gestaltet. Die Nachbarschaft ist Lebensumfeld und wird sinnstiftend zugleich.

In diesem Zusammenhang genießt Frau Eisenkraut ‚unverbindliche Orte' in ihrem Quartier und macht uns auf ihre Potenziale aufmerksam. Aufgrund räumlicher Enge sind Bushaltestellen oftmals umringt von den Auslagen der Geschäfte, wie Zeitungsständer, Bistrotische oder Blumenauslagen. Diese Überschneidungen bieten die Möglichkeit, sich sehr unverbindlich dort aufzuhalten. Man sieht nur nach den Blumen, informiert sich über den Bus, wartet bis der nächste kommt, und geht aber doch wieder einfach so weg. Oder: Während man auf den Bus wartet, redet man mit jemandem am Bistrotisch etc. Auch in anderen Gesprächen wurde von Beispielen berichtet, in denen funktional ausgerichtete Orte zum nicht zielgerichteten Aufenthalt umgenutzt werden. Die 84jährige Frau Flieder berichtet, dass sie beispielsweise den Bereich hinter der Kasse im Supermarkt, an dem heute oft Pinnwände mit Kleinanzeigen angebracht sind und Bänke zum Einpacken der Waren stehen, häufig zum Verweilen nutzt.

Insgesamt schafft sich Frau Eisenkraut ein eng geknüpftes lokales Netzwerk und verankert sich buchstäblich selber in ihrer Nachbarschaft. Innerhalb des eigentlich relativ begrenzten geografischen Raumes, der für sie die Nachbarschaft ist, entstehen unterschiedliche Bedeutungsebenen, die Qualität des städtischen Umfeldes intensiviert sich und neue Möglichkeiten, die Nachbarschaft zu nutzen, werden sichtbar.

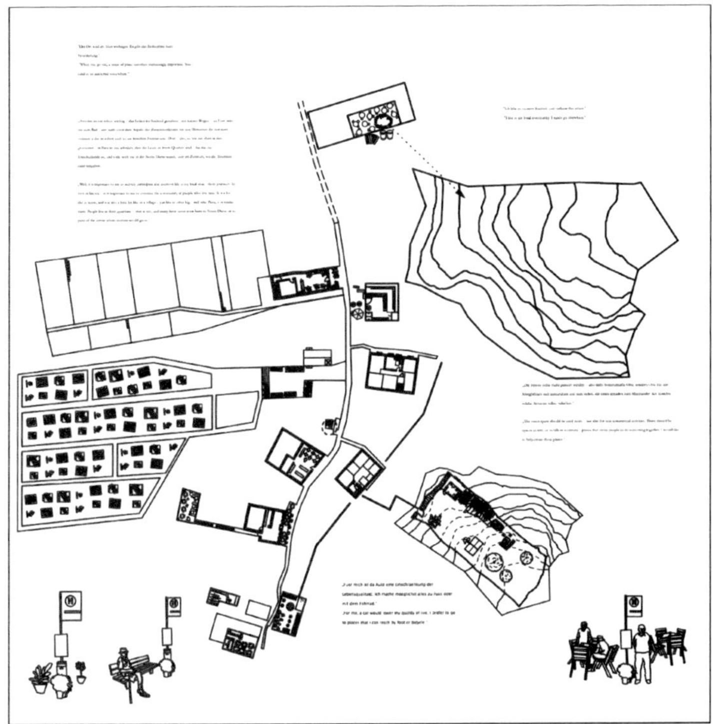

Abbildung 1: Urbane Portraits: Taktik der Selbstverwurzelung, Frau Eisenkraut

Herr Birke, 70 Jahre, verheiratet, Akademiker, vier Kinder

Herr Birke geht einen anderen Weg. Er ist mit seiner Frau vorsorglich in eine Wohnanlage gezogen, die auch betreutes Wohnen zulässt. Nachdem er bei seiner Mutter erleben musste, wie es ist, wenn man sich zu spät entscheidet und die letzten Jahre in einem Pflegeheim lebt, das man sich nicht selber ausgesucht hat und das man sich nicht mehr aneignen konnte, möchte er es anders machen. Nach dem Umzug verbringen er und seine Frau ihre Zeit damit, sich ein Netzwerk aus Bekannten und unterschiedlichen Freizeitaktivitäten aufzubauen. Ausgehend von ihrem Wohnort besuchen sie unterschiedliche Aktivitäten. Häufig treten die Orte, die aufgesucht werden, stadträumlich nicht in Erscheinung, sondern liegen versteckt in den Räumlichkeiten von Institutionen. Ein Teil der Aktivitäten ist mit dem Landschaftsraum verbunden und umfasst sowohl nahegelegene Joggingstrecken wie auch weiter entfernte Ausflugsziele. Urbane Freiräume als Aufenthaltsräume spielen in ihrem Alltag keine Rolle. Die Aneignung ihrer neuen Lebenswelt geschieht als Neuerfindung der Handlungsräume und in der Verknüpfung von Räumen innerhalb einer neuen teilweise verinselten Lebenswelt.

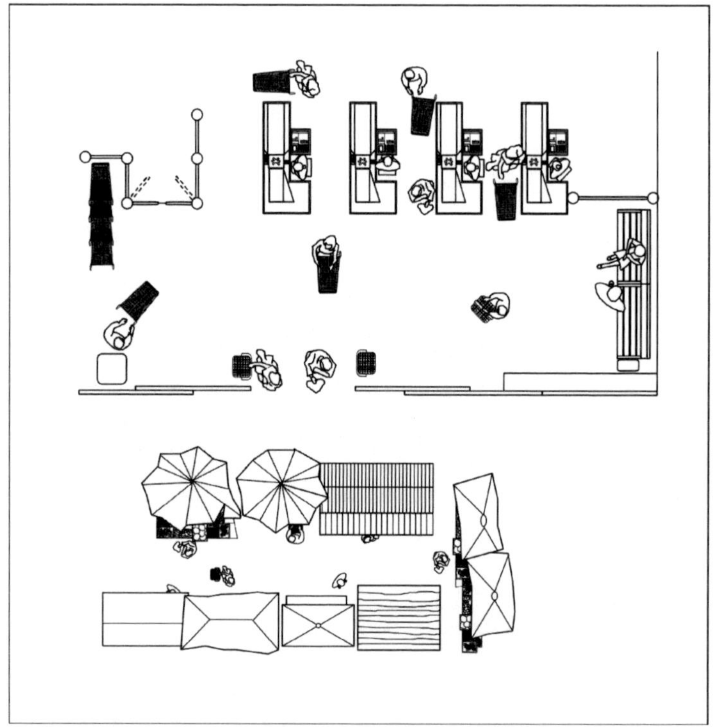

Abbildung 2: Urbane Portraits: Unverbindliche Orte, Frau Flieder

Die Taktik der Selbstverwurzelung beruht darauf, sich ausgehend vom Wohnort einen neuen Handlungsraum anzueignen. Im Fall von Frau Eisenkraut ist die persönliche Aneignung der Stadträume zum Teil ganz direkt mit ihrer Veränderung und damit einer gesellschaftlichen Veränderung des Stadtteils verbunden. Sie verändert Situationen und eignet sich so unterschiedliche Orte immer detaillierter an. Das Ehepaar Birke schafft sich durch ihre Selbstverwurzelung vorrangig eine private Lebenswelt unter Freunden und Bekannten. Sie verknüpfen unterschiedliche Orte zu einem um ihren Wohnort zentrierten Netz.

TAKTIK DER VERSCHOBENEN NACHBARSCHAFT

Die Taktik der verschobenen Nachbarschaften scheint auf den ersten Blick der Taktik der Selbstverwurzelung unterlegen. Sie ist ein fragiles Konstrukt, da sie sehr stark von individueller Mobilität abhängig ist. Bei genauerer Betrachtung hat sie jedoch auch Vorteile. Mit der Taktik der verschobenen Nachbarschaft eignen sich Senioren Räume durch eine Veränderung der Situation an. Sie verbringen ihren Alltag weit vom Wohnort entfernt. Ankerpunkte sind oft Institutionen, die im urbanen Freiraum kaum wahrnehmbar sind. Von diesen Institutionen ausgehend wird ein Netz aus alltäglichen Handlungen gesponnen.

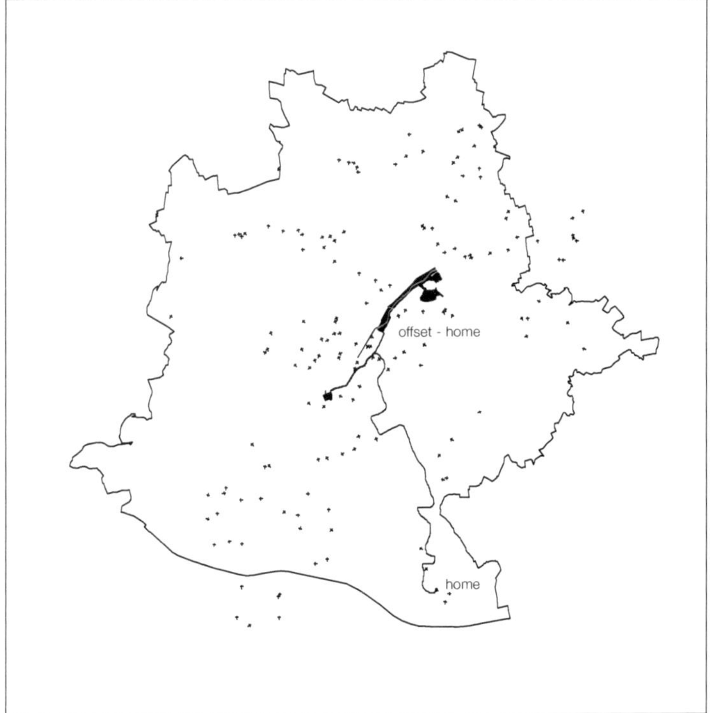

Abbildung 3: Urbane Portraits: Taktik der verschobenen Nachbarschaft, Frau Rose

Frau Rose, 79 Jahre, geschieden, Handwerkerin, fünf Kinder

Frau Rose verbringt ihren Alltag mit ausschweifenden Spaziergängen weit entfernt von ihrem Wohnort in der Nähe ihrer alten Wohnung. Ankerpunkt dieser

Spaziergänge ist eine soziale Institution in Stuttgart, in der sie an einem Tag in der Woche ehrenamtlich arbeitet. Stadträumlich ist diese Institution jedoch nahezu unsichtbar. In der verschobenen Nachbarschaft trifft sie Bekannte von früher. Was zunächst als Nachteil erscheint, hat auch Vorteile. Frau Rose eignet sich den Raum nicht nur dadurch an, dass sie ihren Handlungsraum umstrukturiert und das Thema der Situation verändert, indem sie einen weit vom Wohnort entfernten Ort zum alltäglichen Umfeld erklärt, sondern auch über Spacing. Sie positioniert sich selbst. Mit der verschobenen Nachbarschaft schafft sie sich einen unverbindlichen Raum, indem sie selber entscheiden kann, ob sie teilhaben möchte, oder nicht. Eine ‚zweite Welt' neben dem Wohnumfeld entsteht, ähnlich der früheren ‚Welt am Arbeitsplatz'. Hier kann die soziale Rolle weitgehend selbst gesteuert werden. Die verschobene Nachbarschaft erlaubt es, sich auf sehr unverbindliche Weise in einem sozialen Kontext zu positionieren, ein durchaus bei vielen Senioren vorhandenes Bedürfnis.

Frau Margarite, 72 Jahre, verheiratet, frühere kaufmännische Angestellte, ein Kind

Eine andere Seniorin betont, wie sehr sie die Anonymität in der Nachbarschaft ihrer Wohnung schätzt. Obwohl sie dort schon seit vielen Jahrzehnten wohnt, beschränken sich soziale Kontakte zu Nachbarn lediglich auf das gegenseitige Grüßen. Wäre es anders, würde sie dort auch schon nicht mehr wohnen. Sie ist Mitglied in einem Bridgeclub, der in der Innenstadt in unauffälligen Räumlichkeiten untergebracht ist. Von ihrer Wohnung am Stadtrand fährt sie dreimal in der Woche eine halbe Stunde mit dem Auto dorthin. Der Bridgeclub ermöglicht ihr gleichzeitig, Zeit in der Stuttgarter Altstadt zu verbringen und manchmal Freundinnen in den Cafés von früher zu treffen. Samstags fährt sie gemeinsam mit ihrem Mann in das Stadtzentrum, um in der historischen Markthalle einkaufen zu gehen. Hier wird ein weiterer Vorteil der verschobenen Nachbarschaft sichtbar und ein anderer wichtiger Aspekt des Spacings. Man kann sich die Orte in der verschobenen Nachbarschaft weitgehend selber aussuchen und sich so innerhalb eines selbst gewählten Kontextes positionieren. Über den regelmäßigen Besuch der prachtvollen und denkmalgeschützten Markthalle in der Stuttgarter Innenstadt verändert das Ehepaar Margarite das Thema der Situation. Sie bauen festliche Momente unmittelbar in ihr Alltagsleben ein und positionieren sich innerhalb der Markthalle als Menschen, die dort alltägliche Einkäufe erledigen. Diese Gewohnheit ist beispielhaft für das weit verbreitete Bedürfnis älterer Menschen, beim Hinausgehen in die Stadt schöne Momente zu erleben. Auch Margarethe Mitscherlich betont in ihrem sehr autobiografischen Text „Die Radikalität des Alters. Einsichten einer Psychoanalytikerin“, dass Lebensqualität für sie zunehmend darin besteht, sich festliche Momente zu verschaffen.[43]

Exemplarisch an der erstgenannten Taktik der verschobenen Nachbarschaft werden auch Defizite urbaner Freiräume sichtbar. Pausen auf den ausgedehnten Spaziergängen gönnt sich Frau Rose nur kurz und nur dort, wo es nicht nach Müßiggang aussehen könnte. Eine Einkehr im Gasthaus kann sie sich nicht leisten. Fast wie eine Getriebene durchstreift sie Stuttgart. Anderen Senioren geht es ähnlich. Sie wollen sich nicht auf Parkbänken aufhalten, da es sonst so aussehe als hätten sie kein angenehmes Zuhause. Orte im urbanen Freiraum, die zu einem unverbindlichen Aufenthalt einladen und gleichzeitig kostenlos sind, bestehen kaum. Die Bushaltestellen mit Funktionsüberlagerungen wären mögliche Beispiele für solche Orte. Beim Spaziergang, beim Warten auf den Bus oder beim Einkaufen positioniert man sich als zugehörig zum innerstädtischen Treiben – beim längeren Sitzen auf einer Parkbank fällt man heraus. Offenbar sind Orte, an denen sich unterschiedliche Handlungsstränge überschneiden, so dass sie mehrere Interpretationen und Handlungen zulassen, geeignet dazu, unverbindliche Orte zu sein.

Passive Kontakte mit niedriger Intensität, wie Beobachten oder Zuhören, sind wichtige Grundformen sozialen Austauschs[44] und sollten Senioren in der Nachbarschaft oder der verschobenen Nachbarschaft ermöglicht werden. Es ist wichtig, ein Recht auf diese zurückhaltende Form der Raumaneignung zu betonen, da die Wertigkeit der unverbindlichen, passiven, beiläufigen Teilnahme in der Debatte um aktives Altern überdeckt zu werden droht durch einen fast schon normativen Zwang zum aktiven sozialen Handeln.[45] Im Moment kommt es zu einem paradoxen Verhalten: Senioren verzichten auf einen Aufenthalt im urbanen Freiraum, um sich einer auf Arbeit und Produktivität ausgerichteten Gesellschaft weiterhin zugehörig zu fühlen.

Die Taktik der verschobenen Nachbarschaft basiert auf einer Raumaneignung durch die Veränderung der Situation. Sie eröffnet Senioren darüber hinaus die Möglichkeit, sich unterschiedlich im gesellschaftlichen und urbanen Kontext zu positionieren. Im Unterschied zu Jugendlichen, die sich gegenkulturelle Räume

43 Vgl. M. Mitscherlich: Radikalität des Alters, S. 240.

44 Vgl. J. Gehl: Leben zwischen den Häusern, S. 13.

45 Vgl. H.-P. Zimmermann: Über die Macht der Altersbilder. S. 75-85; S. van Dyk/S. Lessenich: Aufwertung des Alters. Eine gesellschaftliche Farce, S. 15-33 oder T. Denninger/S. van Dyk et al: Leben im Ruhestand. Zur Neuverhandlung des Alters in der Aktivgesellschaft.

schaffen, zielen Senioren auf eine Teilhabe an der Gesellschaft. Im Moment wird das Spacing – sich positionieren – von Senioren im Stadtraum nicht ausreichend ermöglicht. Es fehlen beiläufige Orte, die einen nicht zielgerichteten, unbestimmten Aufenthalt ermöglichen und unterstützen.

TAKTIK DER IMAGINATION

Imagination als Raumtaktik war sehr überraschend für uns. Sie sollte auch nicht als Taktik Missstände auszublenden anstatt sie zu bekämpfen missverstanden werden. Alle Interviewten waren in der Realität verwurzelt und doch hilft ihnen ihre eigene Vorstellungskraft, um Defizite zu überbrücken und sich einer Welt zugehörig zu fühlen, an der sie teilweise nicht mehr teilhaben können. Auch diese Taktik basiert auf einer Raumaneignung durch die Veränderung von Situationen.

Abbildung 4: Urbane Portraits: Taktik der Imagination

Frau Flieder, 84 Jahre, verwitwet, Akademikerin, keine Kinder
Situationen werden verändert, indem neue Themen imaginiert werden. Oft wird imaginiert, was nicht mehr geht. Die nachlassende Fähigkeit, sich frei zu bewegen, ersetzen einige Senioren durch Imagination. Beispielweise wird die Wohnung detaillierter wahrgenommen. Frau Flieder berichtet, dass verschiedene Orte in der Wohnung unterschiedliche Bedeutungen bekommen. Auf dem einen Stuhl am Tisch wird gefrühstückt auf dem anderen Stuhl am selben Tisch wird immer gelesen. Der Wechsel des Stuhls und damit die veränderte Perspektive auf den Raum nimmt die Bedeutung eines Ortswechsels an. Oder der Balkon ersetzt das Reisen, indem die Büsche vor dem Haus in unterschiedliche Landschaften imaginiert werden. Auch (Park- oder Wald-)Wege, auf denen man nur noch ein kleines Stück gehen kann, können das Gefühl von Weite vermitteln, wenn sie sich tatsächlich in die Ferne erstrecken. Frau Flieder stellt sich vor, welche langen Strecken sie dort theoretisch gehen könnte.

Ebenso werden fehlende finanzielle Mittel durch Imagination ausgeglichen. Frau Rose erzählte uns, dass sie Hut und Mantel auf einer 15minütigen S-Bahnfahrt ablegt, weil ihr das das Gefühl einer weiten Reise vermittelt, die sie sich selber nicht leisten kann. Manche Häuser in der Altstadt erinnern sie an Italien und führen so ebenfalls zu einer imaginierten Reise.

Imagination ist ein sehr heikles Thema. Schnell kann es als Legitimation für schlechte Zustände missbraucht werden, nach dem Motto: „Stellen Sie sich doch einfach vor, es wäre besser...“ Überraschend war die weite Verbreitung dieser Taktik, die innerhalb der Psychologie auch als Behandlungsmethode verwendet wird, bei der auf die eigenen Ressourcen der Patienten zurückgegriffen wird. Dabei ist Imagination ein Weg, mit Problemen, die sich nicht (schnell) beseitigen lassen, zu leben.[46] Das spiegelt sich auch in der Pilotstudie. Imagination wird individuell angewendet, um Defizite auszugleichen oder mit ihnen besser leben zu können. Durch Imagination wird nicht die physisch bauliche Situation geändert, aber das Thema ändert sich und führt zu einer subjektiven Verbesserung. Vor diesem Hintergrund sollte eine Umwelt entstehen, die Imagination fördert. Die Beispiele in der Pilotstudie weisen auf Orte, die eine mehrdeutige Lesbarkeit ermöglichen, weil sie durch Nutzungsüberlagerungen gekennzeichnet sind, nicht eindeutig begrenzt sind, Spuren des Gebrauchs in sich tragen, Ausblicke ermöglichen, auf mehrere Kontexte verweisen oder auf nicht ganz nachvollziehbare

46 Vgl. L. Reddemann: Imagination als heilsame Kraft. Sie beschreibt Formen der Traumatherapie, die auf Imagination basieren.

Weise eigensinnig sind. Gleichzeitig birgt Imagination die Gefahr, sich zu isolieren. Imagination ist eine Taktik, um bestehende Defizite erträglicher zu machen. Trotz dieser menschlichen Fähigkeit sollte geprüft werden, ob Defizite zusätzlich behoben werden können.

POTENZIALE DER RAUMANEIGNUNG

Die Auseinandersetzung mit Konzepten zur Aneignung – zu der die Raumaneignung gehört – sensibilisiert für die Tatsache, dass Aneignung eine grundlegende Tätigkeit in der menschlichen Entwicklung ist. Eine Diskussion über die Aneignung von urbanen Freiräumen sollte sie daher in diesem grundsätzlichen Verständnis betrachten. Die Möglichkeit zur Raumaneignung ist lebensnotwendig nicht nur für den Einzelnen, sondern zur Erhaltung einer lebendigen städtischen Kultur.

Menschliche Entwicklung als Aneignungsprozess bezieht sich nicht nur auf die Entwicklung des Individuums, sondern auch auf die Entwicklung der Gesellschaft. Es wurde deutlich, dass individuelle Aneignung der Beginn gesellschaftlicher Veränderung und Innovation sein kann. Um die städtische Kultur nicht verarmen zu lassen, sollte daher allen Bevölkerungsgruppen die Aneignung der städtischen Räume und Freiräume ermöglicht werden.

Um diese Forderung in die Tat umzusetzen, ist jedoch eine Ergründung der Lebensumstände und Lebenswelten gerade von Bevölkerungsgruppen, die an den Rand gedrängt werden, besonders stark erforderlich. Senioren als Bevölkerungsgruppe, die nicht mehr innerhalb einer auf Produktion und Arbeit ausgerichteten Gesellschaft funktioniert, gehören dazu. Die dichte Analyse in der Pilotstudie hat in dieser Hinsicht ein ganz neues Terrain eröffnet und weitreichende detaillierte Einblicke geliefert. Sie zeigt sehr deutlich, dass die Möglichkeiten zur Raumaneignung für Senioren begrenzt sind. Dies ist teilweise bedingt durch die ihnen zugewiesene soziale Stellung oder durch ihre ökonomischen Möglichkeiten aber auch – und das ist für die Stadtentwicklung sehr wichtig – durch die Art, wie städtische Räume organisiert und gestaltet sind. Seitens der Senioren wurde ein großes Problembewusstsein ob ihrer Lage und teilweise ein großer Erfindergeist deutlich. Dieser Erfindergeist sollte unterstützt werden, um die Möglichkeit zu eröffnen, dass individuelle erfolgreiche Taktiken der Raumaneignung zu gesellschaftlichen Innovationen führen. Hierzu ist es notwendig, Taktiken der Raumaneignung genau und anhand unterschiedlichster Einzelfälle zu untersuchen, um vorhandene Missstände ebenso wie Veränderungspotenziale zu entdecken.

Zur Analyse und Interpretation der Entdeckungen aus der Pilotstudie wurde Raumaneignung in unterschiedliche Dimensionen der Aneignung zerlegt. So kann sichergestellt werden, dass Aneignung aus vielen unterschiedlichen räumlichen Perspektiven beleuchtet wird. Eine voreilige Reduzierung auf den Aspekt öffentlichkeitswirksamer Handlungen oder auf juristische Aspekte wird vermieden. Einzelne Phänomen können tiefer durchdrungen und besser verstanden werden. Die analysierten Taktiken zur Aneignung von Raum und Zeit von älteren Bürgern sind individuelle Lösungen, um am gesellschaftlichen Leben teilzuhaben.

Selbstverwurzelung als Taktik der Teilhabe kann durch die Raumaneignung als Veränderung von Situationen unmittelbar mit dem Stadtraum verbunden sein. Im Fall von Frau Eisenkraut wurden in der persönlichen Raumaneignung („personale Gegenstandsbedeutung") private und öffentliche Räume neu definiert. Außerdem wurden in diesem Zusammenhang die wichtigen Qualitäten von unverbindlichen Orten deutlich. Selbstverwurzelung kann auch über die Veränderung des Handlungsraumes und neuer räumlicher Verknüpfungen geschehen. Es bleibt dann allerdings eine weitgehend im privaten durchgeführte Verankerung am Wohnort. Sie wurde am Beispiel des Ehepaars Birke deutlich.

Die Taktik der verschobenen Nachbarschaft wird über die Dimension von Raumaneignung über Spacing erst wirklich verständlich. Das sich Positionieren ist die treibende Kraft hinter den aus pragmatischer oder funktionaler Perspektive oft aufwendig erscheinenden Lösungen. In diesem Zusammenhang wurde ein eklatantes Fehlen von unverbindlichen Orten im städtischen Freiraum deutlich.

Die Taktik der Imagination baut auf Raumaneignung durch Veränderung der Situation und stellt komplexe Anforderungen an den Stadtraum. Diese nicht so sehr auf bauliche Veränderungen zielende, sondern auf der Möglichkeit, die Bedeutung zu verändern, basierende Form der Raumaneignung, verdient besondere Aufmerksamkeit. Erstens, weil hier der eklatanteste Mangel an geeigneten Orten im Stadtraum festgestellt wird und zweitens, weil sich spätestens seit der IBA Emscherpark im Ruhrgebiet gezeigt hat, dass die Entwicklung von Städten und Regionen nicht mehr ausschließlich über eine auf rein funktionale Bedürfnisse ausgerichtete Planung gesteuert werden kann. Vielmehr liegt eine weitaus größere Aufgabe darin, Orte neu zu interpretieren.[47] Es sollte also oberstes Gebot der Stadtentwicklung sein, Orte zu produzieren, die in dieser Hinsicht vielfältigste Möglichkeiten zu Raumaneignung bieten.

---

47 Vgl. W. Siebel: Die Kultur der Stadt, S. 247 ff. Er zitiert Karl Ganser, dem es bei der Internationalen Bauausstellung IBA Emscherpark um nichts Geringeres geht als die „Veränderung von Mentalitäten".

LITERATUR

Benjamin, Walter: Berliner Kindheit um neunzehnhundert, Frankfurt a.M.: Suhrkamp Verlag 1987, 5. Auflage 1992.

Benze, Andrea: Alltagsorte in der Stadtregion – Atlas experimenteller Kartographie, Berlin: Reimer 2012.

Benze, Andrea/Kutz, Anuschka: „Behind the scenes. Old Age in the city", in: Sharon Wray (Hg.): The International Journal of Ageing and Society, IL, USA: Common Ground Publishing (Publikation erscheint 2017, 30 Seiten).

Benze, Andrea/Kutz, Anuschka: „Senioren, ihre Vorstellungswelten und die Stadt. Aufklärung über die Raumproduktion im Alter", demnächst publiziert in: Architektur im Gebrauch. Gebaute Umwelt als Lebenswelt, Berlin: Universitätsverlag der TU Berlin (Publikation erscheint 2017, 18 Seiten).

Benze, Andrea/Kutz, Anuschka: „Urban Portraits. Seniors, their Worlds and the City", in: Akademie Schloss Solitude, Jean-Baptiste Joly (Hg.), Because of Solitude, Stuttgart: Edition Solitude, 2014, S.152-153.

Böhnisch, Lothar/Schröer, Wolfgang: „Soziale Räume im Lebenslauf", in: sozialraum.de 2 (2010), http://www.sozialraum.de/soziale-raeume-im-lebenslauf.php vom 11.04.2015.

Braun, Karl-Heinz: „Raumentwicklung als Aneignungsprozess", in: Deinet/Reutlinger, „Aneignung" als Bildungskonzept der Sozialpädagogik (2004), S. 19-48.

Buttenberg, Lisa/Overmeyer, Klaus/Spars, Guido: Raumunternehmen, Berlin: Jovis Verlag 2014.

De Beauvoir, Simone: Das Alter, Reinbek bei Hamburg: Rowohlt Taschenbuch Verlag 2012.

Deinet, Ulrich: „Aneignung der Lebenswelt – Entwicklungsaufgabe der Teenies", Kurzfassung aus: Ulrich Deinet (Hg.): Sozialräumliche Jugendarbeit. Grundlagen, Methoden, Praxiskonzepte, Wiesbaden: VS Verlag 2005, http://www.lwl.org/lja-download/pdf/Deinet_Aneignung.pdf vom 14.08.2016.

Deinet, Ulrich: „Raumaneignung als Bildung im Stadtraum", in: Thomas Coelen/Anna Juliane Heinrich/Angela Million (Hg.), Stadtbaustein Bildung, Wiesbaden: Springer Verlag 2015, S. 159-166.

Deinet Ulrich: Raumaneignung von Jugendlichen, in: Hildegard Schröteler-von Brandt/Thomas Coelen/Andreas Zeisig/Angela Ziesche (Hg.): Raum für Bildung, Bielefeld: transcript Verlag 2012

Deinet, Ulrich: „‚Spacing', Verknüpfungen, Bewegung, Aneignung von Räumen – als Bildungskonzept sozialräumlicher Jugendarbeit", in: Deinet/Reutlinger, „Aneignung" als Bildungskonzept der Sozialpädagogik (2004), S. 175-190.

Deinet, Ulrich: „Vom Aneignungskonzept zur Activity Theory. Transfer des tätigkeitsorientierten Aneignungskonzepts der kulturhistorischen Schule auf heutige Lebenswelten von Kindern und Jugendlichen", in: socialnet Materialien, http://www.socialnet.de/materialien/197.php vom 01.08.2014.

Deinet, Ulrich/Reutlinger, Christian (Hg.): „Aneignung" als Bildungskonzept der Sozialpädagogik, Wiesbaden: VS Verlag für Sozialwissenschaften 2004.

Deinet, Ulrich/Reutlinger, Christian (Hg.): Tätigkeit – Aneignung – Bildung, Wiesbaden: Springer VS 2014.

Deinet, Ulrich/Reutlinger, Christian: „Einführung", in: Deinet/Reutlinger, „Aneignung" als Bildungskonzept der Sozialpädagogik (2004), S. 7-18.

Deinet, Ulrich/Reutlinger, Christian (Hg.): „Einleitende Grundgedanken", in Deinet/Reutlinger, Tätigkeit – Aneignung – Bildung (2014), S. 11-30.

Denninger, Tina/van Dyk, Silke et al.: Leben im Ruhestand. Zur Neuverhandlung des Alters in der Aktivgesellschaft, Bielefeld: transcript Verlag 2014.

Gehl, Jan: Leben zwischen Häusern, Berlin: Jovis Verlag 2012.

Hall, Suzanne: City, Street and Citizen. The measure of the Ordinary, London/ New York: Routledge 2012.

Keiler, Peter: „Betrifft: ‚Aneignung'", in: Klaus Holzkamp (Hg.), Forum kritische Psychologie 2, Hamburg: Argument-Verlag 1988, S.102-122.

Leontjew, Alexei Nikolajew: Probleme der Entwicklung des Psychischen, Berlin: Volk und Wissen Volkseigener Verlag 1973.

Löw, Martina: Raumsoziologie, Frankfurt a.M.: Suhrkamp Verlag 2001.

Marquard, Odo. „Theoriefähigkeit des Alters", in: Thomas Rentsch/Morris Vollmann (Hg.), Gutes Leben im Alter. Die Philosophischen Grundlagen, Stuttgart: Reclam 2012, S. 207-211.

Mitscherlich, Margarete: „Die Radikalität des Alters: Starrsinn oder Furchtlosigkeit?", in: Margarete Mitscherlich (Hg.), Die Radikalität des Alters. Einsichten einer Psychoanalytikerin, Frankfurt a.M.: Fischer Verlag 2011, S. 227-240.

Pichler, Barbara: Autonomie im Alter. Ein theoretischer Eingriff in den sozialpädagogischen Alter(n)sdiskurs. Dissertation, Wien 2010.

Reddemann, Luise: Imagination als heilsame Kraft. Zur Behandlung von Traumfolgen mit ressourcenorientierten Verfahren, Stuttgart: Klett Cotta 2001.

Rentsch, Thomas: „Altern als Werden zu sich selbst", in: Thomas Rentsch/Morris Vollmann (Hg.), Gutes Leben im Alter. Die Philosophischen Grundlagen, Stuttgart: Reclam 2012, S. 189-206.

Senatsverwaltung für Stadtentwicklung (Hg.): Urban Pioneers, Berlin: Jovis Verlag 2007.

Siebel, Walter: Die Kultur der Stadt, Berlin: Edition Suhrkamp 2016.

van Dyk, Silke/Lessenich, Stephan et al.: „Die ‚Aufwertung' des Alters. Eine gesellschaftliche Farce", in: Mittelweg 36 19 (2010), S.15-33.

Wildner, Kathrin: „„Picturing the City' Themen und Methoden der Stadtethnologie", in Kea. Zeitschrift für Kulturwissenschaften 8 (1995), S. 1-21.

Winkler, Michael: „Aneignung und Sozialpädagogik – einige grundlagentheoretische Überlegungen", in: Deinet/Reutlinger, „Aneignung" als Bildungskonzept der Sozialpädagogik (2004), S. 71-92.

Zimmermann, Harm-Peer: „Über die Macht der Altersbilder: Kultur – Diskurs – Dispositiv", in: Andreas Kruse/Thomas Rentsch/Harm-Peer Zimmermann (Hg.): Gutes Leben im hohen Alter, Heidelberg: Akademische Verlagsgesellschaft 2012, S.75-85.

ABBILDUNGEN

Alle Abbildungen entstammen:

Andrea Benze/Anuschka Kutz (offsea – office for socially engaged architecture): Urban Portraits. Senioren ihre Vorstellungswelten und die Stadt. Pilotstudie im Rahmen des Stipendiums der Akademie Schloss Solitude, Stuttgart: Ausstellungs- und Forschungsprojekt 2013/2014.

Aneignung pur im Restraum und die Justierung des städtischen Freiraums

Dorothee Rummel

Der Architekt Robert Maitland strandet durch einen Verkehrsunfall auf einer Betoninsel inmitten eines Stadtautobahnkreuzes in London.[1] Gefangen auf diesem ihm wenig vertrauten urbanen Raum, kommt er sich zunächst verloren vor. Er braucht eine Zeit lang bis er sich überwindet und seiner neuen, unwirtlichen Umgebung etwas abgewinnen kann. Er merkt, dass ihm ein solch wilder Ort etwas gibt, was er sonst in der Stadt bisher nicht erfahren hat. Hier kann er ungestört und unbeaufsichtigt Neuland erobern, sich seine eigene kleine Welt entwerfen, sein Seelenheil bedienen: Aneignung pur.

Das ist sicher nicht die gängige Methode, sich städtischen Freiraum anzueignen. Der Architekt Maitland, als Stadtbürger und nicht als Planer unterwegs, betreibt und erlebt eine besondere Art von Aneignung: Aneignung im Restraum. Planer haben für Aneignung in der Regel nicht Verkehrsinseln vorgesehen, sondern den üblichen städtischen Freiraum, also unbebaute Räume, die sie für u.a.

---

1 „Als er von seinem Büro in der Innenstadt Londons nach Hause fährt, erleidet Robert Maitland, ein fünfunddreißigjähriger Architekt, einen Unfall, der ihn auf einer kleinen Verkehrsinsel stranden lässt, die auf dem Schnittpunkt dreier Autostraßen liegt. Maitland ist geschockt. Er macht sich auf, die Böschung zu erklettern und um Hilfe zu rufen. Aber niemand hält an, und bald entdeckt er, dass er wie ein moderner Robinson Crusoe im Zentrum einer der größten und modernsten Städte der Welt gestrandet ist. Während seines langen und erschreckenden Kampfes ums Leben wird Maitland körperlich wie geistig auf die Probe gestellt, und es erweist sich, dass es weniger die äußeren Umstände sind, die ihn auf seiner Insel festhalten, sondern seine eigenen Antriebe." J.G. Ballard: Betoninsel, Klappentext.

soziale, ökologische, ökonomische Funktionen aufbereitet haben. Nur selten gelingt hier die Aneignung von Freiraum so perfekt wie im gegebenen Fall die Aneignung von Restraum auf einer Verkehrsinsel. Können Planer von Freiräumen von Maitland etwas lernen? Anders gefragt: Wie lässt sich die Aneignung von städtischem Freiraum verbessern?

Abbildung 1: Insel (Stadtautobahn Ludwigshafen)

Die folgenden Ausführungen basieren auf Ergebnissen eines Forschungsprojektes zu städtischem Restraum im Rahmen des Kollegs „Forschungslabor Raum".[2] Sie stellen im ersten Abschnitt die Besonderheiten von Restraum im Vergleich zu Freiraum[3] heraus und weisen auf die Unterschiede und Bedingungen der damit

2 Im Rahmen des Kollegs „Forschungslabor Raum" wurde das Thema rund um planerisch unbestimmte Räume entwickelt und unter dem Titel „Unbestimmte Räume in Städten: Der Wert des Restraums" weitergeführt. Kurzzeitrecherchen fanden in Hamburg, Hannover, Karlsruhe, Stuttgart, Zürich und Wien statt, intensive Feldforschung in der restraumarmen Stadt München und der restraumreichen Stadt Ludwigshafen.

3 „Freiräume, das sind Parks, Kleingärten, der Rasen vor der Haustür, genauso wie Straßen, Plätze oder Nischen, die erst noch entdeckt werden müssen. Freiräume sind als Orte der Begegnung und der Integration für München unentbehrlich." Elisabeth Merk, Stadtbaurätin der Landeshauptstadt München, Referat für Stadtplanung und Bauordnung, Faltblatt zur Ausstellung „Zukunft findet Stadt", 2016.

verbundenen Konzepte von Aneignung hin. Im zweiten Abschnitt werden Messeinheiten für Aneignung gesucht. Dafür werden die eigenen Forschungsergebnisse für den Sonderfall Restraum aus dem genannten Kollegprojekt verwendet und um Aneignungserkenntnisse zu städtischem Freiraum aus der Sekundärliteratur ergänzt. Auf dieser Basis können im dritten Abschnitt einige Fragen zur geeigneten planerischen Justierung von Freiraumaneignung angeschnitten werden.

SPIELARTEN VON ANEIGNUNG

Freiräume sind als konstitutive Komponente von Stadtstruktur und städtischer Lebenswelt ein wesentlicher Sachbereich von planerischem Handeln auf kommunaler Ebene. Sie sind aber – mehr noch – wichtiger Gegenstand politischer Verständigung zwischen Stadtspitze und Stadtbevölkerung, und zwar sowohl in der Planungs- und Entscheidungs- wie in der Umsetzungs- und Nachbereitungsphase von Freiraumprojekten. Das heißt, Realisierung von Freiraum durch die städtischen Fachabteilungen ist das eine, Annahme durch die Bürger das andere. Die Planer machen sich Gedanken, die Stadtbewohner pflegen ihren eigenen Umgang damit. Zumeist wird Aneignung seitens der Stadt offiziell erwartet und gefördert. Es gibt aber auch Räume, sog. Resträume, wo Aneignung weder vorgesehen noch geplant ist. Dennoch findet auch dort Aneignung statt. Wo liegen die Unterschiede dieser beiden Spielarten von Aneignung?

Aneignung im Freiraum

Städtische Freiräume sind nicht etwa schlicht als ganz unspezifische Flächen vorhanden, sie sind mit Bedacht erstellte, durchkonzipierte Produkte. Sie sollen dem Bürger u.a. zur Erholung und Ertüchtigung, für Bewegung und Begegnung, als Natur- und Kulturraum sowie zur ästhetischen Erbauung dienen. Dahinter steht die Vorstellung, dass die Bürger und das Gemeinwesen Stadt bestimmte funktionale Freiräume für ihr Wohlergehen brauchen und es deshalb städtische Aufgabe ist, sie nicht nur in geeigneter Zahl, Größe und Ausstattung zur Verfügung zu stellen, sondern sie den Bürgern auch zu vermitteln. Dabei besteht einer der Vermittlungsaspekte darin zu signalisieren, dass sich die Bürger den für bestimmte Zielsetzungen ausgewiesenen städtischen Freiraum für ihre Zwecke und nach individuellem Gusto temporär oder dauerhaft aneignen können.

Um diese Aneignung zu gewährleisten, müssen die Freiräume jenseits ihrer grundsätzlichen, funktionalen Gestaltung intakt und attraktiv bleiben, also beispielsweise stetig gepflegt sein. Die Achsen und Schwünge des künstlerisch komponierten Landschaftsparks werden von den Schlösser- und Seenverwaltungen sowie den Gartenbauämtern in Obhut genommen, um Flanieren, Auslauf und Entspannung zu ermöglichen. Nicht nur die Allgemeinheit wird eingeladen, sondern bestimmte Zielgruppen werden anvisiert und Flächen werden eigens für sie aufbereitet. Ein Kind wird den für es eingerichteten Spielplatz von ganz allein erkennen. Aber ein neuer Freiraum muss, selbst wenn er sorgfältig geplant und eingerichtet worden ist, im Praxistest nicht unbedingt tauglich sein und wird eventuell von der Bevölkerung nicht angenommen. Andere, schon erfolgreich eingeführte, ‚angeeignete' Freiräume fallen bei der Bevölkerung plötzlich in Ungnade, werden von ihr ‚ent-angeeignet' wie das unter anderem durch weitgehende Verwahrlosung oder extreme Überwachung sowie durch merkliche Veränderungen der Benutzerstruktur nicht selten vorkommt. Wie kann das sein? Ist das Produkt nicht genau genug auf die Bedürfnisse der Nutzer abgestimmt, nicht nachhaltig entwickelt oder betreut worden? (Freiraum-)Planer werden sich solche Fragen stellen.

Zur Attraktivität und Pflege von Freiraum gehören zum einen kosmetische Arbeiten am räumlichen Konstrukt wie Baumschnitt, Ausbesserung der Tartanfläche oder Mülleimerleeren, zum anderen ein Set an sichtbaren (in Form von Schildern) und unsichtbaren (in Form von kulturellem Vorwissen) Regeln, die das Verhalten der Nutzer zugleich anregen und in Zaum halten. Grillen darf man vielleicht in ausgewiesenen Bereichen, Radfahren da, wo erlaubt, Hunde dürfen auf bestimmten Wiesen frei laufen ebenso wie Fußballspielende. Herumlungern ist so lange geduldet wie es nicht nach Gelage aussieht, Müll kommt in die dafür vorgesehenen Behälter, Hundehaufen in die gespendeten roten Tüten. Friedhofsanlagen sind gedacht für Besinnung und (ewige) Ruhe, Marktplätze für offizielles Feiern, politische Demonstrationen, Public-Viewing und lukrativen Austausch, Spielplätze zum altersgerechten Toben, Innenhöfe und Gemeinschaftsgärten für die familiäre Nachbarschaft und fürs Heimatgefühl, Brachen für Nostalgie und Romantik, Sportanlagen zur Steigerung von Fitness und Teamgeist.

Selbstverständlich wird der Bedürfniswandel immer wieder ein ebenso gewichtiger wie schwieriger Gestaltungsfaktor sein. Und natürlich ist eine Neuinterpretation und Nebennutzung des vielfältigen Freiraumangebotes erwünscht. Die Planung geht ohnehin schon in diese Richtung: Ein Steinblock ist Sitzbank, Kletterelement, Tisch, zu überspringendes Hindernis oder Aussichtspunkt. Eine Slack-Line darf im Park zwischen den Bäumen zum Balancieren gespannt werden. Joggen ist auch auf dem Friedhof akzeptiert und ein Spielzeugflohmarkt auf dem Gehsteig. Wird aber der Steinblock bemalt, einem Parkbaum ein Ast abgesägt, auf dem Friedhof gezockt oder auf dem Gehweg gedealt, werden Grenzen überschritten. Die Aneignung ist zu weit gegangen. Aneignung kann zu schwach, kann rückläufig oder zu stark sein. Deshalb wird sie seitens der Stadt auf diverse Weise geleitet und gezielt zu dimensionieren versucht. Dahinter steht nicht zuletzt das jeweilige gesellschaftliche Konzept (beispielsweise regelorientiert und sicherheitsbewusst oder liberal und weltoffen), in das sich Freiraumaneignung einfügt und mit anderen Stadtfunktionen abgeglichen werden muss.

Aneignung im Restraum

Städtischer Restraum ist nicht zur Aneignung durch die Bürger gedacht, ist nicht im Fokus der Stadtpolitik, insbesondere nicht der Freiraumplanung. Stadtplaner sehen Restraum als Verschnitt. Viele Bewohner meiden solche Flächen. Andere hingegen mögen und nutzen sie, betrachten sie als ihr Stück Stadt, sehen sich einig mit vielen Experten, dass Restraum bedeutungsvoll ist, vor allem für ein gutes städtisches Lebensgefühl, der Aneignung wert.[4]

Restraum wird in diesem Artikel als unbestimmter Stadtraum verstanden, als Ansammlung in der Stadt verstreuter, weder genau definierter noch registrierter Orte: Zonen unter Brücken, Flächen entlang von Bahngleisen, durch Regularien entstandene Nischen zwischen Gebäuden, Bereiche neben Großstrukturen. Durchwegs geometrisch sonderbare Gebilde, von den städtischen Diensten links liegen gelassen, von der Geschäftswelt ignoriert aber zuweilen mit attraktivem Ambiente, ungewöhnlichen ästhetischen Qualitäten und jedenfalls mit praktischen Eigenschaften ausgestattet, die in gleichem Maße für profane Nutzer wie schwärmerische Freigeister wie geschaffen zu sein scheinen. Selbst für denjenigen, der wie Architekt Maitland durch Zufall auf eine Verkehrsinsel verschlagen wird, bieten sie Entfaltungsmöglichkeiten besonderer Art.

Wie kommt das zustande? Es sind vorwiegend die Eigenheiten des Restraums, die offenbar wichtige Grundbedürfnisse der Bürger bedienen und Schnittflächen mit dem Zeitgeist anbieten, also aktuelle Trends im Lifestyle aufnehmen. Diese Fähigkeiten sind seitens der Stadt nicht geplant. Resträume ergeben sich aus anderen Gründen: sie sind Abfall bei Flächenplanungen, gesetzlich vorgeschriebene Abstandsflächen an Infrastrukturen und weder für Wohn- oder Gewerbezwecke noch für amtliche Freiraumplanung qualifiziert. Für den Planer scheint hier die Aneignungsfrage zu entfallen.

4 Hinsichtlich dieser Wertschätzung ist u.a. auf das Metrozonen-Projekt der Internationalen Bauausstellung IBA Hamburg zu verweisen. O. Hamm/M. Koch: Metropole: Metrozonen.

Resträume dieser Art haben keine gemeinsame Bestimmung. Sie gehören zumeist zu hoheitlichen oder halbstaatlichen Liegenschaften, sind aber nur selten offizieller Pflege unterworfen. Wofür auch? Einige Ecken davon werden von kommunalen Bautrupps verwendet, andere gelegentlich für Wartungsaufgaben genutzt. Die Stadt hat indes keine eigene Restraumverwaltung, geschweige denn ein übergreifendes Nutzungskonzept. Obwohl sich Resträume zu einem stattlichen Anteil an der städtischen Grundfläche addieren, spielen sie bei ganzheitlichen Erwägungen und stadtstrategischen Zielsetzungen keine entsprechende Rolle. Die Stadt geht offensichtlich davon aus, dass auch der Bürger an Restraum nicht interessiert ist, also Aneignungsfragen wohl nicht aufkommen, jedenfalls nicht in traditioneller Manier.

Abbildung 2: Dschungel (Candidstraße München)

Wer könnte auch annehmen, dass Bürger – anders als an den dafür eigens präparierten Freiräumen – an solch unmöglichen, abstoßenden Raumfragmenten Gefallen finden könnten? Räume, die schwer zu erreichen sind, weil zwischen Bahngleisen gelegen, Räume, die nicht einzusehen sind, weil sie hinter den Pfeilern einer Hochstraße versteckt liegen, Räume, die durch Verkehrsemissionen wie Lärm und Abgase belastet sind, komplett versiegelte Betoninseln oder total überwucherte, undurchdringliche Dschungel. Mal sind es nur kleine Flecken, mal ziehen sie sich fast endlos am Bahndamm entlang, mal stinkt es dort erbärmlich, mal erfüllen Wohlgerüche die Luft.

Die eigene Feldforschung im Rahmen des Kollegprojektes „Forschungslabor Raum“ hat jedoch gezeigt, in diesen unmöglichen Räumen sind Stadtmenschen unterwegs, tags und nachts.[5] Manche haben sich für länger eingerichtet, andere haben ein Stück Abstandsfläche in ihr angrenzendes Grundeigentum ‚eingemeindet‘. Manche kommen gelegentlich, andere für ein Notfallnachtlager oder schauen nur mal aus Neugier herein. Die Spuren besagen, Menschen suchen Restraum aus sehr verschiedenen Motiven auf: aus Abenteuerlust, Eroberungsdrang, Zuflucht, Entfaltungswunsch, zu Deponie(r)zwecken, zur Imagepflege, als Treffpunkt, Chatroom, Passage, Grauzone, u.a. Jeweils aber nehmen Bürger die gebotene Örtlichkeit an, gebrauchen sie.

Abbildung 3: Chatroom (Unter der Donnersbergerbrücke in München)

Zweifelsohne herrschen dort Bedingungen, die den Bedürfnissen der Nutzer entgegenkommen. Zugleich scheint es anziehend zu sein, dass der Restraum für solche Nutzungen nicht eigens geplant, ausgestattet und Regeln unterworfen ist. Der Nutzer kann im vorgefundenen Rahmen selbst den Wohnzweck, die Möblierung

5 Siehe Fußnote 2. Der Druck der Studie „Unbestimmte Räume in Städten: Der Wert des Restraums“ ist in Vorbereitung, KIT-Verlag, Karlsruhe. Hier einschlägig ist insbesondere Teil C.

und die Hausordnung bestimmen. Restraum erfüllt zwar offiziell festgelegte technische und rechtliche Auflagen, darüber hinaus aber ist er für spontane stadtgesellschaftliche Nutzungen frei – im Wortsinne ein Frei-Raum. Zumindest scheinen die Nutzer die Lage so zu sehen, wenn sie Resträume nach eigenem Bedarf und Verlangen in Besitz nehmen. Hier findet direkte private Aneignung statt, ohne offizielle Empfehlung und Vermittlung. Die Konstellation führt zu einem Aneignungsvorgang, der seitens der Stadt in der Regel nicht vorgesehen ist und vom Planer weder gestaltet noch kontrolliert wird.[6]

Die Unterschiede zwischen kommunalpolitisch beabsichtigter und individuell praktizierter Aneignung treten hier deutlich zutage. Im Fall der Freiräume ist der Aneignungsaspekt von vornherein Teil der kommunalpolitischen Entscheidungs-, Planungs-, Umsetzungs- und Nachbereitungsphase, beim Restraum kommt es erst nach der Erstellung des Produkts zu einer vom Bürger selbst individuell initiierten Aneignung gemäß eigenen frei gewählten Kriterien und Zielen. Das Aneignungsverfahren bei den Restraum-Nutzern verläuft ungebunden, tendenziell eher zufällig, Mitbürger und Stadtgemeinschaft sind – anders als beim Freiraum – kein aktiver Teil davon.

LÄSST SICH ANEIGNUNG MESSEN?

Soviel kann bereits gesagt werden: Je nach Gestalt und Funktion von öffentlichem Stadtraum nimmt die Aneignung durch den Bürger einen unterschiedlichen Verlauf und führt zu unterschiedlichen Ergebnissen. Ähnlich variable Resultate gehen auf unterschiedliche Interessen und Verhaltensweisen der Stadtbewohner zurück. Aneignungserfolg stellt sich immer dann ein, wenn die Bürger einen städtischen Raum akzeptieren, besser noch, ihn annehmen, am besten, ihn voll annehmen, ihn also nicht nur nutzen, sondern eigens stützen und ihn (kongenial oder nicht) weiterentwickeln. Aber wie sind diese Aneignungsstufen zu messen? Was sind die Maßeinheiten, die hierbei zum Zuge kommen könnten? Hinweise dafür lassen sich u.a. in der Feldforschung zu städtischem Restraum im Rahmen des Kollegprojektes „Forschungslabor Raum“ und in der Fachliteratur zur Herstellung und Aufrechterhaltung von Freiraum finden.

---

6 Ob jede der Restraumaneignungen völlig frei durch den Bürger und völlig unbeabsichtigt seitens der Stadt erfolgt, ist sicher zu prüfen. Gelegentlich treten auch hier Dynamiken wie im Fall der Freiraumaneignung auf, die in Richtung gelenkter Aneignung deuten.

Grade der Restraumaneignung

In den empirischen Untersuchungen zu Restraum im Rahmen des Kollegprojektes „Forschungslabor Raum“ stellte sich heraus, wie stark der Bürger als potenzieller Aneigner mit dem jeweiligen Raum korrespondiert. Es ist so, als würde der Raum durch seine Lage, seine Gestalt und Beschaffenheit, seinen Zustand und sein Erscheinungsbild Signale aussenden, die die Wünsche und Bedürfnisse des Stadtbürgers unmittelbar ansprechen beziehungsweise sie in ihnen wecken. Spuren dieser Korrespondenz weisen in mehrere Richtungen: erstens führen sie in die nahezu totale Vereinnahmung solcher Räume für egoistische Zwecke, zweitens ermöglichen sie sonst unerlaubte Nutzungen, drittens ziehen sie selige Glücksritter an und viertens lassen die Besonderheiten des Ortes vermuten, dass die Räume mit Vorliebe für risikoreiche Unternehmungen aufgesucht werden. An diesen Beziehungsmustern zwischen Raum und Nutzer lassen sich unterschiedliche Aneignungsgrade ablesen.

So zeigt sich der Hang zur Vereinnahmung von Restraum dort, wo er als bequeme Privatdeponie und Zwischenlager verwendet wird. Exemplarisch ist z.B. unter Brücken das Abstellen von alten Autos und Campern beziehungsweise gebrauchten Reifen bis hin zu ausgemusterten Kühlschränken. Manche, an der Grenze zu Restraum gelegene Betriebe erweitern kurzerhand ihre Lagerfläche und den Fuhrpark in öffentliches Gelände hinein. Andere reservieren sich einen einmal eroberten Sonnenplatz für ihre Bienenstöcke oder bringen ein Stück des Abstandsstreifens in ihren Besitz, indem sie darauf ein Blumenbeet anlegen. Solche schleichenden Quasi-Annektierungen treten in vielfachen Facetten auf und offenbaren ein Höchstmaß an Aneignungslust. Sie sind gewiss durch die Eigenheit des Restraums begünstigt, wonach es sich um städtischerseits unnütze Flächen und Räume handelt. Hier glaubt der Bürger, ohne Rücksicht auf die Gemeinschaft und ohne sich rechtliche Gedanken zu machen, physisch ein Stück Stadt an sich bringen zu können (Lager- und Fuhrparkerweiterung). Gegebenenfalls fühlt er sich verpflichtet, seinen ‚Erwerb‘ gegen Eindringlinge oder Nutzungskonkurrenten zu verteidigen. Offizielle Überwachung und Kontrolle sind schwach bis nicht vorhanden. Hier kann man sich menschliche Nachlässigkeiten, aber auch kreative Exzesse leisten. Die Faszination, die von Grundeigentum ausgeht, schlägt durch – ein Urtrieb oder Deformation durch Stadtleben?

Demgegenüber ist der Normalgebraucher von Restraum nicht auf heimliche, ungeahndete Landnahme aus, wenngleich auch er nicht ganz ohne Anmaßung handelt. Er will ganz einfach nutzen, was diese ungewöhnlichen Orte hergeben und will Sachen machen, die an anderen Orten der Stadt nicht oder nur bedingt möglich wären. Hier bietet sich beispielsweise an, geheime Botschaften zu hinterlassen, verschwiegene Treffpunkte einzurichten, einen eigenen Beobachtungssitz anzulegen. Viele nutzen leere Wände als Schwarzes Brett, Graffiti-Künstler verwenden sie als Ausstellungsfläche. Mittellose zimmern sich eine behelfsmäßige Bleibe, Durchreisende präparieren sich ein provisorisches Lager, Eilige verrichten ihre Notdurft, Verzweifelte suchen Zuflucht. Einige streben nach der Stille mancher Resträume, um dem Trubel der Stadt zu entgehen, andere begeben sich eigens in die Nähe des Verkehrslärms, um selbst Krach machen zu können. Aneignungsgrad: Der Bürger verpachtet sich ein passendes Stück Stadt, gratis.

Schließlich gibt es die Romantiker, Genießer und Ästheten, die vom Bahndamm her sehnsüchtig Fernzügen nachschauen, überraschende Blüten beriechen, Licht- und Schattenspiele im Verkehrskreisel entdecken. Auf manche Bürger mögen all diese Orte unwirtlich und eher abstoßend wirken, für manch andere haben sie ein gewisses, dann und wann unwiderstehliches Flair, bieten Schutz, auch Schutz vor Öffentlichkeit, bergen ein kleines Glück, etwas Geheimnisvolles, einen Traum, eine Erinnerung, eine Mystik. Sie deuten Restraum als räumliches Angebot der Stadt, speziell für ihren menschlichen Grundbedarf, ihre Not, ihre individuelle städtische Lebensfreude. Aneignung ist hier durch Zurückhaltung geprägt, sie hat etwas durchgängig Persönliches, es ist eine Situation wie in der häuslichen Intimsphäre. Zugleich ist es den Nutzern klar, dass es sich um ein Geschenk handelt, eine kostenlose, versehentliche Leihgabe der Stadt, eine solche Aneignungschance dürfen sie sich nicht entgehen lassen.

Restraum generiert noch eine weitere Qualität von Aneignung, wobei der jeweilige Ort nicht selbst die Korrespondenz beginnt, sondern lediglich den Rahmen abgibt für ein Spektrum an Initiativen und Bedürfnissen seitens des Bürger selbst. Solche Aktivitäten liegen zumeist außerhalb des Konventionellen. Es sind – zumal in der Stadt – gewagte und risikoreiche Nutzungen bis hin zu gesetzlich Strafbarem. Dazu gehören Dschungelsafaris und Tarzan-Spiele im Dickicht, Ritterkämpfe und Indianerüberfälle an und auf Bahngleisen, athletisches Draufgängertum wie etwa Stunttraining zwischen Verkehrsanlagen, Klettergärten an Hauswänden, aber auch brenzlige Situationen wie Kokeleien und Experimente mit Chemikalien, Anbau von Drogen, Verschieben von Diebesgut, Nachbarschaftsgangs, Waffenschacher. Selbst Kunst und Kultur werden in solche Umgebungen verführt: Heavy-Metal Konzerte unter der Stadtautobahn, Theaterszenen zwischen Infrastrukturen. Aneignung zum Nulltarif und ohne jegliche Mühe.

Abbildung 4: Palettenlager (Candidstraße München)

Diese Aktivitäten haben viel mit Experimentierdrang und Abenteuerlust des Menschen zu tun, mit dem Verlangen nach ‚wilder Natur', mit Entdeckergeist, dem Ausloten von Extremen, dem Ausleben von Fantasien, dem Überschreiten des Gesetzlichen, alles Dinge, die der öffentliche Raum einer Stadt per definitionem schwerlich beherbergen kann. Restraum mit seinen physischen und ästhetischen Eigenheiten erscheint prädisponiert, solchen Neigungen entgegen zu kommen, zumindest steht dem exzessiven Verhalten nichts offensichtlich entgegen. Die Interessen von Mitbürgern werden nicht augenscheinlich verletzt. Erlaubnis scheint auch seitens der städtischen Autoritäten vorzuliegen, die sich um diese Orte nicht sorgen, sie weder überwachen noch kontrollieren – absichtlich nicht? Wird hier ein Auge zugedrückt? Stillschweigend ein stadtgesellschaftliches Ventil toleriert?

Die beschriebenen Aneignungsstufen können als narrative Gradmesser dafür dienen, wie intensiv sich einzelne Bürger mit unbestimmten Räumen ihrer Stadt identifizieren, indem sie diese für ihre individuellen Bedürfnisse nutzen. In den meisten Fällen lassen sie sich von der Örtlichkeit zu korrespondierenden Nutzungen anregen. In anderen Fällen haben sie unerfüllte Wünsche und suchen in den Resträumen nach dem passenden Gelände, um ihre Sehnsucht erfüllen zu können. Während dieser Streifzüge und Unternehmungen sind die Stadtbewohner ganz auf sich allein gestellt. Ein Klima der Inklusion seitens der Stadt kommt in diesen Fällen nicht auf. Bei der Untersuchung vor Ort im Rahmen des Kollegprojektes „Forschungslabor Raum" fällt vielmehr auf, wie vergleichsweise wenig sich die Stadt und ihre Planer um das Leben und Treiben in den Resträumen kümmern, so als hätten sie mit der Aneignung der offiziellen Freiräume in der Stadt ohnehin schon alle Hände voll zu tun.

Dimensionen der Freiraumaneignung

In der Tat dürfte die Realisierung offizieller Freiraumkonzepte eine zunehmend komplexere Aufgabe geworden sein, woran die Aneignungskomponente durchaus einen beachtlichen Anteil hat. Freiraumprojekte werden zwar nach wie vor stadtpolitisch abgestimmt und an den Bürger herangetragen, inzwischen wird diese Idylle aber durch neue Aneignungsdynamiken bei Partizipation, Regulierung und Experimentierfreude in Frage gestellt, wenn nicht sogar aufgekündigt, wie sich an Fachliteratur im In- und Ausland beobachten lässt. Die Frage nach dem geeigneten Maß an Aneignung wird dabei eher indirekt gestellt.

Exemplarisch seien hier die Arbeiten von Karen A. Franck und Quentin Stevens genannt. „In cities around the world people use a variety of public spaces to relax, to protest, to buy and sell, to experiment and to celebrate."[7] In dem 2007 herausgegebenen Sammelband präsentieren internationale Stadtexperten eine Reihe von Fallstudien, die von New York bis Rom, von Tel Aviv bis Melbourne und von Bangkok bis Berlin reichen. Ihr Konzept „loose space" versucht auszudrücken, dass Bürgeraktivitäten nicht nur den verabredeten stadtplanerischen Zweck erfüllen helfen, sondern öffentliche Räume auch von ihren eigentlichen Aufgaben entbinden und Freiräume umfunktionieren können. Ziel dabei ist, dem einzelnen Bürger mehr Gestaltungsfreiheit zu geben, in der Stadt mehr Vielfalt zu leben. Hier legen die Autoren den Schwerpunkt auf die individuellen Aneignungspotenziale aus der Sicht der Bürger.

Die Nutzer können sich solche Möglichkeitsräume auf verschiedene Weisen aneignen: durch einfaches Betreten, durch selbst vorgenommene Möblierung oder durch den versuchsweisen Betrieb eines Kiosks unter der Straßenbrücke. Neben der Vielfältigkeit und Eigenmächtigkeit kommt im konkreten Nutzerverhalten die wechselseitige Reaktion der Stadtbewohner aufeinander zum Ausdruck, was zu Spannungen, zu Resistenzen, aber auch zu unerwarteten stadtgestalterischen Gruppenprojekten (von Anwohnern beispielsweise) führen kann. Solche gemeinschaftlichen Aktivitäten der Bürger erreichen scheinbar mühelos stadtstrategisches Niveau, wenn wie beim Tempelhof-Areal in Berlin faktische Sofort-Nutzung und politische Agitation im großen Stil zusammenwirken.[8] Hier versuchen

---

7 K.A. Franck/Q. Stevens: Loose Space: Possibility and Diversity in Urban Life, Eingang.

8 Vgl. K. Winter: Ansichtssache Stadtnatur.

die Bürger, sich durch kollektives Handeln die Aneignung eines Freiraums zu erzwingen.

Ähnliche Versuche der Stadtentwicklung, und zwar ebenfalls in Berlin, wenngleich eher im kleinen Stil, betreiben die sog. Raumpioniere, und zwar durch Zwischennutzung. Die Senatsverwaltung verhandelt hier mit aneignungsfreudigen Stadtbewohnern. Die Anliegen der beiden Seiten sind verschieden, ergänzen sich aber: dem Senat, der häufig Eigentümer von freien Grundstücken ist, ist an interessanten temporären Nutzungen gelegen, während der kreative Bürger nach Möglichkeiten der Selbsterfahrung suchen. In dem von der Berliner Senatsverwaltung für Stadtentwicklung herausgegebenen Buch „Urban Pioneers"[9], wird die Kooperation schriftlich und visuell aufbereitet, als Initiativfeld von engagierten Stadtforschern diskutiert und mit Fallstudien zu anderen europäischen Städten sowie einem detaillierten Ratgeber für Berliner Zwischennutzer angereichert. Aneignung bei Zwischennutzung wird als modernes Bürgerwerkzeug portraitiert.

Anschauliches Herzstück des Buches bildet die Dokumentation von 43 Zwischennutzungsbeispielen, aus denen Erfahrungen unter anderen hinsichtlich der Art der Zwischennutzung, der sozialen Zusammensetzung der Raumpioniere und der Flächenverfügbarkeit abgeleitet werden. Aussagekräftig sind die Ergebnisse zur Flächengröße, die von 300 qm bis 155 000 qm reicht: „Reviere mit großen Freiflächen stellen eine höhere Hemmschwelle für eine Vielfalt kleinteiliger Raumaneignungen dar als kleinteilig organisierte Reviere, in denen sich leichter eine Mischung aus unterschiedlichen Nutzungsarten ausbreiten kann."[10] In der Tat misst bei der Hälfte der dokumentierten Zwischennutzungsfälle die verfügbare Fläche allenfalls 3000 qm, was eben nur kleinere Projekte erlaubt, etwa einen Kiezkindergarten, ein Kinderblockhaus oder eine Skatehalle, nicht aber Skipisten, Golfplätze oder ganze Sportparks. Aufschlussreich daran ist, von welchen Annahmen beziehungsweise Erfahrungen die Senatsverwaltung hinsichtlich des Aneignungsverhaltens der Bürger ausgeht, beziehungsweise wie sie dieses Verhalten zu lenken versucht.

Der Bürger seinerseits hat inzwischen Verfahren entwickelt, um die Aneignungsvorgaben der städtischen Behörden zu beeinflussen. Neben dem Protest auf der Straße und dem Bürgerentscheid in den Wahllokalen erhöhen viele solche offiziellen Partizipationsprozesse das Aneignungsgewicht der Bürgerschaft und damit deren stadtpolitischen Einfluss. Das gilt für Kulturprojekte wie „Eichbaum

9 Vgl. Senatsverwaltung für Stadtentwicklung: Urban Pioneers. Vgl. dazu auch den Beitrag von T.E. Hauck in diesem Band.

10 Ebd., S. 44.

Countdown" in Mülheim/Ruhr[11] bis hin zu Geschäftsmodellen wie dem City-Ikea-Möbelhaus mitten in der Hamburger Fußgängerzone.[12] Das Bundesministerium für Verkehr, Bau und Stadtentwicklung nimmt diesen Trend auf: „Wenn Freiflächen vermehrt zur Bühne kultureller, sportlicher und sozialer Aktivitäten werden, sind neben bürgerschaftlichem Engagement zudem neue Formen der Kooperation zwischen Bewohnern des Quartiers wie auch in Stadtverwaltung und Stadtpolitik gefragt."[13] Aus Bürgermitsprache wird beidseitig verpflichtende Kooperation, eine vertragliche Stadt-Bürger Aneignungskonstellation.

Der Weg vom fürsorglichen Gemeinwesen zur bürgeraktivierenden Stadtverwaltung rückt Sinn und Zweck der Aneignung stärker in den Vordergrund. Was soll mit Aneignung erreicht werden? Das Bundesministerium für Verkehr, Bau und Stadtentwicklung gibt ehrgeizige Ziele für städtische Freiräume vor:

> „Räume mit gestalterischen und sozialen Qualitäten werden gebraucht. Räume, die sich durch hohe Aufenthaltsqualität und vielfältige Nutzungsmöglichkeiten auszeichnen und in denen sich unterschiedliche Nutzergruppen gerne treffen. Räume, die es erlauben, dass in ihnen auch Konflikte ausgehandelt werden können, ohne dass einzelne Personen oder Gruppen verdrängt werden."[14]

Das Ziel, Freiraumnutzung ohne Angst und Diskriminierung zu verwirklichen, führt jedoch bei steigender Gruppen- und Kulturvielfalt in den Städten zu vermehrtem Regulieren und Überwachen – nicht zuletzt vom Bürger/den Bürgerinnen selbst gefordert. Zentrale Aneignungsziele, wie die unbeschwerte Nutzung von Freiraum, werden damit zwar nicht total verfehlt, aber doch in signifikanter Weise verkürzt.

Jenseits von aktuellen, spezifischen Gruppenkonflikten wird das Sicherheitsempfinden der Stadtbewohner zu einem zunehmend prominenteren Kriterium für Aufenthaltsqualität in städtischen Freiräumen. Es geht nicht nur um die Festle-

---

11 Vgl. Bundesinstitut für Bau-, Stadt- und Raumforschung: Mülheim an der Ruhr: Eichbaum Countdown.

12 So bezeichnet Bürgermeister Olaf Scholz Ikea-Altona als „Symbol für eine neue Urbanität". Die Menschen zögen wieder zurück in die Stadt und folglich müssten solche Geschäfte zurück zu den Menschen ziehen. Vgl. Tiedemann: Bürgermeister Scholz: Ikea bringt Altona nach vorn.

13 Vgl. Bundesministerium für Verkehr, Bau und Stadtentwicklung: Neue Freiräume für den urbanen Alltag, Vorwort von Lütke Daldrup.

14 Ebd., S. 5.

gung von Erlaubtem und Verbotenem, sondern immer mehr auch um die sicherheitsrelevante Differenzierung, Vermessung und Normung der Freiraumausstattungen. Treibmittel dieser Regularieninflation bildet zum Teil der gestiegene Drang der Bürger, nicht nur politisch sondern auch rechtlich Ansprüche an ihre Stadt im Freiraumbereich zu stellen. Die (Ein-)Klagebereitschaft der Stadtbewohner erzeugt Rückwirkung in den Planungs- und Rechtsabteilungen der Stadtverwaltung. Absicherung wird dort inzwischen großgeschrieben und reduziert nolens volens die Freiheitsgrade der Freiräume und damit das Potenzial an Aneignung.

Abbildung 5: Vertrauen (Unter der Donnersbergerbrücke in München)

Im wechselseitig zwischen Stadt und Bürgern gesteigerten Sicherheitsdenken liegt auch einer der Hauptgründe, weshalb risikoreiche Erlebnispotenziale in die städtischen Freiräume schwieriger einzuplanen sind, um damit der Experimentierfreude und der gelegentlichen menschlichen Neigung zu Grenzerfahrung und Wildheit entsprechen zu können. Die Nachfrage bei alten wie bei jungen Städtern nach offenen, ungewöhnlichen Gegenwelten zur geschlossenen, gleichförmigen Freiraumwelt scheint ungebrochen. Je mehr die Verstädterung zunimmt, umso mehr scheint die Sehnsucht nach nichtstädtischen Erlebnisräumen zu wachsen. Dieses starke nostalgische Bedürfnis nach Landleben und unverfälschter Natur hat indessen auch objektive Ursachen. So kommen die Landschaftsplanerin Irma Stopka und ihre Mitarbeiterin Sandra Rank in ihrem Forschungsprojekt „Erprobungs- und Entwicklungsvorhaben Naturerfahrungsräume in Großstädten am Beispiel Berlin“[15] zum dem Ergebnis, dass naturnahe Flächen und die Möglichkeiten für Naturerfahrung in Städten in den letzten Jahrzehnten bis zu einem Punkt abgenommen haben, an dem ein bewusster Einsatz von Naturerfahrungsräumen zur Reduzierung der entstandenen Defizite notwendig geworden sei.[16] In der Tat sind in manchen Städten vor allem durch Nachverdichtungsprozesse für Wohn- und Geschäftsbedarf (Natur-)Flächen für städtische Freiraumzwecke verloren gegangen.

Mit derartigen Verlusten beziehungsweise Einschränkungen von Freiraum haben jene Bürger kein allzu großes Problem, die die Stadt insgesamt als einen Freiraum betrachten und sich auf die Beobachtung des ‚Städtischen‘ konzentrieren. Diese Dimension von Aneignung kommt durch aufmerksames Herumgehen und Reflektieren zustande. Stadtspaziergänger können heutzutage – quasi in Fortsetzung des Promenadologen Lucius Burckhardt – ohne ernsthafte Beeinträchtigung ihren besinnlichen Aktivitäten nachgehen. Die Überwachungskameras sind ihnen kaum ein Hindernis, vielmehr erleben die Stadtwanderer eine Renaissance in Form der ‚flânerie‘. Kay von Keitz und Sabine Voggenreiter („plan-Projekt“) propagieren diese sanfte Form der Aneignung.[17] Im Vorübergehen soll der urbane und suburbane Raum erkundet werden, und zwar mit allen Sinnen, um intensive und reflektierte Stadtraumerlebnisse zu sammeln. Keitz/Voggenreiter haben ihre eigenen Stadtwanderungen durch Köln auf DVD dokumentiert und stellen sie Stadtbewohnern, Planern und Architekten als neue Perspektiven auf ihr gewohntes Arbeits- und Umfeld vor – Aneignung der Aneignung?

Das Beispiel der modernen, geschäftstüchtigen Stadtflanierer unterstreicht den Eindruck der Vielfältigkeit von Freiraumaneignung in der Stadt. Die Dimensionen reichen von der schlichten Annahme der städtischen Planungsvorgabe durch die Bürger über die diversen Vereinbarungen zwischen Stadt und Bürger bis hin zu Formen der durch Bürgerzusammenschlüsse erzwungenen Aneignungen – selbst gegen die Maßgaben der Behörden. All diese Aneignungen sind ihrer Natur nach

---

15 Siehe http://www.stiftung-naturschutz.de/unsere-projekte/naturerfahrungs-raeume/

16 Freiflächen dafür sollen aus Erholungswald, öffentlichen Grünanlagen, Brachflächen und Spielplätzen gewonnen werden. Das aber sei gerade in den Innenstadtbezirken Berlins nicht leicht zu realisieren, wie ihr Forschungsbericht aufzeige. Darüber hinaus sei auf die umfangreichen rechtlichen Rahmenbedingungen hinzuweisen sowie auf die Sicherheitsanforderungen und die Haftungsvorschriften, denen entsprochen werden müsse. Vgl. I. Stopka/S. Rank: Naturerfahrungsräume in Großstädten, S. 126.

17 Vgl. K.v. Keitz/S. Voggenreiter: En passant, 2014.

mehrdimensional, d.h. es finden jeweils Aushandlungsprozesse zwischen vielen Akteuren statt, sowohl auf Seiten der Bürger wie der Stadt. Aneignung verliert etwas den Zweck und das Motiv der unbeschwerten, freien Nutzung. Freiraum wird von kulturellen, kommerziellen und politischen Strategien der Stadtentwicklung überlagert. Die Bürgerschaft wird in diese Strategien hineingeplant, ihre individuelle Aneignungsspanne schrumpft. Für Freiraumplaner wird es schwieriger, ein Optimum an Aneignungspotenzial anzusteuern.

Zur Justierung von Aneignung

Die Hinweise aus Restraumforschung und Fachliteratur liefern zwar keine numerische Messgröße für Aneignung, lassen indes unterschiedliche Grade und Dimensionen erkennen. Damit können zumindest Differenzierungen in der Aneignungsintensität vorgenommen werden. So wird deutlich, dass Aneignung im Restraum besonders intensiv und intim verläuft. Es ist ein individueller, eindimensionaler Vorgang, wobei die Bedürfnisse des einzelnen Bürgers direkt und originär bedient werden. Der Bürger entscheidet allein, ob, wann und wie er einen Raum nutzt. Das verleiht seinem Vorgehen Authentizität. Im Vergleich dazu erweist sich Aneignung im offiziellen Freiraum als komplexer Vorgang unter Beteiligung verschiedener städtischer Stellen und diverser Gruppen von Bürgern. Das individuelle Bedürfnis des Bürgers wird vielfach mediatisiert. Es wird den städtischen Vorschriften und den Rücksichten auf die Interessen der Mitbürger untergeordnet. Der teils anarchischen und chaotischen Situation im Restraum steht im Freiraum Ordnung und Rechtssicherheit gegenüber.

Der Freiraumplaner, der in der Regel in die Restraumaneignung nicht eingreift, ist auch nicht unbedingt Herr der Abstimmungs- und Kompromissvorgänge im Freiraum. Er sieht sich aber in der fachlichen Verantwortung, mit seinem Beitrag ein angemessenes Quantum an Aneignung anvisieren zu müssen. Angemessen ist, was dem Spektrum der Bedürfnisse der Stadtbewohner möglichst nahe kommt und zugleich den Zielen der Stadtentwicklung insgesamt dient. Nicht was Aneignung jeweils ist, steht insofern im Vordergrund, sondern was sie in bestimmten örtlichen und zeitlichen Stadtsituationen zu leisten vermag. Der Planer stellt sich folglich die Frage: Welches Maß an Aneignung bringt die besten Beiträge in die Vitalität meiner Stadt ein? Mit anderen Worten, wird der Bandbreite, der Heterogenität, der Intensität und der Aktualität der Bedürfnisse der Bürger bei Initiierung und Management von städtischem Freiraum Rechnung getragen?

Um diesem Anspruch zu genügen, brauchen Planer neben dem Fachwissen und den politischen Vorgaben möglichst verlässliche Kenntnisse über die Wünsche und Ansprüche, die Bürger an ihre Stadt speziell hinsichtlich der Verfügbarkeit und Güte von Freiraum haben. Hier kommen die Erfahrungen ins Spiel, die aus der Beobachtung und Analyse im Restraum stammen. Zwar stehen dem Planer die Evaluationen der diversen städtischen Freiraumprojekte zur Verfügung, sie wissen aber auch, wie dynamisch und unkonventionell Bürgerbedürfnisse sein können und wie schwer es ist, ihre Entwicklung einzuschätzen und möglichst zu antizipieren. Die Geschehnisse in den Resträumen der Stadt können sich hier als hilfreich erweisen. Einem Indikatorsystem gleich bieten sie nämlich Informationen über genuine Vorstellungen darüber, was der Bürger gern machen würde, wenn ihnen städtischer Raum zur Selbstbestimmung überlassen wäre. Der Planer weiß, dass er Restraumtrends nicht eins zu eins in den Freiraum übertragen kann. Vielmehr muss er um die Optimierung bemüht sein, die stadtkonformen Freiraum und genuine Bürgerbedürfnisse immer wieder zeitgerecht annähert. Restraum kann zu diesem Justierungsprozess einen Beitrag leisten.

Lucius Burckhardt hat sich über diese Prozesse der planerischen Feineinstellung bei öffentlichem Freiraum schon vor Jahren Gedanken gemacht:

> „Der fortschrittliche Staat plant für alle. Er plant die Sandkästen für die Kleinsten, er stellt den Müttern die Bänke bereit, er baut die Spazierwege und pflanzt und fällt die schattenspendenden Bäume für die Alten, erschafft einen Bolzplatz für die älteren Kinder, Sportplätze für die Jugend, Parks und Tummelplätze für die Familien, […].“[18]

Burckhardt geht in seiner Aufsatzsammlung „Wer plant die Planung?“ auf die sensiblen Eigenschaften der Freiräume ein und vergleicht sie mit Niemandsland, das zwar durch Planung entstehen könne (und hier liegt die Parallele zum Restraum), aber seinen Charakter dadurch verlöre, dass den Planern ihr Missgeschick bewusst würde. Er traut den Planern nicht und problematisiert die Gefahr der Zerstörung von Niemandslandatmosphäre:

> „Natürlich bedroht die Planung auch das Niemandsland. Diese Bedrohung nennt sich ‚Grünplanung‘ […] Die Stadtplanung, die das Niemandsland in disziplinierte Grünflächen verwandelt, leistet weder einen Beitrag zur Verschönerung der Stadt noch zur Vermehrung der Freizeitflächen […] Je mehr dem Auge schon vorgegeben wird, desto weniger ist es geneigt, dieses Gesehene unter das Bild einer Landschaft zu subsumieren.“[19]

---

18 L. Burckhardt: Wer plant die Planung?, S. 321.

19 Ebd., S. 322.

Die doppelte Botschaft lautet: Niemandsland hat einen eigenen Freiraumwert und sollte als solches erhalten bleiben. Aneignung darf nicht vorweggenommen, sie sollte lediglich ermöglicht werden.[20]

Auch in Zukunft braucht die vitale Stadt unbestimmte Resträume und unbestimmte Räume im Freiraum, in die der Bürger seine individuellen Wünsche und Assoziationen einbringen können. Im Restraum/Niemandsland ist das Kriterium der Unbestimmtheit erfüllt, im (städtisch) geplanten Freiraum gibt es Annäherungslösungen, z.B. mehr eingebaute Flexibilität, einen Zusatz an Ursprünglichkeit, größere Naturnähe. Ob dieses Maß an Freiheit ausreicht, darüber könnten der Stadtspaziergänger Burckhardt und die Landschaftsplanerin Stopka trefflich streiten. Beide streben das gleiche Ziel an: wilde Natur für die Menschen in der Stadt. Der eine erreicht es durch Nicht-Eingreifen, ja sogar durch Verschweigen eines solchen Zieles, die andere versucht es durch deklarierte Intervention – wenn nicht sogar Usurpation – von bereits verplanten und bebauten Flächen. Beide sind im Dilemma: Burckhardt, weil er das vorhandene, verschwiegene Niemandsland als solches nicht schützen kann, ohne es publik zu machen und damit dessen Atmosphäre zu gefährden; Stopka, weil sie ein städtisches Areal umfunktionieren und so gestalten muss, als sei es ein Wildgewächs, obwohl es auch das nur simulieren kann.

Der Bürger wird jene Flächen und Räume suchen, die mit seinen Präferenzen korrespondieren, sei es, weil er sich darin wie im Restraum ohne Vormund einrichten, sei es, dass er wie beim Freiraum ihren Zuschnitt in gewissem Umfang mitbestimmen kann. Der Bürger im Restraum lebt und signalisiert seine/ihre Bedürfnisse ungefiltert und in vollem Umfang. Im Freiraum dagegen bleibt die Mitbestimmung des Bürgers relativ, denn sie setzt erstens die Verständigung mit seinen Mitbürgern voraus und zweitens die Anerkennung der städtischen Autoritäten. Die in beiden Bereichen unvermeidlichen Kompromisse braucht der Restraumnutzer nicht zu schließen. Sein Aneignungsverhalten zeigt dem Planer authentische Bürgerbedürfnisse an. Der Freiraumplaner braucht diese Signale in Ergänzung zur Partizipation der Bürger. Alle Bürger verlangen einen möglichst freien Zugang zu den Potenzialen ihrer Stadt. Die Studie des Bundesministeriums für Verkehr, Bau und Stadtentwicklung sieht hier ein Feld notwendiger Abwägung:

„Freiheiten erfordern Regeln: Die Eigenverantwortlichkeit hat allerdings Grenzen. Die kommunale Verwaltung kann ihre Verantwortung für den öffentlichen Raum nicht vollständig an die Nutzer übertragen. Die Koordination der Nutzungen [...] obliegt weiterhin der

20 Vgl. L. Burckhardt: Durch Pflege zerstört, S. 79-83.

Verwaltung. Es muss das richtige Verhältnis zwischen Offenheit und Fixierung, zwischen Selbstbestimmung und Regeln gefunden werden."[21]

Vor diesem Hintergrund ist offensichtlich, dass sich Aneignung nur in Grenzen planen beziehungsweise regulieren lässt. Die konkurrierenden Dosierungen von Freiheiten und Einschränkungen bleiben ständige Abstimmungsherausforderung. Aneignung von städtischem Freiraum stellt sich als ein fortwährender Prozess dar. Aneignung pur à la Restraum ist dafür keine Blaupause. Sie bietet von sich aus keinen Lösungsansatz für die Verständigung zwischen Planer und Bürger. Immerhin aber kann sie den Planer an das individuelle Bedürfnisspektrum der Stadtbewohner erinnern, wie es im Restraum als Aneignung pur zum Ausdruck kommt, als von offiziellen Vorgaben unbeeinträchtigt gelten kann und vermutlich intensiver ausgelebt wird. So ist das Geschehen im Restraum ein doppelter Fingerzeig darauf, wo einerseits das Herz eines Teils der Stadtbevölkerung schlägt und wo andererseits menschliche Schlagseiten deutlich werden, weil dem Bürger im Restraum weder Eigenverantwortung noch Gemeinsinn abverlangt werden. Zugleich kann Restraum dem Planer dazu dienen, von alternativen Stadträumen Kenntnis zu nehmen, in denen die Einschränkungen des Freiraums ausgeblendet sind. Wird der Planer dadurch gegebenenfalls den „Mut zur Nicht-Planung" aufbringen?[22]

Das sind durchaus gewichtige Anhaltspunkte für die Justierung von Aneignung im städtischen Freiraum. Der Planer kann sie als ein Plädoyer für mehr Freiheit in der Nutzung von Freiraum sowie als eine Empfehlung zur Aufrechterhaltung von Restraum verstehen. Er wird solche Vorschläge auch als Anlass für fachlich kontroversen Diskurs beziehungsweise für konkurrierende Ansprüche perzipieren. Wer setzt sich durch im Wettbewerb der Disziplinen und Fachabteilungen, wenn der städtische Freiraum auf die ‚wahren', ‚dringendsten', ‚zentralen' Bedürfnisse des Bürgers eingestellt werden soll? Setzt sich neuerdings der Stadtbewohner durch? Die neuen Medien geben ihm starke Werkzeuge an die Hand. Oder gewinnen jene Experten die Oberhand, die sich mit den Bürgern zusammentun, z.B. bei der Berücksichtigung von Sicherheitsfragen im städtischen Freiraum? Das nüchterne Faktum lautet: In der akuten Situation bestimmt der Planer nicht einmal den Standort oder die Form von Papierkörben und Pflanztrögen in öffentlichen Räumen, sondern der Terrorbeauftragte der Stadt oder der Spezialist des Innenministeriums. Allerdings lehrt uns der Historiker im Zeitmaß der Jahrhunderte:

21 Bundesministerium: Neue Freiräume, S. 11.

22 Vgl. C. Reutlinger: Mut zur Nicht-Planung, S. 47 ff.

„Panikmacher und Angsthasen, denen der Asphalt nicht grün genug ist, leiden an der unberechenbaren Stadt. Großstädte waren nie ein Luftkurort oder eine verkehrsberuhigte Idylle. Sie waren immer laut, schmutzig, unübersichtlich und an manchen Ecken auch gefährlich. Der öffentliche Raum gehörte allen, nicht zuletzt den Armen, den Arbeitslosen, Behinderten, den Asozialen und den Lebenskünstlern unter den Kleinkriminellen. Das Zusammenleben der vielen Verschiedenen mit den vielen Anderen war immer dramatisch."[23]

In diese Dramaturgie würde sich Robert Maitland nahtlos einfügen.

LITERATUR

Ballard, James Graham: Betoninsel, Frankfurt a.M.: Suhrkamp Verlag 1992 (Übersetzung von Herbert von Genzmer; Originalausgabe: Concrete Island, London: Jonathan Cape 1974).

Bundesinstitut für Bau-, Stadt- und Raumforschung: Mülheim an der Ruhr: Eichbaum Countdown, siehe http://www.bbsr.bund.de/BBSR/DE/FP/ExWoSt/Forschungsfelder/2009/JugendlicheImStadtquartier/Modellvorhaben/MuehlheimRuhrEichbaum.html?nn=430172.

Bundesministerium für Verkehr, Bau und Stadtentwicklung (Hg.): Neue Freiräume für den urbanen Alltag, Berlin 2009, http://www.bgmr.de/downloads/BMVBS-Publikation_Neue-urbane-Freiraeume.pdf.

Burckhardt, Lucius: Wer plant die Planung? Architektur, Politik und Mensch, Berlin: Martin Schmitz Verlag 1980.

Burckhardt, Lucius: „Durch Pflege zerstört", in: Bazon Brock (Hg.), Die Kinder fressen ihre Revolution, Köln: DuMont Buchverlag, Köln 1985, S. 193-196.

Franck, Karen A./Stevens, Quentin (Hg.): Loose Space: Possibility and Diversity in Urban Life, London: Routledge 2007.

Hamm, Oliver/Koch, Michael Metropole: Metrozonen (= IBA-Schriftenreihe METROPOLE, Band 4), Berlin: 2010.

Keitz, Kay von/Voggenreiter, Sabine (Hg.): En passant. Reisen durch urbane Räume: Perspektiven einer anderen Art der Stadtwahrnehmung, Berlin: Jovis Verlag 2014.

Reutlinger, Christian: „Mut zur Nicht-Planung – oder: Ist der öffentliche Raum ein planbarer Raum?", in: Raimund Kemper/Christian Reutlinger (Hg.), Umkämpfter öffentlicher Raum, Wiesebaden: Springer Fachmedien 2015, S. 47-62.

23 E. Straub: Das Drama der Stadt, S. 191.

Senatsverwaltung für Stadtentwicklung (Hg.): Urban Pioneers. Berlin: Stadtentwicklung durch Zwischennutzung, Berlin: Jovis Verlag 2007.

Stopka, Irma/Rank, Sandra: Naturerfahrungsräume in Großstädten – Wege zur Etablierung im öffentlichen Freiraum. Abschlussbericht zur Voruntersuchung für das Erprobungs- und Entwicklungsvorhaben „Naturerfahrungsräume in Großstädten am Beispiel Berlin" (= BfN-Skripten, Heft 345), Bonn: BMU-Druckerei 2013.

Straub, Eberhard: Das Drama der Stadt. Die Krise der urbanen Lebensformen, Berlin: Nikolaische Verlagsbuchhandlung GmbH 2015.

Tiedemann, Axel: „Bürgermeister Scholz: Ikea bringt Altona nach vorn", in Hamburger Abendblatt vom 01.07.2014, http://www.abendblatt.de/incoming/article129637969/Scholz-Ikea-bringt-Altona-nach-vorn.html vom 28.02.2017.

Winter, Katharina: Ansichtssache Stadtnatur. Zwischennutzungen und Naturverständnisse, Bielefeld: transcript Verlag 2015.

ABBILDUNGEN

Abbildungen 1-5: Dorothee Rummel.

Planung von Aneignung

Aneignung in der Freiraumplanung – eine ideengeschichtliche und planungstheoretische Einordnung

STEFAN KÖRNER

Der Begriff der Aneignung ist in der räumlichen Planung untrennbar verbunden mit der Freiraumplanung. Diese hatte ihre größte Zeit in den 1970-1980er Jahren und drückte den Zeitgeist der 1968er-Revolte in der Landschaftsplanung aus. Damit war das Konzept der Aneignungsfähigkeit von Freiräumen von Anfang an politisch ausgerichtet. Man nahm am kulturellen Wandel in der BRD teil und wandte sich gegen die Fachautoritäten, die bei der Etablierung von Naturschutz und Landschaftsplanung als staatliche Aufgabe schon im Dritten Reich eine tragende Rolle gespielt hatten. Inhaltlich wandte man sich gegen den Begriff Landschaft sowie die darauf aufbauende Landschaftsgestaltung im Geiste des Heimatschutzes.

WOHNEN ALS KULTURELLE URHANDLUNG

Landschaft steht für einen einfühlsamen Umgang mit der Natur in konkreten Räumen und damit für Kultur allgemein.[1] Denn seit der Antike wird unter ‚cultura' wie auch unter ‚cultus' die Bebauung des Landes, seine Bewohnung und Pflege verstanden, also eine menschlich geschaffene Welt, die mehr ist als das Ergebnis

---

1 Vgl. L. Trepl: Die Idee der Landschaft.

eines bloßen Überlebenskampfes.[2] ‚Kultur' beinhaltet daher den pfleglichen Umgang mit Feldern und Haustieren, mit dem Haus und dem Menschen, d.h. seine sorgsame Erziehung sowie die Pflege der Wissenschaften, Künste und Religion.[3]

Dass die Erde vom Menschen bewohnt wird und sich dadurch Kulturen ausbilden, wurde von Herder ausführlich dargelegt[4] und taucht als Motiv immer wieder in den Vorstellungen über Landschaftsgestaltung auf. Auf dieser Basis entwickelte Hermann Mattern, der bis heute wohl renommierteste deutsche Landschaftsarchitekt, seine Vorstellung einer „Wohnlandschaft"[5]: „Kultur ist Arbeit am Boden – ist das Tätigwerden des Menschen in dieser Welt schlechthin."[6] Daraus folgte für seine Schüler, dass es die Aufgabe der Landschaftsarchitektur[7] sei, humane Welten zu schaffen[8], insbesondere zeitgemäße urbane Orte als aktuelle menschliche Lebenswelten.[9] Zeitgleich wurde in der angelsächsischen Debatte

---

2 Vgl. G. Bollenbeck: Bildung und Kultur, S. 34 ff.

3 Vgl. ebd., S. 38.

4 Vgl. J.-G. von Herder: Ideen zur Geschichte der Menschheit.

5 H. Mattern: Über die Wohnlandschaft.

6 H. Mattern: Gras darf nicht mehr wachsen, S. 8.

7 Das Fach hieß zunächst im Dritten Reich Landschaftsgestaltung. Mäding formulierte dann 1942 das Programm der Landespflege als Teil staatlicher Daseinsvorsorge, die sich aus gestalterischen und ökologisch-naturschützerischen Aufgabenbestandteilen zusammensetzte. Die Bezeichnung Landespflege erhielt sich bis weit nach dem Krieg, in Bayern bis in die 1990er Jahre, machte aber ab den 1960er Jahren einer weitgehend ökologisch-naturschützerischen Landschaftsplanung Platz, die durch die Erholungsplanung ergänzt wurde. Die Landschaftsarchitektur opponierte seit den 1950er Jahren beginnend mit Mattern gegen diese Entwicklung und baute dabei auf noch ältere Traditionsbestandteile in der Garten- und Parkgestaltung auf. Gegen ihre künstlerisch-gestalterische Ausrichtung, die politische Vergangenheit der Landschaftsgestaltung im Dritten Reich sowie auch gegen die neue instrumentell orientierte, technokratische Landschaftsplanung lehnte sich wiederum die Freiraumplanung auf. Vgl. S. Körner: Theorie und Methodologie der Landschaftsplanung.

8 Vgl. T. Bappert/J. Wenzel: Von Welten und Umwelten.

9 Diese urbane Orientierung ist eine Reaktion der Landschaftsarchitektur auf die nationalsozialistische Landschaftsgestaltung und die als rückwärtsgewandt empfundene Orientierung des Naturschutzes an ländlichen Landschaften als Vorbild für intakte ‚Lebensräume'. Durch den Austausch des zentralen symbolischen Objekts sieht man sich auf der sicheren Seite weltoffener und demokratischer Kultur, ohne sich wie die Freiraumplanung inhaltlich neu auszurichten und zu politisieren. Vgl. dazu kritisch S. Körner: Theorie und Methodologie der Landschaftsplanung.

das Verständnis der menschlichen Besiedelungsformen der Erde mittels einer „Human Geography“[10] zum Programm erklärt. In J.B. Jacksons Zeitschrift „Landscape“ wurden ausgehend vom Wohnhaus als Kernzelle der Landschaft Räume als jeweils typische Konstellationen von Naturbedingungen und menschlichen Kulturhandlungen beschrieben. Moderne Städte und die Formen der intensiven Landwirtschaft wurden dabei nicht als Zerstörung gewachsener Kultur, sondern als Ausdruck des amerikanischen Pioniergeistes verstanden. Jacksons positive Einstellung zum modernen Fortschritt machte ihn für die deutsche Landschaftsarchitektur attraktiv, die mit ungefähr zwanzigjähriger Verspätung seine Theorie aufgriff, weil sie einen scheinbar modernen, von zivilisationskritischen Konnotationen befreiten Landschaftsbegriff bot.[11] Doch kann Kultur, das war Jackson wie auch Mattern klar, in Raubbau umschlagen, sodass auch der Respekt vor dem menschlichen Maß verloren gehen kann: „Mit dem Sündenfall beginnt die Arbeit, die cultura – und damit die Ausbeutung.“[12] Daher muss die Nutzung der Natur durch zeitgemäße Landschaftsgestaltung nicht nur in geordnete Bahnen gelenkt, sondern es müssen auch neue Raumgestalten mit Charakter geschaffen werden, um „menschliche Welten“ zu kreieren und nicht einfach nur „Umwelten“ zu schützen.[13] Nach Jackson stiftet der Landschaftsarchitekt als Stellvertreter Gottes eine neue schöpferische Harmonie auf Erden und macht sie dadurch zum Abbild des Kosmos.[14] Gegen diese idealistische Weltsicht und – aus politischer Sicht – Anmaßung der Landschaftsarchitekten zieht die Freiraumplanung ins Feld. Sie deutet die Kultur materialistisch und erklärt (zunächst) nicht konkrete Räume, sondern die Gesellschaft zur eigentlichen Sphäre des Menschen, sodass Politik ‚von unten‘ an die Stelle von Gestaltung tritt und zur heimatschaffenden Tätigkeit emanzipativer Menschen wird.

---

10 J.B. Jackson: The Need of being versed in Country Things; J.B. Jackson: What We Want; J.B. Jackson: Human: All Too Human Geography. Jackson gilt der aktuellen deutschen Landschaftsarchitektur als zentrale theoretische Referenz. Vgl. dazu S. Körner: Eine neue Landschaftstheorie?, ausführlich zu J.B. Jackson S. Körner: Amerikanische Landschaften.

11 Vgl. M. Prominski: Landschaft entwerfen; M. Prominski: Landschaft – warum weiterdenken. Prominskis Auffassungen wurden zunächst in der Zeitschrift „Stadt und Grün“ ausführlich kritisiert und erwiesen sich als nicht haltbar. Vgl. als Überblick und Weiterführung der Debatte U. Eisel und S. Körner: Befreite Landschaft.

12 H. Mattern: Gras darf nicht mehr wachsen, S. 17.

13 Vgl. T. Bappert, J. Wenzel: Von Welten und Umwelten.

14 Dass der Gartenkünstler die Schöpfung vollendet, ist seit dem Landschaftsgarten ein zentrales Motiv der Landschaftsgestaltung.

Die Ausbeutung der Natur führte Anfang der 1970er Jahre zu der Etablierung des neuen Politikfeldes Ökologie, das durch den medial orientierten, auf Wasser, Boden und Luft gerichteten technischen Umweltschutz operationalisiert wurde. Im Zuge dieser Entwicklung wurde nicht nur der alte Natur- und Heimatschutz marginalisiert, sondern es entstand auch die moderne Landschaftsplanung, indem die Landschaftsgestaltung durch ein technisch ausgerichtetes, strategisch-instrumentelles und vorwiegend auf den Schutz des Naturhaushaltes, den Arten- und Biotopschutz sowie auf die Erholungsplanung bezogenes Planungsverständnis überdeckt wurde. Gestalterische Aufgaben wurden als subjektiv angesehen und als irrational in den Hintergrund gerückt. Dennoch galt das alte Kulturideal unterschwellig weiter, denn es wurde unterstellt, dass ein funktionierender Naturhaushalt auch harmonisch wirkende Landschaften hervorbringt.[15] Der Grund für die Neuorientierung war politisch. Denn die traditionelle Auffassung von Kultur hatte zu Beginn des 20. Jahrhunderts insofern ihre Unschuld verloren, als sie die Basis für den Heimatschutz bildete. Dieser träumte in seiner ursprünglichen Variante bei Ernst Rudorff[16] davon, dass man das Rad der gesellschaftlichen Modernisierung zurückdrehen könne, was hieß, dass man den alten Ständestaat als gottgegeben verteidigte und das Landleben vor der Industrialisierung bewahren wollte. Da sich der Heimatschutz für den Schutz ‚malerischer' Landschaftsbilder als Ausdruck einer sinnvoll geordneten Kultur einsetzte, beschäftigte man sich überwiegend mit den baulichen Artefakten der neuen Zeit, die in dieses Bild ebenso zu integrieren waren, wie sich auch idealerweise die Menschen in vorgegebene gesellschaftliche und natürliche Ordnungen einzufügen hatten. Sinnvoller gesellschaftlicher Fortschritt sollte daher die industrielle Entwicklung bändigen, sodass sie nicht beliebig werden konnte, sondern zur organischen Entwicklung von Völkern in ihren ‚Lebensräumen', gemessen an der Eigenart und Vielfalt des Landschaftsbildes, beitrug. Heimatschutz wurde zum Bestandteil völkischer Politik, der zu Folge Völker bei ihrer Kulturarbeit die natürlichen Potenziale nutzen und dabei ihre Gestaltungskraft entäußern. Dadurch gliedert sich die Welt in unterschiedliche Siedlungsräume, geprägt durch die jeweiligen Eigenarten der sie bewohnenden Völker mit ihren Charakterzügen, Sitten und Gebräuchen sowie durch

15 Vgl. S. Körner: Theorie und Methodologie der Landschaftsplanung, Landschaftsarchitektur und Sozialwissenschaftlichen Freiraumplanung vom Nationalsozialismus bis zur Gegenwart.

16 Vgl. E. Rudorff: Heimatschutz.

ihre Naturgegebenheiten. Indem sie ihre Räume ‚bewohnen', d.h. nutzen und ihren Ansprüchen gemäß formen, entwickeln die Völker auf ihre je eigene Art Humanität.[17]

Die Wertschätzung von Eigenart ist an den Wert der Vielfalt gekoppelt, da nicht nur Völker und Räume immer verschieden sind, sondern weil Eigenart durch ihre Ausdifferenzierung immer mehr verfeinert, d.h. vollkommener wird. Beide Werte sind bis heute zentral für die Landschaftsplanung und den Naturschutz. Doch wurde in der Landschaftsplanung durch die Marginalisierung des landschaftsgestalterischen Anspruchs eine eher bewahrend-schützende Grundhaltung dominant.[18] Da Vielfalt an Eigenart gekoppelt ist, besteht Naturschutz auch nie allein in der Bewahrung einer beliebigen Viel*zahl* von Arten, wie man im Artenschutzbericht des Bundesamtes für Naturschutz nachlesen kann.[19] Denn dann entfaltet sich die Natur nicht. Auf weltanschaulicher Ebene schließt dies die Ablehnung fremder Arten ein, die in heimische Räume einwandern. Sie dürfen nicht aus allen Weltgegenden eingeschleppt werden – dann stehen sie für einen ‚unproduktiven' uferlosen Universalismus – sondern sollten, wenn sie schon kommen, weil die Natur sich immer auch ändert, aus benachbarten Räumen aktiv einwandern und vorhandene räumliche Potenziale zur Geltung bringen. Dann kann man sie als bereichernd interpretieren.[20] Bei den aktuell stark diskutierten Wölfen hingegen ist die Sache völlig klar. Sie waren nie fremd und nehmen sich nur ihr altes Heimatrecht. Indem sie durch ganz Europa wandern und alle Grenzen überwinden, demonstrieren sie die überraschende Produktivität der Natur.

Ähnlich wird die menschliche Gesellschaft interpretiert: Die einzelnen Mitglieder einer Kultur müssen sich einbinden, indem sie deren Eigenart anerkennen und vielfältig ausdifferenzieren. Der räumliche Ausdruck für die gelungene Einbindung ist ein charakteristisches Landschaftsbild. Wahre Freiheit ist daher keine

---

17 Vgl. J.-G. von Herder: Ideen zur Geschichte der Menschheit.

18 Die Landschaftsplanung wurde dadurch zur Fachplanung für den Naturschutz mit Anteilen an Erholungsplanung. Für die Landschaftsarchitektur war hingegen an der Theorie Jacksons attraktiv, dass er scheinbar ohne die ideologisch belasteten Begriffe Vielfalt und Eigenart auskam und den übergeordneten kulturellen Gestaltungsanspruch der Landschaftsgestaltung aufrecht erhielt. Tatsächlich spielen diese Begriffe in seinen Schriften keine Rolle, doch sind auch seine Auffassungen völkisch und gehen von der kulturellen Überlegenheit der angelsächsischen Siedler aus (vgl. S. Körner: Amerikanische Landschaften.)

19 Vgl. Bundesamt für Naturschutz: Artenschutz-Report 2015.

20 Vgl. S. Körner: Das Heimische und das Fremde.

beliebige, sondern eine in Grenzen, wie dies Mattern einmal ausgedrückt hat.[21] Repräsentiert wird diese konservative Ordnung durch jene ‚natürlich gegebenen' Institutionen, wie die Familie, die Kirche oder auch den starken Staat. Dieses aus der christlichen Wertschätzung von Individualität abgeleitete, politisch antidemokratische Weltbild[22] bot den Nährboden für allerlei katholisch-konservative Totalitarismen, sei es in Österreich, sei es in Spanien. In Deutschland wandte man sich im Dritten Reich radikal vom Christentum ab, indem man dieses Weltbild biologisierte und mit dem nationalsozialistischen Lebensraumkonzept verband. Auf Basis der Blut und Boden-Ideologie[23] wurde die Eroberung von neuem Lebensraum im Osten und die Vernichtung als minderwertig angesehener Völker legitimiert und das ehemals politisch konservative, kulturell humanistische Programm in einem rassistischen Expansionskrieg pervertiert. Die Landschaftsgestaltung hatte in diesem Kontext die Aufgabe, zusammen mit der Raumplanung die eroberten Gebiete neu zu ordnen und gestalthaft ‚einzudeutschen', indem z.B. neue Heckenlandschaften angelegt wurden.

Vor diesem Hintergrund hatte die in den westlichen Ländern um 1970 einsetzende Planungseuphorie, in deren Kontext auch der Umweltschutz institutionalisiert wurde, in Deutschland noch den besonderen Zweck, dass die damit einhergehende Verwissenschaftlichung die Entnazifizierung der Planung gewährleisten sollte, ohne jedoch dabei die Idee aufzugeben, dass die Landschaft das Gesetz der gesellschaftlichen Entwicklung vorgeben und die Landschaftsplanung daher umfassend den Raum und die Naturaneignung ordnen sollte. Man nannte dies „Gesamtplanungsanspruch". Doch war diese Entwicklung anfänglich zweischneidig, denn die Parole, dass ein gesundes Volk in einer gesunden Landschaft lebe, zeigte unverkennbar, dass die Vorstellung von Volksgesundheit nachklang.[24] Entsprechend war klar, was zu tun war, denn „nicht im Ziel, aber im *Weg* und in der *Arbeitsmethodik* entspricht unsere Arbeit nicht mehr den Erfordernissen der Zeit"[25]. Konrad Buchwald meinte, dass sich die Landespflege mehr und schon

---

21 Vgl. H. Mattern: Freiheit in Grenzen.

22 Vgl. U. Eisel: Die schöne Landschaft als kritische Utopie oder als konservatives Relikt; U. Eisel: Individualität als Einheit der konkreten Natur; U. Eisel: Triumph des Lebens; U. Eisel: Tabu Leitkultur; U. Eisel: Das Leben im Raum und das politische Leben von Theorien in der Ökologie.

23 Vgl. M. Bensch: Die ‚Blut und Boden'-Ideologie.

24 Vgl. K. Buchwald: Gesundes Land – gesundes Volk.

25 K. Buchwald zit. n. Runge 1998, S. 81. Runge beschreibt die Geschichte der Landschaftsplanung als einen einzigen Siegeszug des rationalen Denkens. Dabei fällt ihm nicht auf, dass Buchwald weltanschaulichen Kontinuitäten das Wort spricht.

frühzeitig in die Politik einmischen und ihr Instrumentarium entsprechend ausrichten sollte, um das „Landschaftliche Denken" in die neue, durch die repräsentative Demokratie geprägte Zeit zu retten. Damit bereitete er die strategisch-instrumentelle Ausrichtung der heutigen Landschaftsplanung vor, die sich für sachlich und wertfrei hält. Die schon im Nationalsozialismus formulierte Idee, der schonende Umgang mit der Landschaft sei Teil der staatlichen Daseinsvorsorge, erzielte ihren Durchbruch[26], sodass es scheinbar übergeordnete, von weltanschaulich-politischen Positionen freie Aufgaben gab, nämlich Naturschutz und Ökologie als Bestandteile eines ‚nachhaltigen' Lebens. Die Folge dieser Entwicklung waren tiefgreifende methodische Auswirkungen auf die ehemalige Landschaftsgestaltung im Geiste des Heimatschutzes.[27]

Die Freiraumplanung richtete sich dann sowohl gegen die antiemanzipatorische Politik des Heimatschutzes und seine rassistische Pervertierung als auch gegen das strategisch-instrumentelle Aufgabenverständnis der Landschaftsplanung. Sie hielt, wie die landschaftsarchitektonische Gestaltung, weiterhin an der Idee der Entwicklung von Humanität fest, allerdings in explizit politisierter Form. Die Politisierung speiste sich daraus, dass sie die herkömmliche Kultur als völlig delegitimiert angesehen wurde. Doch soll zunächst die Logik der Landschaftsplanung detaillierter dargestellt werden, damit nachvollzogen werden kann, wie die Freiraumplanung auf die gleichfalls politisch motivierte strategisch-instrumentelle Modernisierung des Faches reagierte.

Strategisch-instrumentelle Landschaftsplanung

Die Modernisierung des Fachs nach dem Zweiten Weltkrieg hatte zur Voraussetzung, dass die gestaltende Einfühlung in das Wesen der Landschaft und die weitere Entwicklung ihrer Eigenart durch ein Planungsverständnis ersetzt wurde, das sich vorwiegend am Kriterium des Nutzens als Basis verobjektivierbarer Interessen orientierte. Der Landschaft müssen in diesem Rahmen rationale Zwecke zugeordnet werden, weil nur diese als intersubjektiv nachvollziehbar gelten. Das beinhaltet, dass die Landschaft zum materiellen Objekt erklärt wird, dessen ideelle Bedeutungen zwar unterschwellig erhalten bleiben, jedoch vordergründig durch

26 Man konnte auf Mäding 1942 aufbauen.

27 Dabei kam es zu einem bis heute nachwirkenden deutschen ‚Sonderweg' in der Planung, der zu einer starken inhaltlichen Trennung zwischen der künstlerisch-gestalterischen Landschaftsarchitektur und der verwissenschaftlichten, strategisch-instrumentell sowie naturschützerischen orientierten Landschaftsplanung führte.

die Aufgabe, seine Funktionen naturwissenschaftlich zu untersuchen, überdeckt werden. Die Ökologie wird zur Basiswissenschaft, um zu empirischen Erkenntnissen über die Funktionen des Naturhaushaltes und ihren Nutzen im Hinblick auf menschliche Interessen zu gelangen. Gleichzeitig wird sie zur kaum verkappten weltanschaulichen Heilslehre, weil Natur nie nur bloßes Objekt, sondern immer auch Landschaft ist und als solche immer mehr bedeutet als bloßer Nutzen. Die Verankerung von Planung in Empirie sorgt dafür, dass das erlangte Wissen reproduzierbar und für jeden, der methodisch eingearbeitet ist, prinzipiell intersubjektiv überprüfbar wird. Es erlaubt die Erkenntnis von Ursache-Wirkungszusammenhängen, die theoretisch Klassen zugeordnet werden können, sodass der beobachtete Einzelfall unter allgemeine Gesetze subsummiert werden kann.[28] Dieses allgemeine Wissen kann in technisch-strategisches Anwendungswissen transformiert werden.[29]

In der Landschaftsplanung wurde diese technische Perspektive selbst auf die immateriellen Stimmungswerte der Landschaft gerichtet, indem ihr Charakter und ihre Schönheit einem Nutzen zugeordnet wurden, nämlich dem ihrer Erholungswirksamkeit. Mittels der Landschaftsbildanalyse sollte dann der Erholungswert von Landschaften klassifiziert werden, um ihn in einem quantitativen Wert zu fassen, der prinzipiell den Opportunitätskosten gegenüber zu stellen war, die hypothetisch durch den Schutz der Landschaft als Alternative für ihre anderweitige Nutzung anfallen. Instrumentell wurde dies so operationalisiert, dass das Ideal Arkadiens als kulturelles Urbild der friedvollen und damit für eine ruhige Erholung prädestinierten Landschaft dazu herangezogen wurde, Landschaftsbildelemente zu identifizieren, die man dann in realen Landschaften aufsuchen konnte. Diese Elemente wurden z.B. in ihrer räumlichen Ausdehnung vermessen und mit einer Formel zum sogenannten Vielfältigkeitswert verrechnet. Mit diesem Verfahren naturalisierte man ein altes kulturelles Motiv (Arkadien), um es empirisch fassen und quantifizieren, d.h. letztlich messen zu können. Diese Methodik machte Ende der 1960er Jahre eine sehr rasche Karriere in der Landschaftsplanung, um dann ebenso schnell in die Kritik zu geraten, weil versucht werde, Nichtmessbares zu messen.[30] In der Konsequenz werden deshalb mittlerweile bei Landschaftsbildan-

28 Vgl. K. Popper: Naturgesetze und theoretische Systeme.

29 Vgl. J. Habermas: Technik und Wissenschaft als ‚Ideologie'; zur Planungstheorie A. Bechmann: Grundlagen der Planungstheorie und Methodik, zum gesamten Kontext S. Körner: Theorie und Methodologie der Landschaftsplanung.

30 Vgl. S. Körner: Theorie und Methodologie der Landschaftsplanung.

alysen in aller Regel quantifizierende Methodenelemente mit qualitativen Beschreibungen verbunden.[31] Bis heute hat sich aber die Landschaftsplanung grundsätzlich ihre instrumentelle und nach Möglichkeit ‚hart' quantifizierende Vorgehensweise erhalten, gerät aber auch immer wieder damit in Konflikt, dass die Landschaft als Kulturlandschaft zwar faktisch genutzter Raum ist, kulturell und politisch aber das Symbol individuell gewachsener organischer Verhältnisse und damit das Gegenteil einer beliebigen ökonomischen Ressource.

Die Naturalisierung und Funktionalisierung der mit der Landschaft verbundenen kulturell-politischen Bedeutungen, die in letzter Konsequenz ideelle Werte einem reinen Nutzenkalkül unterwerfen, musste Widerstand wecken. Dieser wurde schon sehr früh formuliert, konnte jedoch nicht grundsätzlich die planungstheoretische Ausrichtung der Landschaftsplanung in Frage stellen. Eine längerfristig wirkende Folge war, dass sich mit dem Abflauen der Planungseuphorie Ende der 1970er Jahre die Landschaftsarchitektur zunehmend von der ‚technokratischen Kulturlosigkeit' der Landschaftsplanung abwandte. Die entsprechende Diskussion wurde damals vor allem an der TU Berlin geführt, zog aber weitere, bis heute wirkende Kreise.[32] Auch die Freiraumplanung formierte sich im Widerstand gegen ein technokratisches Planungsverständnis, ohne jedoch das Paradigma einer empirisch fundierten rationalen Planung verlassen zu wollen. Der Gegenpol zur naturalistischen Orientierung der Landschaftsplanung sollte aber nicht in einer Berufung auf Kultur liegen, weil dies wieder einen gestalterischen Ansatz erfordert hätte. Vielmehr lag der weltanschauliche Bezugspunkt in der Gesellschaft und in der weiteren Demokratisierung der Planung, um die Defizite der instrumentellen Orientierung zu überwinden. Wahrhaft demokratische Planung sollte die volle Emanzipation der Menschen vorantreiben und das hieß auch, dass man trotz der Distanz zum traditionellen Kulturbegriff eine neue politisch relevante Kulturtheorie benötigte. Diese durfte sich aber nicht auf politisch äußerst fragwürdig gewordene Ideale beziehen, sondern musste die objektive materielle Realität reflektieren. Das Fundament dieser neuen Kulturtheorie lag im Historischen Materialismus, der dem Humanismus eine neue Geltung verschaffen sollte.

31 Vgl. U. Eisel und S. Körner: Landschaft in einer Kultur der Nachhaltigkeit.

32 Als paradigmatisch für die landschaftsarchitektonische Position kann der bereits angeführte Text von T. Bappert und J.Wenzel gelten. Vgl. zur damaligen Debatte auch S. Körner: Das Theoriedefizit der Landschaftsplanung.

EMANZIPATORISCHE FREIRAUMPLANUNG

Technisch-strategisches Handeln ist nach Habermas[33] das Gegenteil von kommunikativem.[34] Die Freiraumplanung sah das politische Subjekt nicht nur als Spieler auf der städtischen Bühne der ‚polis', wie die Landschaftsarchitektur, und nicht nur als Vertreter materieller Interessen, wie die Landschaftsplanung, sondern wollte das ganze menschliche Gattungswesen reflektieren. Dieses entfaltet sich in schöpferischem Tun, sprich in der ‚Aneignung' von Freiräumen. Da die Planung weiter demokratisiert werden sollte, musste, wie gesagt, ihre empirische Fundierung im Grundsatz erhalten bleiben. Sie sollte jedoch vor allem dadurch zur umfassenden Emanzipation der Menschen beitragen, dass im Rahmen von Partizipation Kommunikationsprozesse zwischen Nutzern und staatlicher Administration in Gang gesetzt wurden. Dazu war es notwendig, dass Planung nicht mehr allein ‚von oben' implementiert, sondern ‚von unten' mit den Leuten entwickelt wurde. Die alten Bedeutungen von ‚cultura' blieben auch in diesem Ansatz erhalten, aber sie wurden nicht einfach auf ein alternatives symbolisches, nämlich urbanes Objekt übertragen, wie in der Landschaftsarchitektur. Vielmehr wurde das professionelle Augenmerk erstens statt auf Landschaft auf Gesellschaftspolitik und zweitens auf schöpferische Aneignung als Ersatz für künstlerische Gestaltung und Korrektiv instrumentell ausgerichteter Planung gerichtet. Die Ausrichtung auf die Gesellschaft führte zu einer Anlehnung an die Sozialwissenschaften (statt an die Ökologie), sodass die empirische Fundierung von Planung die Verwendung sozialempirischer Methoden zur Folge hatte. Doch durften die daraus folgenden Instrumente nicht in technokratische Politik münden. Daher musste die Empirie in eine politisch relevante Kulturtheorie eingebettet werden.

Dieser Neubeginn führte dazu, dass man alternativ zum Begriff der Landschaft den weltanschaulich neutralen des Freiraums als Bezeichnung für das disziplinäre Objekt und als ersten Namensbestandteil für die (Sub-)Disziplin wählte. Freiraum hat zwei Bedeutungen: Zum einen war gemeint, dass man sich künftig nüchtern

---

33 Vgl. J. Habermas: Technik und Wissenschaft als ‚Ideologie'.

34 Die landschaftsarchitektonische Kritik an der instrumentellen Landschaftsplanung führte durch den Austausch des symbolischen Objekts dazu, dass vorzugsweise in Städten als Symbole der ‚polis' der bauliche Rahmen für eine kommunikative Öffentlichkeit gestaltet werden sollte. Damit wurde das Ideal der ‚cultura' auf spezifische und politisch unverfängliche Art erneuert. Diese architektonische Perspektive war jedoch der Freiraumplanung zu wenig, denn auch ihr galt Gestaltung als subjektiv und irrational. Vgl. ausführlich S. Körner: Theorie und Methodologie der Landschaftsplanung, S. 239 ff.

um den unbebauten, d.h. freien Raum kümmern wollte, sei es auf dem Land, sei es in der Stadt. Zum anderen kann Freiraum (wie Landschaft) nicht nur als materieller Raum angesehen werden. Er ist auch eine Metapher für jene Spielräume, die für die Menschen und ihre konkreten Lebenswelten jenseits von Verwertungszwängen im staatlich geregelten System der Planung geschaffen werden sollten. Es sollten neue, d.h. politisch emanzipatorische Spielräume eröffnet werden, wozu man eine alternative Kulturtheorie benötigte, die materialistisch und nicht idealistisch ist. Sie sollte sich auf die reale Funktionsweise der Gesellschaft richten, um auf ihrer Basis die vorhandene ‚bürgerliche' Kultur, die im Dritten Reich völlig versagt hatte, zu revolutionieren. Da in historisch-materialistischer Lesart das umfassende menschliche Gattungswesen zur Entfaltung zu bringen war, wurde ‚Arbeit' als schöpferische Aneignung der Natur definiert. Damit steht sie der in kapitalistischen Verhältnissen entfremdeten Naturaneignung als aktives und kreatives Tun gegenüber. Es musste jedoch eingesehen werden, dass man sich unter den realen Lebensbedingungen hauptsächlich im regenerativen Bereich und nicht im gesellschaftlich relevanteren Produktionsbereich kreativ betätigen konnte. Man erhoffte sich aber, dass die Menschen in der Erholung unentfremdetes, emanzipatives Handeln lernen könnten, das dann einmal gesamtgesellschaftlich ausstrahlen würde. Da grundsätzlich die empirisch-rationale Grundausrichtung demokratischer Planung beibehalten, aber mit emanzipatorischen Zielen verbunden wurde, setzte sich der zweite Namensbestandteil für das Fach aus ‚Planung' statt ‚Architektur' zusammen. Somit sollte in der Freiraumplanung empirisch ermittelt werden, wie sich die Menschen jeweils ihre (ganze) Lebenswelt aneignen. Das hieß, dass die uneingeschränkte Emanzipation der Menschen von restriktiven Verhältnissen (tradierte Rollenverständnisse, etablierte Institutionen, Warencharakter der Kultur etc.) durchzusetzen war und die Orientierung technokratischer Planung am abstrakten Tauschwert (Nutzen) durch die am konkreten ‚Gebrauchswert' (lebensweltliche Gebrauchsfähigkeit) ersetzt werden sollte.

FREIRAUMPLANUNG HANNOVERANER PRÄGUNG

Werner Nohl[35] allerdings nannte in seinem ambitionierten Versuch, die theoretisch-weltanschaulichen Grundlagen des Fachs neu zu schreiben, die Disziplin zunächst noch Emanzipatorische Freiraumarchitektur und erinnerte damit an die künstlerische Tradition der Landschaftsarchitektur, die jetzt aber eine neue

35 Vgl. W. Nohl: Freiraumarchitektur und Emanzipation.

Bedeutung bekommen sollte. So galt das Künstlertum als Prototyp einer unentfremdeten Existenz, die nun allen, zumindest im Freizeitverhalten, ermöglicht werden sollte. Die Beschäftigung mit den kulturellen Hintergründen des Fachs machte eine Beschäftigung mit Landschaft unumgänglich, weil Freiraum symbolisch zu wenig hergab. Da dann die landschaftliche Bedeutung emanzipatorisch neu ausgelegt und ihre Rezeption durch die Individuen empirisch als Basis von Planung bestimmt werden musste, wurde Landschaft als Symbol eines arkadischen Friedens und als ideale Erholungslandschaft in das Symbol einer eudämonischen Gesellschaft uminterpretiert. Das Wesen des Menschen wurde als ‚homo ludens' bestimmt und unter Bezug auf Schiller „die ästhetische Erziehung des Menschengeschlechts" zur Aufgabe der Planer. Methodisch sollte die Landschaftswahrnehmung der Menschen untersucht werden, indem man Personen Fotografien landschaftlicher Szenen vorlegte und sie befragte, wie sie auf sie wirkten. Die dabei als Tagträume erzählten Geschichten wurden nach Bedürfnisartikulationen abgesucht. Da die befreite Gesellschaft noch Utopie war, konnten die Bedürfnisäußerungen der Befragten noch nicht gänzlich emanzipativ sein. In Anlehnung an Bloch suchte man daher die ermittelten Bedürfnisse nach Hoffnungszeichen unentfremdeter Existenz ab, um letztlich auf dieser Basis durch die Anlage bedürfnisgerechter Freiräume die Gesellschaftsveränderung anzustoßen. „Das Prinzip Hoffnung" (Ernst Bloch) wurde in den Rang objektiver Faktizität erhoben. Die ursprünglich nüchtern gedachte materialistische Aneignungstheorie erhielt damit einen erheblichen idealistischen Überschuss.[36]

Die Wirkung dieses letztlich durch Wunschdenken bestimmten Ansatzes war begrenzt. Zwar machte er in der Fachwelt Furore, doch wurde unter dem Deckmantel materialistischer Theorie eine zutiefst traditionalistisch ‚bürgerliche' und kaum verdeckt paternalistisch-pädagogische Position formuliert. Auf der Ebene der Theorie und der daraus abgeleiteten Befragungen wurden klischeehafte (bildungs-)bürgerliche Landschaftsvorstellungen eher bestätigt, als dass eine neue revolutionäre Landschaftstheorie oder gar neue Naturwahrnehmungsmuster entstanden wären. Wo sollte sie auch herkommen, wenn die Menschen noch entfremdet waren? Was an Bedeutungen bislang als konservativ oder schlimmer galt, wurde lediglich politisch korrekt umdeklariert. Der erhoffte gesellschaftliche Wandel blieb aus: Bis heute zeigt sich, dass die Menschen recht konservative Vorstellungen von Landschaft, Freiräumen und deren Ausstattungen haben. Diese Erkenntnis hält Wulf Tessin gerne der aktuellen Landschaftsarchitektur mit ihrer

36 Vgl. E. Orzechowski: Bedürfnisorientierte Freiraumplanung am Beispiel Werner Nohl; S. Körner: Theorie und Methodologie der Landschaftsplanung.

Vorliebe für kühle urbane Entwürfe entgegen, übergeht dabei aber, dass vom ursprünglich emanzipatorischen Impetus des von ihm vertretenen Zweigs der Freiraumplanung wenig mehr geblieben ist als ein im Grundsatz vernünftiges Insistieren auf gebrauchsfähige Freiräume.[37] Für diese Erkenntnis braucht man nur den ganzen ideologischen Überbau nicht, etwas Lebenserfahrung tut es auch. Es soll aber nicht bestritten werden, dass Tessin gute Gründe hat, die Landschaftsarchitektur für ihre oft artifiziellen und unbrauchbaren Entwürfe zu kritisieren.

KASSELER SCHULE

Mehr als die Planung gebrauchsfähiger Räume wollte der zweite wichtige Zweig der Freiraumplanung, die Kasseler Schule, eigentlich nicht. Sie wandte sich daher auch gegen das künstlerisch-gestalterische Paradigma der Landschaftsarchitektur. Methodisch setzte sie nicht auf sozialempirische Befragungen, sondern auf das kundige, d.h. im Grundsatz hermeneutische Lesen und Interpretieren lebensweltlicher Spuren durch die Planer. Wie die Landschaftsarchitektur distanzierte sich diese Schule zunächst von der Landschaft als professionellem Gegenstand und wandte sich den aktuellen, d.h. eher städtischen Lebenswelten der Menschen zu. Karl-Heinrich Hülbusch, der Begründer, wenn auch nicht der führende intellektuelle Kopf dieser Schule[38], bezeichnete die Stadt daher auch als zeitgemäßen „Lebensraum" und lenkte den Blick auf sie als Ort von menschlichen und natürlichen Lebensformen.[39] Auch hier war, obwohl „Lebensraum" zunächst an das nationalsozialistische Gestaltungsprogramm denken lässt, Emanzipation ein zentraler Bezugspunkt, wurde aber nicht so euphorisch interpretiert wie bei Nohl. Vielmehr legte man großen Wert darauf, das routinegeleitete Alltagsleben mit seinen oft trivialen Gebrauchskontexten zu verstehen und zu verbessern. Dazu dienten, neben dem Alltagswissen der Menschen, das es z.B. über ihre Erzählungen in Erfahrung zu bringen galt, Wissensbestände, die in der Landschaftsökologie entwickelt worden waren, d.h. vorzugsweise in der Vegetationskunde. Nur wurde dieses Wissen jetzt auf die Stadt angewandt. Obwohl die Kasseler Schule ‚Natur' als nebensächlich erachtete, beschritt sie einen Mittelweg zwischen naturalistischer-ökologischer und gesellschaftspolitischer Orientierung: Die Vegetationskunde

37 Vgl. W. Tessin: Ästhetik des Angenehmen.

38 Das war eher der Geograf Gerhard Hard. Weitere bedeutende Bücher der Schule wurden von Hülbuschs Frau Inge Meta Hülbusch und Helmut Böse geschrieben.

39 Vgl. K.-H. Hülbusch: Landschaftsschaden – Ein Phänomen der Kulturlandschaft.

versteht die Vegetationsausstattung von Räumen als authentischen Ausdruck historischer und aktueller Standortpotenziale, die damit auch Auskunft über vergangene und gegenwärtige Nutzungen geben.[40] Daher kartierte die Kasseler Schule Vegetationsbestände in Zusammenhang mit baulichen Nutzungsstrukturen und arbeitete praktisch bewährte architektonische und städtebauliche Typologien heraus, an denen sich die Planung bei der Verbesserung von Freiraumsituationen orientieren sollte. Es wurde eine Art von planungspraktisch relevanter ‚Geografie des Alltagslebens' betrieben und das bedeutete, dass menschliches Wohnen und Produzieren im Zusammenhang mit seinen räumlichen Kontexten beschrieben wurde. Hier war man sehr nahe an Jacksons Auffassung einer „Human Geography", mit dem Unterschied, dass dieser im Landschaftsarchitekten einen nahezu gottgleichen Schöpfer sah, der menschliche und natürliche Ordnung in Einklang bringen sollte.[41] Ein derartiges Aufgabenverständnis verbot sich für die Kasseler Schule politisch. Gestaltung wurde regelrecht tabuisiert und galt als tauschwertorientierter ‚schöner Schein'. Kunst und Gestaltung waren nur dann möglich, wenn, wie etwa im Fall der Beuys-Bäume in Kassel, ein demokratischer Kunstbegriff zugrunde lag, sodass „jeder ein Künstler" und das Kunstwerk eine „soziale Plastik" war.[42]

Das aus den bewährten Vorbildern erarbeitete städtebauliche Ideal war die Reihenhaussiedlung, hier aber nicht in der kleinbürgerlichen, sondern eher in der großbürgerlichen Variante, wie sie in Bremen gebaut wurde. Nach Ansicht der Kasseler Schule gewährleistete sie am besten die „Autonomie des Wohnens"[43], weil der Übergang von öffentlichem Straßenraum zu den privaten Wohnräumen durch den halböffentlichen Vorgarten organisiert wird und rückwärtig jeder Wohnung ein eigener Garten zugordnet ist. Sehr beliebt waren auch gründerzeitliche Quartiere, die durch Alleen und Vorgärten zonierte Straßenräume aufwiesen sowie eine klare Trennung von öffentlichen und privaten Räumen, mit ihrer im Laufe der Zeit entstandenen ‚grünen Patina', weil das die Räume gut lesbar machte. Da auch der Kasseler Schule das Wohnen als basale menschliche Tätigkeit gilt[44], gehen die aus ihm abgeleiteten Metaphern so weit, dass nicht nur der

40 Vgl. F. Lorberg in diesem Band.

41 Vgl. J.B. Jackson: Concluding with Landscapes.

42 Vgl. S. Körner und F. Bellin-Harder: The 7000 Eichen of Joseph Beuys – experiences after twenty-five Years.

43 Vgl. F. Bellin-Harder in diesem Band.

44 Im Historischen Materialismus ist Wohnen wie Kleidung sowie Essen und Trinken ein Grundbedürfnis und daher eine der ersten historischen Taten. Vgl. K. Marx und F. Engels: Die Deutsche Ideologie.

Garten als „Außenhaus", der dem „Innenhaus" zugeordnet ist[45], sondern auch seine zentralen Elemente als „Dach", nämlich als Baumdach, als „Wand", d.h. als Hecke, und als „Fußboden" im Sinne des Bodenbelags bezeichnet wurden.[46]

Die „Autonomie des Wohnens" im Sinne der Befähigung zur Bewältigung des Alltags hieß auch weitgehende Selbsthilfe und -versorgung zu gewähren, sodass es im Grundsatz nicht um die ‚polis' als Ort politisch aktiver Bürger, sondern basaler um den ‚oikos' als Grundlage des familiären Haushaltes ging. Damit war letztlich die bürgerliche Kleinfamilie mit ihrer reproduktiven Nutzung von „Innen- und Außenhaus" der zentrale gesellschaftliche Fixpunkt der Kasseler Schule. Die Aufgabe der Planung war es, mit sparsamen Mitteln behutsam die Freiräume zu verbessern, d.h. auf Basis „minimaler Eingriffe"[47] ihre Gebrauchsfähigkeit zu steigern. Etwas überspitzt gesagt: Während der Hannoveraner Zweig der Freiraumplanung, insbesondere Nohl, die Verwirklichung des ‚Reichs paradiesischer Freiheit' anstrebte, wollte die Kasseler Schule lediglich die Verwirklichung des ‚Reichs der alltäglichen Notwendigkeit' erreichen, indem Räume so organisiert wurden, dass sie die lebensweltlichen Routinen unterstützen.

Die Vorstellungen der Kasseler Schule könnten schnell im Antiurbanen landen, weil die „Autonomie des Wohnens" und das Ideal der Selbstversorgung mit Urbanität im Sinne einer arbeitsteiligen Gesellschaft und der Entlastung von Arbeit sowie mit Repräsentation und Stilisierung städtischer Lebensweisen, wie sie etwa Bahrdt[48] beschrieben hat, wenig anfangen können. Auf städtebaulicher Ebene würde das befreite Wohnen im Siedlungsbrei der Vorstadt als serielle Aneinanderreihung von Haus und Garten enden. Der konservative Gehalt dieses Ansatzes, der sich auch in der Wertschätzung eines traditionellen Städtebaus ausdrückt, ist offenkundig und dennoch oder vielleicht gerade deshalb lenkte die Kasseler Schule den Blick wieder darauf, dass die relevanten professionellen Objekte nicht nur in der Gesellschaft zu suchen sind, sondern auch in der Natur, weil städtische Baustrukturen immer auch mit spezifischen Naturkonstellationen einhergehen. Diese Stadtnatur besteht zum einen aus bewusst angelegten Beständen, zum anderen auch aus der urbanen Spontanvegetation, die sich entsprechend der Nutzungs- und Pflegeroutinen von selbst einstellt. Mit der Beschreibung städtischer Natur zeigte die Kasseler Schule parallel zur Berliner Stadtökologie[49], dass der traditionelle Gegensatz von Kultur und Natur heutzutage nicht mehr gilt, dass also

45 Vgl. I.M. Hülbusch: Innenhaus und Außenhaus.

46 Vgl. F. Bellin-Harder in diesem Band.

47 L. Burckhardt: Die Kinder fressen ihre Revolution.

48 Vgl. H.B. Bahrdt: Die moderne Großstadt.

49 Vgl. S. Körner: Natur in der urbanisierten Landschaft.

Urbanität nicht nur als Antinatur angesehen werden kann, wie dies oft in landschaftsarchitektonischen Entwürfen suggeriert wird, die im Ergebnis dann zu möglichst versteinerten Räumen führen. Allerdings war die Kasseler Schule weit davon entfernt, wie die Stadtökologie der städtischen Natur einen Naturschutzwert zusprechen zu wollen. Denn die Befürchtung war, dass dadurch Freiräume mit Nutzungsverboten belegt würden, also Aneignung von staatlicher Seite versagt würde. Auch wenn die Naturausstattung von Freiräumen mit Baumdächern, Heckenwänden und unversiegelten wassergebundenen Decken nur sparsam angelegt werden sollte, sodass in nicht betretenen Bereichen die typische städtische Spontanvegetation aufkommen konnte, wurde unter der Hand auch aktiv verschönert, d.h. gestaltet. Denn in die Staudenfluren der Spontanvegetation auf dem Gelände der damaligen Gesamthochschule Kassel brachte man verwilderungsfähige und schön blühende Wildarten der Trockenrasen aus dem Kasseler Umland sowie robuste Gartenstauden ein, weil spontane ‚Unkrautfluren' allein vor allem soziale Vernachlässigung signalisieren. Dies zuzugeben, hätte aber der reinen Lehre widersprochen.[50]

Die Tabuisierung von Gestaltung als oberflächliche Verschönerung, die angeblich von konkreten Gebrauchswerten abgekoppelt ist, verweist auf die Schattenseite der Kasseler Schule, nämlich auf ihren politischen Fundamentalismus. Man trat vernünftigerweise nicht nur für sparsame und zweckmäßige Planungen ein, sondern auch für mehr Freiraum im staatlichen Planungssystem. Das hätte eigentlich zum ‚Marsch durch die Institutionen' führen müssen, um die Verwaltung zu reformieren: Doch gefiel man sich in einer Art anarchistischen Frontalopposition. Kompromisse mit ‚dem System' waren unmöglich und wurden allenfalls individuell von den einzelnen Personen vollzogen, weil sie einfach ihren Lebensunterhalt als Planer verdienen mussten, wenn sie überhaupt als Planer arbeiteten. Innerhalb der Schule herrschte zudem ein erheblicher Konformitätsdruck, der letztlich die Idee des autonomen Subjekts in Frage stellte, die die Basis aller Emanzipation ist. Das führte dazu, dass die Schule zunehmend sektenhafte Züge annahm.[51]

Doch kann auch festgehalten werden, dass die ursprünglich rein gesellschaftspolitische Orientierung der Freiraumplanung durch die Untersuchung städtischer Naturbestände sinnvoll ergänzt wurde und Natur daher nicht biozentrisch als schützenswerten Selbstzweck, sondern anthropozentrisch als willkommener Begleiter von Nutzungen betrachtet wurde. Damit hat sich die Kasseler Schule im Grundsatz jenem „sozialen Naturideal" angenähert, wie es der Umwelthistoriker

50 Vgl. S. Körner et al.: Stadtökologie und Freiraumnutzung.

51 Vgl. S. Körner: Die Kasseler Schule.

Joachim Radkau einmal in der Diskussion über das Akzeptanzdefizit des konservierenden und restriktiven, d.h. gewöhnlich mit Nutzungsverboten agierenden Naturschutzes ins Spiel brachte.[52] Ihre Erkenntnisse sind bis heute wegweisend für eine extensive und nachhaltige urbane Pflanzenverwendung, die nicht nur angesichts der angespannten öffentlichen Haushaltslage notwendig wird, sondern auch im Hinblick auf die Anpassung der Städte an den Klimawandel. Hier spielt sich die übliche Diskussion auf dem Niveau ab, dass die Städte pauschal mit mehr Grün versehen werden müssten. Dass die Qualität und Haltbarkeit der Vegetation, d.h. auch die Herstellungs- und Unterhaltungskosten maßgeblich durch die sozialen Nutzungen mitbestimmt werden, wird dabei viel zu selten gesehen.

FAZIT

Die Freiraumplanung der 1970er und 1980er Jahre, insbesondere die Hannoveraner Variante, spielt heute keine große Rolle mehr. Sie wird mittlerweile eher als ein Tätigkeitsfeld von Landschaftsarchitekten und mit ihnen kooperierenden Stadtökologen angesehen, weil man der angestrengten Politisierung von Planung überdrüssig geworden ist. Das hat zur Folge, dass man ihre sozialempirische Vorgehensweise weitgehend (wieder) durch eine künstlerisch-gestalterische Herangehensweise ersetzt hat. Da sich aber die antikapitalistische, auf Subsistenzwirtschaft bezogene Komponente ihres Weltbildes heute im Urban Gardening zurückmeldet und erneut staatliche Planungspraxen in Frage stellt, wären Freiraumplaner prädestiniert für eine Vermittlung von offizieller Planung und den Bürgern.[53] Eine weiterentwickelte Theorie der Freiraumplanung müsste die politisch motivierte Distanz zu Gestaltung überwinden, ohne jedoch einer geschmäcklerischen und wenig theoretisch fundierten Landschaftsarchitektur zu verfallen, die sich bei ihrer Selbstvermarktung allzu sehr auf die Produktion charaktervoller Raumgestalten kapriziert und real häufig genug versteinerte und öde urbane Orte schafft, die

52 Vgl. J. Radkau: Grün ist die Heimat, S. 11. Zu diesem Akzeptanzdefizit und den Konsequenzen daraus S. Körner et al.: Naturschutzbegründungen.

53 Aneignungsprozesse „von unten“ hingegen, die sich einer marktwirtschaftlichen Verwertung ihrer Aktivitäten nicht entziehen, sind mittlerweile geschätzter Entwicklungsmotor von Stadtpolitik und -marketing geworden. Sie müssen i.d.R. nicht eigens betreut werden, weil man sie schlecht steuern kann. Vielmehr braucht es dafür Freiräume in einem metaphorischen Sinne, was bedeutet, dass oft nur eine Grundinfrastruktur zur Verfügung gestellt werden muss. Vgl. dazu den Beitrag von T. Hauck in diesem Band.

weit an den Bedürfnissen der Menschen vorbeigehen.[54] Dazu müsste eine Idee zeitgenössischer demokratischer Kultur mit wissenschaftlicher Fundierung verbunden und Gestaltung gebrauchsorientierter ausgelegt werden. In der Pflanzenverwendung hieße dies z.B., Pflanzenbestände nicht, wie so oft, allein aus rein ästhetischen Gesichtspunkten heraus zu kombinieren, sondern mit Stadien nutzungsbeeinflusster natürlicher Sukzessionsdynamik zu arbeiten, um vegetationskundlich fundiert ästhetisch ansprechende und leicht pflegbare Vegetationsbestände zu entwickeln. Diese können dann auch jene weit verbreiteten sterilen städtischen Rasen ersetzen, nicht nur um die Biodiversität und das ästhetische Potenzial zu erhöhen, sondern um z.B. auch, natürlichen Vorbildern wie dem Trockenrasen oder besser noch seinen Saumgesellschaften folgend, trockenresistente Pflanzenbestände zu etablieren, die an den Klimawandel angepasst sind.[55]

LITERATUR

Bahrdt, Hans P.: Die moderne Großstadt. Soziologische Überlegungen zum Städtebau, Reinbek bei Hamburg: Rowohlt 1962.

Bappert, Theseus/Wenzel, Jürgen: „Von Welten und Umwelten“, in: Garten und Landschaft 97 (1987), S. 45-50.

Bechmann, Arnim: Grundlagen der Planungstheorie und Methodik, Bern/Stuttgart: UTB für Wissenschaft 1981.

Bensch, Margrit: Die ‚Blut und Boden‘-Ideologie. Ein dritter Weg der Moderne (= Beiträge zur Kulturgeschichte der Natur, Band 2), Berlin: TU Berlin Eigenverlag 1995.

Bollenbeck, Georg: Bildung und Kultur. Glanz und Elend eines deutschen Deutungsmusters, Frankfurt a.M.: Suhrkamp Verlag 1996.

Buchwald, Konrad: „Gesundes Land – gesundes Volk“, in: Baden-Württembergische Landesstelle für Naturschutz und Landschaftspflege (Hg.) (= Landschaftsschutz und Erholung, Band 24) Ludwigsburg 1956, S. 56-71.

Bundesamt für Naturschutz (Hg.): Artenschutz-Report 2015. Tiere und Pflanzen in Deutschland, Bonn, 2015, https://www.bfn.de/fileadmin/BfN/presse/2015/Dokumente/Artenschutzreport_Download.pdf vom 21.05.2015.

Burckhardt, Lucius: Die Kinder fressen ihre Revolution. Wohnen – Planen – Bauen – Grünen, Köln: DuMont Reiseverlag 1985.

54 Vgl. W. Tessin: Ästhetik des Angenehmen.

55 Siehe dazu die Versuchsanlagen des Fachgebiets Landschaftsbau, Landschaftsmanagement und Vegetationsentwicklung u.a. auf dem Campus der Universität Kassel.

Eisel, Ulrich: „Das Leben im Raum und das politische Leben von Theorien in der Ökologie", in: Michael Weingarten (Hg.), Strukturierung von Raum und Landschaft. Konzepte in Ökologie und Theorie gesellschaftlicher Naturverhältnisse, Münster: Verlag Westfälisches Dampfboot 2005, S. 42-62.

Eisel, Ulrich: „Die schöne Landschaft als kritische Utopie oder als konservatives Relikt. Über die Kristallisation gegnerischer politischer Philosophien im Symbol ‚Landschaft'", in: Soziale Welt 33 (1982), S. 157-168.

Eisel, Ulrich: „Individualität als Einheit der konkreten Natur", in: Bernhard Glaeser/Parto Teherani-Krönner (Hg.): Humanökologie und Kulturökologie: Grundlagen, Ansätze, Praxis, Opladen: Westdeutscher Verlag 1992, S.107-151.

Eisel, Ulrich: „Tabu Leitkultur", in: Natur und Landschaft 78 (2003), S. 409-417.

Eisel, Ulrich: „Triumph des Lebens. Der Sieg christlicher Wissenschaft über den Tod in Arkadien", in: Ulrich Eisel/Hans-Dietrich Schultz (Hg.), Geographisches Denken (= Urbs et Regio, Kasseler Schriften zur Geographie und Planung, Band 65), Kassel: Gesamthochschulbibliothek 1997, S. 39-160.

Eisel, Ulrich/Körner, Stefan (Hg.): Befreite Landschaft. Moderne Landschaftsarchitektur ohne arkadischen Ballast? (= Beiträge zur Kulturgeschichte der Natur, Band 18), Freising: Lehrstuhl für Landschaftsökologie 2009.

Eisel, Ulrich/Körner, Stefan (Hg.): Landschaft in einer Kultur der Nachhaltigkeit (= Landschaftsgestaltung zwischen Ästhetik und Nutzen. Band 2), Kassel: Universität Kassel 2007.

Habermas, Jürgen: „Technik und Wissenschaft als ‚Ideologie'", in: Jürgen Habermas: Technik und Wissenschaft als ‚Ideologie', Frankfurt a.M.: Suhrkamp Verlag 1968, S. 48-103.

Herder, Johann.-G. v.: Ideen zur Geschichte der Menschheit, Wiesbaden: Fourier Verlag 1985 (Original von 1784, Nachdruck der Ausgabe von B. Suphan, Berlin 1877-1913).

Hülbusch, Inge M.: Innenhaus und Außenhaus. Umbauter und sozialer Raum (= Schriftenreihe der Organisationseinheit Architektur, Stadtplanung, Landschaftsplanung, Gesamthochschule Kassel, Schriftenreihe 01, Heft 033, (2. Auflage), Kassel: Eigenverlag 1978.

Hülbusch, Karl-H.: „Landschaftsschaden – Ein Phänomen der Kulturlandschaft", Diplomarbeit am Institut für Landschaftspflege und Naturschutz der Technischen Hochschule Hannover 1967, in: Arbeitsgemeinschaft Freiraum und Vegetation (Hg.) (= Notizbuch 52 der Kasseler Schule), Kassel: Eigenverlag 1999, S. 4-51.

Jackson, John B.: Human: All Too Human Geography. Landscape 2 (1952), S. 2-7.

Jackson, John B.: Concluding with Landscapes, in: John B. Jackson, Discovering the Vernacular Landscape, Westford, MA: Yale University Press 1984, S. 146-157.

Jackson, John B.: „The Need of being versed in Country Things“, in: Landscape 1 (1951), S. 1-5.

Jackson, John B.: „What We Want“, in: Landscape 3 (1952), S. 3-5.

Körner, Stefan: Amerikanische Landschaften. J.B. Jackson in der deutschen Rezeption (= Sozialgeographische Bibliothek, Band 13), Stuttgart: Steiner 2010.

Körner, Stefan: Das Heimische und das Fremde. Die Werte Vielfalt, Eigenart und Schönheit in der konservativen und in der liberal-progressiven Naturschutzauffassung, Münster: LIT Verlag Münster 2000.

Körner, Stefan: Natur in der urbanisierten Landschaft. Ökologie, Schutz und Gestaltung, Wuppertal: Müller + Busmann KG Verlag 2005.

Körner, Stefan: Theorie und Methodologie der Landschaftsplanung, Landschaftsarchitektur und Sozialwissenschaftlichen Freiraumplanung vom Nationalsozialismus bis zur Gegenwart. Landschaftsentwicklung und Umweltforschung (= Schriftenreihe im Fachbereich Umwelt und Gesellschaft der TU Berlin, Nummer 118), Berlin: 2001.

Körner, Stefan: „Das Theoriedefizit der Landschaftsplanung: eine Untersuchung am Beispiel der aktuellen Diskussion am Fachbereich 14 Landschaftsentwicklung der Technischen Universität Berlin“, in: Ulrich Eisel/Stefanie Schultz (Hg.), Geschichte und Struktur der Landschaftsplanung. Landschaftsentwicklung und Umweltforschung (= Schriftenreihe im Fachbereich Umwelt und Gesellschaft der TU Berlin, Nr. 83), Berlin: 1991, S. 425-473.

Körner, Stefan: „Die Kasseler Schule“, in: Schweizerische Gesellschaft für Gartenkultur (Hg.), Beton und Biotop. Gärten und Landschaften der Boomjahre (= Topiaria Helvetica, Band 2016), Zürich: Hochschulverlag der ETH Zürich, S. 61-70.

Körner, Stefan: „Eine neue Landschaftstheorie? Eine Kritik am Begriff ‚Landschaft Drei‘“, in: Stadt und Grün 55 (2006), S. 18-25.

Körner, Stefan/Bellin-Harder, Florian: „The 7000 Eichen of Joseph Beuys – experiences after twenty-five Years“, in: Journal of Landscape Architecture, Herbst (2009), S. 6-19.

Körner, Stefan/Hege, Tina/Hadbawnik, Katrin/Jäger, Kerstin/Vicenzotti, Vera: „Stadtökologie und Freiraumnutzung. Freiräume an der Universität Gesamthochschule Kassel“, in: Stadt und Grün 51 (2002), S. 33-43.

Körner, Stefan/Nagel, Annemarie/Eisel, Ulrich: Naturschutzbegründungen (= BfN-Schriftenreihe für Landschaftspflege und Naturschutz), Bonn: 2003.

Mäding, Erhard: Landespflege. Die Gestaltung der Landschaft als Hoheitsrecht und Hoheitspflicht, Berlin: Deutsche Landbuchhandlung 1942.

Marx, Karl/Engels, Friedrich: Die Deutsche Ideologie (1. Auflage 1845). MEW 3. Berlin/DDR: Dietz Verlag Berlin 1969.

Mattern, Hermann: Freiheit in Grenzen, Kassel-Wilhelmshöhe: Bärenreiter Verlag 1936.

Mattern, Hermann: Gras darf nicht mehr wachsen, Berlin/Frankfurt a.M./Wien: Ullstein 1964.

Mattern, Hermann: „Über die Wohnlandschaft", in: Hermann Mattern (Hg.), Die Wohnlandschaft, Stuttgart: Hatje Cantz Verlag 1950, S. 7-24.

Nohl, Werner: Freiraumarchitektur und Emanzipation. Theoretische Überlegungen und empirische Studien zur Bedürftigkeit der Freiraumbenutzer als Grundlage einer emanzipativ orientierten Freiraumarchitektur (= Europäische Hochschulschriften, Band 57), Frankfurt a.M./Bern/Cirenchester, UK: 1980.

Orzechowski, Eva: „Bedürfnisorientierte Freiraumplanung am Beispiel Werner Nohl", in: Ulrich Eisel/Stefanie Schultz (Hg.), Geschichte und Struktur der Landschaftsplanung. Landschaftsentwicklung und Umweltforschung (= Schriftenreihe im Fachbereich Umwelt und Gesellschaft der TU Berlin, Nummer 83), Berlin: 1991, S. 520-553.

Popper, Karl R.: „Naturgesetze und theoretische Systeme", in: Hans Albert (Hg.), Theorie und Realität. Ausgewählte Aufsätze zur Wissenschaftslehre der Sozialwissenschaften, Tübingen: Mohr Verlag 1972, S. 43-58.

Prominski, Martin: Landschaft entwerfen. Zur Theorie aktueller Landschaftsarchitektur, Berlin: Reimer Verlag 2004.

Prominski, Martin: „Landschaft – warum weiterdenken? Eine Antwort auf Stefan Körners Kritik am Begriff ‚Landschaft Drei'", in: Stadt und Grün 56 (2006), S. 34-39.

Prominski, Martin: „Sicherheit oder Abenteuer? Anmerkungen zur Theorie von Landschaft und Entwerfen", in: Ulrich Eisel/Stefan Körner (Hg.), Befreite Landschaft. Moderne Landschaftsarchitektur ohne arkadischen Ballast (= Beiträge zur Kulturgeschichte der Natur, Band 18), Freising: Lehrstuhl für Landschaftsökologie, Technische Universität München 2009, S. 183-202.

Radkau, Joachim: „Grün ist die Heimat", in: Die Zeit vom 28.09.2000, S. 11.

Rudorff, Ernst: Heimatschutz, Nachdruck 1994, St. Goar: Reichl 1897.

Runge, Karsten: Entwicklungstendenzen in der Landschaftsplanung. Vom frühen Naturschutz bis zur ökologisch nachhaltigen Flächennutzung, Berlin/Heidelberg: Springer Verlag 1998.

Tessin, Wulf: Ästhetik des Angenehmen. Städtische Freiräume zwischen professioneller Ästhetik und Laiengeschmack, Wiesbaden: Springer Verlag 2008.
Trepl, Ludwig: Die Idee der Landschaft. Eine Kulturgeschichte von der Aufklärung bis zur Gegenwart, Bielefeld: transcript Verlag 2012.

Von Freiraumintendanten und -aktivisten

Strategien zur spielerischen Aneignung aus den 1970er Jahren in München

SUSANN AHN UND FELIX LÜDICKE

Seit den 1970er Jahren hat der Begriff der ‚Aneignung' im planerischen Sprachgebrauch einen festen Platz eingenommen. Anhand von Projekten aus dieser Zeit soll in dem Artikel erörtert werden, inwiefern Aneignungsprozesse in öffentlichen Freiräumen geplant und initiiert werden, welche Rolle Entwerfer in diesem Prozess einnehmen und welche Strategien Aneignungsprozesse unterstützen können. Epochenprägendes Ereignis dieser Zeit in München waren die Olympischen Sommerspiele von 1972. In deren Kontext entstand eine Reihe landschaftsarchitektonischer, architektonischer, künstlerischer und pädagogischer Projekte, die eine nutzerorientierte Freiraumgestaltung als ‚demokratisches Grün' erprobten und sich spielerisch mit dem Thema Aneignung auseinandersetzten – ganz nach dem Motto der demokratischen Spiele von 1972.

Doch zuerst soll geklärt werden, welche Ebenen des Aneignungsprozesses in diesem Artikel betrachtet werden, denn seit der kulturhistorischen Schule der sowjetischen Psychologie, in welcher der Psychologe Alexei Nikolajewitsch Leontjew zusammen mit seinen Kollegen Aneignung als „tätige Auseinandersetzung des Menschen mit seiner Umwelt"[1] erläutert hat, gab es zahlreiche Aufschlüsselungen

1 U. Deinet: ‚Aneignung' und ‚Raum', S. 27.

und Adaptionen dieses Begriffs in Hinblick auf unterschiedliche Professionen und Tätigkeitsbereiche.[2]

Für die Profession der Freiraumplanung hat u.a. der Planungssoziologe Wulf Tessin den Aneignungsprozess in unterschiedliche Verhaltensebenen aufgefächert. Diese Ebenen reichen von der geistigen Auseinandersetzung (Wahrnehmung und Erkundung mit den Sinnesorganen, der kognitiven und emotionalen Verarbeitung) über den praktischen Gebrauch sowie der physischen Veränderung der Umwelt (im Sinne von Spuren hinterlassen) bis hin zur rechtlichen und materiellen Inbesitznahme von Räumen (beispielsweise durch Erwerb, räumliche Eroberungen oder durch Verdrängung anderer Gruppen).[3]

In der Alltagssprache wird der Begriff Aneignung heute jedoch meist in einer Konnotation verwendet, bei der es nicht nur um das Erkunden oder das Wahrnehmen einer Fläche geht. Vielmehr wird mit dem Begriff eine Nutzung beschrieben, die eine räumlich-materielle Veränderung herbeiführt, man denke zum Beispiel an Pflanzungen beim sogenannten Guerilla Gardening, die durch ihr Wachstum einen dauerhaften Eingriff darstellen. Dabei werden etablierte sowie geplante Nutzungen eines Freiraums in Frage gestellt und durch eigene, selbstbestimmte ersetzt. Diese Form der Aneignung, bei der Nutzer den Gebrauch des Freiraums immer wieder neu definieren und durchsetzen müssen, könnte daher als „progressiv-emanzipatorische Nutzung"[4] bezeichnet werden und ist Hauptgegenstand unseres Artikels.

INTENDANZ FÜR EINEN PARK

Ein wichtiger Beobachter und Initiator solcher, in den 1960er und 1970er Jahren aufkommenden Nutzungsansprüche war der Landschaftsarchitekt Günther Grzimek. Mit seinen Schriften und Projekten, allen voran mit dem 1972 eröffneten Olympiapark, führte Grzimek in München eine Freiraumgestaltung ein, die den Nutzer ins Zentrum des Entwurfs rückte. Eine zu seiner Zeit etablierte Gestaltung

2 Siehe dazu: U. Deinet: ‚Aneignung' und ‚Raum'; P.-H. Chombart de Lauwe: Aneignung, Eigentum, Enteignung; D. Obermeier: Möglichkeiten und Restriktionen der Aneignung städtischer Räume; A. Lorenzer: Städtebau: Funktionalismus und Sozialmontage? Zur sozialpsychologischen Funktion der Architektur; Wulf Tessin: Freiraum und Verhalten.

3 W. Tessin: Freiraum und Verhalten, S. 164.

4 Im Rahmen der Diskussion beim interdisziplinären Workshop „Theorien der Aneignung von urbanen Freiräumen" von T.E. Hauck verwendeter Begriff.

ausgehend von repräsentativen Parkanlagen, Volksgärten und Volksparks des 19. und 20. Jahrhunderts lehnte er ab, und warb demgegenüber für eine demokratische, nutzerorientierte Freiraumgestaltung, die Nutzungen nicht nur zulässt und verträgt, sondern die Besucher aktiv dazu auffordert.[5] Die Nutzer sollten nicht einem vordefinierten und somit eingeschränktem Programm folgen, sondern möglichst in eigener Regie handeln und sich weitestgehend selbst organisieren.[6] Damit war Grzimek jedoch nicht der Auffassung, dass die Tätigkeit des Gestalters überflüssig würde.[7] Vielmehr sah er den Gestalter als Impulsgeber für ein engagiertes, selbstdefiniertes Nutzerverhalten. Im Münchner Olympiapark kreierte er mit topografischen Mitteln, dem gezielten Einsatz von Wasser sowie einem vielschichtigen Bepflanzungs- und Materialkonzept Räume unterschiedlichster Aufenthaltsqualität: ein „mosaikartige(s) Nebeneinander von ruhigen Nischen und lebendigen, offenen Räumen mit vielseitigen Angeboten, auch mit Aufforderungscharakter zum Selbstständigwerden oder doch zum engagierten Beobachten“[8], wie er selbst schreibt. Sein Gestaltungskonzept war neben ökologischen und vegetationstechnischen Aspekten insbesondere darauf ausgelegt, dass es einer hohen Belastung durch Nutzer standhalten kann.[9] Denn ein moderner, demokratischer Park sollte nach Grzimek ein ‚Benutzerpark‘ sein. Er vertrat die These, dass „Parks konventioneller Art in der Stadt Raumverschwendung darstellen insofern, als sie nur unzulänglich genutzt werden“[10]. Dies liege nach Grzimek auch daran, dass „öffentliche Grünanlagen gebaut und anschließend lediglich unterhalten werden“[11]. Um den Nutzer kontinuierlich aufzufordern, sich den öffentlichen Freiraum anzueignen, oder wie Grzimek es ausdrückt – von der Landschaft Besitz zu ergreifen – sieht er ein differenziertes Veranstaltungsprogramm vor.[12] Zur Planung und Organisation eines solchen Veranstaltungsprogrammes schlägt Grzimek innerhalb der Anlage des Olympiaparks eine kontinuierliche Betreuung der Nutzung vor, für die er den Begriff der „Intendanz“ wählt. Der aus dem Theaterbetrieb

---

5 Vgl. dazu: S. Hennecke: Vom Volkspark zum Benutzerpark, S. 96 f. Hier wird präzise herausgearbeitet, wo Grzimeks Konzepte an bereits begonnene Liberalisierungs- und Modernisierungsbewegungen innerhalb der Profession anknüpfen und wo seine Konzepte Neuerungen vorschlagen.

6 G. Grzimek/R. Stephan: Besitzergreifung des Rasens, S. 29, S. 110.

7 Ebd., S. 29, S. 31.

8 Ebd., S. 111.

9 Ebd., S. 111-112.

10 G. Grzimek: Spiel und Sport im Olympiapark München, S. 16.

11 Ebd.

12 Ebd.

stammende Begriff bezeichnet den gesamtverantwortlichen künstlerischen Leiter. Grzimek forderte eine solche Intendanz im Rahmen einer „Olympiapark GmbH" zur Organisation der Parknutzung nach den Olympischen Spielen. Zwar wurde nach dem Ablauf der Spiele tatsächlich eine „Olympiapark GmbH" gegründet, die bis zum heutigen Tag Gebäude und Anlagen des Parks betreut und Veranstaltungen organisiert. Im Vordergrund steht hier allerdings weniger die Anleitung zur Kommunikation und Aneignung einzelner Parknutzer oder Gruppen, als vielmehr die kommerzielle Nutzung und Vermarktung der Parkanlage.

Unter einer Intendanz verstand Grzimek einen „Initiator für kommunikationsfördernde Unterhaltung, Spiel, Veranstaltung"[13], der während des ganzen Jahres dafür zuständig ist, dass der Freiraum möglichst vielfältig genutzt wird. Dies sollte die Intendanz einerseits gewährleisten, indem sie erzieherisch, anleitend tätig ist und durch Veranstaltungen, wie „musische Wettbewerbe, Tanzveranstaltungen, Modeschauen, Puppenspiele, Lampionfeste, überhaupt Kinderfeste und Theateraufführungen auf dem See"[14] Anstöße und Anleitungen für unterschiedliche Nutzungsmöglichkeiten setzt. Andererseits sollte die Intendanz die Parkbesucher darin unterstützen eigene Nutzungen und Veranstaltungen im Park auf die Beine zu stellen. Etwa durch das Zurverfügungstellen von Infrastrukturen, wie Wasser-, Strom- und Beleuchtungsanschlüsse, die auf dem Gelände vorhanden sind und nach Auffassung Grzimeks nach Voranmeldung auch von Gruppen für Feste genutzt werden können sollten. Auch das Verleihen von Ausstattungsgegenständen für Feste der Parkbesucher, wie Lichtgirlanden, Lampions, Kabeln und Scheinwerfern, sah Grzimek daher als Aufgabe für die Intendanz des Parks.[15] Wie und durch welche Disziplin die Rolle der Intendanz zu besetzen wäre, dazu hat sich Grzimek wenig konkret geäußert. In seiner Rolle als Entwerfer der Parkanlage versuchte Grzimek schon während der Bauphase des Parks mit Aktionen und Festen Parkbesucher zu aktivieren und mit ihnen das zukünftige Nutzungspotential der Parklandschaft zu erproben:

> „Wie sich in mehreren Bergfesten, die von uns während der Bauzeit veranstaltet wurden, bestätigte, kann durch improvisierte Anordnung von einfachen Holzbohlen zum Sitzen, durch ein Kasperltheater, Aufhängen von Lampions in den Bäumen, auch gerade durch die Möglichkeit, Tiere zu füttern, zu streicheln und auf Eseln und Ponys zu reiten [...] die ganze Landschaft in einen lebendigen Spielplatz verwandelt werden."[16]

---

13 Ebd.

14 Ebd., S. 33.

15 Ebd.

16 Ebd.

SPIELPROGRAMM FÜR EIN SPORTFEST

Eine auffordernde und aktivierende Intendanz für den dauerhaften Betrieb des Olympiaparks wurde nicht in dem Maße realisiert, wie von Grzimek vorgeschlagen, allerdings kann die temporäre Aktion der „Spielstraße", die während der Olympischen Spiele von 1972 stattfand, als ein Beispiel für eine solche Haltung gesehen werden. Im Auftrag des Olympischen Organisationskomitees der Spiele realisierte der Architekt Werner Ruhnau die „Spielstraße" als interaktive Veranstaltung im von Grzimek geplanten Olympiapark. Auf einer Länge von 200 Metern wurde entlang des Olympiasees eine bunte Ladenstraße aus 55 Buden und 21 Bühnen errichtet, die von Künstlern unterschiedlicher Disziplinen bespielt wurde. Diese Spielstraße umfasste die Bereiche eines „Audio-Visions und Reportagezentrums", in dem Filme und Bilder auf Großleinwände im See projiziert wurden, eine „Medienstraße" entlang des Seeufers, „Showterrassen", auf denen Tanz und Folklore geboten wurde, sowie eine in den See gebaute Budenhalbinsel, die für Kleinszenen und Ballett genutzt wurde.[17] Weiterer Spielort war das „Theatron", ein in die Geländemodellierung des Parks eingefügtes Amphitheater mit Seebühne am gegenüberliegenden Ufer des Olympiasees. Ruhnau entwarf dieses gemeinsam mit dem Architekturbüro Behnisch und Partner, das für die olympischen Bauwerke des Parks verantwortlich war. Das Theatron diente als Spielort für Theateraufführungen und wird bis heute für Veranstaltungen genutzt. Alle weiteren Bauten und Aktionen der Spielstraße waren temporär. Das Programm, das den täglich bis zu 30.000 Besuchern[18] von zehn Uhr morgens bis zehn Uhr abends geboten wurde, bestand in multimedialen Präsentationen, Aufführungen, Performances und Prozessionen. Ruhnaus Anliegen bei der Spielstraße war es, den olympischen Gedanken der ‚Sportspiele' um ‚Kunstspiele' zu erweitern, bei denen die Zuschauer zu interagierenden Teilnehmern werden konnten:

> „Anstelle der mehr passiven Teilnahme des Publikums am Sportgeschehen konnten sich die Besucher auf der Spielstraße frei bewegen, sich aus einem reichen, simultan laufenden Angebot von szenischen, bildnerischen, Klang- und kulinarischen Darbietungen ihr eigenes Programm entwickeln, konnten mit den Spielern reden und in das Geschehen eingreifen, wenn Schauspieler, Maler, Bildhauer, Artisten oder Musiker sie dazu einluden."[19]

---

17 K. Stankiewitz: München 72.

18 Stadt Gelsenkirchen et al.: Werner Ruhnau. Der Raum, das Spiel und die Künste, S. 82.

19 Ebd., S. 89.

Die Auseinandersetzung mit dem Thema Spiel zieht sich durch Ruhnaus Schaffen, denn im Spiel, so argumentiert er, wird das Verhältnis zwischen vordefinierten Verhaltensvorschriften und selbstbestimmtem Verhalten offengelegt und neu ausgehandelt. Das Spiel lebt davon, dass einerseits bestimmte Rahmenbedingungen vereinbart worden sind, beispielsweise in Form von (Spiel-)Regeln, und dass andererseits bewusst der Zufall sowie unvorhergesehene Handlungen und Prozesse zugelassen werden. Damit bleibt der Ausgang des Spiels offen.[20] Insofern vollzieht sich nach Ruhnau im Spiel ein Gestaltungsprozess (das heißt eine bewusste Formgebung eines leiblich-konkreten Lebensvorgangs z.B. Essen oder Bauen)[21], an dem alle Mitspieler beteiligt sind.[22] Um zu Selbstbestimmtheit und zu freien Entscheidungen zu gelangen, ist es jedoch für die Mitspieler zentral,

> „die Merkmale und das Wirken von bestehenden ‚übergeordneten Spielregeln' zu durchschauen und verstehen. Erst aufgeklärte Menschen in Kenntnis der Ursache und Methoden, die zu den geltenden Regeln geführt haben, können wählen, ob sie bei den alten Gestaltungsformen bleiben wollen, neue in Auftrag geben oder eigene finden."[23]

Er fordert daher auch bei den Nutzern ein aktives Engagement, persönliche Einsatzbereitschaft und Mitverantwortung.[24] Damit versucht er eine starre Zuordnung von Spieler und Mitspieler, Darsteller und Publikum aufzulösen.[25] Die Form des Spiels verwendet Ruhnau, um mit kritischem Blick auf patriarchalische Strukturen und ein Machtgefälle zwischen Darstellern und Besuchern, Architekten und Nutzern, Politikern und Bürgern hinzuweisen.[26]

Auch für die Spielstraße im Olympiapark formulierte Ruhnau auf Plakaten konkrete Spielregeln, die einen Rahmen für den Ablauf und das Zusammenspiel der Besucher und Akteure geben.

---

20 W. Ruhnau: Spiel, S. 1.

21 Ebd., S. 14.

22 Ebd., S. 17.

23 Ebd., S. 18.

24 Ebd., S. 22.

25 W. Ruhnau: Werner Ruhnau – Spielräume des homo ludens, S. 9 und W. Ruhnau: Spiel, S. 18.

26 W. Ruhnau: Spiel, S. 18.

Abbildung 1: Blick vom Olympiaberg auf die „Spielstraße" während der Olympischen Spiele (1972)

Abbildung 2: Menschen in der „Spielstraße" während der Olympischen Spiele (1972)

Ruhnau förderte über die Strategie der spielerischen Interaktionen einen Aneignungsprozess in zweifacher Hinsicht: Zum einen erreicht er dies in materieller Hinsicht durch die Erprobung und Inbesitznahme der neuen Parkanlage beim gemeinsamen, offenen Spiel. Ruhnau schreibt im Rückblick ganz im Geiste der Nutzungs- und Aneignungsideale der Parkgestalter: „Die Bürger entdeckten gemeinsam mit Künstlern öffentliche Räume und nahmen diese für szenische Spiele in Besitz."[27] Mit der Anlage des Theatrons wurde zudem eine langfristige Nutzungsstätte der Parkanlage etabliert. Das bis heute jährlich stattfindende Theatron Festival, das für alle Parkbesucher kostenfrei zugänglich ist, kann als dauerhafte Fortsetzung der Idee der Spielstraße gesehen werden. Zum anderen ging es Ruhnau um eine Aneignung des Ereignisses Olympia in ideeller Hinsicht. Durch das Spielerische und die Kunst wollte Ruhnau das starre System Olympia durchbrechen und sportliche, kulturelle und politische Inhalte neu miteinander verknüpften. Mit dem Ansatz über die Kunst auch das Politische in die Spiele zu integrieren, stieß er bei den Organisatoren der Olympischen Spiele durchaus auf Widerstand. Das Hereinbrechen des Politischen in Form des terroristischen Anschlags am 5. September 1972 beendete letztendlich die Aktion der Spielstraße. Gefragt nach seiner eigenen Rolle bei der Spielstraße, meinte Ruhnau, dass er hier zunächst als Programmentwickler und Intendant tätig war, später seien Aufträge als Architekt für den Entwurf und Bau der Spielstätten hinzugekommen.[28] Ruhnau differenziert damit streng zwischen den unterschiedlichen Rollen und deren Aufgaben. Allerdings war sein Ansatz nicht separierend, sondern integrierend. Und so arbeitet Ruhnau für die Spielstraße beispielsweise mit den Entwerfern des Parks ebenso zusammen, wie mit Künstlern verschiedener Kunstgattungen.

SPIELKONZEPT FÜR EINE SIEDLUNG

So wie die „Spielstraße" von Ruhnau die Aneignung des Olympiaparks durch ein Begleitprogramm fördern sollte, war auch das „Spielkonzept des Olympischen Dorfes" als Begleitprogramm für einen Freiraum konzipiert. Die spielerische Inbesitznahme von öffentlichen Räumen durch Kinder und in der Folge auch durch Eltern und Nachbarn, war der Leitgedanke des Teams „Pädagogische Aktion (PA)" um die Pädagogen Hans Mayrhofer und Wolfgang Zacharias. Für die als Sportlerunterkunft der Olympischen Spiele gebaute Großsiedlung mit 3.500 Wohnungen entwickelten sie das „Spielkonzept des Olympischen Dorfes München"[29]. Ziel ihres Konzeptes war es, Freiräume als spielerische Erfahrungswelten zu

27 Stadt Gelsenkirchen et al: Werner Ruhnau. Der Raum, das Spiel und die Künste, S. 88, und W. Ruhnau: Spiel, S. 20.

28 Stadt Gelsenkirchen et al.: Werner Ruhnau. Der Raum, das Spiel und die Künste, S. 82.

29 F. Klein et al.: Das Spielkonzept des Olympischen Dorfes, S. 54.

schaffen. Sie wollten Impulse für ein kreatives Spiel geben, das im gesamten Wohnumfeld als ‚realitätshaltige‘ Spielumwelt stattfindet, nicht nur in den festgelegten „Schonräumen“ der Spielplätze. Mayrhofer und Zacharias forderten daher ein Umfeld, das durchgehend situative Spielanlässe anbot, „damit die Kinder diese Umwelt jederzeit als positiv und wenigstens in Ansätzen als veränderbar erfahren können“[30]. Das Spielkonzept ist geprägt durch Neugierde und Offenheit für den kreativen Prozess. Die Pädagogen fordern, dass Kindern die Möglichkeit und Freiheit gegeben wird, selbst Erfahrungen zu machen.[31] Im Olympischen Dorf wurden daher statt Spielgeräten mit festgelegten Spielabläufen eine Reihe ‚aneigenbarer Architekturen‘ mit Aufforderungscharakter realisiert. Obwohl es nach Aussage von Mayrhofer und Zacharias keine direkten Berührungspunkte zu Grzimek gab, weist das Aneignungsverständnis und die Strategie zur Förderung von Aneignung große Übereinstimmungen auf:[32] „Dieses [Grzimeks] Stichwort von Aufforderungscharakter, offen sein für Entwicklungen, passte natürlich genau zu dem expansiven Spielbegriff (der Pädagogischen Aktion).“[33]

Abbildung 3: Fotocollage der „Pädagogischen Aktion“ der Spielsituation „rote Stadt“ (1972)

30 Ebd., S. 54.

31 S. Ahn et al.: Stadt und Spiele, S. 93.

32 Ebd., S. 92.

33 Ebd.

Prägnantestes Beispiel dieser aneigenbaren Architekturen ist die „rote Stadt". Diese bestand aus einer Vielzahl von Ziegel- und Betonwänden als bauliche Grundstruktur, welche die Bewohner stetig umgestalten und weiterbauen sollten. Auf den Illustrationen der Pädagogen geschieht dies durch das Einfügen von Holzwänden, Tüchern und anderen Materialien. Ein weiteres Beispiel einer veränderbaren Architektur waren die sogenannten „Spielköpfe": Zweigeschossige, begehbare, kugelförmige Stahlgerüste mit einer Höhe von sechs Metern, die mit Planen behängt werden konnten und als wandelbare Raum- und Spielstruktur dienen sollten.

Abbildung 4: Zeichnung der Spielsituation in der Fußgängerzone

Neben den aneigenbaren Architekturen war eine pädagogische Betreuung wesentlicher Bestandteil des Spielkonzepts. Nach Mayrhofer und Zacharias können erst durch eine organisierte pädagogische Betreuung die Möglichkeiten in den Spielanlagen voll ausgeschöpft werden.[34] Ähnlich wie Grzimek gehen sie davon aus, dass ein Maß an Impulsgebung notwendig ist, um ein selbstbestimmtes, emanzipiertes Nutzerverhalten hervorzurufen.[35] „Man muß sich viele methodische Gedanken machen, wie man die Betroffenen so in Rage oder auf Betriebstemperatur bringt, dass sie bereit sind und Lust haben, die Dinge anzupacken und überhaupt Hirnschmalz fließen lassen."[36] Die geforderte ständige Betreuung der Anlagen hat

34 H. Mayrhofer/W. Zacharias: Spielen im Olympiadorf, S. 14.

35 G. Grüneisl/W. Zacharias: Die Kinderstadt. Eine Schule des Lebens. S. 39.

36 S. Ahn et al.: Stadt und Spiele, S. 93.

durchaus Ähnlichkeiten mit der von Grzimek geforderten Intendanz für den Olympiapark und den spielerischen Interaktionen der Spielstraße von Ruhnau. Mayrhofer und Zacharias beschreiben die Aufgabe einer ständigen pädagogischen Betreuung wie folgt: „Material beschaffen, Spielplatzsituationen verändern, mit Schule und Kindergarten des Olympischen Dorfes zusammenarbeiten, Informationsveranstaltungen für Eltern und Interessierte durchführen usw.“[37]

Darüber hinaus entwarfen die Pädagogen einen Möblierungskatalog für mobile Spielelemente, um flexible Spielsituationen zu schaffen. Vorgesehen war, 2.000 Kunststoffobjekte dezentral über die öffentlichen Freiräume, insbesondere auf den autofreien Erschließungswegen zwischen den Wohnhochhäusern zu verteilen, darunter 80 „Raumzellen“ (150x150cm), 400 Würfel (60x60cm) und 1000 Buchstaben (40x100cm). Neben den vorgefertigten Kunststoffelementen setzten die Pädagogen auf Materialien und Gegenstände aus dem alltäglichen Leben. Hierzu schlugen sie Materialien wie Holzbretter, Autoreifen, Kabeltrommeln oder ausrangierte Waschmaschinen vor. Zur Lagerung dieser Materialien sollten frei zugängliche Möbelecken in den Fußgängerzonen des Olympischen Dorfes eingerichtet werden, aus denen sich die Spielenden bedienen sollten, um eine sich immer wieder verändernde und selbst veränderbare Situation zu schaffen. Die vorgeschlagenen baulichen Elemente des Spielkonzeptes, dessen räumliche Umsetzung von den Landschaftsarchitekten Leitzmann & Kargerer, Miller & Luz geplant wurde, konnte verwirklicht werden, wohingegen das zur ständigen Betreuung und Aktivierung vorgesehene Team aus Pädagogen sowie die mobilen Möblierungselemente von der Betreibergesellschaft der Bauträger des Dorfes nicht realisiert wurden. Die von den Initiatoren eingenommene Rolle wäre mit der Idee einer Intendanz zur Aktivierung und Animierung der Nutzung durchaus vergleichbar gewesen.

AKTIVISMUS FÜR EINE STRASSE

Während die Pädagogen des Teams PA einen spielerisch-pädagogischen Ansatz verfolgten, kann die Aktion „Adalbertstraße 1978“ als spielerisch-aktivistisch bezeichnet werden. Im Sommer 1978 wurde von den beiden Künstlern und Architekten Hermann Grub und Petra Lejeune eine 300 Meter lange Wohnstraße im Münchner Stadtteil Schwabing in einer eintägigen Aktion unangemeldet umgestaltet und umgenutzt. Auch wenn diese Aktion für viele Anwohner wie aus heiterem Himmel kam, war sie von Grub und Lejeune über Tage bereits geplant und

37 F. Klein et al.: Das Spielkonzept des Olympischen Dorfes, S. 59.

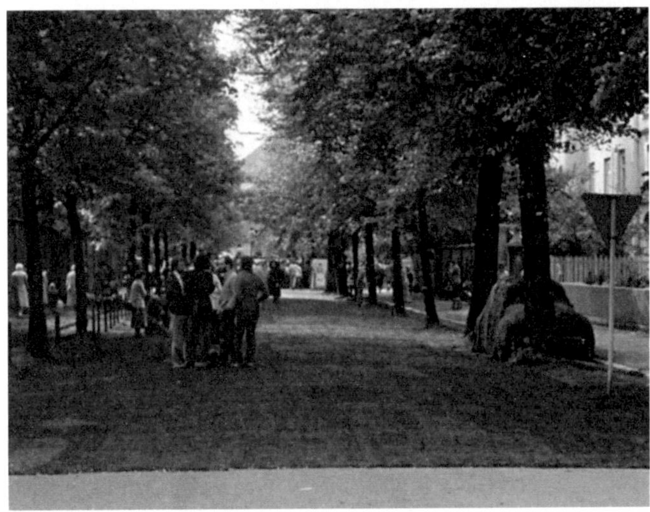

Abbildungen 5-8: Die Transformation der Adalbertstraße (Sommer 1978)

vorbereitet worden. Grub und Lejeune hatten für diese Aktion 100 Mietautos organisiert und am Münchner Flughafen zwischengeparkt. Sobald ein Parkplatz in der Adalbertstraße frei wurde, wurde er mit einem Mietauto in Beschlag genommen. Diese schleichende Besetzung dauerte insgesamt drei Tage, bis die Mietautos auf allen Parkplätzen in der Straße verteilt waren. Die eigentliche Aktion von Grub und Lejeune begann an einem Samstagmorgen. Zu einer bestimmten Uhrzeit fuhren Studierende der Kunstakademie alle parkenden Mietautos auf Kommando fort.[38] Zum Erstaunen der Anwohner blieb ein leerer Straßenraum. Dieser Zustand hielt jedoch nur für eine kurze Zeit an, denn das Ziel von Grub und Lejeune war es nicht nur auf Freiraummängel hinzuweisen, sondern auch räumliche Alternativen zur Parknutzung aufzuzeigen. Innerhalb weniger Stunden wurde der Straßenraum unter Mithilfe von Anwohnern mit langen Streifen aus Rollrasen belegt. Der grüne Rasen zeigte eine enorme Wirkung und ließ eine völlig andere Raumsituation entstehen. Unterschiedlichste Interessengruppen unterstützten die Aktion. Unter anderem verwandelten Schauspieler und Studierende der Kunstakademie den Straßenraum mit Styroporblöcken und Farbkübeln in eine öffentliche Bühne, in eine Flaniermeile, zur Picknick- und Spielzone und regten Kinder und Erwachsene zu spielerischen, kreativen Tätigkeiten an.[39]

Bei dieser Aktion waren die Rahmenbedingungen zwar gänzlich andere als bei Grzimek, Ruhnau oder Mayrhofer und Zacharias. Dennoch erinnert die Aktion in der Adalbertstraße an Aktionen der PA oder die Spielstraße im Olympiapark. Die Aneignung der Adalbertstraße erfolgte als aktivistische Umdeutung mittels einer temporären Aktion, in der die Vision einer Umnutzung vermittelt und spielerisch erprobt wurde. Diese bildstarke und provokative Herangehensweise findet sich immer wieder in den Projekten von Grub und Lejeune.

„Damit städtebauliche Missstände erkannt, von den Medien aufgegriffen und anschließend in der Öffentlichkeit diskutiert werden, bedienen sich die unorthodoxen Planer eines einfachen Mittels: der spektakulären Aktion im öffentlichen Raum als Denkanstoß. Warum? Weil trockene Städtebauthemen zwar jeden betreffen, aber kaum jemanden interessieren. Sie sind schwer vermittelbar und die Fachkenntnis – vermeintliche Voraussetzungen zum Verständnis – schreckt nicht nur Laien ab. Ein emotional und optisch funktionierendes Bild weckt bei Medien und Bürgern Sympathie und Interesse. Das erleichtert den Einstieg in diese Themen.“[40]

38 S. Esser: Grub + Lejeune. Nachhaltige Stadtentwicklung, S. 58.

39 H. Grub: Stadt-Park, S. 54 f. und S. Esser: Grub + Lejeune. Nachhaltige Stadtentwicklung, S. 58.

40 Ebd., S. 50.

Allerdings sind diese spielerisch-provokativen Aktionen häufig nur der Einstieg, um einen Impuls für Bewohner und Politiker zu geben. Die Rolle der Protagonisten ist hier nicht die einer eingesetzten, lenkenden und animierenden Intendanz, die eine neu angelegte – und vom Nutzerkreis noch wenig festgelegte – Parkanlage bespielt. Vielmehr begeben sich Grub und Lejeune als Aktivisten in einen Raum mit einer stark etablierten Nutzung und wollen durch eine temporäre Aneignung – in diesem Fall eine tatsächliche physische Verdrängung – einen Impuls setzen: Sie regen an über die Nutzung des Raumes nachzudenken. Ihre Arbeitsweise definieren Grub und Lejeune wie folgt:

> „Erst werden städtebauliche Probleme definiert und Lösungswege gesucht. Sind sie gefunden, gehen wir damit an die Öffentlichkeit. Sobald das öffentliche Interesse da ist und sich in den Medien manifestiert, folgt in der Regel die Beauftragung durch passende Projektpartner auf politischer Ebene."[41]

Grub und Lejeune betonen, dass die Aktionen nur den Startpunkt für einen kommunikativen und planerischen Prozess darstellen. Im Anschluss an die Aktion muss eine dauerhafte Kommunikation mit Politikern und Bürgern eingegangen werden, um langfristige Veränderungen zu bewirken.[42]

STRATEGIE ZUR SPIELERISCHEN ANEIGNUNG

Obwohl die zuvor beschriebenen Projektbeispiele aus unterschiedlichen Professionen stammen, verfolgen die Protagonisten ähnliche Ansätze, um eine progressiv-emanzipatorische Nutzung zu initiieren oder zu fördern. Zum Ersten kann festgestellt werden, dass die in den Beispielen vorgestellten Architekten, Künstler, Landschaftsarchitekten und Pädagogen nicht darauf vertrauen, dass eine progressiv-emanzipatorische Nutzung immer von alleine entsteht. Diese Feststellung entspricht auch den Studien von Wulf Tessin, der aufzeigt, dass das reale Nutzerverhalten häufig von den Wunschvorstellungen der Entwerfer abweicht:

> „Das Freiraumverhalten ist oft reduziert und bleibt weit hinter dem zurück, was freiraumkulturell an sich möglich wäre, sowohl was die Häufigkeit als auch was das Repertoire der ausgeübten Aktivitäten anbelangt."[43]

---

41 H. Grub/P. Lejeune: Credo. Handeln ohne Auftrag.

42 Ebd.

43 W. Tessin: Freiraum und Verhalten, S. 164.

In ihren Entwürfen und Konzepten kommt zum Ausdruck, dass durch eine gezielte Aktivierung das Freiraumverhalten der Nutzer stark beeinflusst werden kann. Zur Initiierung und Förderung einer progressiv-emanzipatorischen Nutzung wird eine künstlerische und spielerische Interaktion zwischen Besuchern und den gestaltenden Protagonisten herbeigeführt. Die Bergfeste von Grzimek, die Spielaktionen von Mayrhofer und Zacharias, die Spielstraße von Ruhnau und die Aktion von Grub und Lejeune wollen Erwachsene ebenso wie Kinder auf spielerische Art und Weise dafür gewinnen den Freiraum und seine Aneignungspotentiale zu nutzen. Diese Herangehensweise bezeichnen wir daher als ‚Strategie zur spielerischen Aneignung'. Doch was zeichnet diese Strategie genau aus und welche Anregungen für eine Förderung von progressiv-emanzipatorischen Nutzungen können aus den vorgestellten Projektbeispielen herausgefiltert werden?

Impulsgebung

Als Impuls dient den zuvor beschriebenen Projekten eine Verfremdung der Alltagssituation durch ein überraschendes, gegebenenfalls provozierendes Bild und eine ungewohnte, animierende Handlung, die zum Hinschauen auffordert und zum Mitmachen einlädt: Die Landschaft wird zum Spielplatz, die Straße zum Rasenfeld. Die Verfremdung blendet die Wirklichkeit der realen Räume dabei nicht aus, sondern bietet eine spielerische Um- und Neuinterpretation, die auf einer präzisen Auseinandersetzung mit der bestehenden Situation fußt. Damit werden Situationen geschaffen, die nicht nur zu einer geistigen Auseinandersetzung mit dem Raum und der Nutzung animieren, sondern auch zu einer aktiven Mitgestaltung der räumlichen Situation anregen sollen. Grub und Lejeune gehen sogar soweit, dass sie nicht nur ‚Anregungen' oder ‚Aufforderungen' schaffen, sondern bewusste ‚Provokationen' herbeiführen, teilweise ohne bestehenden Auftrag.[44]

Überwindung von vorgegebenen Rollen

Auch wenn die Aktivierung durch die Architekten, Landschaftsarchitekten, Pädagogen und Künstler von außen erfolgt, wird innerhalb der Aktionen versucht, Hierarchien und Machtgefälle, beispielsweise zwischen Kindern und Erwachsenen oder Experten und Laien, aufzubrechen. Die spielerischen Interaktionen der Beispiele leben von der Gleichheit aller Akteure. Darin liegt auch der Unterschied zu kommerziellen Veranstaltungen in Freiräumen, bei denen die Nutzer ein Angebot konsumieren, aber selbst eher passiv bleiben. Doch nicht nur Hierarchien der Nutzer, sondern auch ‚klassische' Zuordnung der Produzenten der Räume hinsichtlich der jeweiligen Professionen, Kompetenzen und Zuständigkeiten werden in den

44 S. Esser: Grub + Lejeune. Nachhaltige Stadtentwicklung., S. 22, S. 25.

vorgestellten Projekten aufgeweicht. Dabei übertreten die Akteure aller Beispiele über die Grenzen ihrer Disziplin und realisieren oder fordern eine Erweiterung des jeweiligen Gestaltungsauftrags: Der Architekt ist Intendant, der Intendant ist Aktionskünstler und der Pädagoge gibt Entwurfs- und Bauvorschläge.

Prozesshaftigkeit

Alle vorgestellten Beispiele zeigen, dass innerhalb der Aktionen und Projekte die Unplanbarkeit Teil der geplanten Strategie ist. Dies beinhaltet, dass trotz bestimmter Nutzungswünsche eine grundlegende Ergebnisoffenheit das Handeln der Architekten, Landschaftsarchitekten, Künstler und Pädagogen bestimmt. Wie dem *Spiel* liegt diesem Prozess ein gewisses Maß an Unbestimmtheit, Unplanbarkeit und Zufall zu Grunde. Der spielerische Zugang schafft neue Interpretationsräume, um temporäre Konventionen außer Kraft zu setzen, und regt an, progressiv-emanzipatorische Nutzungen in spielerischer Weise auszuprobieren, zu stärken oder zu widerrufen.

Zusammenfassend zeigen die Beispiele aus den 1970er Jahren, wie viel Potenzial für Entwerfer in einer progressiv-emanzipatorischen Nutzung liegt. Sie könnten Entwerfern Lust machen, das Thema Aneignung nicht mit Verlustangst um die eigene Aufgabe anzugehen, sondern offene und kreative Strategien zur spielerischen Aneignung zu entwickeln – als langfristig agierender *Intendant* oder als interventionistischer *Aktivist*.

LITERATUR

Ahn, Susann/Hauck, Thomas/Lüdicke, Felix/Schneegans, Juliane: „Stadt und Spiele – Das Spielkonzept des Olympischen Dorfs als partizipativer Gestaltungsprozess“, in: Hennecke/Keller/Schneegans (Hg.), Demokratisches Grün – Olympiapark München (2013), S. 86-95.

Chombart de Lauwe, Paul-Henry: „Aneignung, Eigentum, Enteignung – Sozialpsychologie der Raumaneignung und Prozesse gesellschaftlicher Veränderungen“, in: Arch+ 201/202 (2011), S. 110-113.

Deinet, Ulrich: „‚Aneignung‘ und ‚Raum‘ – zentrale Begriffe des sozialräumlichen Konzepts“, in: Ulrich Deinet (Hg.), Sozialräumliche Jugendarbeit, Wiesbaden: VS Verlag für Sozialwissenschaften 2009, S. 27-57.

Esser, Stefan: Grub + Lejeune. Nachhaltige Stadtentwicklung. Konzepte, Aktionen, Projekte, Ludwigsburg: AV Edition 2010.

Grub, Hermann: Stadt und Park, München: Callwey 1982.

Grub, Herman/Lejeune, Petra: „Credo. Handeln ohne Auftrag“, http://www.grub-lejeune.de vom 12.07.2016.

Grüneisl, Gerd/Zacharias, Wolfgang: Die Kinderstadt. Eine Schule des Lebens. Handbuch für Spiel, Kultur, Umwelt, Hamburg: Rowohlt 1989.

Grzimek, Günther: „Spiel und Sport im Olympiapark München“, in: Gerda Gollwitzer (Hg.), Spiel und Sport in der Stadtlandschaft. Erfahrungen und Beispiele für morgen, München: Callwey 1972, S.10-33.

Grzimek, Günther/Stephan, Rainer: Die Besitzergreifung des Rasens. Folgerungen aus dem Modell Isar-Süd Grünplanung heute, München: Callwey 1983.

Hennecke, Stefanie: „Vom Volkspark zum Benutzerpark. Gestaltung und Nutzbarkeit öffentlicher Parkanlagen im 19. und 20. Jahrhundert“, in: Hennecke/Keller/Schneegans (Hg.), Demokratisches Grün – Olympiapark München (2013), S. 96-110.

Hennecke, Stefanie/Keller, Regine/Schneegans, Juliane (Hg.): Demokratisches Grün – Olympiapark München, München: Jovis 2013.

Klein, Friedhelm/Mayrhofer, Hans/Wiesinger, Henning/Zacharias, Wolfgang: „Das Spielkonzept des Olympischen Dorfes“, in: Gerda Gollwitzer (Hg.), Spiel und Sport in der Stadtlandschaft – Erfahrungen und Beispiele für morgen, München: Callwey 1972, S. 54-67.

Lorenzer, Alfred: „Städtebau: Funktionalismus und Sozialmontage? Zur sozialpsychologischen Funktion der Architektur“, in: Heide Berndt/Alfred Lorenzer/Klaus Horn, Architektur als Ideologie, Frankfurt a.M.: Suhrkamp 1971.

Mayrhofer, Hans/Zacharias, Wolfgang: „Spielen im Olympiadorf, Spielkonzept: Spielplätze, Spielbereiche, pädagogische Betreuung“, in: Broschüre ODMG – Olympiadorf München GmbH, München: 1972.

Obermeier, Dorothee: Möglichkeiten und Restriktionen der Aneignung städtischer Räume (= Dortmunder Beiträge zur Raumplanung, Band 14), Dortmund: IfR, Univ. Dortmund 1980.

Ruhnau, Werner: „Spiel“, in: Organismus und Technik e.V. (Hg.), Lose-Blatt-Folge 26/27 (1985).

Ruhnau, Werner: „Werner Ruhnau – Spielräume des homo ludens. Theaterbauformen – Theaterspielformen“, zur Ausstellung im Grillo-Theater, Essen 2011, http://www.ruhnau.infov vom 21.06.2016.

Stadt Gelsenkirchen/Museum für Architektur und Ingenieurkunst NRW/Lehmann-Kopp, Dorothee (Hg.): Werner Ruhnau. Der Raum, das Spiel und die Künste, Berlin: Jovis 2007.

Stankiewitz, Karl: „München 72 (Folge 3): Sonderling Spielstraße – Ein Freiraum für Künstler, die experimentierten und auch provozierten“, http://www.kultur-vollzug.de vom 21.08.2012.

Tessin, Wulf: Freiraum und Verhalten. Soziologische Aspekte der Nutzung und Planung städtischer Freiräume, Wiesbaden: VS Verlag für Sozialwissenschaften 2011.

ABBILDUNGEN

Abbildung 1: Marlies Schnetzer/Süddeutsche Zeitung Photo.
Abbildung 2: Fotoarchiv Otfried Schmidt/Süddeutsche Zeitung Photo.
Abbildung 3. PA-Team/ Hans Mayrhofer, Wolfgang Zacharias, München 1972, Selbstverlag/ODMG.
Abbildung 4: PA-Team/Hans Mayrhofer/Wolfgang Zacharias, München 1972, Selbstverlag/ODMG.
Abbildungen 5-8: Architekturbüro Grub+Lejeune.

Öffentlicher Raum für alle?

Raumaneignung versus Gemeinwesen in der Wiener Praxis

UDO W. HÄBERLIN UND JÜRGEN FURCHTLEHNER

Das Bild eines geparkten Autos – im Gegensatz dazu ein begrüntes, von Menschen genutztes Parklet – verdeutlicht die aktuellen unterschiedlichen Aneignungsinteressen oder gar die herrschende Machtverteilung im öffentlichen Raum. Wiener Antworten auf Interessenskonflikte hierzu sind ein Kompromiss zwischen Bottom-up-Idealen und Top-down-Strategien sowie verschiedene Ansätze der Anwaltsplanung. Neben unterschiedlichen Formen von Aneignung und Empowerment soll exemplarisch die Funktions- und Sozialraumanalyse näher beschrieben werden. Sie ist nicht im sozialpolitischen Feld lange gewachsen, sondern ein neues Instrument für ‚leise Stimmen' und lobbyschwache Nutzer/-innen, das in der Planung erprobt wurde.

Im folgenden Beitrag werden neben der Wiener Situation ein allgemeines Stimmungsbild der Aneignungsprozesse im öffentlichen Raum skizziert und damit einhergehende Anforderungen diskutiert. Betrachtungsschwerpunkt ist der urbane öffentliche Raum im dicht bebauten Umfeld.

Öffentlicher Raum als Resultat gesellschaftlicher Prozesse und Anforderungen

Öffentlicher Raum ist das Gegenstück zum privaten Raum, zur privaten Sphäre. Unter öffentlichem Raum werden im Allgemeinen jene Teile einer Stadt verstanden, welche der Öffentlichkeit uneingeschränkt zugänglich und frei nutzbar sind. Darunter fallen gemeindeeigene Flächen wie beispielsweise Straßenräume, Wege, Park- oder Platzanlagen. Öffentlicher Raum muss grundsätzlich ohne physische und soziale Barrieren sein, um seinen integrativen Funktionen gesellschaftlich gerecht zu werden. Er soll den selbstbestimmten Gebrauch von Stadt und die Identifikation mit dem Ort fördern. Daher müssen alle stabilen und längerfristigen, aber auch alle temporären Interventionen am Nutzen für das Gemeinwesen ausgerichtet sein.

„Der öffentliche Raum ist Sinnbild der ‚unabgestimmten' Vielfalt der Gesellschaft und daher auch Austragungsort von Differenzen und Reibungen."[1] Um ein gleichberechtigtes ‚Nebeneinander' unterschiedlicher Ansprüche und Strategien für ein akzeptanzvolles Miteinander zu erreichen, sind das Gemeinwesen und auch die Stadtverwaltung gefragt. Diesem Anspruch der offenen Stadt und dem öffentlichen Raum für alle stehen ‚Angriffe' gegenüber: Verrechtlichung der Flächen (Haftungsfragen), Risikoängste, Zugangskontrollen sowie Privatisierungs- und Kommerzialisierungstendenzen mit Ausgrenzungsmechanismen oder schlicht unausgewogene Platzverteilung.

Der Artikel fokussiert auf die solidarischen, gerechten und sozialen Funktionen des öffentlichen Raums in seiner Rolle als vielfältig nutzbarer Bewegungs- und Aktionsraum sowie als Begegnungs- und Kommunikationsraum. Die urbanen Freiräume sind dementsprechend wichtige Austragungsorte des sozialen Kontakts der Menschen, die sie sich auf unterschiedliche Art aneignen.

Abbildung 1: Straßenraum mit alternativer Nutzung – Parklets

1 MA 19: Freiraum. Stadtraum. Wien, S. 21.

Auf welche Art und Weise öffentliche Räume von Bürger/-innen genutzt und angeeignet werden, wird von gesellschaftlichen Entwicklungen geprägt und verändert sich ständig. Es handelt sich um einen alltäglichen und stetigen sozialen Prozess.

Abbildung 2: Mögliche Formen der Aneignung, Brunnen in Wien und temporär für den Autoverkehr gesperrte Straße in Palermo, Italien

Zugrundeliegend ist der Begriff *Aneignung*, der hier als eine tätige Auseinandersetzung des Individuums mit seiner Umwelt verstanden wird.[2] Ebenso kann darunter das Umfunktionieren, die Umwandlung oder die Gestaltung der räumlichen und sozialen Umwelt oder der Lebensbedingungen verstanden werden. Der Begriff wird heute beispielsweise auch als Synonym für die Nutzung (von öffentlichen Räumen) oder Umnutzung von Räumen und Gegenständen verwendet.[3] Das Entstehen von Räumen durch soziales Handeln wird dabei ebenso wie die Abhängigkeit des Handelns von räumlichen Strukturen geprägt. Die Soziologin Martina Löw geht in diesem Zusammenhang davon aus, dass menschliches Handeln und Raum untrennbar miteinander verbunden sind. Räume entstehen mit dem Handeln der Menschen durch aktives Verknüpfen („Spacing") und indem Menschen „sich selbst platzieren und Platzierungen verlassen"[4].

Um Orte zu schaffen, die im Sinne unterschiedlicher Aneignungsmöglichkeiten von der Bevölkerung angenommen werden, gibt es eine Reihe von Prinzipien. Deren Beachtung und Bewahrung ist entscheidend in der Begegnung mit Interessenskonflikten und bei einer am Menschen orientierten Planung: Dazu zählen fair

2 Vgl. U. Deinet: Sozialräumliche Jugendarbeit, S. 29 ff.

3 Im Wesentlichen schließen wir uns den Ausführungen von Christof Göbel zu Aneignungstheorie und Neuere Raumvorstellungen in diesem Band an.

4 M. Löw: Raumsoziologie, S. 155, S. 158.

verteilte (Raum-)Ressourcen, prinzipielle Erreichbarkeit, kein sozial ausgrenzender Zugang, ein Funktionenmix sowie eine ansprechende Gestaltung.[5] Das beinhaltet architektonische Qualitäten, die den Alltagsgebrauch von öffentlichen Räumen unter Zugrundelegung von menschlichem Maßstab und menschlicher Geschwindigkeit positiv beeinflussen. Es bedarf ausreichend Platz für soziale Aktivitäten und Möglichkeiten, ein Zugehörigkeitsgefühl zu einem Ort zu entwickeln, beispielsweise durch Partizipation in der Planung oder Pflege, durch Events, durch spezielle Nutzungen oder (temporäre) Inanspruchnahme des Raums.[6] Hinsichtlich der Integrationskraft von öffentlichen Räumen sind u.a. die folgenden kennzeichnenden Funktionen zu nennen:[7]

- Erholungs-, Entfaltungs- und Inspirationsraum
- Raum des Lernens und Kennenlernens
- Aktive Nutzbarkeit
- Ort sozialer Konstanz und Sicherheit
- Unorganisierte und spontane (politische) Kommunikation
- Soziabilität und Unterschiedlichkeit
- Symbolische Bedeutung

Öffentliche Räume sind wie ein Abbild der Gesellschaft und daher in entsprechendem Kontext zu sehen. Eine solche gesellschaftliche Bindung bedeutet auch, dass sich im Verständnis über den öffentlichen Raum die Machtverhältnisse widerspiegeln, wie auch die Fragen, wer unter welchen Bedingungen und zu welchen Zeiten den öffentlichen Raum nutzen kann oder wer Regularien definiert, diese Ge- und Verbote einzuhalten.

Die jeweiligen gesellschaftlichen Regeln über den öffentlichen Raum, zwischen Konformität und aktivem Platzergreifen, bestimmen mit, welche Nutzung und Aneignung stattfindet. Überschneidungen städtebaulicher und physischer Strukturen mit dem Verhalten städtischer Akteur/-innen gemäß ihrer Interessenlagen, Platz- und Machtansprüchen sowie der erlernten ‚Lebensstilisierung', also Formen des Umgangs miteinander, machen den Raum komplex in seiner Aneignung. Studienautor/-innen wie Cordula Loidl-Reisch oder der Stadtplaner Jan

5 Vgl. C.C. Marcus/C. Francis: People places, S. 9 ff.

6 Vgl. J. Gehl: Cities for People, S. 3 ff., S. 20 ff.; J. Furchtlehner: Möglichkeiten der Neukonzeption eines Platzes in der historischen Altstadt am Beispiel des Hohen Marktes in Wien, S. 72 ff.

7 Vgl. MA 18: Integration im öffentlichen Raum, S. 22.

Gehl nennen beispielsweise den öffentlichen Raum u.a. als Treffpunkt, Bewegungs- und Aufenthaltsort.[8] Der Stadtsoziologe Herlyn hebt weiter hervor, dass Möglichkeiten der Begegnung gegeben sein müssen, um öffentliche Räume zu revitalisieren, also mehr als nur Aufenthaltsqualität.[9]

Über den Anspruch Begegnungsräume zu schaffen, geht die Definition, auch Räume zum Verändern und Benutzen zu schaffen, hinaus.[10] „Öffentlicher Raum ist Brennpunkt städtischen Lebens – Ort der Begegnung und Konfrontation unterschiedlicher Schichten, Generationen und Kulturen."[11] Diesem Verständnis stehen jedoch mehrere Arten von Einschränkungen oder Gefährdungen entgegen. Die Dynamik der Städte bringt verschiedene Interessen(-konflikte), die auch gewichtigen Einfluss auf die Qualität und Nutzbarkeit von öffentlichen Räumen haben. Dazu zählen beispielsweise:

- Anpassungsdruck durch den Wandel der Lebens- und Arbeitswelt, wie Deindustrialisierung, Automobilisierung, Digitalisierung
- Einkommensungleichheit, Gentrifikation und Verdrängungseffekte
- Veränderte Segregationsmuster
- Internationalisierung, Vertriebene und heimatsuchende Flüchtlinge, Integrationsherausforderungen
- Einsparungsdruck und zunehmend fehlende Finanzmittel für die Anpassung an aktuelle Bedürfnisse des öffentlichen Raums
- Neoliberale Tendenzen und Privatisierungsdruck
- Nutzer/-innenorientierung und Wandel der Funktionen öffentlicher Räume, „Renaissance der Städte" und 24h-Nutzbarkeit
- Soziale Kontrolle, Überwachung, Zutrittsbegrenzungen und enge Verhaltenskodizes für deviante Gruppen etc.[12]

Der öffentliche Raum ist ein Sozialraum, der für alle Stadtbewohner/-innen zur Verfügung stehen soll, ein integrativer Ort der Teilhabe und ein inkludierender, Zugehörigkeit erzeugender Ort. Dieser soziale Anspruch hat jedoch oft keine

---

8 Vgl. J. Gehl/L. Gemzoe: new city spaces, S. 10 ff.; C. Loidl-Reisch: Typen öffentlicher Freiräume in Wien, S. 117 ff.

9 Vgl. U. Herlyn: Jugendliche in öffentlichen Räumen der Stadt: Chancen und Restriktionen der Raumaneignung, S. 124.

10 Vgl. L. Licka/U. Kose: Alles geht spielend: Realisierungsmöglichkeiten für eine bespielbare Stadt, S. 2.

11 MA 18: Migration und öffentlicher Raum in Bewegung, S. 3.

12 Vgl. U.W. Häberlin: Öffentlicher Raum – Sicherheit durch Belebung.

Lobby. Alle Nutzer/-innen sollen selbstbestimmt und angstfrei Urbanität genießen können, auch Kinder, alte Menschen oder marginalisierte Gruppen. Doch leider werden diese oft gegeneinander ausgespielt.

Benötigt wird Raum und ein Verständnis dafür, diesen differenziert zu betrachten, herzustellen und zu erhalten, selbst wenn man nicht zur Gruppe mit besonderen Ansprüchen zählt. Stadtpolitik und Stadtverwaltung sind gefragt, eine Anwaltschaft für lobby-schwache Nutzer/-innen und Nutzungen zu übernehmen, um egoistischen Ansprüchen zu begegnen und die „Daseinsvorsorge Öffentlicher Raum" sicherzustellen.[13] Um in Planungsprozessen denen ein Gehör zu gewähren, die eine sensible Planung benötigen, hat die Wiener Stadtentwicklung beispielsweise eine spezielle Methode, die Funktions- und Sozialraumanalyse, ausgearbeitet. Auf sie wird später näher eingegangen. Dabei kann Teilhabe und Aneignung von ‚leisen Stimmen' bei Planungen erhoben und berücksichtigt werden. Auch können Commons und Almende hergestellt werden, was letztlich zu einer gerechteren Stadt verhelfen kann.[14]

Die (Um-)Gestaltung von öffentlichen Räumen kann einer mehr oder weniger offen dargelegten Maxime einer ‚idealen Nutzung' bezüglich der Funktionalität, der Hierarchisierung, der Heterogenität, der Trennung oder Ausgrenzung folgen. Planungen können beeinflussen, inwieweit ein Ort einladend oder ausgrenzend gestaltet ist, ob er bestimmte Aneignungsformen ermöglicht oder erschwert. Darin finden sich aktuelle gesellschaftliche Präferenzen und Regeln ebenso wie individuelle Vorstellungen der Planenden und ein professionelles Verständnis von ‚gutem öffentlichen Raum'. Wie und in welcher Form dieser letztendlich genutzt (angeeignet) wird, ist von einer Vielzahl an gesellschaftlichen Faktoren abhängig. Jeder gebaute Raum, so wie wir ihn heute vorfinden, hat eine eigene Entstehungsgeschichte, eine longue durée seiner Nutzung, eine vielschichtige Rekonstruktion sozial-räumlicher Realitäten (Habitus des Ortes) und eine konkurrierende Aneignungspraxis der aktuell (nicht) nutzenden Gruppen.

Versteht man nun den öffentlichen Raum als Darstellungsraum und Ausdruck einer Gesellschaft, so ist dieser (in seiner Nutzung und deren Symbolik) kein ‚Container' von Fakten und Statistiken, sondern ein relationaler Raum, der innerhalb gesellschaftlicher Prozesse produziert und reproduziert wird.[15] Öffentlicher

13 Vgl. Arbeiterkammer AK Wien: Standpunkte, S. 25, S. 45.

14 Vgl. A. Hamedinger: Das Recht auf die Stadt - Öffentliche Räume und Mitbestimmung.

15 Vgl. MA 18: Integration im öffentlichen Raum. Der Diskurs umfasst Atteslander/Hamm, 1979; Hamm, 1982; Läpple, 1991; Dangschat, 1995; Sturm, 2000; Löw, 2001; Krämer-Badoni/Kuhm, 2003.

Raum ist wie die Stadt selbst ein fortwährender Prozess, stets den unterschiedlichen Dynamiken ausgesetzt und ständig in Transformation. Solche permanenten Veränderungen werden vermehrt in Planungen von öffentlichem Raum berücksichtigt, indem man bewusst Flächen für zukünftige Nutzungen *offen* hält, um zu einem späteren Zeitpunkt auf etwaige Anforderungen zu reagieren. Wichtig ist dabei, dass dies nicht aus Kostengründen passiert und ausreichend Geldmittel für eine Weiterentwicklung in Zukunft zur Verfügung stehen.

Abbildung 3: Aneignung von Straßen in Wien und in Dresden Neustadt

STADTRAUM ALS AUSTRAGUNGSORT VON UNTERSCHIEDLICHEN ANSPRÜCHEN: ANEIGNUNGSINTERESSEN UND NUTZUNGSKONFLIKTE MIT BLICK AUF WIEN

Legt man nun den Fokus auf den Wiener Stadtraum, so zeigen sich verschiedene Tendenzen und Anforderungen an den öffentlichen Raum. Entsprechende Notwendigkeiten wurden hierzu formuliert, um den unterschiedlichen Ansprüchen gerecht zu werden und um Aneignungsinteressen und Nutzungskonflikten zu begegnen. Dazu zählen u.a. folgende Punkte:[16]

16 Vgl. MA 18: Neuinterpretation Öffentlicher Raum; MA 18: Stadtentwicklungsplan Wien STEP 2025.

- Im öffentlichen Raum muss es Möglichkeiten zum Zeitvertreib, zum Austausch und zum Gespräch geben. Kontakt und Begegnungen sind wichtige Bestandteile des Lebens und spielen bei vermehrt kleinen Wohnungen, zunehmender Singlegesellschaft und Vereinsamung eine Rolle.[17]
- Belebtheit und Nutzbarkeit des öffentlichen Raums zu Tages- und Nachtzeiten; Sicherung der Nutzungsdurchmischung der Stadt; Aktivitätenvielfalt und neue Nutzungsformen (zum Beispiel Public Viewings) ermöglichen.[18]
- Die nicht kommerziellen Grundbedürfnisse, wie ausreichend Platz und Wahlfreiheit für konsumfreien Aufenthalt, müssen erhalten bleiben. In einer leistbaren Stadt darf der Konsum nicht die Anteilnahme an Gesellschaft beschränken. Wichtig ist die ausgewogene Balance zwischen kommerziellen und nicht kommerziellen Nutzungen.[19]
- Die möglichst uneingeschränkte Teilhabe aller Menschen sollte gewährleistet und in Zukunft gesichert bleiben.[20] Eine faire und ausgewogene Balance der zur Verfügung stehenden Räume wird angestrebt.
- Qualitative und quantitative Sicherung und Zur-Verfügung-Stellung von öffentlichem Raum, u.a. um den steigenden Bedarf an Freiraum, auch hinsichtlich seinen Kompensationsfunktionen (zum Beispiel nicht in Urlaub fahren zu können oder keinen Garten zu besitzen), abzudecken.[21]
- Ermöglichung und Erleichterung von Bottom-up-Initiativen und alternativen Nutzungen.

Wenngleich repräsentative Umfragen zeigen, dass rund 85% der Wiener/-innen mit ihrem Wohnumfeld „sehr zufrieden“ und „ziemlich zufrieden“ sind, so sind es bei den Grünflächen und Plätzen bzw. Straßenräumen nur noch rund 68%.[22] Immer noch ein beachtlicher Wert, doch gibt es gleichzeitig Potenzial nach oben, was auch als Anforderung und Auftrag an Politik, Stadtverwaltung und Planung gesehen werden kann. Die Stadt ist bestrebt, durch sozialwissenschaftliche Erhebungen noch stärker evidenzbasierte Bedürfnisse zu berücksichtigen. Die Stadt-

---

17 Vgl. MA 18: Lebens- und Wohnformen: Singles in Wien, S. 4.

18 Vgl. MA 18: Stadtentwicklungsplan Wien STEP 2025, S. 21, S. 48.

19 Vgl. MA 18: Stadtentwicklungsplan Wien STEP 2025, S. 122; Arbeiterkammer AK Wien: Standpunkte.

20 Vgl. MA 19: Reiseführer in die Zukunft der Wiener Innenstadt.

21 Vgl. MA 17: Wiener Integrations- und Diversitätsmonitor, S. 192 ff.

22 Vgl. MA 18: Sozialwissenschaftliche Umfrage zu (Nutzungs-)Ansprüche im öffentlichen Raum, sowie Grün und Freiraum.

bewohner/-innen stellen auch urbane Anforderungen an die Qualität des öffentlichen Raums, die sich in Umfragen bezüglich der Wohnzufriedenheit in der Wohnumgebung widerspiegeln. Demnach wünschen sich 34% der Wiener/-innen Orte zum Verweilen und Sitzgelegenheiten; 33% (7% weniger als im Jahr 2008) wünschen sich Grünflächen oder Innenhofbegrünungen als Maßnahmen zur Verbesserung der Lebensqualität im Wohngebiet. Bezüglich des Straßenverkehrs wünschen sich 23% der Wiener/-innen Tempo-30-Zonen und 20% Wohnstraßen oder Fußgängerzonen.[23] Ziel sollte es sein, mit Eingriffen im Stadtraum (zum Beispiel bei Infrastruktur-Bauarbeiten) immer qualitative und quantitative Verbesserungen im öffentlichen Raum zu bewirken. Dabei gilt es, Flächentransformationen hin zu Aneignungsmöglichkeiten und Synergien für vielfältige Nutzbarkeit zu schaffen.[24]

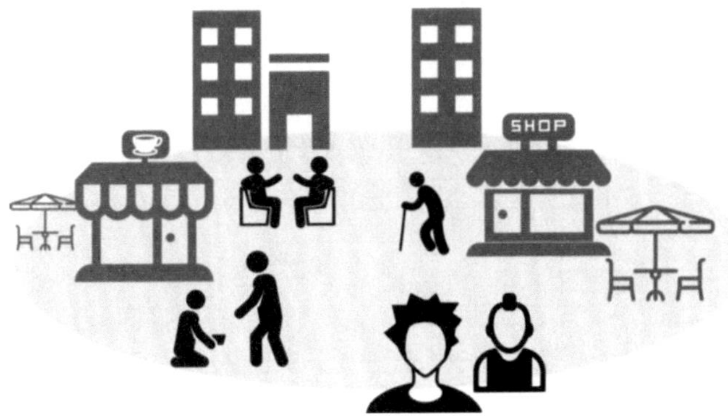

Abbildung 4: Kommerzialisierungstendenzen und Nutzbarkeit für alle (inkl. sozial Benachteiligte, Bettler/-innen, marginalisierte Gruppen etc.) als Herausforderung

Die Ansprüche an den öffentlichen Raum können sich zeitlich und räumlich laufend verändern oder verstärken, vor allem in Zeiten einer immer flexibler werden-

23 Vgl. R. Verwiebe et al.: Lebensqualität in Wien 1995-2013.

24 Neben der Fußgängerzone/Begegnungszone Mariahilfer Straße entstand eine der größten Flächentransformationen an der Meiselstraße zwischen Kardinal Rauscher Platz und dem Meiselmarkt in Wien. Dabei wurde beispielsweise monofunktionaler Straßenraum im Gründerzeitgebiet umgenutzt und öffentlicher Raum mit dem U-Bahnbau hergestellt.

den Arbeitswelt und einer sich ändernden Alters- und Gesellschaftsstruktur (Zuwanderung aus Kleinstädten oder Provinzen). Ebenfalls zum Tragen kommen Veränderungen in der Wohnsituation, im Bildungsstatus und in der sozialen Kommunikation. Dies bringt zusätzliche Herausforderungen mit sich: aus fachlichem und politischem Blickwinkel zeigt sich eine erhöhte Aufmerksamkeit für ‚Urbanität' und gleichzeitig ein Aufeinandertreffen öffentlicher, privater und kommerzieller Interessen mit sich teilweise widersprechenden oder konkurrierenden Standpunkten.

Abbildung 5: Städtisches Wachstum, Nachverdichtung: Geringer werdender Freiraum, stärker werdende Nutzungsbedürfnisse als Herausforderungen in Wien

Die sozialräumlichen Aspekte werden durch die Dynamik von weltweit wachsenden Städten und der sich daraus ergebenden Verdichtung der Bevölkerung immer wichtiger. Die somit neuen Zusammensetzungen der Bevölkerungsstruktur bei gleichzeitiger Diversität sind stetig in Bewegung. Darauf muss sowohl das Management als auch die Planung in der Stadt eingehen. Darüber hinaus führt diese Entwicklung zu einer Erweiterung bestehender Nutzungsansprüche, beispielsweise bei Grünflächen, die künftig in Wien mit begrünten Straßen vernetzt werden.[25]

Straßenräume sind es auch, die besonders stark von unterschiedlichen Interessensansprüchen und Nutzungsinteressen betroffen sind. Sie werden als Ressource erkannt und es wird ihnen in der sich weiter verdichtenden Stadtstruktur zunehmend Aufmerksamkeit gewidmet. Absichtserklärungen, Straßenräume nicht nur grüner zu gestalten, sondern auch als breiter nutzbaren sozialen Raum zu verstehen, sind vorhanden. Ähnliches gilt für viele Orte (seitlich der Fahrbahn), die bisher eher als Restflächen gesehen wurden, sogenannte Mikrofreiräume. Kleinräumige Aufwertungen und Interventionen sollen diese besser nutzbar machen und

25 Vgl. MA 18: Fachkonzept Grün- und Freiraum Wien.

gleichzeitig Aneignungsmöglichkeiten bieten, die in der Summe ein sehr großes Potenzial ergeben.[26]

Abbildung 6: Gebäuderücksprung als angeeigneter Mikrofreiraum, Badhausgasse Wien

Wien hat ebenso wie die meisten europäischen Städte eine seit Mitte des vergangenen Jahrhunderts auf den Autoverkehr ausgerichtete Planungsepoche erlebt. Gestützt von wirtschaftlichen Interessen fand dabei eine Raumaneignung statt, die zu einer Umdeutung der Stadt führte.[27] Ein Resultat ist die monofunktionale Ausrichtung großer Teile des Straßennetzes. Die gewaltigen Platzansprüche des PKW entsprechen allerdings heute nicht mehr den mannigfachen Anforderungen des öffentlichen Raums. Besonders in den immer dichter werdenden Innenstadtbezirken sind es die Straßen, die in Zukunft mit ihrem Raumpotenzial anderweitigen, multifunktionalen Nutzungen dienen können. Planungen und Aneignungstendenzen hin zu einem fußgänger- und fahrradfreundlicheren Umgang finden heute ebenso Unterstützung wie temporäre Straßensperren für alternative Nutzungen, beispielsweise die „Wiener Spielstraße“. Parallel zur autogerechten Stadt wurde bekanntlich im vergangenen Jahrhundert auch die Funktionstrennung für sämtliche Nutzungen eingeführt. Seither wurde das Kinderspiel in der Stadt hauptsächlich auf Spielplätze verlagert. Doch Kinder brauchen für ihre gesunde Entwicklung viele unterschiedliche Gelegenheiten zum Spielen und Bewegen im Freien. Deshalb entgrenzt die Stadt Wien diese einengende Zuschreibung und unterstützt

26 Vgl. MA 18: Stadtentwicklungsplan Wien STEP 2025; ebd.: Fachkonzept Grün- und FreiraumWien; ebd.: Fachkonzept Mobilität Wien; Mobilitätsagentur Wien: Strategy Paper Pedestrian Traffic Vienna 2014.

27 Vgl. D. Schubert: Jane Jacobs und die Zukunft der Stadt.

die Einrichtung von Spielstraßen. Diese bieten Kindern die Möglichkeit, den öffentlichen Raum für sich zu erobern: Die Wiener Spielstraße bietet Platz für raumgreifendes und freies Spielen. Die sonst noch kinderunfreundlichen Straßen werden regelmäßig, einen Nachmittag lang, zur autofreien Spielzone.[28] Dieses Angebot wurde in den vergangenen Jahren stetig erweitert.

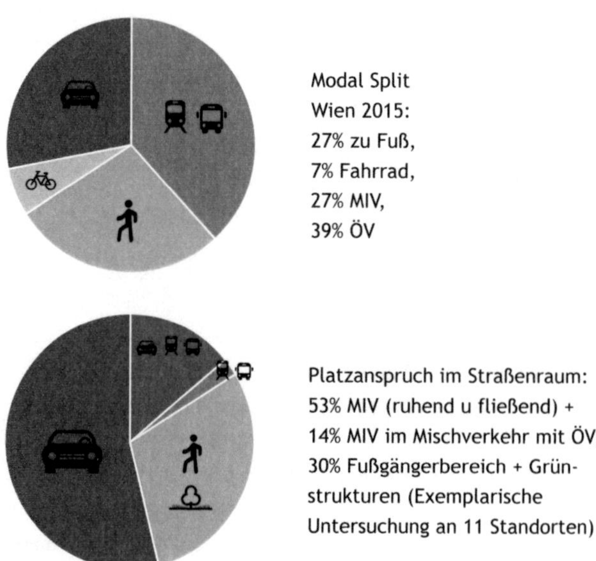

Modal Split
Wien 2015:
27% zu Fuß,
7% Fahrrad,
27% MIV,
39% ÖV
Platzanspruch im Straßenraum:
53% MIV (ruhend u fließend) +
14% MIV im Mischverkehr mit ÖV;
30% Fußgängerbereich + Grünstrukturen (Exemplarische
Untersuchung an 11 Standorten)

Abbildung 7: Unausgewogene Flächenverteilung, Modal Split Wien und exemplarische Flächenzuordnung im Straßenraum

Bei Betrachtung der Flächenverteilung im Straßenraum zeigt sich die Unausgewogenheit von Ansprüchen im öffentlichen Raum sehr deutlich. Um eine gerechtere Ressourcenverteilung und Raumgerechtigkeit im Sinne des Gemeinwohls zu generieren, ist ein Umdenken erkennbar.

„Der öffentliche Raum in der kompakten gründerzeitlichen Stadtstruktur ist geprägt von Flächenmangel. Diese Knappheit wird verschärft durch einander ausschließende Nutzungsansprüche. Monofunktionelle Nutzungen sind einer urbanen Stadt grundsätzlich abträglich,

28 Vgl. Wiener Spielstraße.

vor allem der hohe Flächenverbrauch des ruhenden motorisierten Verkehrs ist diesem strittig zu machen.“[29]

Gleichzeitig ist in den letzten Jahren eine Form der um sich greifenden Aneignung zu spüren, die diese Haltung konterkariert: Das vermehrte Aufkommen von Fahrzeugen, die entgegen der (zugunsten des Gemeinwohls) knapper werdenden Verfügbarkeit an Fahrbahnen und Parkstreifen immer größer und breiter werden. Das betrifft besonders die als Statussymbole gehandelten Geländewägen oder SUVs. Dabei sollten im urbanen Umfeld aus unterschiedlichen Gründen gerade kompakte Fahrzeuggrößen – neben dem Flächenverbrauch auch aus Gründen der Verkehrssicherheit schwächeren Verkehrsteilnehmer/-innen gegenüber – zum Einsatz kommen.

Neben einer faireren Flächenverteilung liegt es aber auch an der (gestalterisch-funktionalen) Qualität des öffentlichen Raums, inwieweit dieser von der Bevölkerung angenommen wird. Denn je einladender sich ein Platz, eine Straße oder ein Park präsentieren, desto stärker wird der Raum von den Menschen für ‚optionales‘ und ‚soziale Aktivitäten‘ genutzt. Die Qualität eines Freiraums und die Möglichkeit der Aneignung kann vor allem daran erkannt werden, wie lange sich Menschen an dem Ort aufhalten (Aufenthaltsdauer).[30] Die Folge von attraktiven öffentlichen Räumen ist wiederum, dass der Stadtraum bzw. das Quartier insgesamt als begehrt und lebenswert wahrgenommen wird. Investitionen in einladende, hochwertige Freiräume sind daher eine intelligente, zukunftsorientierte und vergleichsweise kostengünstige Maßnahme. Wie wenig förderlich es für das gesamte Wohnumfeld ist, bei Einsparungsmaßnahmen im Zweifelsfall den Rotstift beim Umbau dieser Freiräume anzusetzen, steht außer Frage.

Die Aneignung kann dabei als zukunftsgewandter, aktiver Prozess dienen, der von Beginn an fortlaufend stattfindet, über die klassische Planungs- und Herstellungsphase hinaus. Eine mögliche Umsetzung wird im Abfragen und Integrieren der Zivilgesellschaft, zum einen bei Planungsprozessen (inklusive üblicher Partizipationsmaßnahmen), zum anderen bei der Umsetzung, Herstellung und Pflege gesehen. Gestärkt werden dadurch sozialer Austausch, Quartiersbildung und die Identifikation mit der eigenen Umgebung.

Auch bei Betrachtung von kommerziellen und nicht kommerziellen Interessen gilt es zahlreiche Herausforderungen hinsichtlich eines für alle nutzbaren öffentlichen Raums zu diskutieren. Öffentliche Räume werden vielfältiger entwickelt,

---

29 E. Raith/M. Tomaselli: Erdgeschoßzonen, S. 66.

30 Vgl. J. Gehl: Cities for People, S. 21; J. Gehl/B. Svarre: How to study public life, S. 16.

finanziert und vermehrt kommerzialisiert. Management und Gestaltung des öffentlichen Raums sollte diese Nutzungen nicht verhindern, da kommerzielle Aufenthaltsbereiche für viele Besucher/-innen von hoher Bedeutung sind und zu einer Belebung des öffentlichen Raums in hohem Maß beitragen.[31] Dennoch, eine ausgewogene Balance zwischen den kommerziellen und nicht kommerziellen Nutzungen ist essentiell, um die Rolle des öffentlichen Raums zu wahren.

> „Unter der Voraussetzung, dass Dritte nicht gefährdet oder belastet werden und die Nutzung zu keinen Schäden am öffentlichen Raum selbst führt, wird ein Zuviel an nichtkommerziellen Nutzungen kaum erreicht. Ein Zuviel an kommerziellen Nutzungen besteht dann, wenn wichtige Funktionen des städtischen Allgemeinwohls (zum Beispiel Mobilität, Ökologie, Sicherheit, Stadtbild und Sichtbeziehungen) eingeschränkt werden, Anrainer/-innen unzumutbar gestört werden und zu wenig konsumfreie Orte für zum Beispiel Aufenthalt, Erholung, Kommunikation, (Arbeits-)Pausen übrig bleiben."[32]

Die städtische Verwaltung des 21. Jahrhunderts ist gefordert, Untergrabungen der Solidargemeinschaft durch Egoismen und andere Einflüsse Stand zu halten. Beim Umgang mit immer größer werdender Konkurrenz um Flächenressourcen im öffentlichen Raum ist diese Thematik besonders relevant. Gleichzeitig soll der Bürger/-innenschaft mehr demokratische Mitbestimmung und Mitwirkung ermöglicht werden. Doch auch die Gesellschaft ist gefragt, indem sie sich ihrer Aneignungskompetenzen bewusst wird und diese Rolle in Prozessen wahrnimmt. Dennoch, es gibt aktivere und passivere Bürger/-innen hinsichtlich unterschiedlicher Aktionsbedürfnisse oder Aneigungsformen. Zugleich wollen viele aus ihrer gewohnten Rolle nicht ausscheren. Diese völlig legitimen, teils sehr unterschiedlichen Verhaltensweisen müssen bedacht werden.

Bei all diesen Überlegungen gilt es auch zu verstehen, dass Menschen grundsätzlich ein breites Potenzial an Handlungsmöglichkeiten haben, um auf unbefriedigende sozialräumliche Situationen im öffentlichen Raum zu reagieren[33]:

- durch Aushandlungsstrategien der „angemessenen Nutzung" und der „angemessenen Ausstattung" bei Raumtransformationen;

31 Vgl. Arbeiterkammer AK Wien: Standpunkte.; MA 18: Stadtentwicklungsplan Wien STEP 2025, S. 122; J. Gehl/L. Gemzoe: new city spaces, S. 59 ff.

32 Arbeiterkammer AK Wien: Standpunkte, S. 39 f.

33 Vgl. MA 18: Integration im öffentlichen Raum, S. 26.

- durch eine zeitlich und räumlich selektive Form des Nutzens des gemeinsamen öffentlichen Raums, durch subtile Formen des Ausweichens und sich Aus-dem-Weg-Gehens;
- durch aktives Besetzen (zum Beispiel Skaten, Picknick);
- durch das Setzen von Zeichen (zum Beispiel Graffitis, Symbolik);
- durch Provozieren von Konflikten um die Nutzung des öffentlichen Raumes (Voice-Strategien);
- zu Hause bleiben, das Aufsuchen anderer Orte in der Stadt, Ausweichen durch Wochenendtrips etc. (Exit-Strategien).

Welche Strategie von einer Person oder Gruppe an welchem Ort gewählt wird und wie die Strategien kombiniert werden können, hängt sicherlich zum einen von der Art und dem Ausmaß der Integrationsherausforderungen ab, zum anderen aber auch von der lokalen Kultur des Empowerments, des Mit- und Gegeneinanders, der Akzeptanzkultur, der sozialen Praxis und der politisch-planerischen Steuerung. Das Bestreben der Stadt muss es sein, zu enge sozialräumliche Situationen zu vermeiden bzw. bestehende Situationen der Unausgewogenheit auszugleichen.

STADT FÜR ALLE – WIENER BEKENNTNISSE UND STRATEGIEN

Betrachtet man die Möglichkeit der Mitbestimmung von Bürger/-innen in der Vergangenheit bis heute, so ist erkennbar, dass sich der Grad an Mitwirkung und Machtausübung ungleich verhielt. Es entwickelte sich über Emanzipation ein stetiger Prozess von Governmentregimen hin zu demokratischen Teilhabe- und Governance-Strukturen.[34] Die Wiener Verwaltung ist ein historisches System mit einer stark geprägten Identität als kaiserliche Residenzstadt von mehreren Jahrhunderten, später gekennzeichnet von Jahrzehnten der Sozial- und Demokratiepolitik.[35] Eigeninitiative und die Übernahme von Verantwortung des Individuums einer Bürgerschaft sind historisch nur schwach ausgeprägt. Hervorzuheben ist daher beispielsweise der Aneignungsprozess im öffentlichen Raum 1973 mit dem „Plan Quadrat" – einer Initiative, die auf die Adaptierung der Hofflächen in der

34 Vgl. M. Novy: Wiener Stadtentwicklungskonzepte mit Hilfe der Bürgerbeteiligung, S. 31.

35 Vgl. U. W. Häberlin: Der öffentliche Raum als Bühne.

Mitte eines Häuserblocks abzielte. Inzwischen ist das „Plan Quadrat", das mehrere Grundstücksgrenzen überwindet, zu einem beliebten öffentlichen Freiraum geworden und wird von Bewohner/-innen jeden Alters gerne genutzt.[36]

Eine neue Epoche wurde durch das Guerilla Gardening eingeleitet. Die heimliche Aussaat von Pflanzen erfolgte als subtiles Mittel politischen Protests, vorrangig auf monotonen Grünflächen. Mittlerweile hat sich Guerilla Gardening zum urbanen Gärtnern weiterentwickelt. Gemeinschaftsgärten sind unter Urban Gardening bis hin zu Urban Farming bereits etablierter Bestandteil der Planungs- und Aneignungskultur. Ebenso ist die Mehrfachnutzung im Freiraum als Planungscredo vorhanden.

In einem emanzipatorischen Umfeld wird heute versucht, eine gleichberechtigte Balance zwischen Einzelinteressen und Gemeinwohl zu erreichen. Eine wesentliche und aktive Rolle bei der Aneignung hat hierbei das einzelne Individuum. Immer mehr Menschen wünschen sich aktiv und selbständig für ihr direktes Wohnumfeld Verantwortung zu übernehmen und (vor der Haustüre) mitzugestalten. Gleichzeitig bedarf es einer Instanz, die die Solidarität im Verteilungskampf und die Rolle der Vermittlung bei einem Interessensausgleich in Richtung Gemeinwohl ausübt und gegebenenfalls (Planungs- und Gestaltungs-)Prinzipien bereithält. Bei zu vielen Macht-Interessen und einem zu hohen Konfliktpotenzial bei Aushandlungs- und Verteilungsprozessen ist eine regulierende bzw. schlichtende Institution hilfreich, die alle Interessen vermittelt. Durch einen solchen Ansatz kann die Ungleichheit zwischen aneignungsstarken Gewinnern und artikulationsschwachen Verlierern sozial ausgeglichen werden.

Als bereits seit mehreren Jahrzehnten bestehende Service-Einrichtung der Stadt Wien fungieren die Gebietsbetreuungen.[37] Diese sind neben Planungsfragen auch bei Rechtsstreitigkeiten und dem Bedarf an Mediation als Drehscheibe in den Nachbarschaften tätig. Sie bieten Beratung für Bewohner/-innen zu Themen des Wohnens, des Wohnumfelds und des Zusammenlebens, der Stadterneuerung und des öffentlichen Raums an. Auch die kommunale Initiative „Lokale Agenda 21"[38] folgt dem Leitbild einer sozial nachhaltigen Stadtentwicklung. Sie bietet den Wiener/-innen verschiedene Möglichkeiten, ihr Grätzl (Quartier) lebenswerter zu gestalten. Da der öffentliche Raum uns allen gehört, unterstützt diese Initiative Nachbarschaftsnetzwerke und engagierte Bürger/-innen vor Ort, um Genießen, Entdecken und Gestalten zu initiieren. Besonders zu erwähnen ist hierbei das För-

36 Vgl. H. Voitl et al.: Planquadrat - Ruhe, Grün und Sicherheit - Wohnen in der Stadt.

37 Vgl. Wiener Gebietsbetreuungen.

38 MA 18: Lokale Agenda 21, Werkstattbericht Nr. 21; Lokale Agenda 21 Wien.

derprogramm „Grätzloasen". Es ist ein Instrument der Stadt, welches Aneignungsprozesse (finanziell) unterstützt. Aktuell werden in Wien 50 solcher Grätzloase-Projeke von engagierten Bürger/-innen errichtet. Vorne mit dabei sind Parklet-Nutzungen[39] (Abb. 1). Parklets – die Umfunktionierung von Parkplatzflächen zu kleinen Gärten, Aufenthaltsbereichen und Begegnungsorten – haben sich von San Francisco ausgehend auf viele Städte ausgebreitet.[40] Sie sollen einen punktuellen Beitrag zu einer gerechteren Verteilung des Freiraums leisten. Wichtig ist dabei, den öffentlichen Charakter solcher Orte zu gewährleisten, egal von wem sie errichtet werden: Parklets müssen für alle und konsumfrei zugänglich sein. Augenmerk ist darauf zu richten, dass sich keine unterschwelligen Besitzansprüche einschleichen, auch wenn die Grenzen schwierig zu ziehen sind. Ein gastlicher Raum kann schnell eine persönliche oder private Kodierung bewirken, die symbolische Ausschließungsmechanismen hervorruft. Dennoch gilt es, den Aspekt des Engagements und der einladenden und offenen Gestaltung solcher Projekte hervorzuheben. Sie sind eine Bereicherung und schaffen Möglichkeitsräume.[41]

Wenngleich Aneignungsprojekte wie Parklets bisher lediglich ‚Akkupunkturmaßnahmen' darstellen, leisten sie schon jetzt einen wichtigen Beitrag zur Sensibilisierung für das Thema und haben Pionierfunktion für die Zivilgesellschaft. Vor allem die Tatsache, dass in Wien solche Projekte im Rahmen der „Grätzloase" auch finanziell unterstützt werden, ist eine besondere Errungenschaft in einer ehemaligen Residenzstadt. Um die Bürgerschaft bei der Schaffung einer lebendigen Stadtzukunft zu unterstützen, sollen Broschüren helfen, die Abwicklung zu erleichtern.

Abbildung 8: Broschüre „belebte freiräume" und Beispiele von Parklet-Nutzungen: Autoabstellplätze werden zu nicht kommerziellen Aufenthaltsinseln im Rahmen der Grätzloasen-Förderung

---

39 Vgl. Wiener Grätzloase.

40 Vgl. San Francisco Parklet Manual.

41 Vgl. VCD Verkehrsclub Deutschland: Lebenswerte Städte durch Straßen für Menschen.

Die von der Stadt Wien herausgegebene Publikation „DIY - Do it yourself"[42] zeigt unterschiedliche Möglichkeiten und Aneignungsformate auf. Dieses Nachschlagewerk enthält als eine Art „Stadtanleitung" zum Selbermachen neben rechtlichen Aspekten auch nützliche Hinweise. Dabei wird ein breites Spektrum an Aneignungsmöglichkeiten abgedeckt, von Urban Gardening über Urban Knitting bis hin zu den schon erwähnten Parklet Nutzungen. Interessiert man sich im Speziellen für Veranstaltungen oder Feste, die temporär im öffentlichen Raum stattfinden sollen, hilft einem die Broschüre „Feste, Spaß und Aktionen"[43] der Stadt, die wiederum als Beitrag zur Belebung und Nutzung des öffentlichen Raums verstanden werden kann.

Abbildung 9: Auszüge der Broschüre DIY

Neu ist auch eine „Akademie der Zivilgesellschaft" der Wiener Volkshochschule zu institutionellen Hilfestellungen hin zu mehr (kreativer) Aneignungsfähigkeit und ‚Rechtssicherheit'. Des Weiteren wurde eine Agentur „Kreative Räume Wien" gegen Leerstand und für eine effizientere Nutzung von Freiflächen und Gebäuden eingerichtet.

42 MA 25: DIY – Do it yourself, Stadtanleitung.

43 MA 18: Feste, Spaß und Aktionen.

Damit wird die Positionierung der Stadtverwaltung in ihrer neuen Rolle mit (anwaltlicher) Vermittlungskompetenz deutlich. Für eine gute und faire Nutzbarkeit des öffentlichen Raums als „Wohnzimmer des Grätzels“[44] muss seine soziale Integrationsfunktion möglichst aller Bürger/-innen gewährleistet werden.

Bereits fester Bestandteil ist in Wien auch die als Serviceleistung und Sozialprävention hinsichtlich eines friedvollen Umgangs miteinander gedachte „Parkbetreuung“.[45] Sie dient der Förderung von Kindern und Jugendlichen mit Benachteiligung oder schwächeren Sozialkompetenzen. Es werden dabei auch andere Gruppen wie Eltern oder ältere Menschen einbezogen. „Das gemeinsame Spielen und Miteinander-Reden verbessert das soziale Klima, sorgt für den Abbau von Vorurteilen und mehr Chancengleichheit.“[46] Die „Parkbetreuung“ ist ein gut angenommener Beitrag, um ein besseres Zusammenleben unterschiedlicher Generationen im öffentlichen Raum zu ermöglichen und positive Entwicklungen für das Gemeinwesen zu schaffen. Die seit rund 20 Jahren angebotene Wiener „Parkbetreuung“ integriert dabei viele Vereine und Institutionen und wird mittlerweile an 180 Standorten im öffentlichen Raum umgesetzt.

Neben den genannten Serviceleistungen im weiteren Sinne existieren in Wien auch unterschiedliche Instrumente und Strategien auf der Ebene der Planung: Neben dem Stadtentwicklungsplan 2025 mit seinen Fachkonzepten[47] (Grün, Freiraum, Mobilität, Öffentlicher Raum) gibt es beispielsweise auch Initiativen wie die Wiener Charta[48], eine Kampagne für respektvollen Umgang im Alltagsleben als Basis für gutes Zusammenleben.

Darüber hinaus wurde im Regierungsübereinkommen[49] der amtierenden Stadtregierung festgehalten, dass im Rahmen der „Menschenrechtsstadt“ Schwerpunkte vor allem in den Bereichen Inklusion, Verteilungsgerechtigkeit und soziale Sicherheit unternommen werden. Angesprochen wird darin beispielsweise die Mitbestimmung von Jugendlichen: „Wir wissen auch um die wachsende Diskrepanz und das Auseinanderdriften unterschiedlicher Gruppen in unserer Stadt. Aus

44 MA 18: Integration im Öffentlichen Raum, S. 22.

45 Vgl. Parkbetreuung Wien.

46 Ebd.

47 Vgl. MA 18: Stadtentwicklungsplan Wien STEP 2025; ebd.: Fachkonzept Grün- und Freiraum Wien; ebd.: Fachkonzept Mobilität Wien.

48 Wiener Charta: Wiener Charta.

49 Vgl. Stadt Wien: Eine Stadt, zwei Millionen Chancen.

diesem Grund wird Wien einen stärkeren Schwerpunkt für Mitsprache von Jugendlichen einsetzen."[50] Ebenfalls festgehalten ist unter den Schlagworten „Sozialer Zusammenhalt" und „Die Stadt gehört allen": „[...] wir achten auf jene Gruppen, die stigmatisiert oder marginalisiert werden [...]."[51] Als Begegnungsorte sollen unter Gemeinwesenarbeit Grätzlzentren gefördert werden. Auch werden Nachbarschafts- und Grätzlgärten, sowie Selbsternteprojekte angestrebt. Außerdem soll es ein Pilotprojekt „essbare Stadt" geben. Die Stadtregierung bekennt sich auch dazu, Pionieren Raum zu geben. „Kreativität braucht Raum, in dem Neues entstehen kann. Wien bietet vielfältige Orte, an denen die Gesellschaft mitgestaltet werden kann. Nicht profitorientierte Aktivitäten haben ausreichend Platz in der Stadt."[52] Der Begriff Aneignung kommt nicht vor. Dennoch positioniert sich die Stadt im fürsorgenden und sozialen Sinne in vielen Bereichen. Aufgabe der kommenden Jahre ist es, vom Bekenntnis zur tatsächlichen Umsetzung zu gelangen.

Ein Beispiel für die erfolgreiche Aneignung öffentlichen Raums durch marginalisierte Gruppen, beispielsweise Jugendliche, kann eine breite Mittelinsel am Gaudenzdorfer Gürtel in Wien veranschaulichen. Sie wurde als Potenzialort von Jugendlichen entdeckt, die zuvor in der Kritik standen, in den kleinen umliegenden Gründerzeitparks zu stören. Die daraufhin eingerichteten Ballspielanlagen sind inzwischen sehr gut angenommen. Mithilfe der „Projektkoordination für Mehrfachnutzung" konnte ebenso Raum für Skater etabliert werden. Ein weiteres Beispiel stellen die legitimierten Flächen für Sprayer dar, die im Rahmen der „Wiener Wand"[53] Teil eines Graffiti-Konzepts sind. Die Stadt unterstützt solche künstlerischen Ausdrucksformen, obwohl diese zu den meist diskutierten Subkulturen der Jugend gehören: In vielen Städten werden Graffiti als ein krimineller Akt gesehen, dem nur durch rigorose Verbote zu begegnen ist. In Wien wird versucht, einen Weg der Toleranz und einer von allen Seiten getragenen Diskussion zwischen den ‚Writern' und der Öffentlichkeit zu gehen.

Um die Verteilung von Investitionen der Stadt gut zu steuern werden Bedarfsgebiete hinsichtlich einer besseren sozialen Balance eruiert. In diesen ist die Ausgestaltung des öffentlichen Raums, das Zusammenleben und die Förderung von lokaler Identität ein wichtiger Fokus. Dadurch sollen Benachteiligungen und der „potentielle Nutzungsdruck" ausgeglichen werden.[54] Ebenso arbeitet man in Wien

---

50 Ebd., S. 56.

51 Ebd., S. 66.

52 Ebd., S. 122.

53 Wiener Wand.

54 MA 17: 3. Wiener Integrations- und Diversitätsmonitor.

daran, die bereits angesprochene Anwaltsplanung zu etablieren. Sie ist im Sinne der Rolle von Planer/-innen als Anwalt (nicht im rechtlichen Sinne) für unterrepräsentierte, leise Nutzer/-innen, für lobbyschwache oder benachteiligte Teilnehmer/-innen zu verstehen. Die im Folgenden angeführte Funktions- und Sozialraumanalyse ist ein Instrument, das bei Planungsprozessen zum Einsatz kommt, um auch denen ein Gehör zu gewähren, die eine sensible Planung benötigen. Dies kann letztlich zu einer gerechteren Stadt verhelfen, denn sozial-ökonomisch marginalisierten Menschen fehlt beispielsweise die Möglichkeit, sich öffentlichen Raum ‚zu kaufen', etwa in einem Gastgarten. Die Teilhabe von unterschiedlichen Interessen am Urbanen bedarf detaillierter qualitativer Betrachtung. Daher sind Funktions- und Sozialraumanalysen zur Grundlagenerhebung der aktuell herrschenden Aneignungsdominanzen hilfreich.

Aufbauend auf die aus der Jugendarbeit stammende Methode der Sozialraumanalyse[55] ist die „Funktions- und Sozialraumanalyse"[56] (FSRA) ein Erhebungsinstrument, das seitens der Wiener Stadtplanung weiterentwickelt wurde, um der Diversität in der Stadtgesellschaft und ihren divergierenden Nutzungsansprüchen umfassender Rechnung zu tragen. Planerische und sozialwissenschaftliche Zugänge wurden zur Erhebung des physischen Bestands und des Sozialraums kombiniert und hinsichtlich der Untersuchung von Planungszielen erweitert. Wesentliche quantitative Grundlagenerhebungen wurden ergänzt. Statt lediglich technische Daten über Baualter, Fassadenzustand, Autobelastungen oder Abstellplätze zu sammeln, werden nun auch soziale Daten (Anzahl der Bewohner/-innen pro qm Wohnraum, deren Alter, Bildung oder sozialer Status) bei der Bestandsanalyse herangezogen. Auch potentielle und durch verschiedene Determinanten (bisher) ausgeschlossene Nutzungsbedürfnisse können identifiziert und unterschiedliche Nutzer/-innenperspektiven miteinbezogen werden.[57]

Die FSRA ist dementsprechend ein aufeinander aufbauendes Analyseinstrument, das unterschiedliche Aspekte erfasst: Teilräume, Funktionen, Nutzungen, Nutzungsdruck, Nutzungskonflikte, unterschiedliche Interessengruppen und deren Anforderungen sowie zusätzliche (Nutzungs-)Potenziale. De facto werden unterschiedliche Bedarfe und Nutzungen und die teils verborgenen Wechselwirkungen zwischen gebauter Umwelt und Menschen vor Ort erforscht und physische,

---

55 Vgl. R. Krisch: Sozialräumliche Methodik der Jugendarbeit, S. 88 ff.

56 In der Publikation „Raum erfassen" (MA 18 - Magistrat für Stadtentwicklung und Stadtplanung Wien, 2013) wird die Funktions- und Sozialraumanalyse als *State of the Art* beschrieben und als fachlicher Standard festgehalten.

57 Vgl. U.W. Häberlin: Öffentliche Räume in der Praxis der Wiener Stadtentwicklung - Ansätze der Anwaltsplanung, S. 209 ff.

funktionale und soziale Aspekte in Verbindung gesetzt. Diese reichen beispielweise von fundierten, zielgruppenorientierten Sitzmöglichkeiten und -gelegenheiten für Jüngere in der Meidlinger Hauptstraße[58] (Verjüngung des Bevölkerungsdurchschnitts im Bezirk) über die Schaffung von Raum und Aufenthaltsqualitäten in der Mariahilfer Straße bis hin zur Sicherung der vielschichtigen Identifikationsmerkmale bei diversen Nutzungsgruppen am Wiener Schwedenplatz. An Letztgenanntem konnte als übergeordnetes Ergebnis beispielsweise auch festgestellt werden, dass die vielen unterschiedlichen Nutzungsgruppen und -ansprüche recht gut befriedigt werden. Es handelt sich, abgesehen von der in die Jahre gekommenen und wenig zufriedenstellenden Gestaltung, um einen hohen Identifikationswert und eine überraschend große funktionale Zufriedenheit.

Weitere Ergebnisse[59] aus der Anwendung der FSRA sind auszugsweise die Entkräftung der Kritik (älterer) Bewohner/-innen, wonach sie keinen Sitzplatz in ihrer Fußgängerzone finden: die Anzahl der Sitzgelegenheiten war ausreichend, lediglich war die Aneignungs- bzw. Identifikationsfrage zwischen den Generationen unbearbeitet. Gleichzeitig fiel die Nicht-Anwesenheit von (migrantischen) Mädchen auf, die als Zielgruppe hinsichtlich ihrer Nutzungsbedürfnisse in Folge mituntersucht werden konnte.

In allen Anwendungsfällen konnten mittelbar und unmittelbar Verbesserungen im Sozialraum konkret benannt und Empfehlungen für die integrative Gestaltung und gerechtere Nutzungsmöglichkeit gegeben werden. Ebenso konnten Interessen von Zielgruppen für Prozesse und künftige Planungen vertreten werden, die strukturell benachteiligt sind. Die Methode ist für die Grundlagenerhebung vor der Planung geeignet, um zielgruppenspezifische Bedürfnisse für den (lokalen) Raum zu erheben und somit auch den leisen Stimmen – im Sinne der Anwaltsplanung – mehr Gehör zu verschaffen. Förderungen und Anreize können daraufhin die Bedürfnisse unterrepräsentierter Gruppen sicherstellen und wenn nötig auch als ihr Sprachrohr dienen. Um Investitionen von öffentlichen Geldern möglichst zielgerichtet einzusetzen und dabei eine gerechtere Teilhabe anzustreben, sollten sämtliche Umbauplanungen und Neu-Verteilungen von Raum Anlass genug sein, um bestehende Funktionsweisen zu ergründen oder bedürfnisorientiert die solidarische Aneignung zu ermöglichen. Sowohl die Analysemethode als auch der stra-

58 Vgl. MA 18: Meidlinger Hauptstraße. Sozialraumanalyse, Geschäftsstraßenstudie, Realisierungswettbewerb.

59 Vgl. ebd.; MA 18: Raum erfassen. Überblick und Wegweiser zu Funktions- und Sozialraumanalysen für den öffentlichen Raum; vgl. MA 18: Die Wiener Praxis der Funktions- und Sozialraumanalysen.

tegische Ansatz stärken das lokale Verständnis und das Wissen über nutzungsspezifische Ansprüche und Planungsgegebenheiten. Letztendlich kann dadurch ein Beitrag geleistet werden, um eine Balance der Nutzungsinteressen herzustellen.

CONCLUSIO – WIENER ANSATZ „MELANGE" AUS TOP-DOWN UND BOTTOM-UP

„Es gilt auch zukünftig […] Strategien für ein tolerantes Miteinander - auch bei Polarisierungen und starken Spannungen - im öffentlichen Raum anzuwenden und auszubauen. Dazu gehören Methoden […], welche die spezifischen örtlichen Rahmenbedingungen aufnehmen und die Selbstorganisationsfähigkeit der Beteiligten vor Ort stützen und fördern."[60]

Das Gleichgewicht von Top-down- und Bottom-up-Strategien in demokratischen und kulturellen Bereichen ebenso wie auf der Ebene der Aneignung und Planung herzustellen, ist eine nicht triviale Balance, die ständig neu austariert werden muss. Viele (Macht-)Interessen lassen sich nicht immer genau identifizieren und benötigen Foren zur Vermittlung von Aushandlungs- und Verteilungsprozessen. Wichtig ist, die soziale Ungleichheit zwischen aneignungsstarken und passiveren Bürger/-innen und Nutzer/-innen sowie ein ausgewogenes Verhältnis von Nutzungen im öffentlichen Raum im Auge zu behalten.[61] Die Inanspruchnahme des Raumes durch Einzelinteressen und Egoismen ohne Berücksichtigung des Gemeinwohls stellt die Rolle der gerechten Stadt in Frage.

Die Wiener Ansätze versuchen, die oben erwähnten Unsicherheiten zu berücksichtigen und bieten dafür unterschiedliche Strategien und Instrumente an. Die Leistungen der Stadt Wien verstehen sich dabei als ein Ansatz, der sowohl Bottom-up-Initiativen unterstützt, als auch (präventiv oder im Bedarfsfall) Top-down handelt. Es ist ein Versuch, mit dem historisch gewachsenen sozialen Anspruch auf eine ‚gerechte Stadt' für alle hinzuarbeiten, in der eine Umwelt- und Freiraumgerechtigkeit zum Tragen kommt. Es gilt, sowohl die verschiedenen Raumqualitäten, als auch die auseinanderklaffenden Interessen und das unterschiedliche Humankapital bei Aneignungsprozessen zu erkennen und entsprechend zu handeln. Das beinhaltet ein Reagieren, Initiieren und Aufgreifen aktueller Tendenzen und Anforderungen wie die starke Nachverdichtung durch Bevölkerungszunahme und eine effizientere und gerechtere Nutzung des vorhandenen Freiraumpotenzials. Dazu zählt beispielsweise auch das Zurückdrängen der zu

60 MA 19: Freiraum. Stadtraum. Wien, S. 12.

61 Vgl. MA 18: Praxisbuch Partizipation: Gemeinsam die Stadt entwickeln.

einseitigen Inanspruchnahme des Straßenraums durch den Autoverkehr zugunsten einer breiteren Nutzbarkeit oder schlicht zugunsten des Gemeinwohls in einer vielfältigen Stadt.

Wie in diversen Studien der Wiener Stadtentwicklung und Stadtplanung[62] ersichtlich, sind soziale Gruppen in unterschiedlicher Weise auf die Nutzung des öffentlichen Raums angewiesen. Auch das soziale Vermögen, gesellschaftlich oder gemeinschaftlich miteinander umzugehen, ist ungleich. Der öffentliche Raum als ein wesentlicher Sozialraum der Stadt muss dabei für alle Bewohner/-innen frei zugänglich zur Verfügung stehen und als integrativer Ort der Teilhabe dienen. Die Möglichkeit zur Aneignung durch Bürger/-innen im Sinne einer tätigen Auseinandersetzung des Individuums mit seiner Umwelt, welche das Nutzen, das Umfunktionieren oder auch die Gestaltung der räumlichen und sozialen Umgebung miteinschließt, muss gegeben sein.

Die Fragen der Aneignung von Räumen machen die Planungsdisziplinen nicht überflüssig – im Gegenteil – diese müssen strukturiert in die Raumproduktion und -organisation einfließen, um einen qualitativ hochwertigen und einladenden öffentlichen Raum zu gewährleisten. Die Planungsdisziplinen sind hierbei auch nicht als alleinige Mittel zu betrachten, sondern vielmehr sind die Fachkenntnisse als ganzheitlicher Schlüssel zu verstehen, um (nutzungs-)offene Prozesse oder bestmögliche, ortsspezifische Lösungen zu erreichen. Um Anreize für Belebung und Empowerment zu schaffen und gleichzeitig größtmögliche Offenheit zu erhalten, sind auch sozialpsychologische und sozialwissenschaftliche Kenntnisse und klare politische Bekenntnisse nötig. Es ist erforderlich, die Menschen in ihren Lebenswelten abzuholen, d.h. Forschungen zum Bedarf und zu den Bedürfnissen zu erstellen und zu berücksichtigen sowie lokale Expertisen aus der Gemeinwesen- und Quartiersarbeit anzuerkennen. Ein oberstes Prinzip ist dabei, städtisches Zusammenleben als gemeinsame Aufgabe zu begreifen, gesellschaftliche Aushandlungen zuzulassen und Vernetzung und zivilgesellschaftliche Initiativen (als Stadt) zu ermöglichen.

62 Vgl. MA 18: Raum erfassen, S. 59, S. 66.

LITERATUR

Arbeiterkammer AK Wien (Hg.): Kommerzielle und nicht-kommerzielle Nutzung im Öffentlichen Raum, Wien: Kammer für Arbeiter und Angestellte für Wien 2015.

BOKU – Universität für Bodenkultur Wien: Wiener Querschnitt, Spezifika im-Wiener Straßenraum. Im Auftrag: MA 19 – Magistratsabteilung Architektur und Stadtgestaltung Wien. Unveröffentlichte Projektstudie 2014.

Bosselmann, Peter: Urban Transformation, Washington D.C.: Island Press 2008.

Deinet, Ulrich (Hg.): Sozialräumliche Jugendarbeit. Grundlagen, Methoden und Praxiskonzepte, Wiesbaden: VS Verlag für Sozialwissenschaften 2009.

Francis, Mark: Urban Open Space. Designing for User Needs, Washington D.C.: Island Press 2003.

Furchtlehner, Jürgen: Möglichkeiten der Neukonzeption eines Platzes in der historischen Altstadt am Beispiel des Hohen Marktes in Wien. Hochschulschrift, Wien 2012.

Gehl, Jan: Cities for People, Washington D.C.: Island Press 2010.

Gehl, Jan/Gemzoe, Lars: New City Spaces, Kopenhagen: The Danish Architectural Press 2006.

Gehl, Jan/Svarre, Birgitte: How to study public life, Washington D.C.: Island Press 2013.

Häberlin, Udo Wolfgang: Der öffentliche Raum als Bühne, Demokratisierung in Österreich dargestellt anhand öffentlicher Räume Wiens (= Forum für historische und gegenwartsbezogene Kulturstudien, Teil 1): Wien 2001.

Häberlin, Udo Wolfgang: „Öffentliche Räume in der Praxis der Wiener Stadtentwicklung – Ansätze der Anwaltsplanung: Funktions- und Sozialraumanalyse", in: Patrick Oehler/Nadine Käser/Matthias Drilling/Jutta Guhl/Nicola Thomas (Hg.), Emanzipation und Stadtentwicklung – Eine programmatische und methodische Herausforderung, Opladen/Berlin/Toronto: Budrich Verlag 2016.

Häberlin, Udo Wolfgang: „Öffentlicher Raum – Sicherheit durch Belebung. Beitrag der Wiener Stadtforschung zur individuellen Wahrnehmung von Lebensqualität und Sicherheit", in: Forum Stadt 1 (2016), S. 19-36.

Hamedinger, Alexander: „Das Recht auf die Stadt. Öffentliche Räume und Mitbestimmung", in: Die Armutskonferenz (Hg.), Was allen gehört: Commons – Neue Perspektiven in der Armutsbekämpfung, Wien: Verlag des Österreichischen Gewerkschaftsbundes GesmbH 2013.

Herlyn, Ulfert: Jugendliche in öffentlichen Räumen der Stadt. Chancen und Restriktionen der Raumaneignung, Wiesbaden: Leske + Budrich 2003.

Krisch, Richard: Sozialräumliche Methodik der Jugendarbeit. Aktivierende Zugänge und praxisleitende Verfahren, Weinheim/München: Juventa Verlag 2009.

Lička, Lilli/Kose, Ursula: Alles geht spielend. Realisierungsmöglichkeiten für eine bespielbare Stadt. Im Auftrag: Magistrat der Stadt Wien, MA 18 – Magistratsabteilung Stadtentwicklung und Stadtplanung, Wien: Stadt Wien 1991.

Loidl-Reisch, Cordula: Typen öffentlicher Freiräume in Wien. Im Auftrag: Magistrat der Stadt Wien, MA 18 – Magistratsabteilung Stadtentwicklung und Stadtplanung, Wien: Stadt Wien 1995.

Lokale Agenda 21 Wien: http://www.la21wien.at/ vom 22.02.2016.

Löw, Martina: Raumsoziologie, Frankfurt a.M.: Suhrkamp 2001.

Marcus, Clare Cooper/Francis, Carolyn: People Places. Design guidelines for urban open space, New York: Wiley 1998.

MA 17 – Magistratsabteilung Integration und Diversität Wien (Hg.) : 3. Wiener Integrations- und Diversitätsmonitor 2011–2013, Wien: Stadt Wien 2014, https://www.wien.gv.at/menschen/integration/pdf/monitor-2014.pdf vom 31. 03.2015).

MA 18 – Magistratsabteilung Stadtentwicklung und Stadtplanung Wien (Hg.): Die Wiener Praxis der Funktions- und Sozialraumanalysen: Praxisbeispiele und Einsatzbereiche – Gegenüberstellung von Analysen des öffentlichen Raums in der City und zweier Wohngebiete in unterschiedlichen Siedlungstypen. Werkstattbericht 166, Wien: Stadt Wien 2017.

MA 18 – Magistratsabteilung Stadtentwicklung und Stadtplanung Wien: Fachkonzept Grün- und Freiraum, Wien: Stadt Wien 2015, https://www.wien.gv.at/stadtentwicklung/studien/pdf/b008394b.pdf vom 31.03.2015.

MA 18 – Magistratsabteilung Stadtentwicklung und Stadtplanung Wien (Hg.): Fachkonzept Mobilität, Wien: Stadt Wien 2015.

MA 18 – Magistratsabteilung Stadtentwicklung und Stadtplanung Wien (Hg.): Feste, Spaß und Aktionen, Wien: Stadt Wien 2016, https: //www.wien.gv.at/stadtentwicklung/studien/pdf/b008473.pdf vom 15.06.2016.

MA 18 – Magistratsabteilung Stadtentwicklung und Stadtplanung Wien (Hg.): Integration im öffentlichen Raum. Werkstattbericht Nr. 82, Wien, Stadt Wien 2006.

MA 18 – Magistratsabteilung Stadtentwicklung und Stadtplanung Wien (Hg.): Lebens- und Wohnformen. Singles in Wien. Beiträge zur Stadtentwicklung, Wien: Stadt Wien 2006, https://www.wien.gv.at/stadtentwicklung/studien/pdf/b008042.pdf vom 31.03.2015.

MA 18 – Magistratsabteilung Stadtentwicklung und Stadtplanung Wien (Hg.): Meidlinger Hauptstraße. Sozialraumanalyse, Geschäftsstraßenstudie, Realisierungswettbewerb. Werkstattbericht Nr. 110, Wien: Stadt Wien 2010, https://www.wien.gv.at/stadtentwicklung/studien/pdf/b008342.pdf vom 31.03.2015.

MA 18 – Magistratsabteilung Stadtentwicklung und Stadtplanung Wien (Hg.): Neuinterpretation öffentlicher Raum, Wien: Stadt Wien 2008, https://www.wien.gv.at/stadtentwicklung/studien/pdf/b008036.pdf vom 23.02.2016.

MA 18 – Magistratsabteilung Stadtentwicklung und Stadtplanung Wien (Hg.): planen aber sicher, Wien: Stadt Wien 2012.

MA 18 – Magistratsabteilung Stadtentwicklung und Stadtplanung Wien (Hg): Praxisbuch Partizipation: Gemeinsam die Stadt entwickeln, Wien: Stadt Wien 2012, https://www.wien.gv.at/stadtentwicklung/studien/pdf/b008273.pdf vom 08.11.2016.

MA 18 – Magistratsabteilung Stadtentwicklung und Stadtplanung Wien (Hg.): Raum erfassen. Überblick und Wegweiser zu Funktions- und Sozialraumanalysen für den öffentlichen Raum. Werkstattbericht Nr. 128, Wien: Stadt Wien 2012, http://www.wien.gv.at/stadtentwicklung/studien/pdf/b008274.pdf vom 31.03.2015.

MA 18 – Magistratsabteilung Stadtentwicklung und Stadtplanung Wien: Stadtentwicklungsplan STEP 2025, Wien: Stadt Wien 2015, https://www.wien.gv.at/stadtentwicklung/strategien/step/step2025/publikationen.html vom 18.02.2016.

MA 18 – Magistratsabteilung Stadtplanung Wien (Hg.): Migration und öffentlicher Raum in Bewegung. Werkstattbericht Nr. 22, Wien, Stadt Wien, 1998.

MA 19 – Magistratsabteilung Architektur und Stadtgestaltung Wien (Hg.): Freiraum. Stadtraum. Wien. Vorsorge, Gestaltung, Management. Der Weg zum Leitbild für den öffentlichen Raum, Wien: Stadt Wien 2009, https://www.wien.gv.at/stadtentwicklung/studien/pdf/b008121.pdf vom 15.06.2016.

MA 19 – Magistratsabteilung Architektur und Stadtgestaltung Wien (Hg.): Reiseführer in die Zukunft der Wiener Innenstadt, Wien: Stadt Wien 2010.

MA 25 – Magistratsabteilung Stadterneuerung und Prüfstelle für Wohnhäuser Wien (Hg.): DIY – Do it yourself Stadtanleitung, Wien: Stadt Wien 2014, http://www.gbstern.at/fileadmin/user_upload/BLOG_PROJEKTE/DIY_04_web.pdf vom 31.03.2015.

MA 28 – Magistratsabteilung Straßenverwaltung und Straßenbau Wien (Hg.): Belebte Freiräume. Öffentlicher Parkraum und alternative Nutzungen, Wien: Stadt Wien 2015, https://www.wien.gv.at/verkehr/strassen/pdf/folder-freiraum.pdf vom 15.06.2016.

Mehta, Vikas: The Street. A Quintessential Social Public Space, London: Routledge 2013.

Mobilitätsagentur Wien (Hg.): Strategy Paper Pedestrian Traffic Vienna 2014, Wien: Stadt Wien 2014.

Novy, Mira: Wiener Stadtentwicklungskonzepte mit Hilfe der Bürgerbeteiligung, Wien: Stadt Wien 2013.

Parkbetreuung Wien: https://www.wien.gv.at/freizeit/bildungjugend/jugend/park.html vom 17.07.2016.

Raith, Erich/Tomaselli, Markus: „Erdgeschoßzonen“, in: MA 19 Magistratsabteilung Architektur und Stadtgestaltung Wien (Hg.), Freiraum. Stadtraum. Wien. Vorsorge, Gestaltung, Management. Der Weg zum Leitbild für den öffentlichen Raum, Wien: Stadt Wien 2009, S. 64-70.

Riege, Marlo (Hg.): Sozialraumanalyse – Grundlagen – Methoden – Praxis, Wiesbaden: VS Verlag 2005.

San Francisco Parklet Manual: http://pavementtoparks.org/wp-content/uploads//2015/12/SF_P2P_Parklet_Manual_2.2_FULL1.pdf vom 28.07.2016.

Schubert, Dirk: Jane Jacobs und die Zukunft der Stadt. Diskurse – Perspektiven – Paradigmenwechsel. (= Beiträge zur Stadtgeschichte und Urbanisierungsforschung, Band 17), Stuttgart: Franz Steiner Verlag 2014.

Schubert, Herbert: Städtischer Raum und Verhalten: Zu einer integrierten Theorie des öffentlichen Raumes. Wiesbaden: Springer 2000.

Shaftoe, Henry: Convival urban spaces: Creating effective public places, London: Earthscan 2009.

Stadt Wien (Hg.): Eine Stadt, zwei Millionen Chancen. Das rot-grüne Regierungsübereinkommen für ein soziales, weltoffenes und lebenswertes Wien, Wien: Stadt Wien 2015.

VCD – Verkehrsclub Deutschland: Lebenswerte Städte durch Straßen für Menschen. VCD Leitfaden zur Rückeroberung der Straßen, Berlin: Verkehrsclub Deutschland 2016.

Verwiebe, Roland/Troger, Tobias/Riederer, Bernhard: Lebensqualität in Wien 1995-2013. Sozialwissenschaftliche Grundlagenforschung II. Im Auftrag: MA 18 – Magistratsabteilung 18 für Stadtentwicklung und Stadtplanung Wien. Werkstattbericht Nr. 147, Wien: Stadt Wien 2014, https://www.wien.gv.atstadtentwicklung/studien/pdf/b008411.pdf vom 31.03.2015.

Voitl Helmut/Guggenberger, Elisabeth/Pirker, Peter: Planquadrat – Ruhe, Grün und Sicherheit – Wohnen in der Stadt, Wien/Hamburg: Paul Zsolny Verlag 1977.

Wiener Charta: Wiener Charta, Wien: Stadt Wien 2012, http://www.partizipation.at/wienercharta.html vom 31.03.2015.

Wiener Gebietsbetreuungen: http://www.gbstern.at/home/ vom 21.02.2016.

Wiener Grätzloase: http://www.grätzloase.at/ vom 20.02.2016.

Wiener Spielstraße: http://www.fairplayteam.at/ vom 24.02.2016.

Wiener Wand: http://www.netbridge.at/index.php/projekte/graffiti-wienerwand vom 22.02.2016.

ABBILDUNGEN

Abbildung 1: www.grätzloase.at/aktionen.html vom 26.07.2016.

Abbildung 2: Stadt Wien, PiD, Fürthner, Furchtlehner.

Abbildung 3: Privatarchive Jürgen Furchtlehner, Udo W. Häberlin.

Abbildung 4: Grafische Darstellung Jürgen Furchtlehner (Grundlage: flaticon.com).

Abbildung 5: Grafische Darstellung Jürgen Furchtlehner (Grundlage: flaticon.com).

Abbildung 6: Privatarchiv Udo W. Häberlin.

Abbildung 7: www.wienerlinien.at/media/files/2016/modalsplit_173728.pdf vom 13.07.2016; BOKU – Universität für Bodenkultur Wien (2014): Projektstudie Wiener Querschnitt.

Abbildung 8: MA 28 – Magistratsabteilung Straßenverwaltung und Straßenbau Wien (Hg.): Belebte Freiräume: Öffentlicher Parkraum und alternative Nutzungen, 2015; www.grätzloase.at/aktionen.html vom 14.07.2016; Christian Fürthner.

Abbildung 9: MA 25 – Magistratsabteilung Stadterneuerung und Prüfstelle für Wohnhäuser Wien (Hg.): DIY - Do it yourself: Stadtanleitung.

Raumaneignung partizipatorisch planen

Ein Vorschlag zur Anwendung des pädagogischen Blicks auf die gebaute Umwelt

NORIKA REHFELD

EINLEITUNG

Aneignung ist zunächst ein schillernder Begriff, der es scheinbar vermag, Planungsprozesse im öffentlichen Raum inhaltlich zu bereichern. Zum Beispiel erklären die Initiator/-innen des bundesweiten Projektes Experimenteller Städte- und Wohnungsbau (ExWoSt) „Planungsprozesse von der Aktivierung bis zur aneignenden Nutzung gestalten"[1] zu wollen. Im weiteren Verlauf der Projektbeschreibung führen sie jedoch nicht aus, welche Charakteristika diese „aneignende Nutzung" ausmachen, welche Bedeutung einer solchen Nutzungsweise zukommt und wie diese planerisch hergestellt werden kann. Im Folgenden sollen zwei grundlegende Thesen untersucht werden. Erstens: Ein theoretisch fundierter Aneignungsbegriff vermag es, die Wechselbeziehungen zwischen der Persönlichkeitsentwicklung eines Individuums und dessen sozialer und räumlicher Umwelt zu beschreiben. Zweitens: Öffentliche Räume, die unter pädagogischer Beteiligung nach aneignungstheoretischen Kriterien konzipiert werden, können potenziell einen sozialräumlich orientierten Beitrag zur Lösung typischer segregationsbedingter Probleme leisten.

Zunächst soll dargestellt werden, dass die zunehmende Beliebtheit des Aneignungsbegriffes weniger seinem theoretischen Gehalt geschuldet ist, als vielmehr

1 BMVBS: Stadtquartiere für Jung und Alt, S. 53.

den Entwicklungen des deutschen Sozialsystems im 21. Jahrhundert. Demgegenüber etablierte der Pädagoge Ulrich Deinet mit Bezugnahme auf den Historischen Materialismus und die soziologische Theorie vom relationalen Raum einen theoretisch begründeten Aneignungsbegriff[2], der es vermag, das komplexe Verhältnis von Subjekt und Objekt zu beschreiben. Die prinzipielle Übertragbarkeit dieses theoretischen Zugangs auf die Planungspraxis soll vermittels einer Kategorienbildung ausgelotet werden, um damit einen Beitrag zur Operationalisierbarkeit und Anwendbarkeit des Aneignungsbegriffes in der sozialraumorientierten Sozialen Arbeit und der Integrierten Stadtentwicklung zu liefern. Das hier vorgeschlagene Resultat ist ein partizipatorisches Planungs- und Analyseinstrument, das, angepasst an die jeweilige räumliche Situation, systematisch deren Potenziale zur Raumaneignung aufzeigt.

QUARTIERSMANAGEMENT IM AKTIVIERENDEN SOZIALSTAAT

Integrierte Stadtentwicklung zielt darauf ab, in ökonomisch und sozial benachteiligten Stadtgebieten lokal, durch ressortübergreifendes Handeln die Ursachen und Folgen von Segregation zu bekämpfen. Quartiers- bzw. Stadtteilmanager/-innen wirken in diesem Zusammenhang als „intermediäre Instanzen“[3], die sowohl innerhalb der Lebenswelt der Stadtteilbewohner/-innen, als auch zwischen dieser Lebenswelt und den kommunalen bürokratischen Institutionen vermitteln. Sie vernetzen alle im lokalen Stadtentwicklungsprojekt beteiligten, beziehungsweise davon betroffenen Personen und Institutionen, um diese möglichst aktivierend und partizipativ in den Stadtentwicklungsprozess einzubinden. An die Stelle passiver, sich durch Defizite auszeichnender Leistungsempfänger/-innen, tritt das Bild von partizipierenden Stadtteilbewohner/-innen, deren Potenziale es zu entdecken und zu nutzen gilt. Damit setzt das Quartiersmanagement die Idee des aktivierenden Sozialstaates um, in dem die Adressaten und Adressatinnen sozialpolitischer Maßnahmen als aktive Kooperationspartner/-innen betrachtet werden. Entsprechend heißt es: „Bei der Gestaltung unserer Städte und Gemeinden wollen wir aus Betroffenen Beteiligte machen.“[4] Die Begriffe Partizipation und Aneignung spiegeln dieses neue Bild von den Adressaten und Adressatinnen Sozialer Arbeit auch im integrierten Quartiersmanagement wider: „Partizipation und Aneignung […] sind

2 Vgl. U. Deinet: Sozialräumliche Jugendarbeit.

3 W. Hinte: Bewohner ermutigen, aktivieren, organisieren, S. 157.

4 BMVBS: Stadtquartiere für Jung und Alt, S. 5.

nicht Mittel zum Zweck im Rahmen einer zielorientierten Strategie, sondern sie sind Wert an sich in einer Sozialen Stadt."[5] Damit wird den Bewohner/-innen eines Quartiers einerseits mehr Autonomie und ein größeres Mitspracherecht zugesprochen, andererseits wird gefordert, dass sie sich aktiv an der Lösung ihrer individuellen Problemlagen und an der Verbesserung der Lebensbedingungen im Stadtteil beteiligen. Die Idee des Quartiersmanagements weist dabei Parallelen zum pädagogischen Fachkonzept der sozialraumorientierten Sozialen Arbeit auf. Beide erachten das territorial bestimmbare Quartier als ein komplexes Beziehungsgefüge, das zusammenhängend betrachtet werden muss, um Armut und soziale Ausgrenzung erfolgreich zu bekämpfen. Beide versuchen, zwischen den Interessen von (benachteiligten) Quartiersbewohner/-innen und den kommunalen Institutionen zu vermitteln und beide beabsichtigen, zur Verbesserung der benachteiligenden Situation die im Sozialraum vorhandenen Ressourcen und Netzwerke zu erkennen und optimal zu nutzen. Das *pädagogische* Prinzip der Ressourcenorientierung, zielt ursprünglich auf eine erhöhte Akzeptanz und Identifikation der Bewohnerschaft mit pädagogisch initiierten Maßnahmen ab, doch erweist es sich auch angesichts einer fortschreitenden Streichung von Sozialausgaben als nützliches Instrument um Gelder zu sparen.[6] Diesem ökonomischen (Neben-)Effekt der Ressourcenorientierung sind jedoch notwendig Grenzen gesetzt: Gesamtgesellschaftliche Probleme können an dem Zustand der Städte abgelesen werden[7], nicht aber mittels Sozialer Arbeit innerhalb von ‚Problemvierteln' räumlich gelöst werden. Christian Reutlinger warnt davor, dass Menschen „unter dem Deckmantel der Partizipation im ‚Gemeinwesen' bzw. ‚Stadtteil' draußen gehalten"[8] würden. Das pädagogische Prinzip der Ressourcenorientierung kann umfassende sozialpolitische Maßnahmen nicht ersetzen.

5 S. Willinger: Bilder von Aneignung und Gebrauch, S. 733.

6 Vgl. W. Budde/F. Früchtel: Die Felder der Sozialraumorientierung, S. 40.

7 Vgl. Ch. Reutlinger: Jugend, Stadt und Raum, S. 40 zur „Verdinglichung des Sozialraumes".

8 Ebd., S. 12.

THEORIEN DER ANEIGNUNG IN DER SOZIALRAUMORIENTIERTEN SOZIALEN ARBEIT

Der historisch-materialistische Aneignungsbegriff

Häufig geraten Begriffe wie die ‚aneignende Nutzung' zu nicht weiter ausgeführten Phrasen, die ein diffuses Bild von Aktivierung und bürgerschaftlichem Engagement vermitteln. Auch in der (Sozial-)Pädagogischen Fachliteratur ist der Begriff der Aneignung wenig prominent. In Fachlexika findet er selten eine Erwähnung und wenn, dann in seiner alltagssprachlichen Bedeutung, etwa als der „Erwerb von Wissen und Kenntnissen im Zuge eines gelungenen Lernprozesses. [...] Z.T. synonym zu Bildung."[9] In Forschungsarbeiten überwiegen alltagssprachliche Begriffsverwendungen, wobei Aneignung je nach thematischer Schwerpunktsetzung eine andere Nuance erhält: Mal steht er synonym für Lernen, mal ist er gleichbedeutend mit Nutzung, insbesondere der kreativen Umnutzung und Zweckentfremdung von Räumen und Gegenständen.

Christian Reutlinger[10] und Ulrich Deinet[11] initiierten um die Jahrtausendwende eine Hinwendung der Pädagogik zu einer Theorie der Aneignung. Beide beziehen sich explizit auf die Aneignungstheorie des Psychologen Alexej Leontjew (1903-1979). Leontjews Tätigkeitstheorie stellt den Aneignungsbegriff auf die Grundlage einer historisch-materialistischen Gesellschaftstheorie und beschreibt damit das Wechselspiel zwischen Psyche und der gegenständlichen und symbolischen Kultur in der menschlichen Sozialisation. Die Tätigkeit, als vermittelnde Instanz zwischen Subjekt und Gegenstand, ist der zentrale Schlüsselbegriff seiner psychologischen Theorie. Nur durch Tätigkeit, als die aktive Bezugnahme zwischen Subjekt und Gegenstand, könne die Eigenschaft eines Gegenstandes psychisch widergespiegelt werden.[12] Das Subjekt eigne sich in tätiger Auseinandersetzung mit seiner Umwelt die symbolische und gegenständliche Kultur des Menschen an. Die bei der Herstellung eines Gegenstandes in diesem Gegenstand eingeschriebenen (d.h. vergegenständlichten) Fähigkeiten des Menschen und dessen Zwecksetzungen werden bei dessen Aneignung vom Gegenstand abgelesen, d.h. die Gegenstände werden in ihrer ‚Gewordenheit' begriffen.

9 H.-E. Tenorth/R. Tippelt: BELTZ Lexikon der Pädagogik, S. 24.

10 Ch. Reutlinger: Jugend, Stadt und Raum, S. 42 f.

11 U. Deinet: Sozialräumliche Jugendarbeit, S. 29 ff.

12 Vgl. A.N. Leontjew: Tätigkeit, Bewußtsein, Persönlichkeit, S. 85 f.

Aneignung zu ermöglichen, hieße laut Ulrich Deinet kurz gefasst: Kindern die tätige Auseinandersetzung mit ihrer Umwelt, die Erweiterung ihres Handlungsraumes sowie das Verändern von Räumen und Situationen zu ermöglichen.[13] Aneignung umfasst in diesem Sinne nicht nur – wie alltagssprachlich häufig suggeriert wird – sportlich-kreative Verhaltensweisen, sondern auch destruktive. In den Bereich des Vandalismus zu zählende Aneignungstätigkeiten im öffentlichen Raum finden mit der Theorie zu Entfremdung und Aneignung ein mögliches Erklärungsmodell. Die Antwort auf die Frage nach einer ‚positiven', gesellschaftlich-integrativen Aneignungsdefinition bleibt Deinet indes schuldig. Auch mangelt es ihm, ebenso wie Christian Reutlinger, an einer empirischen Trennschärfe zwischen den Begriffen Aneignung und Nutzung: für Reutlinger ist Aneignung die tätige Auseinandersetzung und Verinnerlichung der gegenständlichen und symbolischen Kultur.[14] Die eingangs zitierte Forderung nach speziellen Gestaltungselementen auf öffentlichen Flächen, die eine aneignende Nutzung ermöglichen, ließe sich mit einem solch weit ausgelegten Aneignungsbegriff nur schwer realisieren. Das Ziel ‚aneignungsfähig' liefe Gefahr, im Kontext der Stadtplanung zu einer durchaus begründeten, aber nicht überprüfbaren Floskel zu geraten, weil Aneignung jederzeit und allerorten stattfindet: entweder als Aneignung des konkreten, physischen Gegenstandes, mit dessen Beschaffenheit, Funktionsweise und Möglichkeiten sich das lernende Individuum vertraut macht, oder als Aneignung der symbolischen Kultur und der sozialen Räume.

Raumaneignung im relationalen Raum

Wie aber gestaltet sich die Aneignung sozialer Räume? Der Sozialraum eines Individuums beschreibt im pädagogischen Sinne nicht nur dessen räumliche Umwelt, sondern lässt sich als komplexes, zusammenhängendes Gefüge von Akteur/-innen verstehen. Ein Sozialraum spiegelt die sozialen Bezüge, die Lebens- und Erfahrungswelten von Individuen räumlich wider. „Im Grunde gibt es so viele Sozialräume wie Individuen."[15] Es ist jedoch von „Verdichtungen der einzelnen, von Menschen definierten Sozialräume [auszugehen], die sich als Knoten von zahlreichen Einzelnetzen zeigen"[16]. In physisch abgrenzbaren Territorien, etwa

13 Vgl. U. Deinet: Sozialräumliche Jugendarbeit, S. 42.

14 Vgl. Ch. Reutlinger: Jugend, Stadt und Raum, S. 43.

15 W. Hinte: Von der GWA über die Sozialraumorientierung zur Initiierung von bürgerschaftlichem Engagement, S. 668.

16 Ebd.

Straßenzügen und Stadtteilen bilden Menschen in ähnlicher Lebenslage auch ähnliche Interessen, Sichtweisen und eine ähnliche Alltagskultur heraus. Sozialraumorientierte Soziale Arbeit betrachte diese ähnlich gelagerten Interessen der im Sozialraum lebenden Menschen als zentrale Bezugsgröße[17] individueller Lebenswelten. Der pädagogische Begriff des Sozialraumes stellt die klassische Vorstellung von Raum, im Sinne eines per se vorhandenen, dreidimensional ausgedehnten Behälters infrage, weil er davon ausgeht, dass vielschichtige soziale Beziehungen ein die Raumvorstellung beeinflussendes Grundmuster darstellen. Das von den Raumsoziologen Martina Löw et al. beschriebene relationale Raumkonzept verbindet diese Vorstellung einer subjektiven Raumkonstitution mit den Elementen des konkreten, physisch-materiellen Raumes. Sie untersuchen, wie Raum „in Wahrnehmungs-, Erinnerungs- und Vorstellungsprozessen hergestellt wird und sich als gesellschaftliche Struktur manifestiert“[18]. Dies geschehe durch das Platzieren („Spacing“) und die Verknüpfung von sozialen Gütern, Menschen und Symbolen („Syntheseleistung“). Güter und Menschen würden gleichermaßen in Beziehung zueinander gesetzt und zu Räumen verknüpft. In einem steten Zyklus von Syntheseleistung und Platzierung tragen Menschen handelnd und deutend zur gesellschaftlichen (Re-)Konstruktion von räumlichen Strukturen bei. Diese Strukturen sind „in Regeln eingeschrieben und durch Ressourcen abgesichert“[19]. Auch wenn Löw et al. den Begriff der Aneignung in ihre Raumtheorie nicht explizit einbeziehen, kann er das Konzept schlüssig ergänzen. Raumaneignung ist demnach die raumkonstituierende Tätigkeit, das Sich-selbst-in-Verbindung-Setzen mit sozialen Gütern und Menschen innerhalb einer dominanten gesellschaftlichen Raumordnung. In seinen späteren Arbeiten erweitert Ulrich Deinet sein pädagogisches Aneignungskonzept entsprechend: Raumaneignung bedeute für Kinder und Jugendliche „nicht nur die Erschließung schon vorhandener und vorstrukturierter Räume (als Syntheseleistung), sondern im Sinne von Martina Löw gleichzeitig auch die Schaffung eigener Räume als Platzierungspraxis […]“[20]. Ange-

---

17 Ebd., S. 667.

18 M. Löw/S. Steets/S. Stoetzer: Einführung in die Stadt- und Raumsoziologie, S. 9.

19 Ebd., S. 63.

20 U. Deinet: Aneignungsraum, S. 38. Diese Beschreibung lässt den Eindruck entstehen, bei Spacing und Syntheseleistung handele es sich um zwei voneinander getrennte Vorgänge. Martina Löw et al. beschreiben jedoch, dass Spacing und Syntheseleistung immer zusammenhängen. Schon beim Platzieren findet immer auch eine relationale Verknüpfung statt. Und Verknüpfungsvorgänge gehen (mindestens mit der eigenen) Positionierung einher.

sichts des historisch-materialistischen Aneignungsbegriffes muss auch im relationalen Raummodell bedacht werden, dass der Mensch sich im Umgang mit den physisch-materiellen Gegenständen nicht nur deren stoffliche Qualität (als Gebrauchswerte) aneignet, sondern immer auch die in diesen Gegenständen fixierten Zwecksetzungen und Bedeutungen. Der Humangeograf Bernd Belina unterstreicht, dass die „Produktion und Aneignung physisch-materieller Räume [...] nicht Sache individueller Praxis, sondern Momente gesellschaftlicher Verhältnisse"[21] sind. Es lässt sich zunächst festhalten:

- Aneignung erfolgt handelnd. Zwecksetzungen und Bedeutungen werden im Prozess der Aneignung übertragen. Hierbei wird Bezug genommen auf kulturelle, soziale, subjektive und materiell-dingliche Erscheinungsformen der Gesellschaft.
- Über räumliche Praxis werden gesellschaftliche Verhältnisse physisch-materiell vermittelt. Räumliche Strukturen werden im Aneignungsprozess reproduziert und modifiziert.

Zur Anwendung des pädagogischen Blicks auf die gebaute Umwelt

Im Kontext einer sozialraumorientierten Pädagogik bieten Aneignungstheorien eine Grundlage, um individuelle Raumbezüge zu erkennen und daraus entspringende Motivationen abzuleiten. Dahinter steht die Vorstellung, dass sozialräumliche Integration unter anderem durch gelingende Aneignung realisiert wird. Der Sozialraum wird folglich zu einem Feld der Sozialen Arbeit, in dem, durch die aktive Bezugnahme auf kulturelle, soziale, subjektive und physisch-materielle Erscheinungsformen der Gesellschaft, gesellschaftliche Integration ermöglicht werden soll. Damit wird die klassische Personenbezogenheit der Sozialen Arbeit überschritten und der Einfluss der physisch-materiellen Umwelt auf soziale Prozesse bedacht. Segregation und die Ausgrenzung benachteiligter Personengruppen manifestieren sich im Stadtbild und können durch Gestaltung und die Förderung von Aneignungsprozessen im öffentlichen städtischen Raum thematisiert und beeinflusst werden (zum Beispiel durch die Installation von Sitzbänken statt Sitzschalen, denn nur erstere ermöglichen es Wohnungslosen, auf diesen zu schlafen). Ein

21 B. Belina: Raum, S. 50.

interessantes praktisches Beispiel für den Einfluss der physisch-materiellen Umwelt auf soziale Prozesse gibt die Architektursoziologin Renate Narten.[22] Sie beschreibt und analysiert den Bau und die ersten Jahre einer Wohnsiedlung, deren Gestaltung die Förderung nachbarschaftlicher Kontakte zum Ziel hat.[23] Durch die bauliche Modifikation des Konzepts der Reihenhaussiedlung – konkret, durch die Erhöhung der Einsehbarkeit und Privatheit der Eingangsbereiche und das gestalterische Aufbrechen der sonst typischen, monotonen Fassadengestaltung etc. – konnte lokal Einfluss auf die dominante gesellschaftliche Raumordnung genommen werden. Die Gestaltung förderte einen intensiven Austausch in der Nachbarschaft, wobei die Küchenfenster sich durch ihre Lage und Anordnung zueinander, wie geplant, zu einer Kommunikationsschnittstelle entwickelten.

Aus der These der Aneignung räumlicher Strukturen als gesellschaftlich-integratives Moment lässt sich eine mögliche Ausrichtung partizipatorischer Verfahren im Rahmen der Quartiersentwicklung ableiten: Gemeinsam mit einem (möglichst repräsentativen) Querschnitt verschiedener Personen- und Interessengruppen erörtern Quartiersmanager/-innen deren jeweilige Vorstellungen von gelungener Raumaneignung, vermitteln diese Vorstellungen zwischen allen beteiligten Instanzen und überführen das Ergebnis (auch bestehende Widersprüche) in ein Raumprogramm. Mit Methoden zur Aktivierung und Beteiligung der Bewohner/-innen und Nutzer/-innen eines Entwicklungsgebietes, soll zum einen sichergestellt werden, dass die zu realisierenden Bauprojekte den Bedürfnissen der (beteiligten) Anwohnerschaft entsprechen, zum anderen wird ihre Identifizierung mit dem Wohnumfeld gestärkt und das soziale Miteinander gefördert.[24] Das Aneignungspotenzial von Maßnahmen, die zum Beispiel auf die Verbesserung des Wohnumfeldes abzielen[25], ist daher gerade in der generellen Partizipationskultur von Programmen wie der Sozialen Stadt enthalten.

Nun ist es sehr wahrscheinlich, dass die Befragten stark normorientierte Vorstellungen äußern, was die Gestaltung eines Raumes betrifft.[26] Einerseits ist diesen

---

22 Vgl. R. Narten: Ansätze einer entwurfsbezogenen Sozialforschung.

23 Ebd., die zu einem gemeinsamen "Hof" (dem Ende einer Sackgasse) ausgerichteten Küchenfenster und Hauseingänge eröffnen den Bewohner/-innen der Reihenhäuser einen Blick auf die Hauseingänge und Küchenfenster der Nachbar/-innen. Durch die Küchenfenster sei in der Folge häufig Kontakt zwischen den Nachbar/-innen hergestellt worden.

24 Vgl. BMVBS: Statusbericht 2008 zum Programm Soziale Stadt, S. 21.

25 Vgl. VV Städtebauförderung: Über die Gewährung von Finanzhilfen, S. 8.

26 So konnte Richard Schröder zwar ausführlich empirisch nachweisen, dass bereits Grundschulkinder in der Lage sind, ihre Raumvorstellungen durch Modellbau präzise

Äußerungen mit Respekt zu begegnen, denn gerade im Bereich der partizipatorischen Stadtplanung müssen die beteiligten Menschen als Expert/-innen ihrer Sozialräume ernstgenommen werden. Andererseits bedeutet dieses Ernstnehmen auch, die mit klassischen Vorstellungen, etwa dem Wunsch nach einer Sitzbank, verbundenen Motive zu erörtern: Welche Sitzposition, Raumqualität, welche Blickbeziehungen und welcher Grad an Privatheit und Öffentlichkeit soll die Sitzgelegenheit bieten, was soll von dort aus beobachtet werden können, wie möchten die Befragten gegenüber anderer Nutzergruppen positioniert sein? Zur Aktivierung und Inspiration kann in solchen Fragen künstlerisch-experimentell, spielerisch und diskursiv zu ungewohnten Raumarrangements angeregt werden.[27]

Das bedeutet: partizipatorische Verfahren zur Gestaltung möglichst aneignungsfähiger öffentlicher Räume müssen methodisch so angelegt sein, dass sie weniger auf die Anschaffung einzelner standardisierter Elemente abzielen (Bänke, Wippe, Skateboardrampe), sondern deren spezifische Wirkungsweisen und auch ihre Wechselwirkung und Anordnung zueinander thematisieren, etwa durch Begehungen, Rollenspiele oder Versuche zur räumlichen Wahrnehmung. Bei der Vermittlung dieser Thematik ist ein Rückgriff auf die Raumpsychologie[28] hilfreich: Etwa wenn die Beteiligten ihre Vorstellungen zu Farbe, Lautstärke, Materialität, Crowding, ihre gewünschte Positionierung gegenüber anderen Nutzergruppen und die Vermeidung von Angsträumen formulieren. Eine aneignungstheoretisch fundierte Planung hat weniger die Ausarbeitung eines exakten Bebauungsplanes zum Ziel, sondern vielmehr die Formulierung eines Raumprogrammes, bzw. die schematische Darstellung von Anordnungen und (Blick-)Beziehungen.

und anwendbar zum Ausdruck zu bringen. Die von den Kindern vorgebrachten Wünsche orientieren sich aber an sehr klassischen, geradezu "erwachsenen" Aspekten: sie wünschten sich saubere Spielplätze, Wippen, Schaukeln und Fahrradstellplätze. Gerade das Arbeiten an einem professionell erstellten Modell führte dazu, dass die subjektiven, kognitiven Karten der Kinder weniger deutlich repräsentiert wurden, als dies in von den Kindern selbst erstellten Modellen der Fall war. Vgl. R. Schröder: Partizipation von Kindern an Stadtplanung und Stadtgestaltung.

27 Methodisch sehr inspirierend ist das Bottom-up-Projekt Planbude. das anlässlich der (von den Hauseigentümern erzwungenen) Räumung und des Abrisses der Hamburger Essohäuser die Planung des Neubaus als sozial-integratives, gemeinwesenorientiertes und partizipatorisches Projekt ins Leben rief. Planbude: Wir nennen es Planbude.

28 Z.B.: P.G. Richter: Architekturpsychologie.

ZUR EMPIRIE DER ANEIGNUNG DES STÄDTISCHEN RAUMES: EINE SYSTEMATISCHE BEGRIFFSANALYSE

Die weiter oben beschriebene Tendenz, den Aneignungsbegriff sehr allgemein zu definieren, erschwert auch seine Operationalisierbarkeit in der sozialraumorientierten Pädagogik und Stadtplanung. Das Herausarbeiten unterschiedlicher Ebenen von Aneignungsprozessen ist ein erster Schritt, um das theoretische Aneignungskonzept auf die Praxis Integrierter Stadtentwicklung zu übertragen. Aus mehreren Gründen sollen die folgenden Ausführungen auf die Altersgruppe der Jugendlichen bezogen werden:

1. Jugendliche haben ein besonderes Bedürfnis an den städtischen Raum: sie bewegen sich nicht mehr in kindgerechten Schonräumen und noch nicht in der Lebenswelt der Erwachsenen. Die Jugendphase als Moratorium, d.h. als Experimentier- und Übergangsraum, als Orientierungs- und Ausbildungsphase, ist mit zunehmenden (berufs-)biografischen Problemen verbunden (Loslösung vom Elternhaus/Suche nach beruflicher Qualifikation/Verlängerung der Ausbildungsphasen der ‚Generation Praktikum'/finanziell prekäre Lage) und dehnt sich bis weit in die dritte Lebensdekade aus.[29] Die Auswirkungen des verlängerten Moratoriums spiegeln sich wider im Vorhandensein und den Erscheinungsformen von Jugendgruppen und Jugendkulturen im öffentlichen Raum.

2. Die alltagssprachliche Vorstellung einer 'Aneignung des öffentlichen Raumes' beschreibt in der Regel typische jugendkulturelle Aneignungsformen wie z.B. Skatebordfahren. In diesen Tätigkeiten wird ein (sportliches/kreatives) Potenzial erkannt, weshalb ihnen mittels des Aneignungsdiskurses zu einer höheren Akzeptanz und Entkriminalisierung verholfen werden soll. Und damit zusammenhängend:

3. Jugendliche und junge Erwachsene werden häufig als Störer der öffentlichen Ordnung wahrgenommen. Die Gründe hierfür sind eng mit der eben erwähnten Besonderheit des Moratoriums verbunden. Sozialarbeiter/-innen werden seit jeher durch die Kommunen beauftragt, mit den als problematisch wahrgenommenen Jugendlichen zu arbeiten, was in der Regel durch offene, aufsuchende Jugendarbeit realisiert wird. Die nun folgenden Ausführungen beschreiben allesamt die spezifische Raumaneignung durch Jugendliche. Viele der genannten Aspekte sind aber auch auf die Raumaneignung anderer Personengruppen in ähnlicher Lebenslage übertragbar.

---

29 Vgl. W. Schröer: Befreiung aus dem Moratorium?

Die Zusammenschau verschiedener sozialwissenschaftlicher Publikationen[30], die sich mit der Herstellung aneignungsfähiger öffentlicher Räume beschäftigen, macht ersichtlich, wie unterschiedlich die im gegenwärtigen sozialwissenschaftlichen Diskurs verwendeten Kriterien für Aneignung sind. Eine kritische Begriffsanalyse, die sich diesem grundlegenden Problem widmet, konnte bei keinem der genannten Autoren und Autorinnen ausfindig gemacht werden. Stattdessen betonen sie gemäß ihres jeweiligen Forschungsschwerpunktes innerpsychologische, gesellschaftlich-integrative, sozialräumliche oder konkrete, räumlich-physikalische Kriterien. Ihre teilweise sehr unterschiedlich akzentuierten Aspekte von Aneignungsprozessen im öffentlichen Raum werden erst vermittels einer Kategorienbildung vergleichbar.

Drei Ebenen des Aneignungsprozesses

Grundlegend können drei Ebenen des Aneignungsprozesses unterschieden werden: die subjektive, die gesellschaftliche und die räumliche Ebene. Jede der drei Ebenen lässt sich wiederum anhand einer zweipoligen Skala untergliedern.[31] Die drei herausgearbeiteten Ebenen sind nicht als unabhängig voneinander zu betrachten, sondern an vielen Punkten miteinander verbunden.

Subjektive Ebene: Auf der subjektiven Ebene des Aneignungsprozesses werden jene Aspekte der Ontogenese zusammengefasst, die zur Entwicklung einer subjektiven Sichtweise beitragen. Die subjektiven Aspekte von Aneignungsprozessen bewegen sich auf einer Skala zwischen intrasubjektiven Vorgängen (zum Beispiel die Entwicklung von Fähigkeiten und Bedürfnissen[32]) und intersubjektive Vorgängen (zum Beispiel der Erwerb einer „biographischen Perspektiven“[33]).

Gesellschaftliche Ebene: Die gesellschaftliche Ebene des Aneignungsprozesses beschreibt den engen Zusammenhang zwischen Individuum und Gesellschaft. Die

30 Vgl. U. Deinet: Zwischen Hüttenbau und politischer Beteiligung; U. Deinet: Aneignungsraum; C. Heinzelmann: Benachteiligte Jugendliche; W. Lindner/R. Kilb: Jugendarbeit und Kommune; G. Muri/S. Friedrich: Stadt(t)räume; A. Oehme: Der Aneignungsansatz in der Jugendarbeit; Ch. Reicher: Stadt für alle; U. Herlyn et al.: Jugendliche in öffentlichen Räumen.

31 Ausführlich in: N. Rehfeld: Kein Platz für Jugendliche?

32 Vgl. G. Muri/S. Friedrich: Stadt(t)räume, S. 78.

33 A. Oehme: Der Aneignungsansatz in der Jugendarbeit.

Integration der Jugendlichen in die Gesellschaft ist hierbei ein implizit angenommenes Ziel. Die Skala beginnt mit Aspekten, die eine Wirkung der Gesellschaft auf das Individuum beschreiben (z.B. Lernen von der Großstadt, Lesen der gesellschaftlichen Verhältnisse[34]), und endet mit Aspekten der Teilhabe des Individuums an der Gesellschaft (z.B. die „Revitalisierung der Stadtkultur“ [35] durch Jugendliche).

Räumliche Ebene: Die Kriterien auf der räumlichen Ebene betreffen auf der einen Seite ausschließlich den physisch-materiellen Raum (z.B. „Jugendlichen die räumliche Aneignung durch motorische, gegenständliche und gestalterische Aneignungsformen vor Ort ermöglichen“[36]), und sind auf der anderen Seite auf das relationale Raummodell anwendbar (z.B. „die Schaffung eigener Räume als Platzierungspraxis“[37]).

Dimensionen der räumlichen Ebene

Im Folgenden soll der Blick schwerpunktmäßig auf die räumliche Ebene gerichtet werden, da sie für die konzeptionelle Planung eines öffentlichen Freiraumes im Rahmen Integrierter Stadtentwicklung aus pädagogischer Perspektive von besonderer Bedeutung ist. Die zweipolige Skala der räumlichen Ebene impliziert bereits, dass Raum nicht ausschließlich als Behälterraum, sondern auch im Sinne der relationalen Raumtheorie verstanden werden soll.

Auf der räumlichen Ebene können vier Aneignungsdimensionen herausgearbeitet werden. Sie alle betonen – in unterschiedlicher Gewichtung – das Prozessuale der Aneignungstätigkeit, die Herstellung relationaler Raumdeutungen und den aktiven Umgang mit den räumlichen Strukturen und mit Setzungen, die den Gegenständen inhärent sind.

1. Gestaltbarkeit, Flexibilität und Vielfalt des Raumes

Die Gestaltbarkeit, Veränderbarkeit und Vielfalt des Raumangebotes beschreibt die erste Aneignungsdimension der räumlichen Ebene. Anforderungen an die Flexibilität des Raumangebotes betreffen zum einen die Gestaltung des physisch-materiellen Raumes, etwa durch das Aufstellen beweglicher und vielfältig nutzbarer

34 Vgl. G. Muri/S. Friedrich: Stadt(t)räume, S. 10.

35 W. Linder/R. Kilb: Jugendarbeit und Kommune, S. 365.

36 U. Deinet: Zwischen Hüttenbau und politischer Beteiligung, S. 114.

37 U. Deinet: Aneignungsraum, S. 38.

Raumelemente[38], zum anderen bedeutet dies, dass im Rahmen einer Integrierten Stadtentwicklung physisch-materielle Raumelemente entwickelt und auf eine Weise zueinander positioniert werden müssen, dass sie den Akteuren diverse Möglichkeiten der subjektiven Raumkonstitution eröffnen.[39] Eine Untersuchung von Andrea Petmecky, einer Vertreterin der Ökologischen Psychologie, unterstreicht die Bedeutung von Gelegenheiten zur Aneignung und (Um-)Gestaltung als Grundlage für die Identifikation von Kinder mit ihrem Kindergarten-/Kita-Gebäude.[40] Sie zeigt: Variable Räume schaffen variable Situationen. Variabilität ist übrigens nicht zu verwechseln mit karg ausgestatteten, monotonen räumlichen Arrangements, die ihre Nutzer/-innen rat- und tatenlos zurücklassen.

2. Inszenierung, Verortung, Selbstdarstellung

Die Gestaltung öffentlicher Räume soll einzelnen Jugendlichen sowie Jugendgruppen vielfältige Möglichkeiten eröffnen, sich im öffentlichen Raum zu verorten und zu inszenieren. Der hiermit verbundene Platzierungsvorgang trägt maßgeblich zur Raumkonstitution und somit zur (relationalen) Raumaneignung der Jugendlichen bei. Die Kategorie der Inszenierung und Verortung im Raum stellt eine Verbindung zur gesellschaftlichen Ebene her, da durch Spacing und Verknüpfung kommunikative Prozesse zwischen den Mitgliedern einer Gesellschaft ermöglicht, aber auch verhindert werden. Durch ein gezieltes Arrangement von Nischen, Bühnen, ‚Zuschauerplätzen' und Rückzugsräumen können Peer-Begegnungen, ein Lernen von der Stadt, intergenerationelle Dialoge, auch die Artikulation und Schlichtung von Konflikten gefördert werden. Diese Prozesse werden zum einen durch physisch-materielle Raumelemente ermöglicht – etwa durch variable Sitzgelegenheiten sowie ihre räumliche Anordnung zueinander – zum anderen werden sie auch durch eine aufsuchende Sozialarbeit bzw. durch das Quartiersmanagement hergestellt, die zwischen den unterschiedlichen Interessen und Raumaneignungspraktiken der Gesellschaftsmitglieder vermitteln.

3. (Peer-)Treffpunkte

Mit Blick auf die Besonderheit der Lebensphase Jugend, ist das Vorhandensein von Treffpunkten für Gleichaltrige (Peer-Treffpunkte) von großer Bedeutung.

---

38 Vgl. W. Linder/R. Kilb: Jugendarbeit und Kommune, S. 366.

39 Die subjektive Raumkonstitution als Aneignungspraxis von Jugendlichen muss aber übrigens nicht nur baulich vorgesehen, sondern auch politisch zugelassen werden (vgl. W. Linder/R. Kilb: Jugendarbeit und Kommune, S. 366).

40 A. Petmecky: Von Bob und anderen Baumeistern.

Treffpunkte ermöglichen ihnen entweder den Rückzug der Gruppe aus dem öffentlichen Raum oder deren Platzierung und Präsentation im öffentlichen Raum. Treffpunkte sind physikalische Raumelemente, die zur Identifikation mit der (mehr oder weniger stabilen) Peer-Gruppe und zu deren Teilnahme an und zur Verortung in der Gesellschaft beitragen. Anhand von zehn Modellprojekten beschreiben Deinet et al.[41] mögliche Wege, Jugendcliquen unter pädagogischer Anleitung die Aneignung des öffentlichen Raumes in Form von Treffpunkten zu ermöglichen. Die beteiligten Jugendlichen wünschten sich dabei häufig einen eigenen, abgeschiedenen und abschließbaren Raum. Doch bleibe zu bedenken, ob es pädagogisch sinnvoll ist diesem Wunsch zu entsprechen. Die Konzeption und Gestaltung eines abgelegenen Treffpunktes schaffe nicht selten Inklusion durch Exklusion[42]: Zwar wird dem Bedürfnis der Jugendlichen nach einem eigenen Raum entgegengekommen, das aber meist zu dem Preis, dass es der Jugendarbeit abermals erschwert werde, die Cliquen gegenüber anderen Gruppen und der Stadtgesellschaft zu öffnen.[43] Der Wunsch der Jugendlichen nach einem abgelegenen oder gar abschließbaren Treffpunkt könne auch als Reaktion auf eine „feindliche Umwelt […], in der es anscheinend keine ernst zu nehmende Kommunikation zwischen Anwohnern, Erwachsenen und Jugendlichen mehr gibt"[44] verstanden werden. Hier wird vermittels räumlicher Praxis die Position von Jugendlichen in der Gesellschaft erkennbar. Insofern scheint die Forderung Heinzelmanns, der Aufenthalt von Jugendlichen müsse an *zentralen* Orten ermöglicht werden, von besonderer Bedeutung zu sein.[45] Die Stadtplanerin Christa Reicher fordert mehr partizipatorische Projekte für Kinder und Jugendliche, die sich nicht nur auf Kinder- und Jugend-„Inseln" beziehen, sondern den gesamten Stadtraum betreffen. Eine solche Planungspraxis sieht sie in Programmgebieten des Bund-Länder-Programmes Soziale Stadt verwirklicht. Eine „Stadt für alle" könne nur dadurch erreicht werden, dass sie mit allen geplant werde.[46]

Die pädagogische Herausforderung besteht nun darin, Jugendlichen Raumaneignungspraktiken zu ermöglichen, die gesellschaftlich-integrativ wirken, ohne aber gleichzeitig die Idee von Schutzräumen, in denen sie unter sich sein können, aus den Augen zu verlieren. Die Aneignung von dezentral gelegenen Nischen,

41 U. Deinet et al.: Betreten erlaubt!

42 Vgl. ebd., S. 153.

43 Vgl. ebd., S. 153; ähnlich: Winkler, Aneignung und Sozialpädagogik, S. 84 f.

44 U. Deinet et al.: Betreten erlaubt!, S. 152.

45 C. Heinzelmann: Benachteiligte Jugendliche, S. 12.

46 Vgl. Ch. Reicher: Stadt für alle, S. 241 ff.

abgelegenen Brachen, leerstehenden Gebäuden, Hütten etc. besitzt jeweils ihr eigenes Potenzial. Sie kann die Funktionen von Raumaneignungsprozessen in zentral gelegenen städtischen öffentlichen Räumen sinnvoll ergänzen, nicht aber ersetzen.

4. Partizipatorische Planung und Realisation

Die vierte Dimension der räumlichen Ebene umfasst gestalterische Aneignungspraktiken von der Standortauswahl und Planung bis zum Bau von Jugendtreffpunkten in Form von Hütten, Unterständen, Bauwägen oder die die Beteiligung beim Bau eines Skateparks etc. Für eine erfolgreiche Teilhabe an dieser Form der Raumaneignung müssen Jugendliche zunächst für das Projekt gewonnen werden. Gleichzeitig müssen aber auch Pädagog/-innen und Quartiersmanager/-innen für die Motivationen und Projekte der Jugendlichen gewonnen werden.[47] Gemeinsam mit sozialpädagogischen Fachkräften kann die gegenwärtige Situation der Jugendlichen erörtert, können ihre Probleme erkannt und mögliche Lösungswege ausfindig gemacht werden. Die zehn von Deinet et al. beschriebenen Modellprojekte geben einen Einblick in diesen Prozess. In den Modellprojekten wird deutlich, dass über das Mittel primär gegenständlicher Aneignungsprozesse gesellschaftliche Integration erfolgen kann: „Über einen intensiven Diskurs, Visualisierungen und Präsentation der eigenen Ideen konkretisierten die Jugendlichen ihre Vorstellungen von einem eigenen Jugendtreff und konnten so die Entscheidungen der Öffentlichkeit beeinflussen und nachvollziehen."[48] Der Dialog, aber auch die Auseinandersetzungen und Konflikte mit Anwohner/-innen, politischen Entscheidungsträger/-innen und Fachkräften aus dem Baugewerbe und der Architektur, gerieten hierbei selbst zu einem Lern- und Aneignungsfeld.[49]

RAUMANEIGNUNG PARTIZIPATORISCH PLANEN

Um städtebauliche Projekte im Bereich der (Um-)Gestaltung öffentlicher Freiflächen umfassend hinsichtlich ihres Aneignungspotenzials zu bewerten oder zu planen, können Umsetzungsvorschläge systematisch für jede der vier oben beschriebenen Aneignungsdimensionen gesammelt werden. Weil sich jede Dimension auf

---

47 Vgl. W. Hinte: Sozialraumorientierung.

48 U. Deinet et al.: Betreten erlaubt!, S. 114.

49 Vgl. ebd., S. 119 ff.

einer Skala zwischen physisch-materieller, also konkret dinglicher und relationaler Raumaneignung abspielt, verhilft eine visuelle Darstellung zu einem besseren Überblick:

relationale Raumaneignung

Gestaltbarkeit, Veränderbarkeit, Flexibilität

Inszenierung, Verortung, Selbstdarstellung

Treffen, Beobachtung, Rückzug/ Teilhabe

Partizipation bei Planung und Realisation

physisch-materielle Raumaneignung

Abbildung 1: Visualisierung der Aneignungsdimensionen im zweipoligen Spektrum (Grafik N. Rehfeld)

Auszugsweise soll die Bewertung der Aneignungsqualität am Beispiel eines Projektes veranschaulicht werden, das im Jahr 2015 im Rahmen der „Wohnungsfrage"-Ausstellung im Haus der Kulturen der Welt (HKW, Berlin) realisiert wurde. Aus der Zusammenarbeit des japanischen Architekturbüros „Atelier Bow Wow" mit dem „Kooperativen Labor Studierender" entstand das 1:1-Modell einer architektonisch-visionären Wohnform für junge Menschen im Bildungsprozess.[50]

50 Dokumentiert in: Kooperatives Labor Studierender + Atelier Bow Wow: Urban Forest. (Das Kooperative Labor Studierender besteht aus: Suzana Cosic, Patrick Luzina, Benjamin Menzel, Sasa Müller, Norika Rehfeld und Daniel Schulz).

Die Zielgruppe umfasst überwiegend Jugendliche und junge Erwachsene im Studium oder in der Ausbildung.[51] In der Grafik werden die realisierten, konkreten Elemente zur Ermöglichung von Raumaneignung nur auszugsweise dargestellt. Sie veranschaulichen beispielhaft die Bandbreite des zweipoligen Schemas in den vier Dimensionen von Raumaneignung.

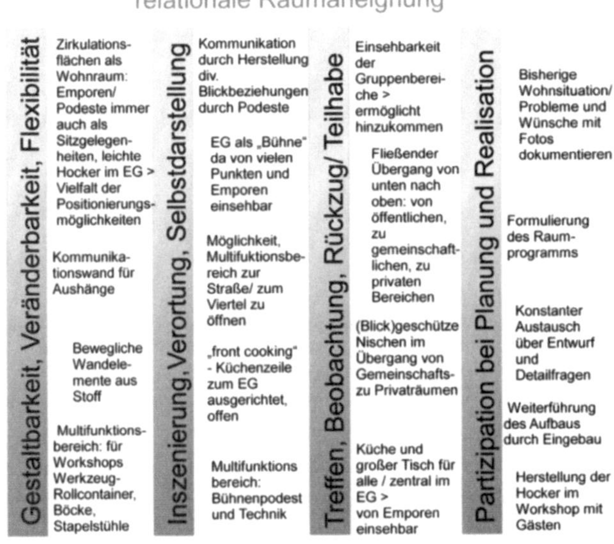

Abbildung 2: Beispiel zur systematischen Analyse/Planung eines konkreten Bauvorhabens basierend auf: Kolabs/Atelier Bow Wow[52] (Grafik: N. Rehfeld)

Die Validität und Vollständigkeit solcher Kriterien gilt es jeweils durch die empirische Beobachtung der konkreten räumlichen Situationen und insbesondere durch

51 Auch wenn es sich in diesem Fall nicht um die Gestaltung öffentlicher Freiflächen, sondern um die Gestaltung gemeinschaftlicher Wohnflächen handelt, wurde die Ermöglichung von Raumaneignung zu einem zentralen Motiv der Planung. Dies war bedingt durch die Anforderungen der Zielgruppe, durch die angestrebte intensive Öffnung des Hauses zum Stadtteil Räume, Ressourcen und Wissen zu teilen.

52 Vgl. Kooperatives Labor Studierender + Atelier Bow Wow: Urban Forest.

partizipatorische Planung zu prüfen. Eine solche systematische Beobachtung der verschiedenen Dimensionen von Raumaneignungsprozessen vermag es, situativ Kriterien für eine variable und vielfältige Gestaltung und Nutzung des öffentlichen Raumes zu entwickeln, anstatt ,von oben' die Installation ausgewählter, als ,aneignungsfördernd' betrachteter Raumelemente festzulegen.

LITERATUR

Alisch, Monika: „Stadtteilmanagement – zwischen politischer Strategie und Beruhigungsmittel", in: Monika Alisch (Hg.), Stadtteilmanagement. Voraussetzungen und Chancen für die Soziale Stadt, Opladen: Leske + Budrich 2001.

Belina, Bernd: Raum. Zu den Grundlagen eines historisch-geografischen Materialismus. Münster: Westfälisches Dampfboot 2013.

BMVBS (Bundesministerium für Verkehr, Bau und Stadtentwicklung) (Hg.): Bundestransferstelle Soziale Stadt: Statusbericht 2008 zum Programm Soziale Stadt. Berlin: 2008, http://edoc.difu.de/edoc.php?id=NGFYQL01 vom 31. 07.2016.

BMVBS (Hg.): Stadtquartiere für Jung und Alt. Bilanz zum ExWoSt-Forschungsfeld ,Innovationen für familien- und altersgerechte Stadtquartiere', 2001, http: //www.bbsr.bund.de/BBSR/DE/Veroeffentlichungen/BMVBS/Sonderveroeffentlichungen/2010/DL_StadtquartiereJungAltBilanz.pdf?__blob=publicationFile&v=2 vom 30.05.2015.

Budde, Wolfgang/Früchtel, Frank: „Die Felder der Sozialraumorientierung – ein Überblick", in: Wolfgang Budde/Frank Früchtel/Wolfgang Hinte (Hg.), Sozialraumorientierung. Wege zu einer veränderten Praxis, Wiesbaden: VS 2006, S. 27-50.

Deinet, Ulrich: „Aneignungsraum", in: Christian Reutlinger/Caroline Fritsche/Eva Lingg (Hg.), Raumwissenschaftliche Basics. Eine Einführung für die Soziale Arbeit, Wiesbaden: VS 2010, S. 35-43.

Deinet, Ulrich: Sozialräumliche Jugendarbeit. Eine praxisbezogene Anleitung zur Konzeptentwicklung in der Offenen Kinder- und Jugendarbeit. (= Focus Soziale Arbeit. Materialien – Band 4, Nando Belardi [Hg.]), Opladen: Leske+Budrich 1999.

Deinet, Ulrich: „Zwischen Hüttenbau und politischer Beteiligung – Evaluation der Projekte", in: Deinet et al.: Betreten erlaubt! (2009), S. 109-156.

Deinet, Ulrich/Okroy, Heide/Dodt, Georg/Wüsthof, Angela (Hg.): Betreten erlaubt! Projekte gegen die Verdrängung Jugendlicher aus dem öffentlichen

Raum. (= Soziale Arbeit und sozialer Raum, Band 1), Opladen und Farmington Hills: Barbara Budrich 2009.

Heinzelmann, Claudia: Benachteiligte Jugendliche in der Großwohnsiedlung Hannover-Vahrenheide, 2010, http://sozialraum.de/benachteiligte-jugendliche-in-der-grosswohnsiedlung-hannover-vahrenheide.php vom 06.08.2016.

Herlyn, Ulfert/von Seggern, Hille/Heinzelmann, Claudia/Karow, Daniela: Jugendliche in öffentlichen Räumen der Stadt. Chancen und Restriktionen der Raumaneignung, Opladen: Leske + Budrich 2003.

Hinte, Wolfgang: „Bewohner ermutigen, aktivieren, organisieren – Methoden und Strukturen für ein effektives Stadtteilmanagement“, in: Monika Alisch (Hg.), Stadtteilmanagement. Voraussetzungen und Chancen für die Soziale Stadt. 2. durchgesehene Aufl., Opladen: Leske + Budrich 2001, S. 153-169.

Hinte, Wolfgang: Sozialraumorientierung: ein Fachkonzept für Soziale Arbeit. Vortrag für den Fachtag Sozialraumorientierung, gehalten am 8.5.2008, Fulda, 2008, http://www.fulda.de/fileadmin/buergerservice/pdf_amt_51/sonstiges/Sozialraumorientierung_Vortrag_W.Hinte_28.5.08.pdf vom 15.06.2016.

Hinte, Wolfgang: „Von der Gemeinwesenarbeit über die Sozialraumorientierung zur Initiierung von bürgerschaftlichem Engagement“, in: Werner Thole (Hg.), Grundriss Soziale Arbeit. Einführendes Handbuch, Wiesbaden: VS 2010, S. 663-676.

Kooperatives Labor Studierender/Atelier Bow Wow: Urban Forest (= Wohnungsfrage Buchreihe, Jesko Fezer et al. [Hg.]), Leipzig: Spector 2015.

Leontjew, Aleksej Nikolaevic: „Tätigkeit, Bewusstsein, Persönlichkeit.“, in: Willi Forst/Wolfgang Kessel/Adolf Kossakowski/Joachim Lompscher (Hg.), Beiträge zur Psychologie, Übers. v. Klaus Krüger, Berlin: Volk und Wissen 1979.

Lindner, Werner/Kilb, Rainer: „Jugendarbeit und Kommune“, in: Fabian Kessl/Christian Reutlinger/Susanne Maurer/Oliver Frey (Hg.), Handbuch Sozialraum, Wiesbaden: VS 2005, S. 355-374.

Löw, Martina/Steets, Silke/Stoetzer Sergej: Einführung in die Stadt- und Raumsoziologie, Opladen/Farmington Hills: Barbara Budrich 2007.

Muri, Gabriele/Friedrich, Sabine: Stadt(t)räume – Alltagsräume? Jugendkulturen zwischen geplanter und gelebter Urbanität, Wiesbaden: VS 2009.

Narten, Renate: „Ansätze einer entwurfsbezogenen Sozialforschung“, in: Hans Joachim Harloff (Hg.), Psychologie des Wohnungs- und Siedlungsbaus. Psychologie im Dienste von Architektur und Stadtplanung, Göttingen u.a.: Verlag für angewandte Psychologie 1993, S. 87-95.

Oehme, Andreas: Der Aneignungsansatz in der Jugendarbeit, 2010, http://www.sozialraum.de/der-aneignungsansatz-in-der-jugendarbeit.php vom 26.02.2017.

Petmecky, Andrea: „Von Bob und anderen Baumeistern. Psychologische Überlegungen zum Bauen für Kinder“, in: Wüstenrotstiftung (Hg.): Bauen für Kinder, Stuttgart u.a.: Krämer 2006, S. 80-99.

Planbude: Wir nennen es Planbude – Konzept (2014), http://planbude.de/planbude-konzept vom 31.07.2016.

Rehfeld, Norika: Kein Platz für Jugendliche? Die sozialpädagogische Relevanz von Aneignungsprozessen im öffentlichen Raum. Unveröffentlichte Magisterarbeit, Mainz 2012.

Reicher, Christa: „Stadt für alle“, in: Ulrich Deinet et al. (Hg.): Betreten erlaubt! (2009), S. 235-244.

Reutlinger, Christian: Jugend, Stadt und Raum: Sozialgeographische Grundlagen einer Sozialpädagogik des Jugendalters, Opladen: Leske + Budrich 2003.

Richter, Peter G. (Hg.): Architekturpsychologie. Eine Einführung, Lengerich: Pabst Science Publ. 2004.

Schröder, Richard: Partizipation von Kindern an Stadtplanung und Stadtgestaltung. Ergebnisse einer Befragung zu Formen der Partizipation und Neuentwicklung der Beteiligungsmethode ‚Modellbau mit Kindern‘. Veröffentlichte Diplomarbeit, Berlin: Hochschulverlag TU Berlin 1998.

Schröer, Wolfgang: „Befreiung aus dem Moratorium? Zur Entgrenzung von Jugend“, in: Karl Lenz/Werner Schefold/Wolfgang Schröer: Entgrenzte Lebensbewältigung. Jugend, Geschlecht und Jugendhilfe, Weinheim/München: Juventa 2004, S. 19-74.

Tenorth Heinz-Elmar/Tippelt, Rudolf (Hg.): BELTZ Lexikon der Pädagogik, Weinheim und Basel: Beltz 2007.

VV Städtebauförderung: Über die Gewährung von Finanzhilfen des Bundes an die Länder nach Artikel 104 b des Grundgesetzes zur Förderung städtebaulicher Maßnahmen: 2010, http://www.staedtebaufoerderung.info/StBauF/SharedDocs/Publikationen/StBauF/VVStaedtebaufoerderung2010.pdf?_blob=publicationFile&v=1 vom 20.07.2016.

Willinger, Stephan: „Bilder von Aneignung und Gebrauch – die soziale Produktion urbaner Freiräume“, in: Informationen zur Raumentwicklung (IzR) 12 (2007), S. 731-739.

Winkler, Michael: „Aneignung und Sozialpädagogik – einige grundlagentheoretische Überlegungen“, in: Ulrich Deinet/Christian Reutlinger (Hg.): ‚Aneignung‘ als Bildungskonzept der Sozialpädagogik. Beiträge zur Pädagogik des Kindes- und Jugendalters in Zeiten entgrenzter Lernorte, Wiesbaden: VS 2004, S. 71-91.

Soziales Lernen aus der Perspektive der Aneignungstheorie von Alexej N. Leontjew

Platz und Radio Aguilita in Mexiko-Stadt

CHRISTOF GÖBEL

EINLEITUNG

Heutzutage werden dem Begriff ‚Aneignung' vielfältigste Bedeutungen wie zum Beispiel Eigentumserwerb, Annahme, Besitzergreifung, Bemächtigung sowie Annexion, Appropriation oder Okkupation zugewiesen, in der Regel wird er jedoch als ein Synonym für die aktive Übernahme von bestimmten menschlichen Verhaltensweisen verwendet. Somit findet sich heute der Begriff Aneignung' in vielen entwicklungspsychologischen Ansätzen als vieldeutiges Äquivalent des identifikatorischen, subjektiven Lernens, als ein ‚Zu-Eigen-Machen', so dass dessen Bedeutung als spezifisch sozialer Lernprozess dazu führt, das Aneignungskonzept auch als soziale Lerntheorie zu verstehen. In diesem Zusammenhang wird anhand des Platzes Aguilita in Mexiko-Stadt und eines dort wöchentlich installierten Lautsprecher-Radios die Rolle öffentlicher Plätze als Orte des Lernens bürgerlicher Kompetenzen analysiert. Dabei wird auf den Ursprung dieses Begriffs verwiesen, wie er in der sogenannten historisch-kulturellen Schule der Psychologie der ehemaligen Sowjetunion entwickelt wurde, welche sich im Marxismus gründet. Nach der marxistischen Anschauung sind die gesellschaftlichen Verhältnisse und auch die spezifisch menschlichen Lebensäußerungen und Seinsformen materiell begründet und in ihrer Entwicklung und Bewegung durch dialektische Gesetzmäßigkeiten bestimmt. Die Entwicklung von Mensch und Natur, von Individuum und Gesellschaft, ist eine dialektische Einheit, die durch die vorfindbaren und ihrerseits wiederum durch dialektische Prozesse in der gesellschaftlichen Arbeit entstandenen äußeren Bedingungen geprägt und gerichtet ist. Im Speziellen wird auf die Theorie der Aneignung von Alexei N. Leontjew eingegangen.

ANEIGNUNGSTHEORIE VON ALEXEJ N. LEONTJEW

Ausgehend von den marxschen Anschauungen entwickelte der russische Psychologe Alexej N. Leontjew (1903-1979) eine Aneignungstheorie menschlicher Entwicklung.[1] Deren grundlegende Erkenntnis besteht darin, die Entwicklung des Menschen als eine tätige Auseinandersetzung des Individuums mit seiner Umwelt und als Aneignung der materiellen und symbolischen Kultur zu verstehen. Seine Aneignungstheorie zeigt, dass die

> „[...] tatsächliche Welt, die das menschliche Leben am meisten bestimmt, eine Welt ist, die durch menschliche Tätigkeit umgewandelt wurde. Als eine Welt gesellschaftlicher Gegenstände, die die sich im Laufe der gesellschaftlichen-historischen Praxis gebildeten menschlichen Fähigkeiten verkörpern, wird sie jedem Individuum nicht unmittelbar gegeben; in diesen Eigenschaften offenbart sie sich jedem Menschen als Aufgabe."[2]

Die Welt der Objekte ist demnach keine Welt toter Objekte, sondern die Aneignung das wichtigste Prinzip der ontogenetischen Entwicklung. Leontjev betrachtet die Aneignung als einen kontinuierlichen Prozess, bei dem die sich weiterentwickelnden Eigenschaften, Fähigkeiten und Verhaltensweisen der Menschen seit Generationen reproduziert werden. In der Aneignungstheorie ist v.a. die Einsicht von Bedeutung, dass sich die kognitive Entwicklung eines Menschen wesentlich durch die aktive – also durch Handeln erfolgende – Auseinandersetzung mit dem Lerngegenstand vollzieht. Leontjev betont die Eigentätigkeit im Aneignungsprozess als eine schöpferische Leistung.

Aneignung sollte als eine Aktivität verstanden werden, durch die ein Lernender Wissen über die Eigenschaften und Zwecke der in einem sozial-historischen Prozess entstandenen Objekte erwirbt. Über dieses Wissen hinaus erwirbt ein Individuum mit der Ausführung der gegenstandangemessenen Tätigkeiten jene Fertigkeiten, die sich in der durch menschliche Arbeit realisierten Produktion des Gegenstandes niedergeschlagen haben. Somit repräsentiert die Aneignung eine der

---

1 Vgl. A.N. Leontjew: Probleme der Entwicklung des Psychischen, S. 279-287.

2 Ebd., S. 281.

Bedingungen für den Erwerb der gesammelten Erfahrungen früherer Generationen. Daher wird die Aneignung als ein dynamischer Prozess verstanden, und nicht als ein *Endzustand* einer Aneignung.

Das wichtige theoretische Konzept der „objektiven und persönlichen Gegenstandsbedeutung“ beinhaltet einen Gegenstand aus seiner Gewordenheit zu begreifen, um sich die in den Gegenständen verkörperten menschlichen Eigenschaften und Fähigkeiten anzueignen. Das heißt, der Aspekt der Vergegenständlichung menschlicher Arbeit spiegelt sich in den Produkten seiner Tätigkeit wider. Die äußeren Lebensbedingungen sind somit Produkte menschlicher Arbeit. In ihnen sind die Errungenschaften (Erfahrungen, Bedeutungen) der historisch-gesellschaftlichen Arbeit gegenständlich kumuliert. „Dieser Vergegenständlichung menschlicher Fähigkeiten und menschlicher Arbeit in seinen Produkten steht nun der Prozess der Aneignung als individuelle Seite des gegenständlichen Produktionsprozesses gegenüber.“[3]

Im Gegenzug entspricht dies wiederum der sogenannten Widerspiegelungstheorie, die postuliert, dass alles auf die materiellen Bedingungen seiner Entstehung zurückgeführt werden könne. Daher ist die durch den sozialen Menschen erfolgte Aneignung ein Vorgang, der ohne spezifisch menschliche Form der Widerspiegelung nicht möglich wäre. Aus der Aneignungstheorie entsteht Bewusstsein, Gegenstände und Symbolisierungen erhalten ihren Sinn und ihre Bedeutung. Die von Menschen gestalteten Gegenstände (und Räume) reflektieren also die phylogenetischen Entwicklungen, d.h. die durch tätige Arbeit gewonnene Bedeutungen menschlicher Fähigkeiten. Die dialektisch-materialistische Ausrichtung besagt zudem, dass psychische Prozesse innere Tätigkeiten sind, welche aus äußeren Tätigkeiten und Bedingungen hervorgehen.

Die zukünftige Entwicklung des modernen Menschen vollzieht sich demnach nicht wie beim Tier über die genetische Anpassung, sondern vielmehr im Rahmen des Aneignungsprozesses durch Reproduktion und Weiterentwicklung der historisch innerhalb der Gesellschaft entwickelten Fähigkeiten und Verhaltensweisen. Produktion und Vergegenständlichung des Menschen sowie die tätige Aneignung gesellschaftlicher Erfahrung durch das Individuum sind zwei Aspekte des gleichen Prozesses, den es beim Tier nicht gibt, so dass die Aneignung als kategorialer Gegenbegriff zur Vergegenständlichung beim Menschen interpretiert wird. Obwohl es sich um einen individuellen Vorgang handelt, und die Aneignung als „individuelle Seite des gegenständlichen Produktionsprozesses“[4] verstanden wird, wird Aneignung doch durch die sozialen Beziehungen des Individuums zu den

3 U. Deinert: „Aneigung“ und „Raum“, S. 29.

4 Ebd.

Personen seines Umfeldes bestimmt, so dass Lernprozesse sich fast immer in einem unmittelbaren oder wenigstens mittelbaren sozialen Kontext vollziehen.

ANEIGNUNG FINDET IN RÄUMEN STATT

Die Aneignung findet jedoch nicht im luftleeren Raum statt, sondern in der Umwelt, im Raum, in der Lebenswelt, in den durch die Strukturen der Gesellschaft geschaffenen spezifischen räumlichen Gegebenheiten und wird durch die realen Anforderungs- und Möglichkeitsstrukturen bestimmt und ausgerichtet.

> „Weil Räume, vor allem städtische Räume, nicht naturbelassen, sondern ganz und gar von Menschen bearbeitet, gestaltet, verändert und strukturiert sind, müssen diese sich die Räume und die in ihnen enthaltenen Bedeutungen genauso aneignen wie Gegenstände und Werkzeuge der unmittelbaren Umgebung."[5]

Daher ist die Aneignung von sachlicher und personaler Gegenstandsbedeutung im urbanen Raum immer auch eine räumlich-gegenständliche Aneignung. Folglich kann der Begriff der Aneignung als menschliche Verwirklichung für die heutigen gesellschaftlichen Umstände jedoch nur dann Bedeutung erlangen, wenn auch neuere Erkenntnisse über Raumvorstellungen bzw. Situationen im architektonischen Raum Eingang finden, insbesondere dann, wenn es darum geht, Aneignung als einen spezifisch sozialen Lernprozess bzw. das Aneignungskonzept als Lernkonzept zu begreifen.

NEUE RAUMVORSTELLUNGEN

Die Idee des tätigkeitsorientierten Aneigungskonzeptes führt demnach zu einer Verknüpfung von Aneignung und Raum. Mit seiner Behauptung, dass „Orte" durch Aneignung und konkretes Bespielen zu „Räumen" werden, erweist sich Michel de Certeau[6] als Vordenker handlungsorientierter Raumaneignungen. Während ‚Platz' als eine spezifische Einheit verstanden wird, deren Ausmaße begrenzt sind, ein Ort, an dem etwas Bestimmtes stattfindet, bezieht sich der Raum auf eine flexible und verhandelbare, von der sozialen Organisation definierte Struktur.[7]

5 U. Deinet (Hg.): Sozialräumliche Jugendarbeit, S. 35.

6 M. de Certeau: Kunst des Handelns.

7 Vgl. K. Wildner: Zócalo – Die Mitte der Stadt Mexiko, S. 58.

Daher wird Raum nicht mehr als passive Einheit angesehen, als ein dreidimensionaler euklidischer ‚Behälter', und heute vielmehr als ein Prozess zwischen der physischen, gebauten Umwelt und der sozialen, diskursiven Praxis interpretiert werden. Das heißt, die Idee des städtischen Raumes ändert sich ständig.[8] In diesem Sinne repräsentiert Raum ein dynamisches Gebilde, welches sich sowohl durch seine physische Gestalt als auch durch seine symbolischen Merkmale definiert.

Nach Henri Lefebvre ist Raum das Produkt konkreter Aktionen. Demzufolge ist Raum das Resultat gesellschaftlicher Produktionsprozesse, welche analytisch als das Zusammenwirken dreier Dimensionen erfasst werden können: die „Repräsentation des Raumes" oder „conceived space" („l'espace conçu"), d.h. die kognitive Erfassung von Räumen in Form von Modellen und Plänen; die „räumliche Praxis" oder „perceived space" („l'espace perçu"), d.h. der körperlich erfahrbare Raum, der durch die nicht-reflexive räumliche Praxis entsteht und im Alltag reproduziert wird; die „Räume der Repräsentation" oder „lived space" („l'espace vécu"), welche komplexe Symbolisierungen und Imaginationsräume beschreiben.[9] Demnach ist Raum kein ‚da draußen' vorliegendes Objekt (Materialismus), aber eben auch kein reines Gedankenkonstrukt (Idealismus) sondern das Produkt konkreter sozialer Praxen (historischer Materialismus). In einfacheren Worten könnten wir sagen, Raum wird gedacht bzw. gebaut, wahrgenommen und gelebt.

Das Werk von Henri Lefebvre diente als Grundlage für die marxistische Raumtheorie und wurde Jahre später unter anderem von David Harvey und Manuel Castells weiterentwickelt. Das Verständnis von Raum als Ergebnis sozialer Beziehungen führte dazu, dass der Raum die Zeit als Hauptordnungssystem ersetzt hat und die aktuelle Epoche auch als das Zeitalter des Raumes beschrieben wird. Dieser Perspektiven- oder Paradigmenwechsel hin zu einem sozial und kulturell überformten Raum wird in den Kultur- und Sozialwissenschaften auch als ‚topologische Wende' oder ‚spatial turn' bezeichnet. Ein Paradigmenwechsel liegt insofern vor, als nicht mehr allein die Zeit im Zentrum kulturwissenschaftlicher Untersuchungen steht, wie dies in der Moderne der Fall war, sondern nun auch der Raum parallel betrachtet wird.

In Einklang mit dem Ziel der Überwindung der Teilung des raumtheoretischen Denkens in absolutistische und relativistische Standpunkte bzw. des Dualismus von Raum und Körpern, d.h. der Annahme, dass Raum unabhängig vom Handeln existiert, entwickelte Martina Löw die Idee eines „relationalen" Raummodells.[10] Die Grundidee dieses Modells ist, dass Individuen als soziale Akteure fungieren,

---

8 Vgl. ebd., S. 59.

9 Vgl. H. Lefebvre: La Production de l'espace.

10 Vgl. M. Löw: Raumsoziologie.

ihr Handeln aber von ökonomischen, rechtlichen, sozialen, kulturellen und letztlich räumlichen Strukturen abhängt. Der Fokus liegt auf dem Prozess des raumbildenden Handels, welcher sich in der Anordnung von Dingen und Körpern widerspiegelt. Raum ist somit nicht losgelöst von den Menschen und ihrem Handeln zu verstehen (Abb. 1), vielmehr sind diese Teil des Raumes, d.h. Teil der Produktion sozialer, physischer Räume, die wir tagtäglich erfahren, wahrnehmen und uns vorstellen. Demzufolge werden Räume durch Handlungen und Verhaltensweisen konstituiert, wobei Löw besonders die Bedeutung der Bewegung und der prozesshaften Konstituierung von Raum im Handlungsverlauf hervorhebt.

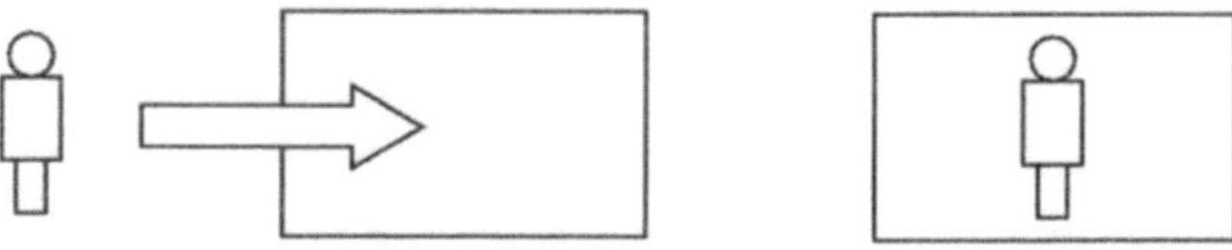

Abbildung 1: Auflösung der immanenten Trennung von Mensch und Raum (Grafik Deinet 2009)

Ähnlich mannigfaltig verhält es sich in der Architektur, einer Kulturtechnik, als deren Kernkompetenz die Kunst begriffen wird, Raum zu artikulieren. Über ihr Verständnis als materieller, physischer Rahmen hinaus, sollte Architektur auch den Anforderungen entsprechen, für den Menschen angemessene räumliche Situationen für Bewegung, Handeln und Aufenthalt an Orten zu schaffen. „Die entscheidende Rolle spielt dabei die Wechselwirkung zwischen den räumlichen Eigenschaften baulicher Elemente und den Bedingungen, unter denen sie wahrgenommen, gebraucht und erlebt werden.“[11] Demnach wird eine räumliche Beziehung erst dadurch erzeugt, indem sie in einer architektonischen Situation erlebt und erfahren wird. Raum wird produziert, indem Architektur in Gebrauch ist, und nicht durch die architektonische Form selbst. Mit anderen Worten, der konkrete architektonische Raum ist nichts ohne Leben und wird erst durch seine Nutzung gesellschaftlich relevant, d.h. er wird durch die Lebenspraxis erzeugt.

Von daher kann Raum nicht vollständig planerisch vorherbestimmt werden. Stattdessen wird Architektur ausgehend von kulturellen und gesellschaftlichen Praktiken sowie subjektiven Beziehungen als ein konstruierter und sich konstitu-

11 A. Janson/F. Tigges: Grundbegriffe der Architektur.

ierender Raum verstanden, welcher zur Definition der Architektur als sozial gebildeter Raum überleitet.[12] In einer breiter gefassten, großzügigeren Art und Weise sollte Architektur als ein artikulierter Raum definiert werden, in welchem sich das kulturelle und soziale Leben entfalten kann. Darüber hinaus bildet Architektur einen für Interventionen offenen Raum, einen Interventionsraum. In diesem Sinne und in Übereinstimmung mit Rosas Idee einer architektonischen Kollektivität gilt Partizipation als Schlüssel für das Verständnis eines städtischen Raums, in dem die Kollektivität oder die gemeinsame Nutzung der Stadt dazu dienen, soziale Themen im urbanistischen Sinne zu überdenken, Das heißt, wir selbst machen die Stadt.

Die Idee der Verknüpfung von Architektur und der Erzeugung von räumlichen Situationen, welche ihre gesellschaftliche Relevanz erst durch ihre Nutzung erhalten, führt zum Konzept der „affordance“, welches vom nordamerikanischen Psychologen James J. Gibson[13] entwickelt wurde. Dessen ursprüngliche, in dem Artikel „Theorie der „affordances“ beschriebene Definition aus dem Jahre 1977 bezog sich auf alle physikalisch denkbaren Aktionsmöglichkeiten, während eine zweite Definition, eine Überarbeitung der vorherigen, lediglich die dem Nutzer bewussten und realistisch realisierbaren „Aktionsmöglichkeiten beschreibt. Daher ist „affordance“ die Qualität eines Objekts oder einer Umgebung, die es einem Individuum ermöglicht, eine Tätigkeit durchzuführen, und als Möglichkeit, Verfügbarkeit oder Angebotscharakter eines Objekts übersetzt werden könnte.

Allerdings wird hierzu einer Vorkenntnis der Gegenstände benötigt, da ein Objekt selbst nicht in der Lage ist, durch seine formalen Eigenschaften seine Verwendung zu kommunizieren. In diesem Sinne erweitert Donald Norman in seinem im Jahre 1988 zum ersten Mal erschienenen Buch „The Design of Everyday Things“ das Konzept der „affordance“. Dessen Interpretation umfasst nicht nur die Wirkung der physischen Möglichkeiten auf den Benutzer, sondern auch dessen Kapazität, sich auf Erfahrungen aus der Vergangenheit, Ziele, Pläne oder Einschätzungen anderer Erfahrungen, usw. zu stützen.[14] Das heißt, „affordance“ impliziert die Möglichkeit voneinander zu lernen bzw. sich aus den Erfahrungen und Erlebnissen anderer Kenntnisse anzueignen. Demzufolge lässt sich beim Beobachten nicht nur von anderen die Nutzung von Objekten lernen, auch werden deren angesammelte Erfahrungen übertragen, welche es den Menschen ermöglichen, sich in einem historischen, gesellschaftlichen bzw. kulturellen Umfeld zu entfalten.

---

12 Vgl. M.L. Rosa: Micro Planjejamento, Prácticas urbanas criativas, S. 19.

13 J.J. Gibson: The ecological approach to visual perception.

14 Vgl. D. Norman: The Design of Everyday Things.

PLATZ UND RADIO AGUILITA IN MEXIKO-STADT

Der vorliegende Beitrag diskutiert auf der Basis ‚dichter' Beschreibungen vor Ort die Anwendbarkeit des Aneignungsbegriffes als Synonym für prozessuales soziales Lernen. Als Beispiel dient der Platz Aguilita in Mexiko-Stadt (Abb. 2), in welchem wöchentlich ein Lautsprecher-Radio versucht, eine Brücke des Dialogs zwischen den Anwohnern und dem Ort zu bilden.

Abbildung 2: Das Lautsprecher-Radio auf dem Platz Aguilita

Der Platz Aguilita, welcher offiziell eigentlich Plaza Juan José Baz heißt und nach dem im 19. Jahrhundert lebenden liberalen Gouverneur Juan José Baz benannt ist, einem Fürsprecher für die Beschlagnahmung kirchlichen Eigentums, befindet sich in der der Delegación Venutiano Carranza zugeordneten Colonia Centro am südwestlichen Rand der historischen Innenstadt von Mexiko-Stadt im Stadtteil La Merced, zwischen den Straßen Mesones und Missioneros.

La Merced wurde zwischen 1312 und 1318 gegründet und ist somit das älteste Viertel des historischen Zentrums. Der Platz Aguilita ist Teil eines touristischen kommerziellen Fußgängerkorridors, der von der Avenida San Pablo zur República El Salvador verläuft, wobei das gesamte Gebiet seit jeher von einem intensiven

Handel geprägt ist, welcher sich über die anliegenden Straßen erstreckt. So entwickelte sich La Merced bis in die fünfziger Jahre hinein zu dem populärsten (Lebensmittel-)Markt von Mexiko-Stadt.[15]

Der Platz ist bekannt, da dort, der Legende nach, die Azteken auf den auf einem Kaktus sitzenden, eine Schlange verschlingenden Adler trafen, welcher den Volksstamm dazu bewegte, sich im mexikanischen Hochland niederzulassen und nachfolgend Tenochtitlán zu gründen. So bedeutet La Merced ins Deutsche übersetzt ‚die Begünstigte' oder auch ‚die Gnädige' und verweist auf einen Ort, in welchem im übertragenen Sinne Gott zu Hause ist.

Nachdem seit vielen Jahren der Platz Aguilita jedoch auch als Lkw-Parkplatz und die umliegenden Häuser als Lagerräume benutzt wurden, und er sich allgemein in einem sehr verwahrlosten Zustand befand, wurde er zwischen 2008 und 2010 von Seiten der Autoritäten der Delegationen Cuauhtémoc und Centro Histórico remodelliert. Die Renovierung des Platzes Aguilita bestand vorrangig in dem Bau zweier begrünter, mit umliegenden Bänken und Tonscherben gesäumten Inselblöcken, welche die Sammlung „Alas de Talavera" (Flügel in sogenannten Talavera Stil) abbilden. Diese besteht aus 42 handwerklich gestalteten Fliesen, welche die 400-jährige ikonografische Entwicklung des mexikanischen Staatswappens zeigen.

Darüber hinaus wurde die Möblierung und die Pflasterung des Platzes erneuert sowie der zentrale Brunnen restauriert, seine Gestalt und Architektur hervorgehoben und mit einer Replik des Adlers „La Aguilita" versehen. Außerdem wurden etwa 80% der Straßenbeleuchtung ausgewechselt und Bäume und Sträucher beschnitten, um die Einsehbarkeit des Platzes zu verbessern und somit ein Gefühl von Sicherheit zu vermitteln. Zusätzlich wurden von Seiten der Stadtregierung Überwachungskameras installiert. Nichtsdestotrotz existiert in dem Stadtteil La Merced, der weiterhin auf den Straßenhandel ausgerichtet ist und wo es noch heute eine große Anzahl oftmals leerstehender Lagerräume gibt, eine hohe Kriminalitätsrate, so dass das Stadtviertel auch ob der herrschenden ‚Gangs' oftmals gemieden wird.

So scheint, trotz der beschriebenen baulichen Maßnahmen, die Entscheidung der Autonomen Universität von Mexiko-Stadt (Universidad Autónoma de la Ciudad de México, UACM), im Jahre 2001 die Verwaltung des anliegenden, alternativen Kulturzentrums „Casa Talavera" zu übernehmen, diejenige zu sein, welche das Leben der Einwohner und der Passanten" des Stadtteils am nachhaltigsten veränderte. Davon ausgehend wurde mit dem Ziel, zur Umwandlung der Stigmatisie-

15 Vgl. P. Ruvalcaba: El Centro a Fondo. La Merced.

rung des Stadtviertels La Merced beizutragen, 2005 auf Anregung des Kulturbeauftragten Joaquín Aguilar Camacho das integrative Projekt eines Lautsprecher-Radio Aguilita initiiert und ein Kunst- und Kulturprogramm organisiert. Durch die Erweiterung kultureller Aktivitäten sollten soziale Prozesse im öffentlichen Raum und damit Aneignung angeregt sowie gemeinsame Aktivitäten außerhalb des Geschäftsalltags motiviert werden. Das institutionell an die vergleichsweise neue, öffentliche Universität UACM angegliederte Radio sollte als leitendes Element zum Aufbau eines Programms für den öffentlichen Raum der „Casa Talavera" beitragen und Gemeinschaftsinitiativen ergänzen, welche der Konsolidierung der Nachbarschaft des Platzes Aguilita und dem anliegenden Fußgängerkorridor Talavera dienen. So gilt die Anbindung an die Nachbargemeinde La Merced und deren Annäherung an Kunst und Kultur als eine der Prioritäten dieses Kulturzentrums. Demnach sollte sich das Radio Aguilita als ein Vehikel der Verknüpfung zwischen der Gemeinde, der öffentlichen Verwaltung und den Universitäten zu einem wichtigen Bestandteil im Stadterneuerungsprozess entfalten.

Die Initiative wurde zusätzlich durch das universitäre Programm für Studien über die Stadt (Programa Universitario de Estudios de la Ciudad, PUEC) der Nationalen Autonomen Universität von Mexiko (Universidad Nacional Autónoma de México, UNAM) unterstützt. Dieses Programm wurde von der Professorin Dr. Alicia Ziccardi Contigiani geleitet, welche im Jahre 2007 feststellte, dass das Projekt Radio Aguilita einen neuen sozialen Zusammenhalt im Stadviertel von La Merced erzeugt und die damit begann, eine Diagnose für die Autorität des historischen Zentrums (Autoridad del Centro Histórico), die Treuhandschaft des historischen Zentrums (Fideicomiso Centro Histórico) und das Programm zur Wohnumfeldverbesserung von Stadtvierteln (Programa Comunitario de Mejoramiento Barrial) zu erarbeiten. Darauf basierte letztendlich der durch die Treuhandgesellschaft (Fideicomiso) erstellte Entwurf für die Neugestaltung des Platzes. Dies wiederum veranlasste Joaquín Aguilar Camacho zur Behauptung, dass „der Platz Aguilita heute der erste, für Kunst und Interventionen zugängliche öffentliche Raum in Mexiko-Stadt ist, welcher nicht von einer Institution beauftragt, sondern von der dort wohnenden und arbeitenden Gemeinde selbst angeregt und veranlasst wurde"[16], wobei das Radio als Mittel gedient hätte.

In der praktischen Umsetzung der Radioveranstaltung werden wöchentlich auf einer kleinen Handkarre ein Tisch, sechs Stühle, eine Audio-Konsole, drei Mikrophone, Kabel und zwei große Lautsprecher herangeschafft und ein etwa dreistündiges Kunst- und Kulturprogramm realisiert. Dabei kann das Publikum nur so groß sein, wie die Schallwellen der beiden Aktivlautsprecher reichen. In dieser Hinsicht

16 J.A. Camacho: La Metamorfosis de Meche.

ist auch der Leitspruch „La radio que se ve" („Radio zum Sehen") zu verstehen, denn der Radius erstreckt sich so weit, wie in etwa die Lautsprecher zu sehen sind. Das Kunst- und Kulturprogramm beinhaltet Gesprächsrunden mit eingeladenen Gästen und bietet eine Bühne für junge als auch für arrivierte Talente, sowohl für Straßenkünstler als auch für Passanten, welche spontan das Mikrofon ergreifen. Das Radio wird so zu einem Forum für die öffentliche Meinung, in welchem Themen aus den Bereichen Kunst, Kultur und Bildung, wie Umwelt- und Menschenrechte, Genderfragen oder Sexualkunde, sowie die soziale, städtebauliche Entwicklung des Stadtteils, wie zum Beispiel die Möglichkeiten eines Gentrifizierungsprozesses des Stadtteils auf der Basis eines angekündigten Masterplans, öffentlich diskutiert werden. Musikstücke werden eingefügt, mit den Themen verknüpft und die Debatten somit dosiert. Gelegentlich stimulieren die Musikeinspielungen die Anwohner und Passanten gar zum Tanzen (Abb. 3). Daher werden auch Tanzchoreografien erprobt.

Durch die Entwicklung der Kunst- und Kulturprojekte wird der öffentliche Raum des Platzes mit einfachen Mitteln und einigen technisch anspruchsvolleren Instrumenten zu einem symbolischen Laboratorium neuer Dynamiken der Bürgerbeteiligung sowie innovativer und integrativer Transformationsprozesse des öffentlichen und symbolischen Raums, welche im Sinne von Begegnung und des Zusammenlebens die Identifikation mit dem Ort sowie individuelle und kollektive Identitäten bestärken. In einem zweiten Schritt war die Erzeugung eines Prozesses von ‚Aneignung und Eigenverantwortung' durch die Bevölkerung selbst das Ziel, welches nach Aussage von Joaquin Aguliar Camacho sich bislang leider jedoch noch nicht wie gewünscht realisiert hat.[17]

Nichtsdestotrotz entwickelte sich das durch das Radio Aguilita initiierte Erlebnis im öffentlichen Raum unter Einbeziehung von Kunst und Kultur zu einer Bühne für die öffentliche Stellungnahme und wirkt als Katalysator einer urbanen Transformation des Stadtviertels La Merced, dessen Einwohner sich heute lautstark gegen eine befürchtete Gentrifizierung wehren. So bildet der Platz mit seiner Aneignung ein Szenario für einen Transformationsprozess, welcher sich auf das gesprochene Wort bezieht und als Auslöser dieses Wandels dient. Demzufolge rückt der Dialog in das Zentrum der Gemeinschaft, und das Radio verwandelt sich als Mittel zur Politisierung der Menschen zu einem Motor eines sozialen Wandels, welchen Joaquín Aguilar Camacho als „Metamorphose des Stadtviertels La Merced oder Meche"[18] bezeichnete.

17 Vgl. ebd.

18 Ebd.

Abbildung 3: Tanzende Anwohner zur Musik aus den Lautsprechern

Im Rahmen des Modells einer Annäherung an die Kunst stellt das Radio eine Brücke zu den Menschen und gleichzeitig eine Alternative zu den klassischen Kulturinstitutionen wie Museen, Kunstgalerien oder auch Foren dar. Demzufolge fungiert der Ort, welcher sonst zumeist lediglich des Durchgang dient, in diesen Stunden als Gemeindetreffpunkt, als ein Ort der Begegnung mit Anderen. So hat sich im Laufe der vergangenen elf Jahre das Radio Aguilita als eine andere Form der kulturellen Kommunikation im öffentlichen Raum konsolidiert. Die neuen Formen der Bürgerorganisation und der Einbezug von Instanzen wie der „Casa Talavera" und der UACM bewirkten, dass die Nutzung des öffentlichen Raums auch an anderen Orten neu überdacht wird. So weitet sich das Radio aktuell auf verschiedene Plätze innerhalb des Stadtviertels aus, außerdem haben Initiativen anderer Gemeinden wie z.B. Santa María la Ribera Kontakt aufgenommen und um Beratung gebeten, um in ihren jeweiligen Quartieren selbst ein solches Lautsprecher-Radio zu installieren. Das Radio Aguilita wird so als „sozial-kulturelle Erfahrung"[19] zu einem über den Einflussbereich der „Casa Talavera" hinausreichenden Thema.

---

19 Ebd.

SCHLUSSFOLGERUNGEN. SOZIALES LERNEN AM PLATZ AGUILITA

Während die Sozialpädagogik unter sozialem Lernen den Vorgang des Erwerbs sozialer und emotionaler Kompetenzen versteht, basiert der Begriff in der Psychologie auf einer auch als Interaktionismus bezeichneten Haltung, welche von Autoren wie Julian B. Rotter und Albert Bandura geprägt wurde. Nach dieser wird das menschliche Verhalten weder allein durch äußere Reize noch allein durch kognitive Prädispositionen bestimmt, sondern durch die Interaktion von Situationen, d.h. äußeren Reizen, und Personen. Ein sozialer Lernort ist demzufolge ein Erlebnis-, Erfahrungs- und Aktionsraum, welcher zu Entdeckungen und Interventionen auffordert, die Kooperation mit anderen Menschen anregt, zur Erprobung neuer Fähigkeiten einlädt und so zu Handlungen und Tätigkeiten ermutigt, die auf die Entfaltung des Menschen abzielen.

Ein solcher Ort impliziert somit Lernprozesse auf unterschiedlichen Ebenen, welche von motorischen Fähigkeiten bis zur politischen Bildung reichen. Mittels beobachten, imitieren, kreieren sowie kooperieren können Anerkennung, Selbstwirksamkeit und Selbstbewusstsein gefördert werden. Toleranz und Umgang mit Andersartigkeit werden entwickelt, wobei Akzeptanz für Fremdheit und Unterschiedlichkeit in öffentlichen Räumen reflexiv verarbeitet werden können. Ein sozialer Lernort ist somit auch ein Ort des Erlernens von Zivilisiertheit, Rücksichtnahme auf Schwächere sowie des Bewusstwerdens von Ungleichheiten. Selbstständigkeit kann erlernt, Kontakte eigenständig und kreativ geknüpft werden. Die Individualisten lernen Raum zu ergreifen, sich im Raum zu positionieren.

Im Umgang mit fremden Lebenssituationen bietet ein sozialer Lernort somit Möglichkeiten der Beobachtung von Verhaltensweisen und Kontakten zu außerfamiliären, gesellschaftlich bedeutsamen Handlungsfeldern. Die Entwicklung sozialer Kompetenzen erfolgt in wechselnden Gruppen oder im Umgang mit fremden Menschen in neueren Situationen und führt zu einer Erweiterung (oder Einschränkung) des Handlungsraums und des Verhaltensrepertoires. Ein sozialer Lernort eröffnet neue Perspektiven für eigene Lebenssituationen und soziale Deutungsmuster, Prozesse des reflexiven Vergleichens und Neuinterpretierens von Erfahrungsbeständen.

Schlussfolgernd und auf Mexiko-Stadt bezogen, führt dieser Ansatz zu einer Interpretation des öffentlichen Platzes als einen Aneignungsraum bzw. einen

Lernort sozialer Kompetenzen, einen Ort der Begegnung und der Stadtbürgerschaft (‚ciudadanía'[20]), in welchem die Aneignung als ein spezifisch sozialer Lernprozess gefördert wird. Vom bzw. von den Anderen lernen (interkulturelles Lernen und Verstehen), miteinander lernen (soziale Interaktion, kooperatives und partizipatives Lernen) sowie vom Ort lernen (Auseinandersetzung mit den Besonderheiten des Ortes) (Abb. 4), verwandeln den öffentlichen Platz in einen Ort der Auseinandersetzung gesellschaftlicher Akteure und demnach zu einem Lernort für gesellschaftliche Bedingungen und kulturelle Verhältnisse, in welchem eine demokratische Lernkultur und damit auch Demokratie gefördert wird.

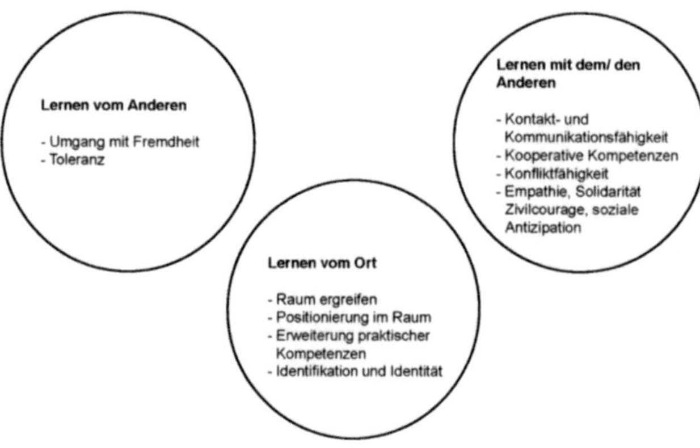

Abbildung 4: Lernen sozialer Kompetenzen auf dem öffentlichen Platz (Grafik Goebel)

In diesem Zusammenhang lässt sich das Radio Aguilta als ein Auslöser unterschiedlicher Aneignungs- bzw. Lernprozesse auf dem Platz Aguilta verstehen. Während der Platz üblicherweise als Übergangsort wahrgenommen wird und lediglich die Händler am Ort verbleiben, lädt das Lautsprecher-Radio in den Nachmittagen der Übertragung zum Verweilen ein. Gäste und Anwohner diskutieren

20 Der Begriff ‚ciudadanía' ist in der lateinamerikanischen Diskussion von zentraler Bedeutung, lässt sich in seiner Komplexität jedoch nur ungenau mit ‚(Stadt-)Bürgerschaftssinn' übersetzen. Der Begriff repräsentiert ein polyvalentes Konzept, welches je nach Kontext als politische Bewegung, Akteur oder Forderung verstanden wird und auf die Institution der Bürgerrechte verweist. Wie im Englischen ‚citizenship', ist auch im Spanischen das Wort Stadt, ‚ciudad', enthalten.

gemeinsam über Themen aus Kunst, Kultur und Politik und lernen somit sich mit unterschiedlichen Denkweisen anderer auseinanderzusetzen. Demzufolge werden Toleranz, Konflikt- sowie Kontakt-, Kommunikations- bzw. Kooperationsfähigkeiten geschult. Es kommt zu Empathie, aber auch zu Antipathie, welche soziale Antizipation hervorrufen. Während Sozialisierungsprozesse aufgrund ihrer Dauerhaftigkeit normalerweise überwiegend bei den ansässigen Händlern und ihren Kunden vorzufinden sind, inspirieren das Kunst- und Kulturprogramm sowie die Musikseinspielungen eingeladener Künstler die Anwohner. Mit einfachen, überwiegend Low-Tech-Mitteln wird eine räumliche Situation generiert, welche zeitweilig den ganzen Platz bespielt und spezifische Verhaltensweisen im öffentlichen Raum motiviert. In Bezug auf den Angebotscharakter (affordance) erkennen die Zuhörer geeignete architektonische Elemente wie Brunnen und kleine Mauern, um sich auszuruhen. Darüber hinaus gibt es auch Bänke, die um hohe Pflanztröge angeordnet sind, welche allerdings auch zum Auslegen der Ware der Straßenhändler geeignet erscheinen. Die Akteure des Radio Aguilita haben wie selbstverständlich den strategisch günstig, zentral auf dem Platz gelegenen Baum auswählt, um unter diesem ihre Apparaturen auszubreiten.

Auf emotionaler Ebene führt das Radio zu einer Verknüpfung von Raum und Ort und gleichzeitig zur Identifikation mit dem Platz, welche die Sorge und den Respekt für den Ort verstärken und auch Eigenverantwortung generieren, was sich zum Beispiel an der Reinigung des Platzes vor verschiedenen Radio-Programmen durch die Nachbarn widerspiegelt. Auch kommt es insbesondere bei den, den Stadtteil betreffenden Themen, wie zum Beispiel bezogen auf Verfügungen der Stadtregierung oder die angekündigte Implementierung eines Masterplans für den Distrikt, zu intensiven öffentlichen Diskussionen. Gemeinsam werden Strategien erdacht, welche Solidarität unter den Nachbarn erzeugen, gelegentlich wird aber auch vergleichsweise unsachlich argumentiert.

Abschließend lässt sich feststellen, dass wir nicht nur in den traditionellen Institutionen wie in der Schule oder der Universität lernen, sondern auch die Existenz multipler Lernorte wie den öffentlichen Raum und den städtischen Platz im Speziellen berücksichtigen sollten. Diese Bereiche sind Orte des informellen oder „wilden“ Lernens, repräsentieren „chaotische Lernformen“[21], welche die intentionalen Lernprozesse wesentlich mitprägen, so dass soziale Lernorte wie der Platz Aguilta für den Aufbau einer Stadtbürgerschaft (ciudadanía) innerhalb einer solch segregierten und fragmentierten Gesellschaft wie der mexikanischen von hoher Bedeutung sind.

21 L. Böhnisch/W. Schröer: Pädagogik und Arbeitsgesellschaft.

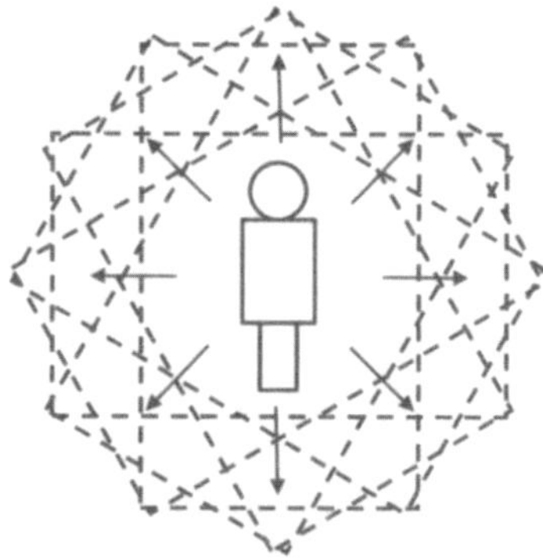

Abbildung 5: Eigentätige Schaffung von Räumen (Spacing) (Grafik Göbel)

Darüber hinaus kann der Aneignungsbegriff über die Bedeutung der aktiven Auseinandersetzung des Individuums mit seiner Umwelt hinaus aktualisiert werden. Da Raum prozesshaft konzipiert und konstruiert wird und nicht vorbestimmbar oder vorausgesetzt ist, kann bezogen auf die neueren Raumparadigmen und im Einklang mit der These von Ulrich Deinet[22], das Konzept der Aneignung insofern erweitert werden, als es nach wie vor die tätige Auseinandersetzung des Menschen mit seiner Umgebung meint, bezogen auf die heutigen Raumveränderungen jedoch auch der Begriff dafür sein kann, eigentätig Räume zu schaffen („Spacing") und sich nicht nur vorhandene gegenständlich anzueignen (Abb. 5). Die dialektische Einheit Mensch-Umwelt findet somit ihren konkreten Ausdruck in der tätigen Auseinandersetzung der Menschen, welche verändernd in ihre Umgebung eingreifen. Der schöpferische Prozess der Aneignung als Eigentätigkeit beinhaltet sowohl die Erweiterung des Handlungsraumes im Sinne der Veränderung und Gestaltung vorgegebener Situationen und Arrangements als auch die Erprobung des erweiterten Verhaltensrepertoires und neuer Fähigkeiten in neuen Situationen.

22 Vgl. U. Deinet: Sozialräumliche Jugendarbeit. Grundlagen, S. 35.

LITERATUR

Bock, Karin: Generativo, chaotische Lernformen und sozialer Raum, in: Projektgruppe Netzwerke im Stadtteil — wissenschaftliche Begleitung von E&C (Hg.), Grenzen des Sozialraums. Menschen und ‚soziale Brennpunkte', Opladen: Springer VS 2003.

Böhnisch, Lothar/Schröer, Wolfgang: Pädagogik und Arbeitsgesellschaft. Historische Grundlagen und theoretische Ansätze für eine sozialpolitisch reflexive Pädagogik, Weinheim: Juventa 2001.

Camacho, Joaquín: La Metamorfosis de Meche. Una experiencia de espacio público en el barrio de La Merced (Die Metamorphose der Meche. Ein Erlebnis im öffentlichen Raum des Stadtviertels La Merced), Vortrag im Rahmen des Internationalen Kolloquiums „Diversas miradas a la plaza pública en la ciudad hoy en día" (Unterschiedliche Perspektiven des öffentlichen Platzes heute), UAM-Azcapotzalco, Mexiko-Stadt 2012, http://cyad.tv/contenido_vo miradas_2012.html vom 31.01.2016.

De Certeau, Michel: Kunst des Handelns, Berlin: D. Reimer 1988.

Deinet, Ulrich (Hg.): Sozialräumliche Jugendarbeit. Grundlagen, Methoden und Praxiskonzepte, Wiesbaden: VS Springer, GWV GmbH 2009.

Deinet Ulrich: „‚Aneigung' und ‚Raum'", in: Deinet, Sozialräumliche Jugendarbeit (2009), S. 28-35.

Gibson, James Jerome: The ecological approach to visual perception, Boston: Houghton Mifflin 1979.

Janson, Alban/Tigges, Florian: Grundbegriffe der Architektur. Das Vokabular räumlicher Situationen, Basel: Birkhäuser 2013.

Lefebvre, Henri: La Production de l'espace, Paris: Anthropos 1974.

Leontjew, Alexej N.: Probleme der Entwicklung des Psychischen, Königstein/Ts.: Athenäum 1980.

Löw, Martina: Raumsoziologie, Frankfurt a.M.: Suhrkamp Taschenbuch Wissenschaft 2001.

Norman, Donald: The Design of Everyday Things, New York: Doubleday 2013.

Rosa, Marcos L.: Micro Planjejamento, Prácticas urbanas criativas. Mircoplanning Urban Creative Practices, Sao Paulo: Alfred Herrhausen Gesellschaft 2011.

Ruvalcaba, Patricia: „El Centro a Fondo. La Merced" (Dem Zentrum auf dem Grund. La Merced), in: Nueva Guía del Centro Histórico de México 43, http://www.guiadelcentrohistorico.mx/kmcero/el-centro-fondo/la-merced vom 30.06.2016.

Wildner, Kathrin: Zócalo – Die Mitte der Stadt Mexiko. Ethnographie eines Platzes, Berlin: Merve 2003.

ABBILDUNGEN

Abbildung 1: Deinet: Sozialräumliche Jugendarbeit, S. 54, S. 55.
Abbildung 2: http://www.sinembargo.mx vom 31.01.2016.
Abbildung 3: Joaquín Aguilar Camacho.
Abbildung 4: Christof Göbel 2016.
Abbildung 5: Christof Göbel 2016.

Aneignung als Kritik

Bürgerrecht durch Straßenbäume

Das *Neighborhood Tree Corps* in Brooklyn in den 1970er Jahren

Sonja Dümpelmann

Der folgende Beitrag zeigt, wie die Pflanzung von Straßenbäumen im Brooklyner Stadtteil Bedford-Stuyvesant in den 1960er und 1970er Jahren für diskriminierte afro-amerikanische Bewohner im Rahmen der Bürgerrechtsbewegung zu einem Mittel wurde, sich bei der New Yorker Stadtverwaltung Gehör zu verschaffen und sich ihr Recht an der Stadt wiederzuerobern. Mithilfe von Straßenbaumpflanzungen eigneten sich viele Bewohner Bedford-Stuyvesants öffentlichen Raum neu an und markierten physisch und symbolisch ihr Recht an der Stadt. Bezeichnenderweise machten sie mit ihren Initiativen auch einem lokalen Stadterneuerungsprojekt einen Strich durch die Rechnung, was dazu führte, dass Teile Bedford-Stuyvesants vom Abriss verschont blieben. Mit ihren Baumpflanz- und Baumpflegeaktionen praktizierten die afro-amerikanischen Bewohner Bedford-Stuyvesants das, was Sozialwissenschaftler mehr oder weniger zur selben Zeit begannen zu theoretisieren und mit Begriffen wie Territorialität (Fried/Gleicher), räumlicher Praxis und Performanz (Lefebvre) zu besetzen. Die sozialwissenschaftliche Auseinandersetzung mit der Aneignung des öffentlichen Raumes und seiner Nutzung veranlasste in den 1970er Jahren wiederum den Architekten Oscar Newman, Gestaltungsrichtlinien für „geschützten" Raum im sozialen Wohnungsbau zu entwickeln. Diese sollten die territoriale Aneignung von Innen- und Außenraum der Bewohner fördern und Kriminalität verringern. Eine räumliche Praxis und performative Aneignung, die im Sinne Lefebvre's auch einen „gelebten Raum" hervorbringen konnte, in dem Bäume u.a. als Symbole der Aneignung fungierten, war allerdings in erster Linie den basisdemokratischen Selbsthilfeprojekten wie dem *Neighborhood Tree Corps* in Bedford-Stuyvesant vorbehalten.

In der 1973 erschienenen Kindergeschichte „What Are We Going To Do, Michael?“ hilft der 10jährige Michael seiner Nachbarin, Frau Jacobson, eine achtzig Jahre alte Immergrüne Magnolie zu retten, die für ein Stadterneuerungsprojekt Platz machen soll. Nellie Burchardts fiktive Geschichte basiert auf Ereignissen der späten 1960er und frühen 1970er Jahre in dem Brooklyner Stadtteil Bedford-Stuyvesant. Ihre Darstellung der Nachbarin Jacobson stellt die wahre Geschichte jedoch auf den Kopf. Im Buch sind Michael und Frau Jacobson weiße Bürger einer heruntergekommenen und ethnisch gemischten Wohngegend. In Wirklichkeit war Frau Jacobson allerdings Hattie Carthan, eine Afro-Amerikanerin in ihren Siebzigern, die in einem heruntergekommenen Häuserblock in Bedford-Stuyvesant lebte.

Abbildung 1: Irvin I. Herzberg, Immergrüne Magnolie vor Lafayette Ave. Nr. 697, Februar 1970

Um 1970 hatte der Stadtteil Bedford-Stuyvesant die zweitgrößte afro-amerikanische Einwohnerzahl in den USA und galt als Metonymie für Amerikas ungelöste

Rassenprobleme.[1] Vielleicht hatten Burchardts Änderungen etwas mit den Absatzbestrebungen oder der antizipierten Leserschaft ihres Kinderbuches zu tun; oder gar mit der Erziehung in einer egalitären Gesellschaft, in der (weiße) Kinder Einfühlsamkeit gegenüber der Natur und Toleranz gegenüber anderen lernen sollten? Oder waren sie einfach unverblümt rassistisch? Wir wissen es nicht. Wie dem auch sei, die Geschichte selbst sowie die Umwandlung der afro-amerikanischen Protagonistin in die weiße Frau Jacobson spiegeln die gesellschaftlichen und städtebaulichen Probleme der Zeit wider.

Auch wenn die Autorin durch ihre Änderungen mehr Leser zu erreichen hoffte, enthielt sie der Leserschaft doch wesentliche geschichtliche Fakten vor. So waren es in erster Linie Afro-Amerikaner, allen voran Hattie Carthan, die sich für den Schutz der Magnolie einsetzten, sie vor der Fällung retteten und damit am Ende auch die Unterschutzstellung der drei nahestehenden historischen Sandsteinhäuser erreichten (Abb. 1). Sie gründeten auch das *Neighborhood Tree Corps* und machten damit Bäume zu einem Mittel der Emanzipation und der Aneignung des öffentlichen Raums in der Bürgerrechtsbewegung. Die Pflanzung und Pflege von Straßenbäumen wurde eine Bürgerinitiative der Afro-Amerikaner in Bedford-Stuyvesant, womit sie ihre Rechte an der Stadt und ihren Freiräumen allgemein bekundeten. Baumpflanzungen und „plant-ins“[2] wurden zu einem Mittel insbesondere der Frauen und Kinder – also der schwächsten Mitglieder der afro-amerikanischen Einwohner – sich Aufmerksamkeit und Raum zu verschaffen. Sie waren ein Mittel zur Raumaneignung, Gemeinschaftsbildung und zu einer Bürgerrechtsbekundung, mit der sie der Bildung von Elendsvierteln entgegenwirken konnten. Die Ereignisse, die 1970 zur Unterschutzstellung der Magnolie führten

1 Das Kapitel ist Teil eines größeren Buchprojektes der Autorin zur Geschichte der Straßenbäume in Deutschland und den Vereinigten Staaten: Seeing Trees: Street Trees in New York City and Berlin (Yale University Press). H.X. Connolly: A Ghetto Grows in Brooklyn, S. 140-141.

2 In Anlehnung an „sit-in“, ein Wort, das zuerst in den 1930er Jahren in den USA verwendet wurde, um einen Streik oder eine Demonstration zu beschreiben, in der Personen einen Arbeitsplatz, ein öffentliches Gebäude usw. besetzten, um gegen dortige Zustände zu demonstrieren. Während der Bürgerrechtsbewegung in den 1960er Jahren wurde das Wort benutzt, um den gemeinschaftlichen Protest der Afro-Amerikaner gegen Rassentrennung und -diskriminierung zu beschreiben. Seitdem wird „sit-in“ verwendet, um jede Art von Gruppenprotest oder von großer Ansammlung für einen gemeinschaftlichen Zweck zu beschreiben. „Plant-in“ wurde in einer Broschüre des *Magnolia Tree Earth Center* verwendet, um die Baumpflanzaktion 1971 im Brooklyner Tompkins Park zu beschreiben.

und sie zu einem Wahrzeichen machten, sowie die Gründung des *Neighborhood Tree Corps* 1971 und des *Magnolia Tree Earth Center* 1973 waren Initiativen, die den Bürgerrechts-, Umwelt- und Frauenbewegungen der Zeit entsprangen.

Hattie Carthan, die in einem Artikel der *Daily News* 1979 als „Matriarchin der Begrünungsbewegung"[3] in Bedford-Stuyvesant bezeichnet wurde, hatte 1964 im Zuge der ersten Bürgerrechtsausschreitungen in ihrem Stadtteil begonnen, sich für Bedford-Stuyvesant zu engagieren. Die Unruhen waren entstanden, als ein 15 Jahre alter afro-amerikanischer Student in eine Auseinandersetzung mit einem weißen Hausmeister geraten war und daraufhin von einem Polizisten erschossen worden war. Protestwellen führten zu gewalttätigen Auseinandersetzungen zwischen der Polizei und vorwiegend afro-amerikanischen Bürgern und zu Zerstörungen und Plünderungen von Geschäften in Bedford-Stuyvesant und Harlem. Sie verschlimmerten eine Situation, die Carthan schon länger beobachtet hatte: viele Straßen hatten sich von baumbestandenen idyllischen Wohnorten in rattenverseuchte, mit Müll übersäte Slums verwandelt. Viele Einwohner fühlten sich nicht mehr sicher auf die Straße zu gehen. „Luftpost" nannten die Bewohner den Müll, der deshalb aus offenen Fenstern geworfen wurde. Statt in den wenigen von der Abfallwirtschaft zur Verfügung gestellten Mülleimern landete er oft auf der Straße.

Um die Lage zu entschärfen, gründete Carthan 1964 zusammen mit sieben Nachbarn den *Vernon Avenue T & T*-Nachbarschaftsverein. Als erstes widmete sie sich der Straßenbaumpflanzung, denn in vielen Straßen fehlten Bäume. Carthans Verein begann bescheiden und sammelte Geld für vier Bäume. 1966 organisierte der Verein zur Geldbeschaffung ein Grillfest, das auch Bürgermeister John Lindsay besuchte. Die daraus resultierende öffentliche Aufmerksamkeit führte schließlich zum TREE MATCHING PROGRAM des *New York City Department of Parks and Recreation*. Für alle vier von einem Nachbarschaftsverein gepflanzten Bäume gab die Stadt sechs Bäume hinzu. Aufgrund ihres Erfolgs wurde Carthan bald die Vorsitzende des Bedford-Stuyvesant-Verschönerungsausschusses. Eines seiner Hauptanliegen war die Gründung weiterer Nachbarschaftsvereine, die weitere Bäume pflanzen sollten. 1970 gab es fast 100 Vereine in Bedford-Stuyvesant, die bereits mehr als 1.500 stadtverträgliche Ginkos, Ahornbäume und Gleditschien gepflanzt hatten.

Fördermittel des *New York State Council on the Arts* ermöglichten Carthan und ihren Vereinsmitgliedern 1971 die Einrichtung des *Neighborhood Tree Corps* zur Umwelterziehung von Kindern und Jugendlichen. Es bestand aus bis zu dreißig Kindern und Jugendlichen zwischen neun und sechzehn Jahren, die Unterricht

3 A. Kramer: Honor Hattie Carthan; saved tree from ax.

in Baum- und Gartenpflege erhielten, die Straßenbäume in ihrem Quartier pflegten und dafür eine bescheidene Geldzuwendung bekamen. Zu den Geräten, mit denen die Kinder und Jugendlichen für ihre Arbeit ausgestattet wurden, gehörten Eimer (Abb. 2 und 3).

Abbildung 2: Das Neighborhood Tree Corps *kümmert sich um die Pflege und Bewässerung der Straßenbäume in Bedford-Stuyvesant, Anfang der 1970er Jahre*

Bewusst verzichteten die Leiter des *Neighborhood Tree Corps* darauf, Wasserschläuche einzusetzen, die an Feuerlöschhydranten angeschlossen werden konnten. Die Mitglieder des *Tree Corps* sollten stattdessen an die Türen der Straßenbewohner klopfen und um Wasser bitten, um damit auf die Bedürfnisse von Straßenbäumen aufmerksam zu machen und gleichzeitig das Gemeinschaftsgefühl in der Nachbarschaft zu stärken.[4] 1975 erwirkte Joan Edwards, die erste Direktorin des neu gegründeten *Magnolia Tree Earth Centers*, eine Ausweitung des Projekts. In Zusammenarbeit mit dem *Department of Parks and Recreation* legten Vereinsmitglieder, Studenten, Jugendliche und andere Freiwillige aus der Nachbarschaft ein Baumkataster für 700 Häuserblocks an. Die Datensammlung sollte den zukünftigen Baumschutz verbessern und wie bereits das *Tree Corps* brachte es den Teilnehmern gleichzeitig eine vorübergehende Beschäftigung und ein Bildungserlebnis.

Abbildung 3: Ein Mitglied des Neighborhood Tree Corps *kümmert sich um einen Straßenbaum, Anfang der 1970er Jahre*

4 Zum *Neighborhood Tree Corps* vgl. H. Carthan: Magnolia Tree Earth Center of Bedford-Stuyvesant; E. A.: Tree Center Starts Services; R. Fleming: Botanic Garden Fete will raise seed money; B. Mason, They Put a Shine on Big Apple.

In vielerlei Hinsicht waren Baumpflanzungen zu einem Schlüssel der Erneuerung des Stadtteils geworden und bestätigten damit das Motto des *Magnolia Tree Earth Center*: Rette einen Baum. Rette ein Stadtviertel! Carthans Projekt war handfester und direkter als die Initiativen des Brooklyner Ortsverbandes des *Congress of Racial Equality* (CORE), der sich gegen Diskriminierung bei kommunalen Dienstleistungen wandte, wie zum Beispiel Unregelmäßigkeiten in der Müllabfuhr.[5] Im Unterschied zu vielen CORE Projekten wurden das *Neighborhood Tree Corps* und das *Magnolia Tree Earth Center* von einer Person initiiert, die vor Ort wohnte, wo die Not am größten war. Baumpflanzungen förderten Selbstbewusstsein und Kreativität, und sie konnten – so hofften jedenfalls die Initiatoren – Entfremdung und Feindseligkeit entgegenwirken. Sie hatten direkten Einfluss auf die Ästhetik und Struktur des Raumes und konnten von den Bürgern direkt ausgeführt werden. Sie beruhten zum einen auf intrinsischen Werten, die in der Tätigkeit selbst zu finden waren, wie zum Beispiel Solidarität, Gemeinschaftsbildung und Naturgefühl. Zum anderen hatten Baumpflanzungen auch einen symbolischen Charakter und einen repräsentativen Wert. Was die Straßenbaumaktivitäten also von anderen Bürgerrechtsinitiativen unterschied, war nicht nur ihr basisdemokratischer Do-it-Yourself- und Selbsthilfecharakter, sondern auch ihre ästhetische Wirkung. Bäume machten einen großen Unterschied. Sie veränderten die Struktur und Ästhetik des städtischen Raumes, auch im kurzlebig atmosphärischen Sinn – man denke zum Beispiel an ihre Fähigkeit, das Mikroklima zu verändern. Bäume konnten also die phänomenologische Lücke schließen, die zwischen den von der Politik angeordneten Maßnahmen und dem eigentlichen Leben im Stadtteil bestand. Baumpflanzungen waren nicht nur eine gemeinschaftsbildende Tat, die den Stadtteil wiederbelebte, sie führten auch zu einem sichtbaren Ergebnis. Sie verschönerten Bedford-Stuyvesant und bewirkten ein neues Wohngefühl. Bäume gaben dem Stadtteil eine neue Identität und verwandelten die Straßen wieder zu sozialen Treffpunkten und Aufenthaltsorten.

Dieser ästhetische und repräsentative Aspekt der Baumpflanzaktionen ergänzte bzw. wirkte mitunter sogar gegen Teile der bundesstaatlichen Stadterneuerungsprogramme, die wie das *Model Cities Program* innerstädtische Bereiche sanieren sollten. So führte Carthans Aktion zur Rettung der Immergrünen Magnolie tatsächlich dazu, dass das ursprüngliche Konzept der Stadterneuerung in diesem Bereich geändert werden musste, um den Baum und seine ihn beschützenden Sandsteingebäude zu erhalten. Vor ihrem Sieg in den frühen 1970ern hatten die

5 Zum Müllproblem und der Rattenplage in Bedford-Stuyvesant sowie zu diskriminierenden Praktiken des *Department of Sanitation* vgl. B. Purnell: Fighting Jim Crow in the County of Kings, S. 129-169; M. McLaughlin: The Pied Piper of the Ghetto.

Denkmalschützer bereits einen vorläufigen Erfolg bei der Verwaltung für Stadtentwicklung errungen. Diese hatte nämlich zugestimmt, eine zehn Meter hohe und zwölf Meter breite Mauer zu errichten, um die mikroklimatischen Verhältnisse zu erhalten und die Magnolie vor den Stadterneuerungsarbeiten zu schützen.[6] Am Ende erwies sich diese Vereinbarung jedoch als unzureichend und 1976 konnte die *New York City Housing Development Agency* schließlich überzeugt werden, die drei Sandsteingebäude an das *Magnolia Tree Earth Center* zu verkaufen.[7] In dem Kampf um die Magnolie, der 1970 unter anderem zu einem politischen Thema bei den kommunalen Vorwahlen der Demokraten wurde[8], standen der individuelle Charakter und die Eigenheiten des Stadtviertels gegen das vereinheitlichende genormte *Model Cities Program*. Der Kampf um den Erhalt der Magnolie wurde also im wahrsten Sinne des Wortes zu einer ‚tree roots initiative', deren Werte zur Stadterhaltung und Wiederbelebung die Anwohner durch Straßenbaumpflanzungen im Stadtteil weiterverbreiteten.

Die Zeit, in der Hattie Carthan ihr Projekt begann, war auch durch die gärtnerische Nutzung von Baulücken und ähnliche Aktionen in anderen Stadtteilen geprägt. Während Carthans Ansatz jedoch aus der Bevölkerung und aus der Praxis direkt kam und dann von der Stadtverwaltung unterstützt wurde, wurden die meisten anderen Maßnahmen von der Verwaltung initiiert, finanziert und geleitet. So organisierte zum Beispiel das Wohnungsamt der Stadt New York 1963 mithilfe von Sponsorengeldern für die 600.000 Mieter der Sozialbauwohnungen einen Sommergartenwettbewerb. Der Wettbewerb wirkte Vandalismus und „Luftpost" entgegen und wurde in den folgenden Jahren immer beliebter. So stieg die Teilnehmerzahl von anfangs 105 auf 283 im Jahre 1971.[9]

Baumpflanzaktionen gewannen auch auf nationaler Ebene an Bedeutung, z.B. in der Verschönerungskampagne der First Lady, die der im Mai 1965 stattgefundenen *White House Conference on Natural Beauty* folgte. Zu den Verschönerungsinitiativen in der Hauptstadt Washington gehörte 1967 neben der Aufstellung von Bänken und Abfalleimern auch das Pflanzen von Straßenbäumen. Straßenbäume wurden bald zum Leitthema der Stadtverschönerungsbemühungen in Washington D.C. Da private Spenden nur für Straßenbäume in den wohlhabenden Stadtteilen zur Verfügung gestellt wurden, stellte die Lady Bird Johnson sicher,

6 E. Ranzal: Hearing Divided on How to Save Tree; P. Coutros: Brooklyn's Magnolia Stands in Limbo; Noted Poet Contributes.

7 F. Ferbetti: Urban Conservation: A One-Woman Effort.

8 J. Flaherty: A Magnolia Tree Grows in Brooklyn.

9 Vgl. P. Mann: Miracle of the Flower Boxes, S. 110; C.A. Lewis: Public Housing Gardens.

dass öffentliche Gelder für Bäume in den ärmeren Bezirken der Hauptstadt eingesetzt wurden. Insbesondere für das Shaw-Viertel, in dem viele Afro-Amerikaner lebten und das bei den Unruhen nach der Ermordung von Martin Luther King am 4. April 1968 sehr gelitten hatte, wurde Geld für Straßenbäume bereitgestellt.[10]

Im New Yorker Stadtteil Harlem zeigte sich Anfang der 1970er Jahre der Chef der dortigen Polizeikräfte, Anthony V. Bouza, entsetzt über die „Nacktheit der Straßen". In den Jahren zuvor hatte eine Umfrage bei Bewohnern Harlems wie bei einer ähnlichen Befragung in Bedford-Stuyvesant ergeben, dass sie in ihrem Viertel insbesondere Bäume und städtisches Grün vermissten. Der Wunsch nach Bäumen folgte unmittelbar auf die großen Sorgen um Wohnungsqualität, Drogenabhängigkeit und Verbrechen.[11] Im Rahmen des Projektes *Uplift*, das die Armut in Harlem lindern sollte, war 1965 nach den Unruhen des Sommers zuvor ein erster Versuch unternommen worden, durch das Pflanzen von Straßenbäumen Spannungen abzubauen. Die kurzfristige Planung und die späte Erkenntnis, dass der Sommer keine günstige Pflanzzeit war, führten allerdings dazu, dass von den ursprünglich geplanten 1.500 nur 371 Bäume gepflanzt wurden.[12] Als Bouza das Potenzial von Bäumen für die Wiederbelebung heruntergekommener Stadtteile erkannt hatte, begann er deshalb seine eigene Baumpflanzkampagne. Er mobilisierte dafür

10 Zu Lady Bird Johnsons Baumpflanzaktion in Washington, D.C. vgl. L.L. Gould: Lady Bird Johnson and the Environment, S. 88, S. 91-93, S. 104.

11 Vgl. die Studie von J.F. Kraft, Inc. zu „Attitudes by Harlem Residents Toward Housing, Rehabilitation and Urban Renewal, August 1966", die publiziert wurde in: Committee on Government Operations, Federal Role in Urban Affairs, Hearings before the Subcommittee on Executive Reorganization of the Committee on Government Operations, United States Senate, Eighty-Ninth Congress, Second Session, August 31; September 1, 1966, Part 6 (Washington: U. S. Government Printing Office), 1409-1423. Die Studie wurde in der damaligen Literatur vielfach zitiert. Vgl. zum Beispiel W.N. Seymour, Jr.: An Introduction to Small Urban Spaces, S. 7-8; und C.E. Little: The Double Standard of Open Space.

12 Vgl. F. Powledge: Haryou Project is Found Lacking; A. Pinkney/R.R. Woock, Poverty and Politics in Harlem, S. 135-136; S.H. Alexander, Jr., Brief an Newbold Morris, 3. August, 1965, New York City Municipal Archives, Department of Parks and Recreation, Administration, 1965, Folder 5; zu HARYOU-ACT, der Veruntreuung und widerrechtlichen Aneignung von Geldern und zu Machtspielen, vgl. I. Unger: The Best of Intentions: S. 148-197.

Kinder aus Harlem sowie das Grünflächenamt, das den Stadtteil aus Furcht sich selbst überlassen hatte.[13]

Die Bemühungen der Stadtverwaltung und der Baumpflanzaktivisten wurden von neuen Erkenntnissen in der damaligen Sozialwissenschaft unterstützt. Soziologen, die sich mit den Wohn- und Lebensverhältnissen in Problemvierteln auseinandersetzten, hatten die Nöte und ihre Abhilfen wie folgt definiert: die Monotonie des täglichen Lebens sollte durchbrochen werden, Gemeinschaftssinn sich aus spontanen Aktivitäten entwickeln, und eine demokratische Beteiligung an der Umweltgestaltung sollte ermöglicht werden. Diese Empfehlungen trugen dem von Soziologen und Psychologen wie Kenneth Clark und Isidor Chein hochgehaltenen Argument Rechnung, dass Umweltbedingungen und ihr ästhetischer Ausdruck das Verhalten von Individuen beeinflussten.[14] Nachdem Soziologen erkannt hatten, dass Bewohner von Elendsvierteln Straßen nicht nur als Wege benutzten, sondern auch als erweiterten Wohnraum, wurde in den 1960er und 1970er Jahren das Konzept des territorialen Raumes (territorial space) zu einem Ausgangspunkt ihrer Forschung.[15] Die Ergebnisse und Theorien dieser Forschung formulierten das, was Hattie Carthan bereits praktizierte, und sie gaben Umwelt- und Gesellschaftsaktivisten wie Charles E. Little eine theoretische und empirische Grundlage für ihre Forderungen nach einer gerechteren Freiraumpolitik.[16]

Charles E. Little kritisierte den Wertverlust der Straßen als öffentlicher Raum und die allgemein fehlende Einsicht, dass Straßen für Innenstadtbewohner die Funktionen erfüllten, die Gärten den Bewohnern des Stadtrandes boten.[17] 1963 hatte er das *Open Space Committee* für den Schutz von Freiräumen in der *Tri-State New York Metropolitan Region* gegründet. Durch ein Exkursionsprogramm ermöglichte es benachteiligten Kindern und Jugendlichen Freizeitaufenthalte in der Natur außerhalb der Stadt. Bald wurde Little auch im innerstädtischen Bereich aktiv, um die Freiraumversorgung dort direkt zu verbessern. Er kritisierte die weit verbreitete Doppelmoral bezüglich des städtischen Freiraums in den verarmten

13 Vgl. hierzu J. Kostouros: Trees, Crime und T. Bouza; A.V. Bouza: Trees and Crime Prevention.

14 Vgl. zum Beispiel K.B. Clark: Dark Ghetto, S. 32-33; I. Chein: The Environment as a Determinant of Behavior.

15 Vgl. zum Beispiel M. Fried/P. Gleicher: Some Sources of Residential Satisfaction in an Urban Slum; zu Territorialität in den Sozialwissenschaften der 1960er Jahre vgl. S.M. Lyman/M.B. Scott: Territoriality; und R. Sommer: Personal Space.

16 Vgl. zum Beispiel C.E. Little: The Double Standard of Open Space.

17 Vgl. ebd., S. 77.

Quartieren, in denen oft insbesondere Afro-Amerikaner lebten. Er verlangte soziale Gerechtigkeit und Umweltgerechtigkeit und provozierte mit ironischen Bemerkungen: politische Entscheidungen basierten auf der Annahme, dass arme Menschen, insbesondere Schwarze und Latinos, kein Grün mögen, außer vielleicht die Schalen von Wassermelonen und Bananenblättern. Die Politik basiere auf folgendem Syllogismus: „Im Innenstadtbereich gibt es keine Grünanlagen; arme Leute leben im Innenstadtbereich; deshalb brauchen arme Leute keine Parks, Freiräume und keine Natur.“[18] Eine auf Gleichheit beruhende Freiraumpolitik könnte, so Little, nicht nur die städtische Wohnqualität verbessern, sondern auch dazu beitragen, den benachteiligten Bürgern ein Leben mit Anstand, in Würde und Menschlichkeit zu ermöglichen.[19]

Neben Gesellschafts- und Umweltaktivisten wie Little glaubten auch einige Designer, dass sie durch ihre gestalterische Arbeit gesellschaftliche Veränderungen bewirken und Kriminalität reduzieren könnten. Das Verständnis der Straße als territorialem Raum regte zum Beispiel den Architekten Oscar Newman an, gestalterische Ideen für geschützten Raum (defensible space) in Stadterneuerungsgebieten zu entwickeln. Dafür entwickelte er Gestaltungsrichtlinien. Zum Beispiel könne, so Newman, die Verbindung des Innen- und Außenraumes dazu führen, dass Bewohner benachbarter Gebäude im Sinne von Jane Jacobs immer auch die Straße im Blick hätten. Die Bewohner könnten durch gestalterische Eingriffe ermutigt werden, die Straße als ihren erweiterten Wohnraum und damit als ihren Einflussbereich zu betrachten. Newman hatte diese und andere Gestaltungsrichtlinien im Rahmen eines Projekts erarbeitet, das von den Ministerien für Justiz, Wohnungsbau und Stadtentwicklung gefördert wurde. Er hatte dazu die Gestaltung und Architektur des sozialen Wohnungsbaus in verschiedenen amerikanischen Städten, insbesondere in New York City studiert. Doch Newmans Richtlinien waren auf die architektonische und bauliche Gestaltung fokussiert und seine Aussagen in Bezug auf Baumpflanzungen blieben doppeldeutig. Einerseits waren Bäume als ein attraktives Gestaltungselement willkommen. Sie konnten die Identifikation der Bewohner mit ihrem erweiterten Wohnraum sowie ihr Umweltbewusstsein bestärken. Andererseits konnten Bäume und Sträucher aber auch ein gewisses Unsicherheitsgefühl hervorrufen, zum Beispiel wenn sie die Sicht behinderten. Seine prototypischen baulichen Sicherheitsrichtlinien für Wohngebiete, die er 1974 zusammen mit seinem Kollegen, dem Architekten und Städtebauer Stephen Johnston publizierte, sahen vor, dass Baumkronen an Stellen, wo sie die Sicht behindern würden, nicht tiefer als 2,30 Meter sein durften. Büsche

18 Vgl. ebd., S. 75.

19 Vgl. ebd., S. 83.

und andere niedrigwachsende Pflanzen, die Sichtlinien behindern könnten, sollten so geschnitten sein, dass sie die Höhe von 90 cm nicht überschritten. Zudem sei darauf zu achten, dass Pflanzenwuchs Licht von Straßenlampen nicht behindere. Obwohl detaillierte Beispiele in den Richtlinien fehlten, deuteten Skizzen prototypischer Lagepläne an, dass Bäume Häuserfassaden nicht zudecken sollten, während geordnete, nicht sichtbehindernde Anpflanzungen durchaus erwünscht waren. Obwohl es Aktivisten wie Little klar war, dass alle Stadtbewohner unabhängig von Hautfarbe und Herkunft Freiraum und Bäume brauchten, reagierte Newman in seinen Gestaltungsrichtlinien und Skizzen zum geschützten Raum nur eingeschränkt darauf.[20]

Newmans Reaktion auf die innerstädtischen Probleme zeigt, dass Bäume und Grünflächen nicht immer positiv konnotiert waren und sind. Die Einstellung zu Baumpflanzungen kann abhängig sein von individuellen persönlichen Erfahrungen, die wiederum von Geschlecht und Hautfarbe beeinflusst sein können. Seit den 1970er Jahren haben Sozialwissenschaftler auf der Grundlage von Studien argumentiert, dass Bäume dazu beitragen können, Straftaten zu verhindern und dass Menschen baumbestandene Straßen mit einem Gefühl von Sicherheit assoziieren.[21] Allerdings ergaben Studien in den 1980er Jahren auch, dass insbesondere Afro-Amerikaner dicht bepflanzte und bewaldete Flächen mit Gefahr für Leib und Leben verbanden.[22] Schließlich zeigen ältere sowie neuere Studien über Baumpflanzprojekte wie *NYC Million Trees*, dass diese Projekte einen positiven Einfluss auf das Gemeinwesen haben, das Zusammengehörigkeitsgefühl stärken und zur Identitätsfindung beitragen.[23] Während in den letzten Jahrzehnten viele Studien belegt haben, dass Bäume ganz allgemein zum seelischen und körperlichen

---

20 Vgl. O. Newman: Defensible Space; O. Newman, Design Guidelines for Creating Defensible Space, S. 101-125; O. Newman/S. Johnston: Model Security Code for Residential Areas, S. 21.

21 Vgl. G.H. Donovan/J.P. Prestemon: The Effect of Trees on Crime in Portland, Oregon.

22 Vgl. R. Kaplan/S. Kaplan: The Experience of Nature, S. 103; vgl. J. F. Talbot/R. Kaplan: Needs and Fears.

23 Vgl. R.G. Ames: The Sociology of Urban Tree Planting; M.E. Austin/R. Kaplan: Identity, Involvement, and Expertise in the Inner City; D. Fisher/E. Svendsen/J. Connolly: Urban Environmental Stewardship and Civic Engagement, S. 113. Für eine erste kritische Beurteilung der politischen Ökologie des MillionTreeNYC Projektes vgl. L.K. Campbell: Constructing New York City's Urban Forest.

Wohlbefinden beitragen[24], dauerte es doch bis in die späten 1980er Jahre, bis Wissenschaftler begannen, sich mit der ungleichen Verteilung von Straßenbäumen in Städten zu beschäftigen. Als Joan Welch in ihrer 1991 abgeschlossenen Dissertation der Frage nachging, welche Rolle sozio-ökonomische und politische Faktoren bei der Straßenbaumverteilung spielten, musste sie mehr oder weniger bei Null beginnen. Sie untersuchte die Bostoner Stadtteile Roxbury und North Dorchester, in denen seit den 1950er Jahren viele Afro-Amerikaner lebten, und konnte einen engen Zusammenhang zwischen Größe der Baumkronenfläche, ethnischer Herkunft der Bewohner, Einkommensstruktur und Armutsquote aufzeigen. Die meisten und größten Bäume gab es in den Gegenden mit größerer Wohnbeständigkeit und hochwertigem Wohnraum, in denen Menschen der mittleren bis hohen Einkommensgruppen lebten, die wahlberechtigt waren. Dies bedeutete und bedeutet auch heute noch, dass sozioökonomisch schwache Stadtteile, die oft von ethnischen Minderheiten und Afro-Amerikanern bewohnt werden, weniger Straßenbäume aufweisen. Obwohl Bäume immer schon die Wohlstandsverteilung beeinflusst und angezeigt haben, bestätigte die Studie die Rolle sozio-ökonomischer und politischer Faktoren bei der ungleichen Verteilung von Natur in der Stadt. Welch kam so zu dem Schluss, dass eine gleichmäßige Verteilung von Stadtbäumen letztendlich auch das soziale Umfeld verbessern könne.[25]

Die Ergebnisse dieser Studien überraschen kaum. Die Assoziation von Straßenbäumen mit räumlicher Aneignung, bürgerlichem Engagement, Sozialarbeit, gesellschaftlichem Handeln sowie mit der Emanzipation und der Stärkung der Rolle von Afro-Amerikanern und insbesondere Frauen und Kindern geht bis ins 19. Jahrhundert zurück. Die frühen Dorfverschönerungsvereine, die das Pflanzen von Straßenbäumen in den Kleinstädten Neuenglands förderten und die ersten Feiern zum Tag des Baumes, die 1872 in Nebraska begannen und seitdem zu jährlichen Ritualen auch außerhalb der Vereinigten Staaten geworden sind, sind Beispiele für privates und bürgerliches Engagement, das die Grundlage für die heutige sogenannte *urban forestry* in amerikanischen Städten schuf.

In vielen Städten wurde der Tag des Baumes für die Umwelterziehung der Kinder genutzt (Abb. 4). Im Chicago der 1910er Jahre, als die Stadt kaum Gelder für Straßenbaumpflanzungen bewilligte, benutzte der gerade neu eingestellte

---

24 Vgl. z.B. R.S. Ulrich: The Role of Trees in Human Well-Being and Health, S. 25; H.W. Schroeder: Psychological Value of Urban Trees.

25 Vgl. J.M. Welch: An Assessment of Socio-Economic and Land-Use Histories that Influence Urban Forest Structure. Eine der wenigen Studien, die sich mit Stadtbäumen und Sozioökonomie beschäftigte und der Studie von Welch vorausging, war Talarcheks Studie über New Orleans. Vgl. G.L. Talarchek: The Urban Forest of New Orleans.

Stadtförster Jacob H. Prost den Tag des Baumes in den öffentlichen Schulen dazu, die *Penny-Tree*-Kampagne zu starten. Diese Werbeoffensive verkaufte Bäume für einen Cent an Schulkinder und ermunterte sie, die Bäume entlang der Straßen vor ihren Häusern zu pflanzen. In diesem Frühstadium der institutionalisierten Stadtförsterei in Chicago trugen die *Penny Trees* beträchtlich dazu bei, die Stadt zu begrünen.[26]

Abbildung 4: Straßenbaumpflanzung und Festivitäten zum Tag des Baumes in einer öffentlichen Schule in Manhattans Lower East Side, 1905

Die Einsetzung des Stadtförsters Prost ging auf eine Initiative der Chicagoer *Women's Outdoor League* und des *Women's Club* zurück. Frauen gründeten auch die ersten Dorfverschönerungsvereine und initiierten Straßenbaumpflanzungen, um in Dörfern und Kleinstädten für Schatten und Verschönerung zu sorgen. Durch ihr Engagement für Straßenbaumpflanzungen und -pflege sowie Baumpatenschaften

26 Vgl. zur Geschichte der Straßenbaumpflanzungen in Chicago S. Dümpelmann: ‚Tree Doctor' vs. ‚Tree Butcher'. Im ersten Jahr der Kampagne wurden 270.000 Schösslinge von Trompetenbäumen verteilt. Im zweiten Jahr folgten fast 300.000 Weiße Maulbeerbäume. 1913 waren es 270.000 Amerikanische Ulmen und 1914 290.000 Papier-Birken. Vgl. H.M. Hyde: Chicago Lining all its Streets with Shade Trees; J.H. Prost: City Forestry in Chicago.

schufen sich Frauen Anfang des zwanzigsten Jahrhunderts regelrecht eine Möglichkeit zur Mitwirkung an der Gestaltung des öffentlichen Raumes. Straßenbäume wurden zu einem Mittel der Emanzipation und des Widerstandes gegen Unterdrückung. Allerdings kamen die meisten Frauen, die mit dem Baum den öffentlichen Raum *eroberten*, aus privilegierten gesellschaftlichen Gruppen und ihre Arbeit fand in erster Linie auch in wohlhabenderen Stadtteilen statt.[27]

Die ersten Baumpflanzaktionen zur Wohnumfeldverbesserung in Mietskasernenvierteln dagegen begannen Anfang des zwanzigsten Jahrhunderts in New York City auf private Initiative (Abb. 5).

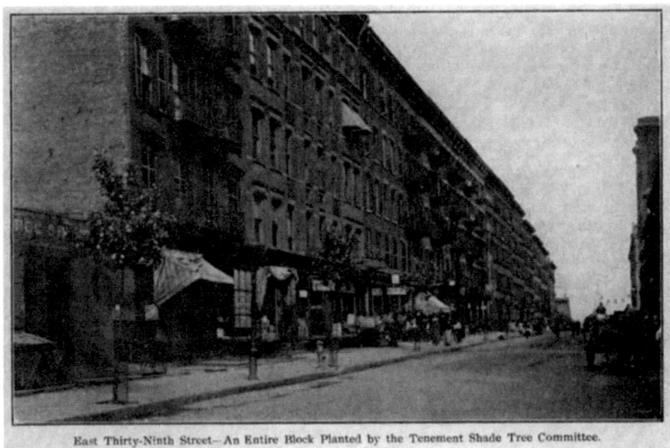

East Thirty-Ninth Street—An Entire Block Planted by the Tenement Shade Tree Committee.

Abbildung 5: Einer der ersten Erfolge des Tenement Shade Tree Committee *war die Pflanzung von Straßenbäumen entlang der East 39th Street*

Das *Tenement Shade Tree Committee*, das 1902 als eine Untergruppe der zu diesem Zeitpunkt fünf Jahre bestehenden *Tree Planting Association* gegründet worden war, nahm sich dieser Aufgabe an. Zu seinen Mitgliedern gehörten Industrielle und Bankiers wie John D. Crimmins und Robert Fulton Cutting sowie bedeutende Sozialreformer und Philanthropen wie Lawrence Veiller, Archibald Alexander Hall, Pastor David H. Greer, Abram S. Hewitt, Ellin Leslie Prince Lowery Speyer und Edith Carpenter Macy.

27 Zu Frauen, Bäumen und Städten, vgl. S. Dümpelmann: Designing the ‚Shapely City': Women, Trees, and the City.

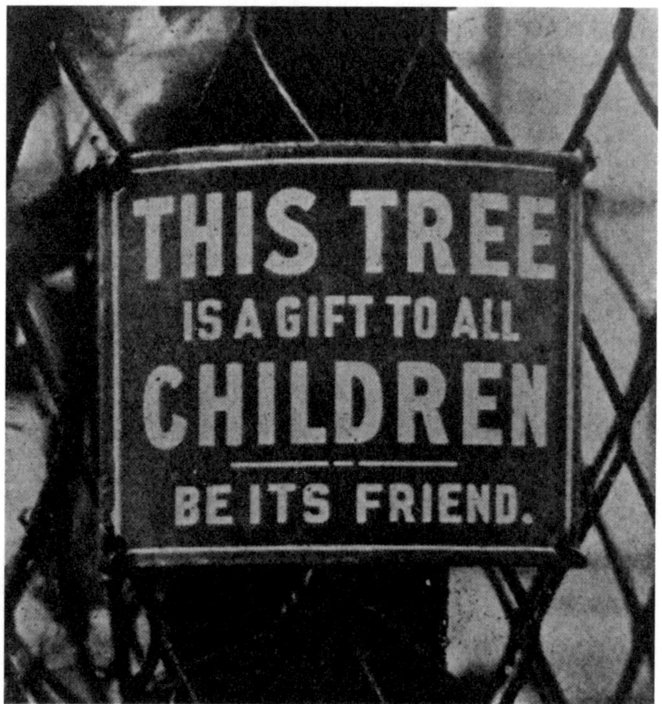

Abbildung 6: An den vom Tenement Shade Tree Committee *gepflanzten Bäumen wurde dieses Schild angebracht, ca. 1905*

Entlang vieler Straßen mangelte es zu dieser Zeit an Bäumen, aber die Situation war besonders schwerwiegend in den dicht besiedelten Mietskasernenvierteln, in denen viele Menschen aufgrund der beengten Verhältnisse und fehlender sanitärer Anlagen an Krankheiten litten. Der bekannte Arzt und spätere Präsident der *Tree Planting Association* Stephen Smith hatte in den 1870er Jahren beobachtet, dass es in den Mietskasernenvierteln in den heißen Sommermonaten mehr Todesfälle als Folge von Durchfallerkrankungen gab als zu anderen Jahreszeiten. Smith und andere Baumfreunde brachten vor, dass Straßenbäume in den Mietskasernenvierteln Schatten spenden, Luft kühlen sowie die Entstehung „schlechter Luft" („malaria") verhindern könnten. Als Anhänger der Lehre der Miasmen wurde letztere damals noch von Smith und vielen Ärzten als Ursache vieler Erkrankungen angesehen. Sauerstoff produzierende Bäume galten regelrecht als „Desinfektionsmittel“ und „selbsttätiges Sanatorium“, die der Ausbreitung von „schlechter Luft“ entgegenwirken könnten.[28]

Auch der Sozialreformer Jacob Riis betonte die positive Wirkung der Bäume. Er hatte die Lebensbedingungen in den Mietskasernen mit seinen heute berühmten Fotos dokumentiert und wurde eines der ersten Mitglieder des *Tenement Shade Tree Committees*. Er richtete sein Augenmerk allerdings weniger auf den Gesundheitsaspekt als auf die moralische und erzieherische Funktion der Bäume für die Bewohner der Armutsviertel. Dies zeigt ein Zitat in einer Ausgabe des *Chautauquan* von 1905, in dem es heißt, „Let us have the trees, and the nearer the homes of the poor the better; as they grow good citizenship will grow with them.“[29] Um zur Baumpflege zu ermuntern und Vandalismus zu verhindern, wurde an jedem Baum, den das *Tenement Shade Tree Committee* pflanzte, ein emailliertes Schild mit der folgenden Aufschrift angebracht: This tree is a gift to all children. Be its friend (Abb. 6).

Ob sie als basisdemokratische Handlungen begannen wie im Falle der Hattie Carthan im Bedford-Stuyvesant der 1960er Jahre; ob sie das Ergebnis präsidialer Kampagnen waren, wie im Falle der Verschönerungsinitiative von Lady Bird Johnson in Washington D.C., oder ob sie den Gesundheits- und Gesellschaftsreformen dienten, wie im Falle des *Tenement Shade Tree Committees* Anfang des zwanzigsten Jahrhunderts, den hier geschilderten Baumpflanzinitiativen ist gemeinsam, dass sie das Ergebnis von Tätigkeiten waren, bei denen sich oben und unten, privat und öffentlich trafen und sich gegenseitig befruchteten. Straßenbäume schufen Neuland zwischen der Privatsphäre und der Öffentlichkeit und damit Raum für die Verhandlung und Neuverteilung gesellschaftlicher Machtverhältnisse. Bereits die Bewohner der frühen Kolonialstädte der Vereinigten Staaten mussten ihre eigenen Bäume auf öffentlichem Grund und Boden pflanzen und sich dabei an bestimmte Richtlinien der betreffenden Stadtverwaltung halten. Im Unterschied zu der häufig vertretenen Meinung, dass Landschaftsgestaltung und Design allgemein reiner Luxus und nachträgliche Einfälle sind, zeigen diese Initiativen, dass Landschaft, besonders in Krisenzeiten, mehr ist als eine Randnotiz und dass sie dazu beitragen kann, öffentlichen und privaten Unternehmergeist im Sinne der Bürgerrechte zu wecken.

28 Vgl. Shade-Trees as Disinfectants; Tree Planting.

29 E.G. Routzahn: The Tree Planting Movement.

LITERATUR

Ames, Richard G. „The Sociology of Urban Tree Planting“, in: Journal of Arboriculture 6 (1980), S. 120-123.

Austin, Maureen E./Kaplan, Rachel: „Identity, Involvement, and Expertise in the Inner City: Some Benefits of Tree-planting Projects“, in: Susan D. Clayton/Susan Opotow (Hg.), Identity and Natural Environment. The Psychological Significance of Nature, Cambridge, MA.: MIT Press 2003, S. 205-225.

Bouza, Anthony V.: „Trees and Crime Prevention“, in: Phillip D. Rodbell (Hg.), Proceedings of the Fourth Urban Forestry Conference, St. Louis, MS, 15.-19.10.1989, Washington D.C.: The American Forestry Association 1989, S. 31-32.

Campbell, Lindsay K.: „Constructing New York City's Urban Forest“, in: L. Anders Sandberg/Adrina Bardekjian/Sadia Butt (Hg.), Urban Forests, Trees, and Greenspace: A Political Ecology Perspective, London/New York: Routledge 2015, S. 242-260.

Carthan, Hattie: „Magnolia Tree Earth Center of Bedford-Stuyvesant“, in: Street. Magazine of the Environment 8 (1972), S. 6-8, 35.

Chein, Isidor: „The Environment as a Determinant of Behavior“, in: The Journal of Social Psychology 39 (1954), S. 115-127.

Clark, Kenneth B.: Dark Ghetto. Dilemmas of Social Power, New York: Harper & Row 1965.

Connolly, Harold X.: A Ghetto Grows in Brooklyn, New York: New York University Press 1977.

Coutros, Peter: „Brooklyn's Magnolia Stands in Limbo“, in: New York Daily News vom 30.01.1970.

Donovan, Geoffrey H./Prestemon, Jeffrey P.: „The Effect of Trees on Crime in Portland, Oregon“, in: Environment and Behavior 44 (2012), S. 3–30.

Dümpelmann, Sonja: „Designing the ‚Shapely City‘: Women, Trees, and the City“, in: Journal of Landscape Architecture, 2 (2015), S. 6-17.

Dümpelmann, Sonja: „‚Tree Doctor‘ vs. ‚Tree Butcher‘: Material Practices and Politics of Arboriculture in Chicago“, in: Landscript 05 (2016).

E. A.: „Tree Center Starts Services“, in: Phoenix vom 23.08.1979, S. 9, C4.

Ferbetti, Fred: „Urban Conservation: A One-Woman Effort“, in: New York Times vom 08.07.1982, S. C1, C6.

Fisher, Dana/Svendsen, Erika/Connolly, James: Urban Environmental Stewardship and Civic Engagement, London/New York: Routledge 2015.

Flaherty, Joe: „A Magnolia Tree Grows in Brooklyn“, in: The Village Voice vom 17.09.1970, S. 13.

Fleming, Robert: „Botanic Garden Fete will raise seed money“, in: Daily News vom 17.06.1987, S. KSI 14.3.

Fried, Marc/Gleicher, Peggy: „Some Sources of Residential Satisfaction in an Urban Slum“, in: Journal of the American Institute of Planners 27 (1961), S. 305-315.

Gould, Lewis. L.: Lady Bird Johnson and the Environment, Lawrence: University Press of Kansas 1988.

Hyde, Henry M.: „Chicago Lining all its Streets with Shade Trees“, in: Chicago Daily Tribune vom 14.05.1914, S. 13.

Kaplan, Rachel/Kaplan, Stephen: The Experience of Nature, Cambridge: Cambridge University Press 1989.

Kostouros, John: „Trees, Crime, and Tony Bouza“, in: American Forests 95 (1989), S. 41-44.

Kramer, Albert: „Honor Hattie Carthan; saved tree from ax“, in: Daily News vom 11.02.1979, S. 49, B1.

Lefebvre, Henri: „Die Produktion des Raums“, in: Jörg Dünne/Stephan Günzel (Hg.), Raumtheorie, Frankfurt a.M.: Suhrkamp 2006, S. 330-342.

Lewis, Charles A.: „Public Housing Gardens - Landscapes for the Soul“, in: Yearbook of Agriculture (1971), S. 277-281.

Little, Charles E.: „The Double Standard of Open Space“, in: J.N. Smith (Hg.), Environmental Quality and Social Justice in Urban America: The Conservation Foundation 1974, S. 73-84.

Lyman, Stanford M./Scott, Marvin B.: „Territoriality: A Neglected Sociological Dimension“, in: Social Problems 15 (1967), S. 236-249.

Mann, Peggy: „Miracle of the Flower Boxes“, in: The Reader’s Digest 103 (1973), S. 106-110.

Mason, Bryant: „They Put a Shine on Big Apple“, in: Daily News vom 18.12.1975.

McLaughlin, Malcolm: „The Pied Piper of the Ghetto: Lyndon Johnson, Environmental Justice, and the Politics of Rat Control“, in: Journal of Urban History 37 (2010), S. 541-561.

Newman, Oscar: Defensible Space, New York: The Macmillan Company 1972.

Newman, Oscar: Design Guidelines for Creating Defensible Space, Washington, D.C.: United States Government Printing Office 1976.

Newman, Oscar/Johnston, Stephen, New York: Institute for Community Design Analysis 1974.

„Noted Poet Contributes“, in: The News vom 10.08.1969.

Pinkney, Alphonso/Woock, Roger R.: Poverty and Politics in Harlem: Report of Project Uplift 1965, New Haven, CN: College and University Press 1970.

Powledge, Fred: „Haryou Project is Found Lacking: Panel Calls Summer Plan Victim of Inefficiency“, in: The New York Times vom 18.01.1966, S. 22.

Prost, J. H.: „City Forestry in Chicago“, in: American City 4 (1911), S. 277-281.

Purnell, Brian.: Fighting Jim Crow in the County of Kings: University of Kentucky Press, 2013.

Ranzal, Edward: „Hearing Divided on How to Save Tree“, in: The New York Times vom 04.03.1970.

Routzahn, E. G.: „The Tree Planting Movement“, in: The Chautauquan: A Weekly Newsmagazine 41 (1905), S. 337.

Schroeder, Herbert W.: „Psychological Value of Urban Trees: Measurement, Meaning, and Imagination“, in: Ali F. Phillips/Deborah J. Gangloff (Hg.), Proceedings of the Third National Urban Forestry Conference, Orlando, FL, 07.-11.12.1986, Washington, D.C.: American Forestry Association, 1987, S. 55-60.

Seymour, Jr., Whitney North: „An Introduction to Small Urban Spaces“, in: Whitney North Seymour, Jr. (Hg.), Small Urban Spaces, New York: New York University 1969, S. 1-10.

„Shade-Trees as Disinfectants“, in: The New York Times vom 07.04.1873, S. 4.

Sommer, Robert: Personal Space. The Behavioral Basis of Design, Englewood Cliffs, N.J.: Prentice-Hall, Inc. 1969.

Talarchek, Gary L.: „The Urban Forest of New Orleans: An Exploratory Analysis of Relationships“, in: Urban Geography 11 (1990), S. 65-86.

Talbot, Janet Frey/Kaplan, Rachel: „Needs and Fears: The Response to Trees and Nature in the Inner City“, in: Journal of Arboriculture 10 (1984), S. 222-228.

„Tree Planting“, in: New York Times vom 01.03.1903, S. 6.

Ulrich, Roger S.: „The Role of Trees in Human Well-Being and Health“, in: Phillip D. Rodbell (Hg.), Proceedings of the Fourth Urban Forestry Conference, St. Louis, MS, 15.-19.10.1989, Washington D.C.: The American Forestry Association 1989, S. 25-29.

Unger, Irwin: The Best of Intentions: The Triumphs and Failures of the Great Society under Kennedy, Johnson, and Nixon, New York/London: Doubleday 1996.

Welch, Joan M.: An Assessment of Socio-Economic and Land-Use Histories that Influence Urban Forest Structure: Boston’s Neighborhoods of Roxbury and North Dorchester. Unveröffentlichte Dissertation, Boston 1991.

ABBILDUNGEN

Zur Paradoxie von Planung und Aneignung

Aneignungen als destruktive und produktive oder intervenierende urbane Partizipationstaktiken

SERJOSCHA P. OSTERMEYER

ZU ANEIGNUNGEN

Immer wieder wird bei der Aushandlung von Gestaltungsräumen im öffentlichen Stadtraum die Frage nach dem Verhältnis professioneller zu amateurhafter Beteiligung gestellt. Das Phänomen der Kombination von Profession und Amateuraktivität bzw. Produzent und Konsument als ‚Prosumer' wird seit Beginn der 1980er Jahre in der Kultur- und Sozialwissenschaft sowie in der Informatik untersucht.[1] Seitdem werden unterschiedlichste Formen nichtprofessioneller Produktion unter Do-It-Yourself (DIY) zusammengefasst: von selbständiger Renovierung, über Selbstmedikation bis zum Nähen und vielem anderen mehr. Für den Nutzungs- und zugleich Gestaltungskontext im Stadtraum lässt sich Aneignung folgendermaßen bestimmen:

> „Um Aneignung handelt es sich […], wenn eine bestehende verräumlichte Ordnung unterlaufen wird, d.h. sich darin neue Praxis- und Bedeutungszusammenhänge Raum verschaffen; dabei verhalten sich die Akteure und Akteurinnen taktisch subversiv, um temporär und situativ Zusammenhänge für diese eigenen Bedeutungen innerhalb einer bestehenden Ordnung zu schaffen."[2]

1 Vgl. A. Toffler: The third wave.

2 A. Färber: Greifbarkeit der Stadt, S. 100.

Bourdieu hat darauf hingewiesen, dass Aneignungen sozialer Räume eine allgemeine Taktik im Kampf um gesellschaftliches Kapital sind. Mit ihnen gewinnt man in dem Maße eigenes soziales, kulturelles und gegebenenfalls auch ökonomisches Kapital, wie die Qualität der angeeigneten Sache mit der eigenen Position im Feld der Lebensstile korrespondiert. Aneignungen erscheinen vor allem dort als erfolgreiche Distinktionen, wo freie Zeit und spezifische Fertigkeiten eingebracht werden. Dazu gehört insbesondere der Bereich der sogenannten Hochkultur.[3] Im Sinne des Habitus ist die Weise der Aneignung und Bedeutungszuweisung dabei nicht beliebig, sondern durch die strukturierende Struktur der erlernten und verinnerlichten Lebensstile gerahmt.[4]

Destruktion und Produktion

Im Diskurs um Stadtraumnutzung bewegen sich die Deutungen der nichtinstitutionalisierten Aneignungspraktiken der Städter durch Stadtplaner, Urbanisten und Öffentlichkeit zwischen destruktiven und produktiven Zuschreibungen. Aneignungen urbanen Raums über Graffiti wurden beispielsweise lange Zeit lediglich als destruktives Handeln gefasst. Mittlerweile werden Graffiti hingegen – über eine Bewertung als Sachbeschädigung hinaus – auch als kulturelle Ausdrucksweise sozial Benachteiligter erkannt.[5] Zunehmend ergeben sich demnach neue Verständnisse eigensinniger Umgangsweisen mit öffentlichem Raum als produktive Mitgestaltung. Die Ansätze berufen sich hier prominent auf die Arbeiten von Lefèbvre[6], aktuell wird in der Geografie auch die Frage um das „Recht auf Stadt"[7] erneut diskutiert. Der Diskurs verschiebt sich an dieser Stelle funktional von einem juristischen zu einem politischen Diskurs.

Intervention

Aus der Perspektive der Cultural Studies gilt es jedoch zu bedenken, dass viele der von Bewohnern gemachten Interventionen auf einer ästhetischen Ebene operieren und gerade deshalb politisch wirksam werden. Gerade die im Kunstdiskurs aufgegriffenen Beispiele verdeutlichen dies in den letzten Jahren. Künstlerische Eingriffe in den Stadtraum werden von Vandalismus abgegrenzt und zunehmend

3 Vgl. P. Bourdieu: Die feinen Unterschiede, S. 443 f.

4 Vgl. ebd., S. 279.

5 Vgl. S. Schierz: Graffiti als ‚doing Illegality'.

6 Vgl. H. Lefèbvre: Die Revolution der Städte.

7 Vgl. D. Harvey: The right to the city, S. 23-40.

als ‚Urban Art' akzeptiert.[8] Hier wird gegen Lesarten als destruktive Praxis und tradierte bürgerliche Deutungshoheiten Einspruch erhoben. Damit werden ästhetische Eingriffe und Aneignungen von Stadtraum von Aktivisten wie Rezipienten politisch gedeutet. Den Akteuren geht es um eine nicht bevormundete und nicht entfremdete eigene Artikulation, die auch Ausdrucksformen jenseits staatlicher Gestaltung berücksichtigt, mithin um eine ortsbezogene Form der Beheimatung.[9] Zwar nehmen Studien aus den Cultural Studies häufig Bezug auf Subkulturen und Massenmedien, sie heben dabei aber durchgehend die Aneignung und eigene Artikulation der Akteure hervor.[10] Aneignungen erscheinen uns so als widerständige Praxen gegenüber Planungen und Konventionen. Eine solche Festsetzung ist aber eine unangemessene Vereinfachung, weil eben auch die etablierten Nutzungsformen Aneignungen von Dingen und Räumen beinhalten. Sowohl hinsichtlich der Räume als auch hinsichtlich der Nutzungsweisen gilt es deshalb zwischen geplanten und ungeplanten Formen zu unterscheiden.

Planung und Aneignung, Ordnung und Nutzung

Durch städtische Planung vorgegebene Freiräume ermöglichen in diesem Sinne nie vollkommen freie Aneignungen, sondern sind bereits nur zu eingeschränkter Aneignung vorherbestimmte Räume, die eine liberale Form von Gouvernementalität fortschreiben. Die Idee von Gouvernementalität bezieht sich bei Foucault auf die Rationalitätsform von Regierung.[11] Bröckling et al. haben solche vorgesehenen Freiräume als liberale Führung von Selbstbildung ausgearbeitet.[12]

Eine reflexive Urbanistik wendet in Hinblick auf das Verhältnis von Stadtplanung und Aneignung die Unterscheidung von geplant/ungeplant auf sich selbst wieder an. Einerseits können von Seiten der Raumordnung geplante oder ungeplante Vorgaben bestehen, die eine festgelegte Raumrepräsentation etablieren. Andererseits kann Raum sowohl in geplanter als auch in ungeplanter Weise genutzt werden. Aus der Kombination beider Perspektiven ergibt sich ein simples

8 Vgl. G. Friesinger: Urban Hacking; R. Klanten/M. Hübner: Urban Interventions; E. Seno/Clear Design: Trespassing; Museum Folkwang: Hacking the City; R. Klanten et al.: Art & Agenda.

9 Vgl. S.M. Geschke: Doing Urban Space.

10 Vgl. R. Winter: Der produktive Zuschauer; R. Winter: Die Kunst des Eigensinns; R. Winter: Der zu bestimmende Charakter von Kultur.

11 Vgl. M. Foucault: Sicherheit, Territorium, Bevölkerung.

12 Vgl. U. Bröckling/S. Krasmann/T. Lemke: Gouvernementalität der Gegenwart.

Schema mit vier Feldern (Tab. 1). In der konkreten Kombination der Repräsentationsräume mit einer räumlichen Praxis ergeben sich dann Machtbeziehungen zwischen Planern, Eigentümern, Behörden und Nutzern. Die Verwendung der Begriffe Raumordnung, Raumnutzung und symbolische Machtverhältnisse orientiert sich an der Differenzierung von Raumrepräsentationen, räumlicher Praxis und Repräsentationsräumen bei Lefèbvre.[13]

Der Vorteil der Wiedereinführung der Unterscheidung geplant/ungeplant auf die Stadtplanung und -gestaltung selbst ist, dass die verschiedenen Formen gleichermaßen beobachtet werden können. Das gilt sowohl für geschlossene und offene Planungsformen als auch für konventionelle und wiederständige Aneignungen. Aus ihrer Kombination entstehen spezifische symbolische Machtverhältnisse. Die binäre Unterscheidung zerteilt als Beobachtungsinstrument dabei die Vielfältigkeit der Welt und betont die Extreme.

	Nutzungen des Raums	
Ordnungen des Raums	geplant/geplant	geplant/ungeplant
	ungeplant/geplant	ungeplant/ungeplant

Tabelle 1: Kreuzmatrix zur Differenzierung geplanter und ungeplanter Raumkonstitutionen in öffentlichen Räumen (S. Ostermeyer)

Zunächst lässt sich also unterscheiden, ob eine Raumordnung geplant oder ungeplant ist. Unter geplante Raumordnungen fallen Bebauungspläne, Nutzungszuweisungen und viele andere Maßnahmen der Raum- und Stadtplanung. Ungeplante Raumordnungen umfassen Räume in denen solche Zuordnungen zwar vorliegen mögen, aber nicht aktiv berücksichtigt werden. Geplante Raumnutzungen sind dann solche, die aus der Perspektive der Nutzer, Bewohner usw. geplante bzw. strukturierte oder konventionalisierte Formen annehmen. Ungeplante räumliche Praxen sind spontane, einzelne Nutzungen, die in ihrer Ausgestaltung nicht der kontrollierten Steuerung der Raumordnungen entsprechen. Geplante Raumordnungen und Raumnutzungen sind demnach strategische Handlungen, d.h. sie gehen von einem eigenen, kontrollierten Ort aus. Ungeplante Handlungen beruhen

13 Vgl. H. Lefèbvre: Die Produktion des Raums, S. 333.

stattdessen auf dem taktischen Nutzen des passenden Zeitpunktes und operieren auf fremdem Gebiet. Diese Unterscheidung von Strategie und Taktik – nicht entlang der planerischen Reichweite, sondern entsprechend der Differenz eigener Ort/passende Zeit – hat de Certeau eingeführt.[14] Die vier Felder werden im Folgenden knapp erläutert und jeweils mit einem Beispiel illustriert. Die Beispiele sind dabei eher alltäglich gewählt, um die weiten Anwendungsmöglichkeiten der Unterscheidung zu verdeutlichen.

Geplante Raumordnungen und geplante Raumnutzung

Der Magdeburger Domfelsen (Abb. 1) umfasst eine Treppenanordnung bis zum Flussbett der Elbe. Die Stufen sind als Sitzplatz vorgesehen und werden von einem jungen Publikum sehr gut in dieser Form angenommen. Er erfüllt die klassische Aufgabe eines öffentlichen Platzes als Versammlungs- und Aufenthaltsort. Die planerisch intendierte und die realisierte Nutzung überschneiden sich in diesem Fall.

Abbildung 1: Beispiel geplante Raumordnungen und geplante Raumnutzung

14 Vgl. M. de Certeau: Kunst des Handelns.

Die Kombination geplanter Raumordnungen mit geplanten Nutzungsweisen umfasst demnach planerisch gestaltete, umgesetzte und entsprechend der angedachten Nutzung gebrauchte Orte. Häufig gilt hier ein Primat ökonomischer Nutzungsweisen, etwa als Mietwohnung, Immobilieninvestment, Gewerbegebiet, Fußgängerzone, Shopping Mall und so weiter. Wie weitreichend architektonische Gestaltung einzelne Handlungsoptionen strukturiert, lässt sich am Beispiel von Shopping Malls besonders eindrucksvoll nachvollziehen, etwa bei der Festlegung der Weite von Gängen.[15] Geplante Nutzungen können dabei sowohl aus der Perspektive der Planenden als auch der Nutzungen so bezeichnet werden. In der Entsprechung von geplanter Nutzung und realisierter Nutzung geschieht dies aus Planersicht. Unterstellt man die Planung von Nutzerseite, so muss die Dauer und Konzeption der Aneignung in ihrem zeitlichen Horizont vom günstigen Augenblick auf eine strategische Nutzungsweise ausgeweitet werden. Genau hier wird Aneignung aber zur Inbesitznahme, arbeitet also auf ökonomischer Basis. Sie ist dann keine widerständige Praktik mehr, auch wenn sie bestimmte Gruppen oder Personen immer noch ermächtigen kann.

Geplante Raumordnungen und ungeplante Raumnutzung

Der dänische Architekt Gehl hebt in seinen Arbeiten hervor, wie Nutzer geplante Raumnutzungen im Detail unterlaufen. Treppen werden, wenn möglich umgangen und durch die Wahl vorhandener Schrägen ersetzt (Abb. 2). Der Rasen im Park oder zwischen Häusern wird so von einem Freiraum zu einer Abkürzung.[16]

Geplante Raumordnungen mit ungeplanter Nutzung umfassen eingeplante Bürgerbeteiligung, temporäre Kunstinstallationen der öffentlichen Hand, aber auch von Wegen abweichende Formen der Bewegung in der Stadt. Das „Gehen in der Stadt“ als widerständige Handlungsform abseits der architektonischen Struktur ernst zu nehmen hat de Certeau[17] hervorgehoben. Er argumentiert, dass wir im Blick von oben, im Modell, nur eine distanzierte Beobachtungsposition einnehmen können, die uns nur über die Struktur Auskunft erteilt. Was aber als Handlung auf der Ebene der Straße mit einer Perspektive des Fußgängers vor sich geht, bleibt so unerkannt.

15 Vgl. A. Legnaro/A. Birenheide: Stätten der späten Moderne.

16 Vgl. J. Gehl: Leben zwischen Häusern; J. Gehl: Städte für Menschen, Berlin.

17 Vgl. M. de Certeau: Kunst des Handelns.

Abbildung 2: Beispiel geplante Raumordnungen und ungeplante Raumnutzung

Ungeplante Raumordnungen und geplante Raumnutzung

Ungeplanten Raumordnungen liegen dann vor, wenn die ursprünglichen Raumordnungen aufgrund z.B. von Leerstand nicht der aktuellen Nutzung entsprechen. Mit Zwischennutzungen kann ihnen dann temporär eine alternative Nutzungsform abgerungen werden. Das Magdeburger Kulturfestival „Die Insel" nutzt eine kleine Insel im Adolf-Mittag-See, der im Rotehornpark zwischen zwei Elbarmen liegt (Abb. 3). Die Insel und der darauf befindliche Tretbootverleih stehen unter Denkmalschutz. Das kleine Gelände kann nur unter detaillierter Absprache mit den zuständigen Ämtern und für wenige Tage im Jahr für die Veranstaltung genutzt werden. Das Publikum ist beispielsweise auf 120 Personen begrenzt. In den letzten sechs Jahren hat sich das einwöchige Festival in der städtischen Veranstaltungslandschaft etabliert. „Die Insel" ist als Veranstaltung konventionalisiert, steht dabei aber der geplanten Raumordnung entgegen. Sie wurde bei der Konzeption durch Cultural Engineering-Studierende explizit im Sinne einer „Heterotopie"[18] der Gegensätze Urbanität und Natur entworfen.

18 M. Foucault: Von anderen Räumen.

Ungeplante Raumordnungen mit geplanter Nutzung bezeichnen demnach Formen taktisch geplanter, aber nicht den zugewiesenen Raumordnungen entsprechende Handlungen. Das können etwa Raumpioniere oder Zwischennutzungen sein.[19]

Abbildung 3: Beispiel ungeplante Raumordnungen und geplante Raumnutzung

Ungeplante Raumordnungen und ungeplante Raumnutzung

Brachen erscheinen uns als von Ansprüchen frei gedachte Räume, als Utopien. Ihre Raumordnungen sind unklar, und es existiert keine etablierte Nutzung. Die Brache ist ein idealtypischer, heterotopischer Freiraum, weil er nicht auf die erhobenen Nutzungsweisen hin bereits geplant ist, also keine Nutzungsweisen impliziert. Die Brache unterstellt, dass keine Ansprüche bestehen würden. Freiräume implizieren die Möglichkeit alltäglicher Nutzungspraktiken und nicht zusätzliche projekt- oder ereignisbezogene Nutzungen.

Brachen sind Freiräume, weil ihre Nutzung für einen unbestimmten Zeithorizont unterbestimmt ist. Die Brache unterliegt nicht der Deutung der Entfremdung, weil sie nicht mit kapitalbezogenen Interessenverwertungen belegt ist. Stattdessen verbindet sich mit ihr die Unterstellung einer Entkapitalisierung, da Nutzungsvorgaben nicht als ökonomischer Modus vorgegeben werden. Brachen enthalten das

19 Vgl. Zwischennutzungsagentur Wuppertal: Den Leerstand nutzen.

Potenzial einer freien Nutzenentwicklung. Das gilt auch dann, wenn sie nur temporär aus dem Verwertungs- und Planungszyklus herausgenommen sind. Sie sind planerisch wie nutzerbezogen unlesbare Räume[20], ein nicht-mehr und ein noch-nicht. Aus der Perspektive einer bestehenden Planung sind sie Resträume.[21] Aus der Perspektive einer zukünftigen Stadt sind sie Inkubatoren. Dieses Laborpotenzial lässt sich dann wieder in urbane Dynamiken einführen, beispielsweise in schrumpfenden Städten[22] oder über eine Gentrifizierung mittels künstlerischer Pioniere.[23] Für ihre Arbeiten zur Freiraumaneignung hat das Kollektiv Assemble zuletzt sogar den Turner Preis erhalten.[24]

Ungeplante Raumordnungen mit ungeplanten Nutzungsweisen finden sich überall dort, wo Handlungen nicht den geplanten Ordnungen entsprechen, Ordnungen auch für zukünftige Nutzungen nicht mehr sinnvoll umsetzbar sein werden und die Nutzungen weder dauerhaft noch geplant sind. Beispiele finden sich in Brachen, bei Vandalismus, Urban Interventions oder Urban Art.[25] Die Stadtkultur ist die natürliche Umgebung des Menschen und in der Kulturlosigkeit der Brache offenbart sich der Bruch von Kultur und Natur. Zugleich sind Brachen damit ideale Räume für Anpassungen, Dynamik. Sie ermöglichen die stärksten Abweichungen und zugleich die stärksten Unsicherheiten. Sie sind damit ein idealtypisches Handlungsfeld für Aneignungen. Aneignungen beziehen sich dabei aber nicht auf den Raum, sondern auf die Personen. Sie sind nicht notwendig eine Inbesitznahme. Ihr zentraler Aspekt liegt im Lernprozess, im mentalen und körperlichen Erschließen von Möglichkeiten. Als körperliche Wesen benötigen wir dafür immer Orte, an denen wir uns abarbeiten und kulturalisieren.[26]

Brachen können auch architektonisch hochwertige Strukturen sein. In Magdeburg liegt seit 1997 die Hyparschale brach. Das von Ulrich Müther entworfene Gebäude besteht aus vier hyperbolischen Paraboloiden. Es kann aufgrund des baulichen Zustandes nicht mehr dauerhaft genutzt werden und wurde nur für einzelne Aktionen in den Räumen freigegeben (Abb. 4).

---

20 Vgl. B. Sieverts: Stadt als Wildnis.

21 Vgl. P. Oswalt: Urbane Katalysatoren.

22 Vgl. P. Oswalt: Schrumpfende Städte: Handlungskonzepte; P. Oswalt: Schrumpfende Städte: Internationale Untersuchung.

23 Vgl. A. Holm: Gentrifizierung; B. Groys: Über das Neue.

24 Vgl. Assemble: ASSEMBLE.

25 Vgl. F. von Borries et al.: Glossar der Interventionen; F. von Borries et al.: Urbane Interventionen Hamburg; D. Diederichsen: Brachenmusik – Detroit, Bronx, Manchester.

26 Vgl. G. Simmel: Der Begriff und die Tragödie der Kultur.

Abbildung 4: Beispiel ungeplante Raumordnungen und ungeplante Raumnutzung

FREIE UND GEPLANTE ANEIGNUNG

Die Differenzierung von geplant/ungeplant hilft zu sehen, welche (kollektiven) Handlungen unter Aneignungen fallen. Im Normalfall werden damit Aktionen bezeichnet, die zumindest auf einer der beiden Ebenen ungeplant sind (Tab. 2). Zugleich wird mit dem Aneignungsbegriff eine Unterscheidung von Strategie und Taktik eingeführt, bei der häufig eine empathische Stellungnahme für die lediglich taktisch handelnden, marginalisierten Alltagsnutzer eingenommen wird, während durch die Planung die dauerhaft positiven Effekte ökonomisch-strategischer Eigentümer hervorgehoben werden. Selbst die wohlwollende Einplanung von Freiräumen für aneignende Abweichungen bleibt im planenden Modus. Strategische Planung und taktische Nutzung werden als Antagonismus dargestellt. Eigenverantwortliche Aneignung ist auf der einen Seite durch die Selbstermächtigung positiv konnotiert, zugleich aber auch in ihrer Reichweite und Wiederholbarkeit beschränkt.[27] Formen der Umnutzung oder ‚Cultural Hacking‘ in die Planung einzuschließen, schränkt solche Freiräume immer vorab ein.

27 Vgl. T. Düllo/F. Liebl: Cultural Hacking: Kunst des Strategischen Handelns.

Ordnungen des Raums		Nutzungen des Raums: Geplant	Nutzungen des Raums: Ungeplant
	Geplant	(1) Planerisch gestaltet, umgesetzt und entsprechend der angedachten Nutzung im Gebrauch	(2) Mitbestimmung, Temporäre Kunstinstallationen, Gehen in der Stadt
	Ungeplant	(3) Taktisch geplante, aber nicht den Planungen entsprechende Nutzungsweisen: Zwischennutzung, Raumpioniere	(4) Brache, Vandalismus, Interventionen, Gegenspacing (Löw), Performative Kunst

Tabelle 2: Übersicht zur Verbindung geplanter und ungeplanter Raumkonstitutionen in öffentlichen Räumen mit Beispielen (S. Ostermeyer)

In dieser Kombination wird erkenntlich, dass – der Lebenswelt entsprechende – Nutzungsweisen ausschließlich im Modus der Taktik stattfinden, weil strategische Vorgaben – in sehr unterschiedlichem Umfang – immer durch ihren Systemcharakter entfremden.[28] Dementsprechend gut funktionieren dann Beispiele für taktische Handlungen in der Wahrnehmung des öffentlichen Diskurses, die hohe Grade von Ungeplantheit aufweisen (oder so wirken) und dies in deutlicher Form von strategischer Planung abzugrenzen verstehen. Taktische Praxis wird so zur ‚Aneignung' von strategischer Ordnung.

Akzeptiert man diesen Gegensatz, dann entspricht die strategische Ordnung einem normativen Sollzustand, einem Funktionieren der Gesellschaft. Die sich Stadtraum aneignenden Praktiken wirken folglich gegen diese Ordnung. Dementsprechend werden sie entlang der Unterscheidung destruktiv/produktiv eingeordnet.[29] Diese Gegenspielerhaltung fokussiert jedoch auf die Wirkungen der Aneignungen für die Planenden, nicht auf die Merkmale der Aneignungsprozesse selbst. Urban Art wird so konstruktiv, Graffiti destruktiv. Eine solche Differenzierung

28 Vgl. J. Habermas: Theorie des kommunikativen Handelns.

29 Die Unterscheidung beruht auf einem mehrsemestrigen Studienprojekt mit und Masterarbeiten von Anne Kagelmann, Arlett Manzke, Felix Görg und Matthias Köhne, die ich im Studiengang Cultural Engineering begleitet habe.

folgt aber weitgehend der Betrachtungsweise recht/unrecht. Teilweise wird sie kombiniert mit einer Einschätzung von schön/hässlich, wobei Schönes dann ‚gefühlt' Recht legitimiert.

Solange man innerhalb dieser diskursiven Unterscheidungen beobachtet und argumentiert, bleiben sowohl eine Reihe von Aneignungen als auch deren spezifische Wirksamkeit unverstanden. Viele der auf der ästhetischen Oberfläche eingreifenden Interventionen arbeiten zwar entgegen einer bestehenden planerischen Zuschreibung, auf fremdem Gebiet und mit zeitlich abgestimmten Einsätzen – aber vor allem deshalb, weil sie dazu vorgesehen sind, mit bestehenden Erwartungen zu brechen. Gelingt das, verschieben sie ständig die Grenze der Erwartungen. Die Veränderung der Erwartungen durch die Aneignungspraktiken ist genau das, was eine urbane Lebenswelt ausmacht. Die Ausgestaltung von Freiräumen und unübersichtliche Differenzierungslandschaften sind integraler Bestandteil von Stadt. Der verdichtete Effekt dieser Lebenswelt, das stellt Simmel bereits fest, gestaltet sogar den Charakter des Großstädters.[30]

Partizipationstechniken von Bewohnern lassen sich so nicht nur als Aneignungen bereits geplanten Raumes verstehen, sondern auch als ein Spektrum von produktiven bzw. konstruktiven Praktiken und damit als eigenständige Eingriffe. Solche taktischen Partizipationspraktiken, in Bezug auf die kollektive Stadtraumgestaltung, fußen auf dem Üben, sich frei im Stadtraum zu bewegen und frei darin zu handeln, ihn für sich selbst in Anspruch zu nehmen – auch dort, wo keine Aneignungen vorgesehen sind. Solche intervenierenden Aneignungen sind Einsprüche gegen eigentumsrechtliche und damit strategische Regelungen, die für die Stadtplanung besonders konstant sind. In diesem Sinne sind solche taktischen Praktiken subversiv, also eine bestehende Ordnung unterlaufend. Im Anschluss an das Dérive der Situationistischen Internationale können solche Umnutzungen von Stadt allgemein als Improvisationen verstanden werden.[31]

Intervenierende Aneignungen sind demnach besser eingegrenzt, wenn man sie nicht entlang der Unterscheidung konstruktiv/destruktiv einordnet. Das Aufbrechen von Erwartungen muss notwendig auf einer Wahrnehmungsebene Aufmerksamkeit erzeugen. Gleichzeitig funktionieren intervenierende Aneignungen nur als solche, wenn sie weder reine Utopien bleiben, noch im passiven Konsum verharren oder Vandalismus um seiner selbst willen bleiben. Häufig bewegen sie sich in den Grenzbereichen zu diesen Praktiken. Mit Utopien haben intervenierende Aneignungen die Ideale in den Motiven gemeinsam, mit dem Konsum die perfor-

---

30 Vgl. G. Simmel: Die Großstädte und das Geistesleben [1903].

31 Vgl. C. Dell: Replaycity: Improvisation als urbane Praxis.

mative Taktik und mit Vandalismus Formen negierender Kritik (Abb. 5). Wirksam werden intervenierende Aneignungen, soweit sie aktive Subjekte konstruieren, unhinterfragte Wirklichkeiten dekonstruieren oder politische Positionen im Raum artikulieren.

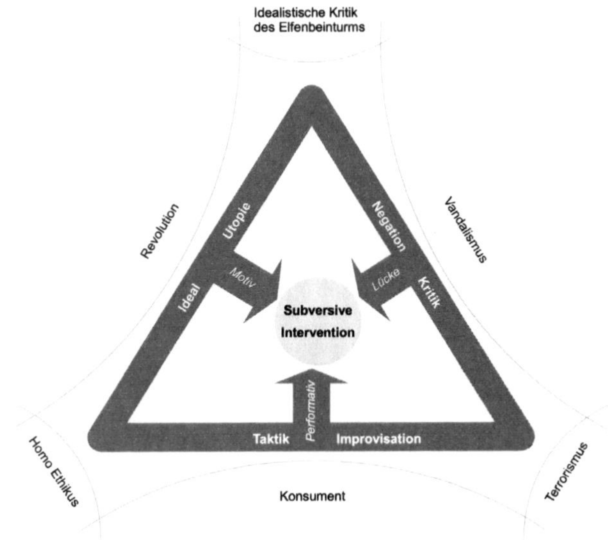

Abbildung 5: Charakteristiken subversiver Intervention

Diese drei Merkmale von wirksamen, intervenierenden Aneignungen sollen abschließend kurz aufgezeigt werden. Aktive Subjekte werden beispielsweise mit Flashmobs oder mittels Urban Gardening konstruiert. In beiden Interventionen kommen Menschen zusammen und ermächtigen sich selbst zu aktiver Teilhabe. Unhinterfragte Wirklichkeiten zu dekonstruieren, heißt bestehende Inszenierungen aufzudecken. Das kann sowohl auf eine Kritik der als selbstverständlich empfundenen Lebenswelt als auch der systemischen Organisation hinauslaufen. Solche Aneignungen von räumlichen Repräsentationen richten sich auf die symbolischen Ordnungen und damit auf die sichtbaren Oberflächen. Ein prominentes Beispiel sind die Aktionen der Künstlergruppe „Yes Men". Die „Yes Men" arbeiten mit gefälschten Überidentifikationen bestehender symbolischer Ordnungen, sodass deren Probleme sichtbar hervortreten. Artikulationen im Raum erlauben schließlich sichtbare und/oder hörbare Stellungnahmen zu eigenen Positionen. Die Arbeiten von Banksy sind dafür überaus populär geworden. Im Gazastreifen hat er zwischen zerstörte Häuser Katzen gesprayt, um auf die unangemessene mediale Aufmerksamkeitsfixierung hinzuweisen. Der Künstler Boran Burchardt wiederum bringt bei seinem Projekt „3D§87 Deutschlandbilder" auf der Rückseite von Straßenschildern mehrsprachige Hinweise auf anonyme ärztliche Versorgung für Flüchtlinge an.

FAZIT

Abschließend lässt sich festhalten, dass man Aneignungen nicht nur als Reaktion und gerahmt von Planungen fassen kann. Aneignungen, die nicht nur auf Planungen reagieren, sondern in offenen Räumen agieren und bei denen Bewohner tätig, selbst konstruktiv wie spontan aktiv werden, versteht man angemessener als intervenierend. Damit verlässt man die Differenz von konstruktiv/destruktiv, mit der Aneignungen außerhalb von Planungen ansonsten häufig beschrieben werden. Das schließt nicht aus, dass diese Aneignungen destruktiv sind. Gleichzeitig wird darüber aber deutlich, dass dies nicht das charakterisierende Merkmal für eine urbane Lebensweise ist. Die Bewertung nach einem rechtlichen Schema erlaubt keine dichte Beschreibung davon, was vor sich geht und erlaubt damit kein ausreichendes Verständnis für das Phänomen. Beschränkt man die eigene Diskussion auf Aneignungen innerhalb geplanter Raumordnungen, so schließt man – zu unterschiedlichen Graden – sozioökonomische Aneignung aus, also eine stabile Aneignung, die entfremdenden Fehlplanungen entgegenwirkt.

Planung und Aneignung bedingen sich gegenseitig, sie bauen aber nicht in jedem Fall aufeinander auf. In Paris hat die Künstlergruppe „Les Untergunther" beispielsweise illegal die Uhr des Pantheons heimlich repariert. Die zuständige Verwaltung entschied sich dann dafür, die funktionierende Uhr nicht wieder in Betrieb zu nehmen, um die eigene Untätigkeit zu verschleiern.[32] Angeeignet werden kann eben genau das, was nicht frei ist, das was schon anderweitig geplant ist. Die Paradoxie liegt also darin, dass nur angeeignet werden kann, was geplant ist und Planung immer auf Aneignung angewiesen ist. Zugleich unterläuft Aneignung Planungen, wird aber auch durch sie eigeschränkt. Konzipiert man Planung und Aneignung als Antagonisten, gilt: Planung ist von Experten monopolisierte Aneignung. Weder der gute Plan noch die freie Aneignung ist von sich aus vorhanden; sie setzten beide aktive Tätigkeiten voraus. Um zu einem Recht auf Stadt zu gelangen, muss Einspruch im Alltag erhoben werden. Planung und Aneignung sind miteinander verwoben und spannen einen Handlungsraum auf.

---

32 A. Sage: Underground ‚terrorists' with a mission to save city's neglected heritage, S. 42.

LITERATUR

Assemble: „ASSEMBLE“, http://assemblestudio.co.uk/ vom 25.7.2016.

Autonome a.f.r.i.k.a.-Gruppe/Blissett, Luther/Brünzels, Sonja (Hg.): Handbuch der Kommunikationsguerilla, Berlin/Hamburg/Göttingen: Assoziation A 2001 (4. Auflage).

Borries, Friedrich von et. al.: Glossar der Interventionen, Berlin: Merve 2012.

Borries, Friedrich von et. al.: Urbane Interventionen Hamburg, Berlin: Merve 2013.

Bourdieu, Pierre: Die feinen Unterschiede: Kritik der gesellschaftlichen Urteilskraft, Frankfurt a.M.: Suhrkamp 1987.

Bröckling, Ulrich/Krasmann, Susanne/Lemke, Thomas (Hg.): Gouvernementalität der Gegenwart: Studien zur Ökonomisierung des Sozialen, Frankfurt a.M.: Suhrkamp 2000.

De Certeau, Michel: Kunst des Handelns, Berlin: Merve Verlag 1988.

Dell, Christopher: Replaycity: Improvisation als urbane Praxis, Berlin: Jovis 2011.

Diederichsen, Diedrich: „Brachenmusik – Detroit, Bronx, Manchester: Unbezahlbare Romantik und Investitionen in postindustrielle Idyllen“, in: P. Oswalt, (Hg.): Schrumpfende Städte: Internationale Untersuchung, Bd. 1, Ostfildern-Ruit: Hatje Cantz 2004.

Düllo, Thomas/Liebl, Franz (Hg.): Cultural Hacking: Kunst des Strategischen Handelns, Wien: Springer 2005.

Färber, Alexa: „Greifbarkeit der Stadt: Überlegungen zu einer stadt- und wissensanthropologischen Erforschung stadträumlicher Aneignungspraktiken“, in: *dérive* 10/40/41 (2010), S. 100-105.

Foucault, Michel: Sicherheit, Territorium, Bevölkerung: Geschichte der Gouvernementalität I, Frankfurt a.M.: Suhrkamp 2004.

Foucault, Michel: „Von anderen Räumen“, in: Jörg Dünne/Stephan Günzel (Hg.), Raumtheorie: Grundlagentexte aus Philosophie und Kulturwissenschaften, Frankfurt a.M.: Suhrkamp 2006, S. 317-329.

Friesinger, Günther (Hg.): Urban Hacking: Katalog zum Festival für digitale Kunst und Kulturen, paraflows 09, Wien: Edition Mono 2009.

Gehl, Jan: Leben zwischen Häusern: Konzepte für den öffentlichen Raum, Berlin: Jovis 2011.

Gehl, Jan: Städte für Menschen, Berlin: Jovis 2015.

Geschke, Sandra M.: Doing Urban Space: Ganzheitliches Wohnen zwischen Raumbildung und Menschwerdung, Bielefeld: transcript 2013.

Groys, Boris: Über das Neue: Versuch einer Kulturökonomie, Frankfurt a.M.: Fischer 2004.

Habermas, Jürgen: Theorie des kommunikativen Handelns: Handlungsrationalität und gesellschaftliche Rationalisierung, Frankfurt a.M.: Suhrkamp 1988.

Harvey, David: „The right to the city", in: New Left Review 53 (2008), S. 23-40.

Holm, Andrej: „Gentrifizierung", in: Frank Eckardt (Hg.), Handbuch Stadtsoziologie, Wiesbaden: Springer 2012, S. 661-687.

Klanten, Robert et al. (Hg.): Art & Agenda: Political Art and Activism, Berlin: Gestalten 2011.

Klanten, Robert/Hübner, Matthias (Hg.): Urban Interventions: Personal Projects in Public Spaces, Berlin: Gestalten 2010.

Lefèbvre, Henri: Die Revolution der Städte, Frankfurt a.M.: Hain 1990.

Lefèbvre, Henri: „Die Produktion des Raums (frz. Original 1974)", in: Jörg Dünne/Stephan Günzel (Hg.), Raumtheorie: Grundlagentexte aus Philosophie und Kulturwissenschaften, Frankfurt a.M.: Suhrkamp 2006, S. 330-341.

Legnaro, Aldo/Birenheide, Almit: Stätten der späten Moderne: Reiseführer durch Bahnhöfe, shopping malls, Disneyland Paris, Wiesbaden: VS Verlag 2005.

Museum Folkwang (Hg.): Hacking the City: Interventionen in urbanen und kommunikativen Räumen, Göttingen: Edition Folkwang/Steidl 2011.

Oswalt, P. (Hg.): Schrumpfende Städte: Handlungskonzepte, Bd. 2, Ostfildern-Ruit: Hatje Cantz 2005.

Oswalt, P. (Hg.): Schrumpfende Städte: Internationale Untersuchung, Bd. 1, Ostfildern-Ruit: Hatje Cantz 2004.

Oswalt, P.: „Urbane Katalysatoren", http://www.oswalt.de/de/text/txt/urbancat.html vom 22.7.2016.

Sage, Adam: „Underground ‚terrorists' with a mission to save city's neglected heritage", in: The Times von 2007, S. 42.

Schierz, Sascha: „Graffiti als ‚doing Illegality': Perspektiven einer Cultural Criminology", in: sub\urban: Zeitschrift für kritische Stadtforschung 2/2 (2014), S. 39-60.

Seno, Ethel/Clear Designs (Hg.): Trespassing: A history of uncommissioned Urban Art, Los Angeles, CA: Gestalten 2010.

Sieverts, Boris: „Stadt als Wildnis", in: Dieter G. Genske/Susanne Hauser (Hg.), Die Brache als Chance: Ein transdisziplinärer Dialog über verbrauchte Flächen, Berlin: Springer 2003, S. 205-233.

Simmel, Georg: „Der Begriff und die Tragödie der Kultur [1911]", in: Georg Simmel (Hg.): Aufsätze und Abhandlungen 1909-1918, Frankfurt a.M.: Suhrkamp 2000, S. 183-207.

Simmel, Georg: „Die Großstädte und das Geistesleben [1903]", Brücke und Tür: Essays des Philosophen zur Geschichte, Religion, Kunst und Gesellschaft, Stuttgart: K. F. Koehler 1957, S. 227-242.

Toffler, Alvin: The third wave, New York, NY: Bantam Books 1981.

Winter, Rainer: Der produktive Zuschauer: Medienaneignung als kultureller und ästhetischer Prozess, München: Quintessenz 1995.

Winter, Rainer: Die Kunst des Eigensinns: Cultural Studies als Kritik der Macht, Weilerswist: Velbrück Wissenschaft 2001.

Winter, Rainer: „Der zu bestimmende Charakter von Kultur: Das Konzept der Artikulation in der Tradition der Cultural Studies", in: Ilja Srubar/Joachim Renn/Ulrich Wenzel (Hg.), Kulturen vergleichen: Sozial- und kulturwissenschaftliche Grundlagen und Kontroversen, Wiesbaden: VS Verlag 2005, S. 271-289.

Zwischennutzungsagentur Wuppertal (Hg.): Den Leerstand nutzen: Erfahrungen mit der Zwischennutzung von Ladenlokalen in Wuppertal, Wuppertal: Zwischennutzungsagentur Wuppertal 2010.

ABBILDUNGEN

Abbildung 1: FalkoMD 2013, Flickr, CC BY-SA 2.0, https://www.flickr.com/photos/95190793@N08/8668162423/in/photolist-ed5fnY-ecYAGg-ecYBfaecYA7M-aMsWhx-aMsUkV-aMsTTx-aMsTov-aMsSUR-aMsSvr-3c8Xf4-fnAS/ vom 28.01.2017.

Abbildung 2: Jan Gehl: Leben zwischen Häusern: Konzepte für den öffentlichen Raum, Berlin: Jovis 2011, S. 144.

Abbildung 3: Serjoscha P. Ostermeyer 2010.

Abbildung 4: Olaf2 2005, deutschsprachige Wikipedia CC BY-SA 3.0, https://de.wikipedia.org/wiki/Datei:Ausstellungszentrum_Hyparschale_Magdeburg_02.jpg vom 28.01.2017.

Abbildung 5: Sebastian Essig: Typologie subversiver Intervention: Kreativität politischen Handelns im Spannungsfeld von Idealbild und Erscheinungsform. Abschlussarbeit zur Erlangung des Grades Bachelor of Arts in Cultural Engineering an der Fakultät für Humanwissenschaft der Otto-von-Guericke-Universität, Magdeburg 2015, in: Sandra M. Geschke/Serjoscha P. Ostermeyer (Hg.): Die Stadt als Grenzobjekt der Wissenschaften, Münster: Waxmann.

Vom Recht auf Garten

Aneignung urbaner Freiräume als Kritik und Vision gesellschaftlicher Raumverhältnisse

TANJA MÖLDERS UND PIA KÜHNEMANN

1. EINLEITUNG

Menschen – in Städten – haben ein ‚Recht auf Garten'. Der Titel unseres Beitrags schließt rhetorisch und konzeptionell an die von Henri Lefebvre formulierte Parole „Recht auf Stadt" an und erweitert sie zugleich um die Kategorie Natur. ‚Natur' konzeptualisieren wir dabei als gesellschaftliche Naturverhältnisse, die sich im (städtischen) ‚Raum' als gesellschaftliche Raumverhältnisse lesen lassen. Den Ausgangspunkt unserer Überlegungen bildet die Annahme, dass die Aneignung urbaner Freiräume eine Kritik an der Verfasstheit gesellschaftlicher Raumverhältnisse darstellt und dass in dieser Aneignung zugleich Visionen für deren Gestaltung deutlich werden. Zur Entwicklung dieser Lesart verbinden wir in theoretischer Hinsicht das sozial-ökologische Konzept der gesellschaftlichen Naturverhältnisse (2.1) mit den Arbeiten Henri Lefebvres zur gesellschaftlichen Produktion von ‚Raum' (2.2). Mit der Verbindung dieser beiden Ansätze entwerfen wir ein Konzept gesellschaftlicher Raumverhältnisse (2.3), das wir exemplarisch anwenden, indem wir ein Urban-Gardening-Projekt als Kritik und Vision gesellschaftlicher Raumverhältnisse analysieren (3.). Der Beitrag schließt mit einem Fazit, das die Irritation dichotomer Denk- und Handlungsmuster und hierin eingeschriebene Hierarchisierungen als Muster der Aneignung urbaner Freiräume betont (4.).

2. THEORETISCHE ORIENTIERUNGEN

2.1 Soziale Ökologie und das Konzept der gesellschaftlichen Naturverhältnisse

2.1.1 Hintergrund

Seit Mitte der 1980er Jahre entwickelt sich im deutschsprachigen Raum mit der Sozialen Ökologie[1] ein neuer Forschungstyp inter- und transdisziplinärer Nachhaltigkeitswissenschaft.[2] Vor dem Hintergrund des politisch-intellektuellen Klimas dieser Zeit, stellte eine Gruppe Frankfurter Wissenschaftler/-innen die ökologischen Krisendiagnosen in die Tradition der Frankfurter Kritischen Theorie und begann die Soziale Ökologie als kritische Theorie gesellschaftlicher Naturverhältnisse auszuarbeiten. Neben der Kritischen Theorie der Frankfurter Schule waren und sind für die Soziale Ökologie weitere Forschungsbereiche und -konzepte relevant. Zu nennen sind hier insbesondere das heterogene Feld der Umweltforschung[3] sowie auch feministische Arbeiten zu den Verbindungen zwischen ‚Natur' und ‚Geschlecht'.[4] Ausgehend von der Verbindung zwischen Krise und Kritik wird die Soziale Ökologie als Krisenwissenschaft verstanden: Die ökologische Krise wird als sozial-ökologische Krise und damit als Krise der gesellschaftlichen Naturverhältnisse konzeptualisiert. Die Vision der Sozialen Ökologie ist eine nachhaltige Entwicklung, die als offener, dynamischer und immer wieder zu gestaltender Prozess charakterisiert wird.[5]

1 Trotz der synonymen Begriffsverwendung ist die Soziale Ökologie von der US-amerikanischen Social Ecology zu unterscheiden, die entweder in der Tradition der Chicagoer Soziologenschule definiert wird oder mit dem von Murray Bookchin gegründeten interdisziplinären Institut for Social Ecology der politischen Ökologiebewegung angehört (E. Becker: Soziale Ökologie: Konturen und Konzepte einer neuen Wissenschaft, S. 167 f.)

2 Vgl. E. Becker/Th. Jahn (Hg.): Soziale Ökologie. Grundzüge einer Wissenschaft von den gesellschaftlichen Naturverhältnissen.

3 Vgl. E. Becker/Th. Jahn: Krisendiskurse, S. 61 ff.; E. Becker/Th. Jahn: Horizonte und Nachbarschaften.

4 Vgl. D. Hummel/I. Schultz: Geschlechterverhältnisse und gesellschaftliche Naturverhältnisse. Perspektiven Sozialer Ökologie in der transdisziplinären Wissensproduktion.

5 Vgl. F. Keil/D. Hummel: Nachhaltigkeit und kritische Übergänge.

2.1.2 Zentrale Annahmen

Die dynamischen Beziehungsmuster zwischen Gesellschaft und ,Natur' stellen als gesellschaftliche Naturverhältnisse die „Zentralreferenz" und damit zugleich das „Erkenntnisobjekt" der Sozialen Ökologie dar. In ihrer Funktion als „Rahmenkonzept" verbinden sich die gesellschaftlichen Naturverhältnisse mit bestimmten Annahmen, Verständnissen und einem spezifischen Begriffssystem (vgl. auch Abb. 1).[6] Mit dem Konzept der gesellschaftlichen Naturverhältnisse wird das Anliegen verfolgt, die Gesellschaft-Natur-Beziehungen in einer Weise zu beschreiben und zu analysieren, die diese weder naturzentrisch, d.h. in Richtung ,Natur' noch soziozentrisch, d.h. in Richtung Gesellschaft auflöst. Entsprechend werden Gesellschaft und ,Natur' „als unterschiedliche, unterscheidbare und in sich differenzierte Pole eines dynamischen, prozessierenden Vermittlungszusammenhangs"[7] begriffen, die nicht als separate Entitäten außerhalb eines Vermittlungsverhältnisses existieren. In diesem Verständnis erscheinen Gesellschaft und ,Natur' als miteinander verbunden und voneinander verschieden zugleich, weshalb das Konzept der gesellschaftlichen Naturverhältnisse als „differenztheoretisches Vermittlungskonzept"[8] beschrieben wird.

Neben Gesellschaft und ,Natur' sind die stofflich-materiellen und kulturell-symbolischen Beziehungsaspekte ein weiteres wesentliches Unterscheidungs- und Verbindungsmerkmal im Konzept der gesellschaftlichen Naturverhältnisse:[9] „Diese Unterscheidung betont einerseits die Materialität sämtlicher Naturverhältnisse, andererseits berücksichtigt sie deren Einbettung in symbolische Ordnungen, Deutungszusammenhänge und soziale Konstruktionen."[10] Ebenso wie die Unterscheidung von Gesellschaft und ,Natur' wird auch diese Trennung als analytische verstanden – „faktisch durchdringen sich die beiden Dimensionen".[11]

---

6 Vgl. E. Becker/D. Hummel/Th. Jahn: Gesellschaftliche Naturverhältnisse als Rahmenkonzept.

7 Th. Jahn/P. Wehling: Gesellschaftliche Naturverhältnisse – Konturen eines theoretischen Konzepts, S. 82.

8 E. Becker/Th. Jahn/D. Hummel: Gesellschaftliche Naturverhältnisse, S. 197.

9 Vgl. E. Becker/D. Hummel/Th. Jahn: Gesellschaftliche Naturverhältnisse als Rahmenkonzept, S. 78, S. 89 f.

10 Ebd., S. 78.

11 Vgl. Th. Jahn/P. Wehling: Gesellschaftliche Naturverhältnisse – Konturen eines theoretischen Konzepts, S. 84.

Eine Einengung des Spektrums möglicher Themen der Sozialen Ökologie wird durch die Konzentration auf basale gesellschaftliche Naturverhältnisse vorgenommen.[12] Beispiele für basale gesellschaftliche Naturverhältnisse sind „Arbeit und Produktion, Landnutzung und Ernährung, Sexualität und Fortpflanzung, Hygiene und Krankenversorgung, Fortbewegung und Mobilität"[13]. Sie bilden den Kontext für die Befriedigung menschlicher Grundbedürfnisse und ein Misslingen ihrer Regulation kann zu sozial-ökologischen Krisen führen.[14]

Damit ist auch der Begriff der Regulation konstitutiv für das Verständnis der Sozialen Ökologie, denn gesellschaftliche Naturverhältnisse werden „als *reguliert* und als *gestaltbar* konzipiert"[15]. Dabei werden drei Ebenen der Regulation unterschieden: Die Mikroebene des individuellen Handelns und der individuellen Bedürfnisbefriedigung, die mittlere Ebene der gesellschaftlichen Organisationen und Institutionen sowie die Makroebene der gesamtgesellschaftlichen Strukturen und Prozesse.[16]

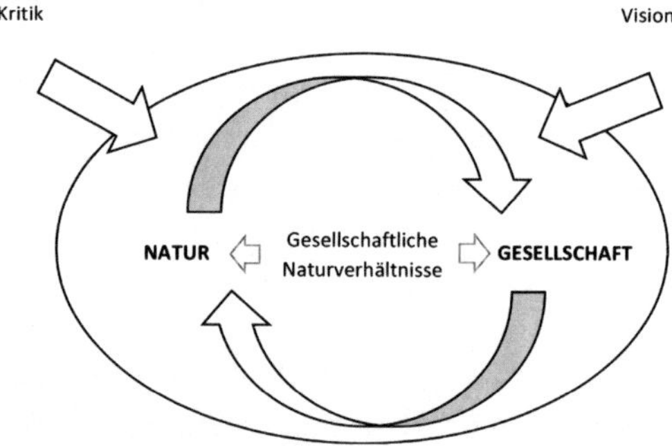

Abbildung 1: Das Konzept der gesellschaftlichen Naturverhältnisse

12 Vgl. D. Hummel/E. Becker: Bedürfnisse.

13 Vgl. E. Becker/D. Hummel/Th. Jahn: Gesellschaftliche Naturverhältnisse als Rahmenkonzept, S. 78.

14 Vgl. ebd.

15 D. Hummel, Diana/Th. Kluge: Regulationen, S. 248 (Herv. i.O.); vgl. zur Regulation gesellschaftlicher Naturverhältnisse auch C. Görg: Regulation der Naturverhältnisse. Zu einer kritischen Theorie der ökologischen Krise.

16 Vgl. E. Becker/D. Hummel/Th. Jahn: Gesellschaftliche Naturverhältnisse als Rahmenkonzept, S. 81 f.

Schließlich ist die Analyse gesellschaftlicher Naturverhältnisse aus Geschlechterperspektiven ein Wesensmerkmal der Sozialen Ökologie. Dazu wurde von Beginn an davon ausgegangen, „dass die sozial-ökologische Krise auf der analytischen Ebene der gesellschaftlichen Beziehungen vor allem auch als KRISE DER GESCHLECHTERBEZIEHUNGEN thematisiert werden müsste“[17]. Mit der Integration dieser Perspektiven wird die Analyse von Dichotomisierungen und Hierarchisierungen von Natur und Gesellschaft gestärkt, denn die Kategorie Geschlecht ist untrennbar mit der modernen Gesellschaft-Natur-Unterscheidung verbunden.[18]

2.1.3 Potenziale und Kritik

Das Potenzial des Konzepts der gesellschaftlichen Naturverhältnisse für die Analyse der Aneignung urbaner Freiräume liegt insbesondere in der Existenz eines Rahmenkonzepts, das sich sowohl für theoretische Reflexionen von Gesellschaft-Natur-Beziehungen als auch für deren empirische Erforschung nutzen lässt. Mit den Fragen nach Unterschieden und Unterscheidungen zwischen den Kategorien Gesellschaft und Natur sowie ihren materiellen und symbolischen Bedeutungszusammenhängen werden Praktiken urbaner Freiraumaneignung aus einer sozial-ökologischen Perspektive erklärbar und interpretierbar.

Die Fokussierung gesellschaftlicher Praktiken der Unterscheidung von Naturalem und Sozialem fordert auch Weingarten[19], der feststellt, dass ohne einen solchen Fokus die Rede vom Verhältnis zwischen Gesellschaft und ‚Natur‘ merkwürdig unbestimmt bleibe: „Gesellschaftliche Praxen sind so das Gesellschaftliche und Naturale übergreifende Allgemeine, in dessen Reflexion erst die Differenz von Natur und Gesellschaft in ihrer gegenständlichen Bestimmung thematisiert werden kann.“[20]

---

17 I. Schultz: Feministische Stimme in einer Forschungsprogrammatik Soziale Ökologie. Überlegungen zu einer Forschungskonzeption ‚Soziale Ökologie‘ in 7 Thesen, S. 2 (Herv. i.O.).

18 Vgl. ebd.: S. 21 ff.; I. Schultz/D. Hummel/D. Hayn: Geschlechterverhältnisse, S. 227; I. Schultz: The Natural World and the Nature of Gender, S. 377 ff.; D. Hummel/I. Schultz: Geschlechterverhältnisse und gesellschaftliche Naturverhältnisse. Perspektiven Sozialer Ökologie in der transdisziplinären Wissensproduktion, S. 222.

19 Vgl. M. Weingarten: Strukturierung von Raum und Landschaft. Einführende Überlegungen zu einem tätigkeitstheoretischen Forschungsprojekt.

20 Ebd.: 10; vgl. zur Kritik am sozial-ökologischen Verständnis eines Vermittlungsverhältnisses auch C. Kropp: „Natur“. Soziologische Konzepte. Politische Konsequenzen, S. 170 ff.

Indem die ökologische Krise „mehrdimensional als eine Krise des Politischen, der Geschlechterverhältnisse und der Wissenschaft verstanden“ wird[21], vermag das Konzept eine herrschaftskritische Perspektive auf gesellschaftliche (Natur-)Verhältnisse zu eröffnen. Allerdings ließe sich diese herrschaftskritische Perspektive im Sinne einer Gesellschaftskritik durchaus zuspitzen. Hierzu bietet die im Konzept angelegte Integration von Ansätzen der Geschlechterforschung vielversprechende Möglichkeiten.

2.2 Die gesellschaftliche Produktion von ‚Raum‘ nach Henri Lefebvre

2.2.1 Hintergrund

1974 veröffentlicht der Philosoph und Agrarsoziologe Henri Lefebvre das Buch „La production d'espace“ („Die Produktion des Raumes“). Indem er das wechselseitige Verhältnis von räumlichen Anordnungen und sozialen Beziehungen aufzeigt, rückt er die Kategorie Raum verstärkt in den Fokus sozialwissenschaftlicher Analyse.[22] Nachdem Lefebvre sich in den 1950er Jahren in seiner Forschung vor allem mit dem Wandel des Alltagslebens im ländlichen Raum beschäftigte, widmet er sich nun dem Phänomen der Urbanisierung, die er zugleich als Folge und Grundlage der Ausbreitung kapitalistischer Produktionsverhältnisse und als Feld für widerständische Praktiken versteht.[23]

In den 1960er Jahren wird Lefebvre im deutschsprachigen Raum zunächst vor allem im Rahmen der Frankfurter Schule in Hinblick auf seine Thesen zur Kritik des modernen Alltagslebens[24], seiner Kritik am orthodoxen Marxismus-Leninismus sowie seiner zeitgemäßen Marxinterpretation mit Bezug auf Marx' frühere Schriften rezipiert.[25] Lefebvres Ansätze der Raum- und Stadtforschung bekommen jedoch bis in die 1980er Jahre hinein kaum Aufmerksamkeit.[26] Erst mit dem ‚spatial turn‘ in den Sozialwissenschaften greifen poststrukturalistische Theoreti-

21 Vgl. E. Becker: Historische Umbrüche, S. 53.

22 Vgl. K. Ronneberger/A. Vogelpohl: Henri Lefebvre: Die Produktion des Raumes und die Urbanisierung der Gesellschaft.

23 Vgl. ebd., S. 251 f., S. 257 f.

24 Vgl. H. Lefebvre: Kritik des Alltagslebens. Band 1: Einleitung; H. Lefebvre: Kritik des Alltagslebens. Band 2: Grundrisse einer Soziologie der Alltäglichkeit.

25 Vgl. K. Ronneberger/A. Vogelpohl: Henri Lefebvre: Die Produktion des Raumes und die Urbanisierung der Gesellschaft, S. 252.

26 Vgl. ebd., S. 252 f.

ker/-innen auch auf seine Raumtheorien zurück. Lefebvres revolutionstheoretische Ansätze werden dabei jedoch weiterhin meist ausgeblendet.[27] Mit den (internationalen) sozialen Bewegungen der 2000er und 2010er Jahre, die unter Bezugnahme auf Lefebvre die Parole „Recht auf Stadt"[28] als gemeinsame Forderung begreifen, nehmen auch die deutschsprachigen Publikationen zu seinen Raum- und Stadttheorien zu.

Lefebvre betrachtet die Geschichte von ‚Raum' als kontingentes Produkt sozialer Gefüge und Machtverhältnisse. Gleichzeitig versteht er gesellschaftliche Verhältnisse über den ‚Raum' als hergestellt und reproduziert. Diese Sichtweise ermöglicht damit stets Alternativen im Hier und Jetzt. Jenen Bewegungen, die ein „Recht auf die Stadt von unten" fordern, bietet die Lektüre Lefebvres damit nicht nur die Grundlage für eine Kritik an gewinnorientierter, ausschließender, repressiver Stadtplanung und -politik, sondern sie eröffnet auch ganz praktisch Möglichkeitsräume für den Widerstand marginalisierter Gruppen in urbanen Räumen.

2.2.2 Zentrale Annahmen

Lefebvre versteht die zentralen Begriffe seines Ansatzes prozesshaft: So wird ‚Raum' als durch den jeweiligen gesellschaftlichen Kontext produzierte Größe verstanden. Diese Produktion erfolgt kontinuierlich und damit ist ‚Raum' niemals statisch. Mit Urbanisierung meint Lefebvre die gegenwärtige Zielrichtung der gesellschaftlichen Produktion von ‚Raum', die jedoch nicht abgeschlossen ist. Urbanisierung setzt an einer Veränderung des alltäglichen Lebens der Menschen an. Im alltäglichen Leben befindet sich nach Lefebvre jedoch auch das Potenzial von Widerstand und Revolution.[29] Lefebvres Raumanalyse ist deshalb immer auch eine Analyse von gesellschaftlichen Machtverhältnissen. Die kapitalistische Ordnung moderner Gesellschaften zeichnet sich durch eine Bezugnahme aller gesellschaftlicher Prozesse auf Tauschwert, Markt und Ware aus. Dieses Verhältnis manifestiert sich in einer bestimmten räumlichen Ordnung, über welche Produktions- und Konsumprozesse geregelt und optimiert werden. Die Analyse der kapitalistischen Raumordnung stellt damit einen zentralen Aspekt von Lefebvres Analyse von ‚Raum' dar. Er betrachtet dabei verschiedene Ebenen und in deren Vermittlung: Auf der privaten Ebene P ist die nahe Ordnung des täglichen Lebens angesiedelt. Hier wird gearbeitet (produziert), und konsumiert. Auf der vermittelnden

---

27 Vgl. ebd., S. 253 f.

28 H. Lefebvre: Das Recht auf Stadt.

29 Vgl. K. Ronneberger/A. Vogelpohl: Henri Lefebvre: Die Produktion des Raumes und die Urbanisierung der Gesellschaft, S. 254.

Ebene M, im urbanen ‚Raum', trifft P mit der globalen Ebene G, der fernen Ordnung zum Beispiel von Staat, Markt oder Kirche, zusammen.[30] Die vermittelnde Ebene M „ist entscheidend für das Verständnis der sozialen Wirklichkeit und ihrer Veränderung"[31]. Hier befindet sich damit das Feld der Kämpfe und Auseinandersetzungen. Lefebvre unterscheidet darüber hinaus folgende drei Dimensionen von ‚Raum' (Abb. 2):

- Der wahrgenommene Raum (Räumliche Praxis): materielle Basis des Raumes, Gebautes, aber auch konkrete Nutzung durch Menschen
- Der konzipierte Raum (Repräsentation des Raumes): symbolischer Raum, ablesbare Interessen, zum Beispiel Leitbilder zur Stadtentwicklung
- Der gelebte Raum (Räume der Repräsentation): subjektive Aspekte, zum Beispiel individuelle und kollektive Nutzung, oder auch Kunstwerke.[32]

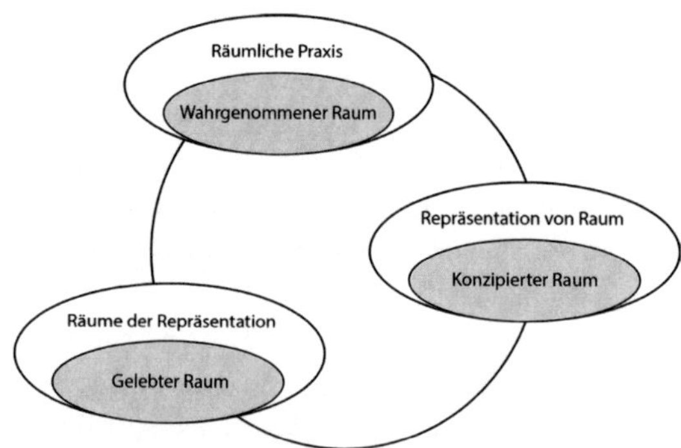

Abbildung 2: Drei Dimensionen von Raum

Diese drei Dimensionen stehen in einem Wechselverhältnis, d.h. zum Teil auch im Widerspruch zueinander. Wenn sich eine Dimension ändert, so ändern sich alle. Es gibt weder die eine, noch die andere klare Zuordnung, sondern es gibt immer ein Drittes, einen Fluchtpunkt. Mit dieser „Dialektik der Triplizität"[33] muss ‚Raum' als Prozess begriffen werden. Dieser Prozess ist konfliktreich und ‚Raum'

30 Vgl. H. Lefebvre: Die Revolution der Städte. La Révolution urbaine, S. 86.

31 K. Ronneberger/A. Vogelpohl: Henri Lefebvre: Die Produktion des Raumes und die Urbanisierung der Gesellschaft, S. 259.

32 Vgl. ebd., S. 255.

33 Ebd., S. 256.

wird so zu einem politisch umkämpften Feld. Ein revolutionärer Wandel der gesellschaftlichen Verhältnisse kann jedoch immer nur auf allen drei Ebenen vollzogen werden. Die Tendenz der sozialen und räumlichen Trennung in Städten verhindert jedoch vor allem auf der Ebene der alltäglichen Beziehungen eine revolutionäre Kraft.[34] Eine Vision Lefebvres besteht deshalb im Aufbau eines urbanen Alltags, der von Zentralität, Gleichzeitigkeit, Begegnungen und Differenz geprägt ist.[35] Die zentrale Forderung ist dabei das „Recht auf Stadt", welches ein Recht auf „das städtische Leben, die erneuerte Zentralität, auf Orte der Begegnung und des (Aus)Tauschs, auf Lebensrhythmen und Tagesabläufe, die den vollen und vollständigen Gebrauch dieser Augenblicke und Orte erlauben"[36] umfasst. „Es ist also eine Revolution im und über das Alltagsleben, die die urbane Revolution möglich macht", schreiben Ronneberger und Vogelpohl (2014) dazu.[37]

2.2.3 Potenziale und Kritik

Lefebvres Ansatz bietet aktuell vielen Analysen einen Rahmen für theoretische und empirische Untersuchungen.[38] Die Suche nach Freiräumen in einem zunehmend durchorganisierten und technisch überwachten urbanen Alltag eröffnet Fenster in eine selbstbestimmte städtische Lebensweise, die sich nicht nur auf die suggerierte Selbstbestimmung der eigenen Konsumgewohnheiten beschränkt. Lefebvres Ansatz ist jedoch insofern nicht ganz zeitgemäß, als seine damaligen utopischen Forderungen z.T. längst vereinnahmt und in ihr Gegenteil verkehrt wurden: „Die einstmals gegen den Kapitalismus mobilisierten Eigenschaften wie ‚Subjektivität' und ‚Kreativität' sind zu einem wichtigen Rohstoff ökonomischer Verwertungsprozesse geworden. Dafür steht auf der städtischen Ebene auch das Leitbild von der ‚kreativen Stadt'."[39]

---

34 Vgl. ebd., S. 257.

35 Vgl. ebd., S. 258.

36 H. Lefebvre: Das Recht auf Stadt, S. 197.

37 K. Ronneberger/A. Vogelpohl: Henri Lefebvre: Die Produktion des Raumes und die Urbanisierung der Gesellschaft, S. 259.

38 Z.B. C. Kropp: Regionale StadtLandschaften – Muster der lebensweltlichen Erfahrung postindustrieller Raumproduktion zwischen Homogenisierung und Fragmentierung; J. Rössel: Unterwegs zum guten Leben? Raumproduktionen durch Zugezogene in der Uckermark.

39 K. Ronneberger/A. Vogelpohl: Henri Lefebvre: Die Produktion des Raumes und die Urbanisierung der Gesellschaft, S. 266.

Die Forderung nach einem „Recht auf Stadt" bleibt dennoch höchst aktuell. Denn es geht dabei um die Sichtbarmachung an den gesellschaftlichen Rand gedrängter Gruppen, es geht darum, die Ökonomisierung des Alltags durch gemeinschaftliche Alternativen zu ersetzen und es geht vor allem um die vielen kleinen Momente der (Selbst-)Ermächtigung und Selbstbestimmung im Alltag, im Hier und Jetzt.[40]

2.3 Zwischenfazit: Gesellschaftliche Raumverhältnisse

Die kursorischen Annäherungen an das sozial-ökologische Konzept der gesellschaftlichen Naturverhältnisse und die gesellschaftliche Produktion von ‚Raum' nach Henri Lefebvre verweisen sowohl auf Gemeinsamkeiten als auch auf Unterschiede hinsichtlich der theoretischen Bezüge und der darin eingeschriebenen normativen Orientierungen. In beiden Ansätzen kommt der Alltagswelt eine besondere Bedeutung zu. Hergestellt wird diese im Konzept der gesellschaftlichen Naturverhältnisse zum einen über den Bezug zu den basalen gesellschaftlichen Naturverhältnissen, zum anderen über die Kategorisierung der Sozialen Ökologie als transdisziplinäre Wissenschaft. Transdisziplinär ist hier jedoch nicht mit alltagsweltlich gleichzusetzten, sondern meint die Einbeziehung von außerwissenschaftlichen Akteuren und Perspektiven.[41] Lefebvres Thesen zum Alltagsleben lassen sich hingegen konkret als eine Kritik am fordistischen Vergesellschaftungsmodell lesen. Sie basieren auf einer „Machtanalyse der ‚westlichen' Demokratie, die ihm zufolge weitgehend auf offene Gewalt verzichten konnte, indem sie die Zwänge und Disziplinierungen in die Subjekte hinein verlagerte (‚Autorepression')"[42]. Lefebvre findet also indirekte und produktive Wirkweisen von Macht vor, die als Selbstkontrolle und Selbstdisziplinierung und damit letztlich als Selbstregierung bis in die Subjekte und ihren Alltag hineinwirken. Im französischen Poststrukturalismus wird diese (diskursive) Form der Macht u.a. auch von Michel Foucault als konstitutiv für moderne Gesellschaften gesehen. Sie ist an die Kritische Theorie und die Thesen zur Kulturindustrie der Frankfurter Schule anschlussfähig und verläuft parallel dazu.[43]

40 Vgl. C. Schäfer: Vorwort.

41 Vgl. Th. Jahn/F. Keil: Transdisziplinärer Forschungsprozess.

42 K. Ronneberger/A. Vogelpohl: Henri Lefebvre: Die Produktion des Raumes und die Urbanisierung der Gesellschaft, S. 252.

43 Vgl. ebd.

Beide Ansätze stehen in einer marxistischen Theorietradition, die bei Lefebvre in direkter Bezugnahme auf Marx im Konzept der gesellschaftlichen Naturverhältnisse über die Kritische Theorie erfolgt. Während Lefebvre mit seinem Ansatz eine dezidierte Kapitalismuskritik formuliert[44], werden mit dem Konzept der gesellschaftlichen Naturverhältnisse vielfältige Kritikperspektiven (zum Beispiel auf das Politische, die Geschlechterverhältnisse und die Wissenschaften) eröffnet, die jedoch mit Blick auf das Ökonomische unbestimmt bleiben. Klare(re) – und ebenfalls kapitalismuskritische – Positionierungen leisten feministische Erweiterungen des Konzepts, wie etwa die von Biesecker und Hofmeister ausgearbeitete „Neuerfindung des Ökonomischen" als Beitrag zur sozial-ökologischen Forschung.[45]

Ähnliche Gemeinsamkeiten bzw. Unterschiede zeigen sich hinsichtlich der visionären Perspektive: Während Lefebvre die urbane Revolution fordert, adressiert das Konzept der gesellschaftlichen Naturverhältnisse eine nachhaltige Entwicklung als Weg aus der sozial-ökologischen Krise. Nachhaltige Entwicklung wird dabei als ein „kontrovers strukturiertes Diskursfeld"[46] verstanden, in dem unterschiedliche Akteure unterschiedliche Vorstellungen über erwünschte gesellschaftliche Entwicklungen, soziale Gerechtigkeit und neue Lebensformen einbringen.[47] Auch hier sind es wiederum vor allem die feministisch motivierten Ansätze, die auf Machtungleichgewichte zwischen den Akteuren hinweisen und ein kategorisches Um- und Neudenken in Bezug auf hegemoniale Rationalitäten fordern.[48]

In beiden Ansätzen wird der Versuch unternommen, ein dialektisches Denken zu vertreten, das sowohl naturalistische als auch soziozentrische Reduktionismen zu vermeiden sucht und im Konzept der gesellschaftlichen Naturverhältnisse als ‚vermittlungstheoretisch' kategorisiert wird. Gegenstand der jeweiligen dialektischen bzw. vermittlungstheoretischen Betrachtung ist im Konzept der gesellschaftlichen Naturverhältnisse ‚Natur' – als gesellschaftliche Naturverhältnisse – und bei Lefebvre ‚Raum' – als gesellschaftliche Produktion von ‚Raum'. Jedoch erscheint auch die jeweils andere Kategorie anschlussfähig – und vielleicht sogar relevant – für die mit den Ansätzen verbundenen Analysen und Interpretationen: Gesellschaftliche Naturverhältnisse materialisieren sich im ‚Raum' und entfalten

44 Vgl. dazu auch D. Harvey, David: Rebellische Städte.

45 Vgl. A. Biesecker/S. Hofmeister: Die Neuerfindung des Ökonomischen.

46 K.-W. Brand/V. Fürst: Sondierungsstudie: Voraussetzungen und Probleme einer Politik der Nachhaltigkeit – Eine Exploration des Forschungsfelds, S. 22.

47 Vgl. E. Becker/Th. Jahn: Krisendiskurse, S. 57.

48 Vgl. M. Schäfer/I. Schultz/G. Wendorf (Hg.): Gender-Perspektiven in der Sozialökologischen Forschung.

dort auch symbolische Wirksamkeit. Entsprechend existieren mittlerweile Ansätze zur Ausarbeitung eines sozial-ökologischen Raumkonzepts.[49]

Bei Lefebvres gesellschaftlicher Produktion von ‚Raum' weicht die ‚Natur' dem Urbanen, um dann zum Beispiel über die Anlage von Grünflächen fetischisiert und symbolhaft ersetzt zu werden.[50] Dabei geht Lefebvre davon aus, dass sich ‚Natur' als solche „dem Einfluss der vernünftig verfolgten Handlung, der Beherrschung ebenso wie der Aneignung [entzieht]"[51]. Das heißt, dass ‚Natur' in seinem Verständnis zwar von Gesellschaft begehrt und mit Bedeutungen belegt wird, jedoch das Andere von Gesellschaft ist und bleibt.

Ausgehend von diesen Verbindungen zwischen den Kategorien Raum und Natur, unternehmen wir im Folgenden den Versuch gesellschaftliche Raumverhältnisse in der Praxis zu identifizieren und zu beschreiben. Dazu schließen wir theoretisch-konzeptionell an die beiden vorgestellten Ansätze an, d.h. wir begreifen die Beziehungen zwischen ‚Natur' und Gesellschaft sowie ‚Raum' und Gesellschaft als vermittelt. Wir positionieren uns kritisch gegenüber solchen Phänomenen und Prozessen, die sozial-ökologische Krisen bedingen und betrachten dabei die Krise der modernen, kapitalistischen Ökonomie als zentral. Eine solche Annäherung an die empirische Wirklichkeit soll auch der Weiterentwicklung der theoretischen Orientierungen dienen – ein Anliegen, das es in weiteren Forschungen fortzuschreiben gilt.

3. EMPIRISCHE BESONDERHEIT: DER NORDSTADTGARTEN IN HANNOVER

In diesem Abschnitt geht es um die Frage, welche gesellschaftlichen Raumverhältnisse sich in der Aneignung urbaner Freiräume durch Urban Gardening ausdrücken – (in)wie(fern) stellt Urban Gardening eine Kritik an den und/oder eine Vision für die herrschenden Raumverhältnisse dar? Zur Beantwortung dieser

---

49 Vgl. z.B. S. Hofmeister/B. Scurrell: Annäherungen an ein sozial-ökologisches Raumkonzept; S. Kruse: Vorsorgendes Hochwassermanagement im Wandel.; K. Dietz/B. Engels: Raum, Natur und Gesellschaft.

50 Vgl. H. Lefebvre: Die Revolution der Städte. La Révolution urbaine, S. 31 ff.

51 H. Lefebvre: Das Recht auf Stadt, S. 106.

Frage wird der NordStadtGarten in Hannover als empirische Besonderheit[52] gesellschaftlicher Raumverhältnisse analysiert.

Der Begriff Urban Gardening hat seinen Ursprung in den USA, wo in den 1980er und 1990er Jahren migrantische Communities mit Ursprüngen vor allem in einigen Regionen Afrikas und der Karibik urbane Gärten in Metropolen initiierten.[53] Ausgangspunkte dieses Phänomens sind die Krise des Urbanen, die sich in der Ökonomisierung städtischer Räume manifestiert, sowie die Krise der gesellschaftlichen Naturverhältnisse, die sich auf die Gefährdung der Befriedigung menschlicher Bedürfnisse bezieht.

„Urbane Gärten haben den Weg zu einem Prozess der ‚Verländlichung der Städte' eröffnet, der unverzichtbar ist, wenn wir die Kontrolle über unsere Nahrungsmittelproduktion wiedererlangen, unsere Umwelt wiederherstellen und für unsere Subsistenz sorgen wollen. […] Sie sind Zentren der Gesellschaftlichkeit, der Wissensproduktion sowie des kulturellen und intergenerationellen Austausches."[54]

An dieses Verständnis von Urban Gardening als gesellschaftliche Kritik und Vision knüpft auch der NordStadtGarten in Hannover an (Abb. 3 und 4). Das nichtkommerzielle Projekt wurde 2013 auf Initiative einiger Bewohner/-innen des benachbarten kollektiven Wohnprojekts auf dem ehemaligen Sprengelgelände gegründet. Der Trägerverein des Wohnprojektes kann das Gelände gegen eine geringe Pachtzahlung an die Stadt Hannover nutzen. Die Fläche wurde geöffnet und Anwohner/-innen aus dem Stadtteil zur gemeinschaftlichen Nutzung zur Verfügung gestellt.

---

52 Der Begriff der empirischen Besonderheiten wird im Konzept der gesellschaftlichen Naturverhältnisse für die Untersuchung der Beziehungen einzelner Menschen in konkreten Situationen oder bestimmter gesellschaftlicher Teilbereiche zu ihrer jeweiligen natürlichen und gesellschaftlichen Umwelt verwendet. Er wird von der „begrifflichen Allgemeinheit" unterschieden, die versucht das Verhältnis zwischen Gesellschaft und Natur theoretisch-konzeptionell zu bestimmen (E. Becker/Th. Jahn: Umrisse einer kritischen Theorie gesellschaftlicher Naturverhältnisse, S. 100).

53 Subsistenzproduktion gehört vor allem in den Metropolen der sog. Länder des Südens zum Alltag, insofern erübrigt sich hier ein eigener Begriff.

54 S. Federici: Aufstand aus der Küche, S. 92 f.; siehe dazu auch: I. Anguelovski: Urban Gardening.

Abbildung 3: Logo des NordStadtGartens

Ausgangspunkt des Konzepts des NordStadtGarten ist die Kritik an einer zunehmenden Kommerzialisierung des urbanen ‚Raumes' allgemein und speziell der Nordstadt Hannovers, die in den letzten Jahren verstärkt zur Verdrängung von sozial-ökonomisch benachteiligten Menschen geführt hat. So schreibt die Gruppe:

> „Wir positionieren uns auf der Seite derjenigen, die steigende Mieten und die Nutzung öffentlichen Raumes nicht bezahlen können. Wir sind davon überzeugt, dass deshalb selbstverwaltete öffentliche Räume dringend notwendig sind. Hier können Menschen zusammenkommen, ohne dafür zahlen zu müssen, und es entsteht ein sozialer Raum, der sich der gewinnorientierten Vermarktung von Lebensraum entzieht."[55]

Darüber hinaus soll hier ein gesellschaftliches Raumverhältnis ermöglicht werden, dass auf die direkte Befriedigung von Bedürfnissen abzielt und diese als unabhängig von Prozessen der ökonomischen in Wert Setzung versteht: „Im Sinne einer nachhaltigen Entwicklung können hier Fähigkeiten erlernt werden, die einen

55 NordStadtGarten: Nutzungskonzept, Hannover 2013.

Schritt in Richtung Selbstversorgung und bedürfnisorientierten Konsum im städtischen Raum ermöglichen."[56]

Dabei werden direkte Zusammenhänge zwischen der Sphäre der Produktion und der Sphäre des Konsums erfahrbar gemacht. Durch gemeinschaftliches Bauen und Bepflanzen von Hochbeeten und der gemeinsamen Aneignung des dafür nötigen Wissens sollen das soziale Miteinander im Stadtteil gestärkt und Fähigkeiten für die Selbstversorgung mit ökologisch verträglichen Lebensmitteln erlernt werden. Ein Schwerpunkt des Projekts liegt dabei auf dem Zusammenkommen verschiedener und vor allem marginalisierter Gruppen im Stadtteil.

Abbildung 4: Der NordStadtGarten im Sommer 2015

„Das gemeinsame Gärtnern ermöglicht weiterhin einen Kontakt zwischen Menschen, die sonst kaum in ihrem Alltag miteinander in Berührung kommen. Die Nordstadt ist geprägt von Menschen mit vielfältigen kulturellen, sozialen und ökonomischen Hintergründen. Diese Vielfalt ist es aber, die die Nordstadt als Stadtteil so attraktiv macht und wir wollen mit diesem Projekt dazu beitragen, dass Werte wie Toleranz und ein Gemeinschaftsgefühl im Stadtteil erhalten bleiben und gestärkt werden. Einen Garten, in dem sich Alte und Junge, Eingesessene und Zugezogene, Engagierte und Vereinzelte, Menschen mit geringem Einkommen und Menschen, die gerne in der Natur sind am Beet und auf der Gartenbank begegnen können – so einen Garten wollen wir."[57]

56 Ebd.

57 Ebd.

Auch in dem Manifest der Urban Gardening Bewegung wird auf die genannten Aspekte eingegangen. Hinzu kommen hier u.a. noch Ruhe und „geschenkte Zeit", Lebensqualität, die Begrünung von versiegelten Flächen, Umweltbildung und „eine gelebte Alternative zu Vereinsamung sowie Gewalt und Anonymität"[58].

Im Sinne Lefebvres wird mit diesem Konzept am alltäglichen Leben angesetzt. Menschen schaffen einen Garten als Begegnungsraum, wobei von der Differenz und Vielfalt dieser Menschen ausgegangen wird. Kultureller Austausch und das voneinander Lernen stehen im Mittelpunkt. Das Konzept für den NordStadtGarten setzt an allen drei Raumdimensionen Lefebvres an (vgl. 2.2). Der wahrgenommene Raum (auch: der materielle Raum) wird durch die konkrete Nutzung zu einem grünen Fleckchen innerhalb der Stadt. Durch die Bepflanzung von Hochbeeten auf asphaltierten Flächen wird ein ‚Naturraum' in den städtischen Raum integriert. Der konzipierte Raum (auch: der symbolische Raum) zeigt sich in der Möglichkeit der Nutzung, die aufgrund der Duldung der Stadt Hannover gegeben ist. Die Duldung dieses Projekts, das sich – dem Selbstverständnis der Stadt Hannover entsprechend – am Leitfaden einer nachhaltigen Stadtentwicklung orientiert, ist jedoch zeitlich begrenzt. Das Projekt kann jederzeit gekündigt werden, wenn die Fläche nutzbringend(er) ökonomisch in Wert gesetzt, d.h. ‚verwertet' werden kann.[59] Der gelebte Raum (auch: Räume der Repräsentation) manifestiert sich in der konkreten individuellen und kollektiven Nutzung durch Menschen des Stadtteils, d.h. in all dem, was alltäglich hier gebaut, erfahren, gelebt und erlebt wird. Hier zeigen sich auch die revolutionären Aspekte dieser Raumproduktion: Sie kann Begegnungsraum, ‚Naturraum' sowie ‚Raum' für Selbstversorgung und Selbstverwaltung sein. Das Projekt NordStadtGarten hat mit seinem Konzept einen ‚Raum' geöffnet, der, solange die Stadt Hannover dies duldet, in diesem revolutionären Sinne genutzt werden kann. Wie der ‚Raum' konkret genutzt wird, hängt dabei von den Handlungen der Menschen ab, die hier täglich sind und den ‚Raum' zu dem machen, was er ist.

4. FAZIT

In unserem Beitrag haben wir – in der Verbindung des sozial-ökologischen Konzepts der gesellschaftlichen Naturverhältnisse mit Lefebvres Ansatz der gesellschaftlichen Produktion von ‚Raum' – eine Perspektive auf gesellschaftliche Raumverhältnisse entworfen. Damit haben wir den Versuch unternommen, der

58 Urban Gardening Manifest 2014.

59 Vgl. Aussage der Marketingabteilung der Stadt Hannover.

vielfach beklagten ‚Raumvergessenheit' der Nachhaltigkeitswissenschaften auf der einen sowie der ‚Naturvergessenheit' der Raumwissenschaften auf der anderen Seite Rechnung zu tragen. Die wechselseitigen Annäherungen zwischen den beiden Zugängen und ihre Anwendung auf das empirische Beispiel NordStadtGarten haben gezeigt, dass eine Hinzunahme der jeweils anderen Kategorie – Raum und Natur – das Verständnis und die Interpretation von Praktiken urbaner Freiraumaneignung zu erweitern vermag.

Das ‚Recht auf Garten' zu fordern, bedeutet aus dieser Perspektive die Forderung eines Rechts auf ‚Natur'. ‚Natur' ist dabei keine außergesellschaftliche Natur an sich, sondern eine vergesellschaftete ‚Natur des Gärtnerns'. Materiell ist die ‚Natur des Gärtnerns' vergesellschaftet, weil sie zum Beispiel gepflanzt, veredelt und geerntet wird, symbolisch ist die ‚Natur des Gärtnerns' vergesellschaftet, weil sie etwa als schön, erholsam und oasenhaft bezeichnet und wahrgenommen wird. Als Kritik und Vision gesellschaftlicher Raumverhältnisse wird das Recht auf Garten zu einer Forderung nach der selbst- und gemeinschaftlich bestimmten Gestaltung gesellschaftlicher Naturverhältnisse in der Stadt.

Dabei scheint ein Muster dieser selbst- und gemeinschaftlich bestimmten Gestaltung gesellschaftlicher Naturverhältnisse auf, das theoretisch und empirisch weiter auszuarbeiten lohnenswert erscheint und hier nur ausblicksartig skizziert werden kann: Im Recht auf Garten werden dichotome Denk- und Handlungsmuster und die hierin eingeschriebenen Hierarchisierungen irritiert. Dies gilt nicht nur für die Kategorien Gesellschaft und ‚Natur', sondern ebenso für die Kategorien öffentlich und privat, Produktion und Reproduktion, Stadt und Land. Urbane Gärten werden damit zu hybriden Räumen – zu Experimentier- und Möglichkeitsräumen für alle, die sich in der Stadt das Recht auf Garten nehmen.

LITERATUR

Anguelovski, Isabelle: „Urban Gardening“, in: Giacomo D'Alisa/Federico Demaria/Giorgos Kallis (Hg.), Degrowth. Handbuch für eine neue Ära, München: oekom 2016, S. 244-247.

Becker, Egon: „Historische Umbrüche“, in: Becker/Jahn, Soziale Ökologie. Grundzüge einer Wissenschaft von den gesellschaftlichen Naturverhältnissen (2006), S. 32-53.

Becker, Egon: „Soziale Ökologie: Konturen und Konzepte einer neuen Wissenschaft“, in: Gunda Matschonat/Alexander Gerber (Hg.), Wissenschaftstheoretische Perspektiven für die Umweltwissenschaften, Wiekersheim: Margraf Verlag 2003, S. 165-195.

Becker, Egon/Hummel, Diana/Jahn, Thomas: „Gesellschaftliche Naturverhältnisse als Rahmenkonzept“, in: Matthias Groß (Hg.), Handbuch Umweltsoziologie, Wiesbaden: VS Verlag 2011, S. 76-96.

Becker, Egon/Jahn, Thomas (Hg.): Soziale Ökologie. Grundzüge einer Wissenschaft von den gesellschaftlichen Naturverhältnissen, Frankfurt a.M./ New York: Campus 2006.

Becker, Egon/Jahn, Thomas: „Horizonte und Nachbarschaften“, in: Becker/Jahn, Soziale Ökologie. Grundzüge einer Wissenschaft von den gesellschaftlichen Naturverhältnissen (2006), S. 110-139.

Becker, Egon/Jahn, Thomas: „Krisendiskurse“, in: Becker/Jahn, Soziale Ökologie. Grundzüge einer Wissenschaft von den gesellschaftlichen Naturverhältnissen (2006), S. 54-69.

Becker, Egon/Jahn, Thomas: „Umrisse einer kritischen Theorie gesellschaftlicher Naturverhältnisse“, in: Gernot Böhme/Alexandra Manzei (Hg.), Kritische Theorie der Technik und der Natur, München: Fink Verlag 2003, S. 91-112.

Becker, Egon/Jahn, Thomas/Hummel, Diana: „Gesellschaftliche Naturverhältnisse“, in: Becker/Jahn, Soziale Ökologie. Grundzüge einer Wissenschaft von den gesellschaftlichen Naturverhältnissen (2006), S. 174-197.

Biesecker, Adelheid/Hofmeister, Sabine: Die Neuerfindung des Ökonomischen. Ein (re)produktionstheoretischer Beitrag zur Sozial-ökologischen Forschung, München: oekom 2006.

Brand, Karl-Werner/Fürst, Volker: „Sondierungsstudie: Voraussetzungen und Probleme einer Politik der Nachhaltigkeit – Eine Exploration des Forschungsfelds“, in: Karl-Werner Brand (Hg.), Politik der Nachhaltigkeit. Voraus- setzungen, Probleme, Chancen – eine kritische Diskussion (= Global zukunftsfähige Entwicklung – Perspektiven für Deutschland, Band 3), Berlin: edition sigma 2002, S. 15-109.

Burandt, Annemie/Mölders, Tanja: „Nature-Gender-Relations within a Social-Ecological Perspective on European Multifunctional Agriculture – the Case of Agrobiodiversity“, in: Agriculture and Human Values (AHV) (submitted).

Dietz, Kristina/Engels, Bettina: „Raum, Natur und Gesellschaft“, in: Jürgen Oßenbrügge/Anne Vogelpohl, Theorien in der Raum- und Stadtforschung, Münster: Westfälisches Dampfboot 2014, S. 78-96.

Federici, Silvia: Aufstand aus der Küche. Reproduktionsarbeit im globalen Kapitalismus und die unvollendete feministische Revolution, Münster: edition assemblage 2012.

Forschungsverbund ‚Blockierter Wandel?‘ (Hg.): Blockierter Wandel? Denk- und Handlungsräume für eine nachhaltige Regionalentwicklung, München: oekom 2007.

Görg, Christoph: Regulation der Naturverhältnisse. Zu einer kritischen Theorie der ökologischen Krise, Münster: Westfälisches Dampfboot 2003.

Harvey, David: Rebellische Städte, Berlin: Suhrkamp 2013.

Hofmeister, Sabine/Scurrell, Babette: „Annäherungen an ein sozial-ökologisches Raumkonzept“, in: GAIA 15, (2006), S. 275-284.

Hummel, Diana/Becker, Egon: „Bedürfnisse“, in: Becker/Jahn, Soziale Ökologie. Grundzüge einer Wissenschaft von den gesellschaftlichen Naturverhältnissen (2006), S. 98-210.

Hummel, Diana/Kluge, Thomas: „Regulationen“, in: Becker/Jahn, Soziale Ökologie. Grundzüge einer Wissenschaft von den gesellschaftlichen Naturverhältnissen (2006), S. 248-258.

Hummel, Diana/Schultz, Irmgard: „Geschlechterverhältnisse und gesellschaftliche Naturverhältnisse. Perspektiven Sozialer Ökologie in der transdisziplinären Wissensproduktion“, in: Elvira Scheich/Karen Wagels (Hg.), Körper. Raum. Transformation. Gender-Dimensionen von Natur und Materie. Münster: Westfälisches Dampfboot 2011, S. 218-233.

Jahn, Thomas/Keil, Florian: „Transdisziplinärer Forschungsprozess“, in: Becker/Jahn, Soziale Ökologie. Grundzüge einer Wissenschaft von den gesellschaftlichen Naturverhältnissen (2006), S. 319-329.

Jahn, Thomas/Wehling, Peter: „Gesellschaftliche Naturverhältnisse – Konturen eines theoretischen Konzepts“, in: Karl-Werner Brand (Hg.), Soziologie und Natur. Theoretische Perspektiven, Opladen: Leske & Budrich 1998, S. 75-93.

Keil, Florian/Hummel, Diana: „Nachhaltigkeit und kritische Übergänge“, in: Becker/Jahn, Soziale Ökologie. Grundzüge einer Wissenschaft von den gesellschaftlichen Naturverhältnissen (2006), S. 240-247.

Kropp, Cordula: „Natur“. Soziologische Konzepte. Politische Konsequenzen, Opladen: Leske & Budrich 2002.

Kropp, Cordula: „Regionale StadtLandschaften – Muster der lebensweltlichen Erfahrung postindustrieller Raumproduktion zwischen Homogenisierung und Fragmentierung“, in: Raumforschung und Raumordnung 73 (2014), S. 91-106.

Kruse, Sylvia: „Vorsorgendes Hochwassermanagement im Wandel. Ein sozial-ökologisches Raumkonzept für den Umgang mit Hochwasser“, Wiesbaden: VS Verlag 2010.

Lefebvre, Henri: Das Recht auf Stadt, Hamburg: Edition Nautilus 2016.

Lefebvre, Henri: Die Revolution der Städte. La Révolution urbaine, Hamburg: CEP Europäische Verlagsanstalt 2014.

Lefebvre, Henri: Kritik des Alltagslebens. Band 1: Einleitung, Kronberg: Athenäum Verlag 1977a.

Lefebvre, Henri: Kritik des Alltagslebens. Band 2: Grundrisse einer Soziologie der Alltäglichkeit, Kronberg: Athenäum Verlag 1977b.

NordStadtGarten: Nutzungskonzept, Hannover 2013.

Rössel, Julia: Unterwegs zum guten Leben? Raumproduktionen durch Zugezogene in der Uckermark, Bielefeld: transcript 2014.

Ronneberger, Klaus/Vogelpohl, Anne: „Henri Lefebvre: Die Produktion des Raumes und die Urbanisierung der Gesellschaft“, in: Jürgen Oßenbrügge/Anne Vogelpohl (Hg.), Theorien in der Raum- und Stadtforschung, Münster: Westfälisches Dampfboot 2014, S. 251-270.

Schäfer, Christoph: „Vorwort“, in: Henri Lefebvre, Das Recht auf Stadt, Hamburg: Nautilus Flugschrift 2016, S. 5-24.

Schäfer, Martina/Schultz, Irmgard/Wendorf, Gabriele (Hg.): Gender-Perspektiven in der Sozial-ökologischen Forschung. Herausforderungen und Erfahrungen aus inter- und transdisziplinären Projekten, München: oekom 2006.

Schultz, Irmgard: „Feministische Stimme in einer Forschungsprogrammatik Soziale Ökologie. Überlegungen zu einer Forschungskonzeption ‚Soziale Ökologie‘ in 7 Thesen“, in: Elvira Scheich/Irmgard Schultz (Hg.), Soziale Ökologie und Feminismus (= Sozial-ökologische Arbeitspapiere, Band 2), Frankfurt a.M.: IKO Verlag für Interkulturelle Kommunikation 1987, S. 1-51.

Schultz, Irmgard: „The Natural World and the Nature of Gender“, in: Kathy Davis/Mary Evans/Judith Lorber (Hg.): Handbook of Gender and Women's Studies, London/Thousand Oaks/New Deli: SAGE 2006, S. 376-396.

Schultz, Irmgard/Hummel, Diana/Hayn, Doris: „Geschlechterverhältnisse“, in: Becker/Jahn, Soziale Ökologie. Grundzüge einer Wissenschaft von den gesellschaftlichen Naturverhältnissen (2006), S. 224-235.

Urban Gardening Manifest 2014: http://www.urban-gardening-manifest.de vom 06.06.16.

Weingarten, Michael: „Strukturierung von Raum und Landschaft. Einführende Überlegungen zu einem tätigkeitstheoretischen Forschungsprojekt“, in: Michael Weingarten (Hg.), Strukturierung von Raum und Landschaft. Konzepte in Ökologie und der Theorie gesellschaftlicher Naturverhältnisse, Münster: Westfälisches Dampfboot 2005, S. 7-26.

ABBILDUNGEN

Abbildung 1: verändert nach A. Burandt/T. Mölders. Vgl: Nature-Gender-Relations within a Social-Ecological Perspective on European Multifunctional Agriculture – the Case of Agrobiodiversity.

Abbildung 2: J. Rössel: Unterwegs zum guten Leben? Raumproduktionen durch Zugezogene in der Uckermark, S. 24.

Abbildung 3: NordstadtGarten.

Abbildung 4: Pia Kühnemann 2015.

Zwischennutzer, Raumpioniere, Raumunternehmer

Wandel einer Aneignungstheorie der 2000er Jahre und ihre Relevanz heute

THOMAS E. HAUCK

Anfang der 2000er Jahre wurde das Phänomen der Zwischennutzung im deutschsprachigen Planungsdiskurs breit behandelt. Der Anlass dazu war die Aneignung von Gebäuden und Freiflächen durch finanzschwache Akteure, die das geringe Interesse an ‚Standorten' v.a. in Städten in Ostdeutschland nutzen konnten, um für meist begrenzte Zeiträume Zugriff auf Grundstücke und Gebäude für ihre Nutzungsinteressen zu bekommen. Zwischennutzer/-innen (ZN) prägten dadurch im ehemaligen Ostberlin in den 1990er bis Anfang der 2000er Jahre das Gesicht der Stadt, indem sie Brachen und ungenutzte Gebäude aktivierten. Es entstanden ‚Projekte', die zahlreiche Besucher und später auch Touristen anlockten und dadurch auch die umgebenden Quartiere beeinflussten. Ein wichtiger Impulsgeber und prägend für den Diskurs über Zwischennutzungen war das durch die EU geförderte Forschungsprojekt „Urban Catalyst"[1] (UC) und daran anschließende Forschungsarbeiten[2], Publikationen[3] und Gutachten[4] für verschiedene Kommunen, die u.a.

---

1 P. Oswalt/K. Overmeyer/P. Misselwitz: Urban Catalyst.

2 Vgl. L. Buttenberg/K. Overmeyer/G. Spars: Raumunternehmen.

3 Vgl. Senatsverwaltung für Stadtentwicklung: Urban Pioneers; F. Haydn/R. Temel: Temporäre Räume.

4 Vgl. mbup/raumlabor berlin/Studio UC: Sachstandsbericht – Ideenwerkstatt Tempelhof.

von den Initiatoren des Projektes verfasst wurden. Die Arbeit von UC war international ausgerichtet – Inspiration und Modellstadt für Theoriebildung und stadtpolitische Forderungen war aber Berlin. Eingebettet war diese Forschung, Publikationstätigkeit und Projektentwicklung in den breiten gesellschaftlichen und politischen Diskurs zur Problematik der ‚leerfallenden Räume' Ostdeutschlands[5] und die damit verbundenen Versuche, diesen Leerstand politisch und planerisch ‚in den Griff' zu bekommen.[6] Die analytische Beschäftigung der Planer/-innen mit „Zwischennutzung" war verschränkt mit Diskursen in verschiedenen Feldern der Kunst, der Schwerpunkt lag hier auf der Diskussion über die Erweiterung und Transformation von künstlerischen Praktiken, v.a. der des Theaters[7], die sich angesichts der Nutzung der ‚leeren Räume', boten.[8] Der Planungsdiskurs über ZN wurde von mehreren Leitmotiven getragen:

ANEIGNUNG

Die Überraschung und Faszination, dass ‚planerische' Laien ohne oder mit wenig Geld und Knowhow dazu in der Lage sind, ihre Interessen auf räumlicher Ebene zu verwirklichen, und zwar so, dass sie eine, auch wirtschaftlich, dynamische Rolle in der Stadtentwicklung spielen, war Ende der 1990er Jahre groß. Das kannte man bisher nur aus der informellen Stadtentwicklung der ‚Dritten Welt'.[9]

---

5 Vgl. W. Kil: Luxus der Leere.

6 Vgl. BMVBS, BBR: Stadtumbau Ost. Die Idee der Zwischennutzung führt Altrock als einer der Ersten in seinem „Manifest für eine Kultivierung des Vorläufigen" in die Stadtentwicklungsdebatte eines „Berlin im Nachwendekater" ein. U. Altrock: Manifest.

7 Vgl. Thalia Theater Halle: Hotel Neustadt.

8 Der Autor dieses Artikels war studentischer Mitarbeiter im Forschungsprojekt UC, erarbeitete mit „Studio UC" im Auftrag der Berliner Senatsverwaltung für Stadtentwicklung die Studie „Raumpioniere", auf der das 2006 erschienene Buch „Urban Pioneers" (Senatsverwaltung für Stadtentwicklung: Urban Pioneers) aufbaut und verwirklichte mit der Künstlergruppe „Club Real" in Zusammenarbeit mit „Raumlabor Berlin" und „sophiensaele Berlin" im Rahmen der Zwischennutzung des ehemaligen Palastes der Republik das Projekt „Volkspalast – Der Berg".

9 Vgl. P. Oswalt/K. Overmeyer/P. Misselwitz: Urban Catalyst, S. 8 f.

Im Unterschied zum Begriffsverständnis von Aneignung als individueller und sozialer Lernprozess,[10] als selbstbestimmter, meist alltäglicher Gebrauch der Wohnumwelt[11] oder als produktiv-schöpferischer Vorgang der Lebensgestaltung[12], wie er in der Freiraumplanung durch Nohl, die Kasseler Schule oder in der Sozialpädagogik durch Deinet vertreten wurde, war der Aneignungsbegriff des ZN-Diskurses, der in erster Linie von Architekten und Architektinnen geführt wurde, stark auf die physisch-räumliche Inbesitznahme von ‚Architektur' und bebauten Grundstücken fokussiert. Im Zentrum des ZN-Diskurses stand das Spannungsverhältnis – das jede sozial engagierte, emanzipatorische Architektur beschäftigt – zwischen der Selbstbestimmung von Nutzern und den vor allem ökonomischen Interessen der Eigentümer von Immobilien.[13] „Aneigungsmodalitäten"[14], wie das „Lesen lernen" der in die Stadtstrukturen eingeschriebenen gesellschaftlichen Strukturen[15], die schöpferisch-produktive Aneignung von öffentlichem Freiraum[16], oder die selbstbestimmte Nutzung des Wohnumfeldes fanden im ZN-Diskurs daher wenig Beachtung. Die grundlegende „Aneignungsmodalität" der Akteure, die als ZN identifiziert wurden, war die Inbesitznahme von Räumen, mit dem Ziel, über diese ohne große Einschränkungen verfügen zu können. Die Raumaneignung die im ZN-Diskurs in erster Linie beobachtet und beschrieben wurde, war somit nicht die Aneignung öffentlicher Räume[17], sondern die in Besitznahme und Kontrolle von ungenutzten, auf dem Markt nicht nachgefragten Immobilien durch Akteure, die nicht in der Lage gewesen wären, auf diese regulär über den Immobilienmarkt zuzugreifen.[18] Ein weiterer Unterschied zur Inbesitznahme von

---

10 Vgl. U. Deinet/Ch. Reutlinger: „Aneignung" als Bildungskonzept der Sozialpädagogik.

11 Vgl. u.a. H. Böse: Die Aneignung von städtischen Freiräumen; G. Heinemann/K. Pommerening: Struktur und Nutzung dysfunktionaler Freiräume.

12 Vgl. W. Nohl: Städtischer Freiraum und Reproduktion der Arbeitskraft.

13 Siehe dazu den vielzitierten Artikel: P.-H. Chombart de Lauwe: Aneignung, Eigentum, Enteignung.

14 C.-F. Graumann: Aneignung.

15 Vgl. U. Deinet/Ch. Reutlinger: „Aneignung", S. 36 f.

16 Vgl. W. Nohl: Städtischer Freiraum, S. 12-16.

17 Die Aneigungstheorien der klassischen Freiraumplanung zielen hingegen in erster Linie auf öffentliche Freiräume.

18 In Ländern, Regionen und Städten ohne großes Potenzial ‚leergefallener Räume' wurden mit demselben progressiven Anspruch zum Beispiel unter dem Schlagwort des

Räumen auf dem herkömmlichen Immobilienmarkt ist, dass ZN andere Interessen mit der Aneignung verfolgen. Es wäre aber ein Missverständnis anzunehmen, der Unterschied bestünde darin, dass konventionelle Immobilienprojekte gewinn- und renditeorientiert sind, wohingegen ZN ausschließlich nicht-kommerzielle oder gemeinwohlorientierte Zwecke verfolgen. Der Unterschied liegt darin, dass ZN Zwecke mit ihrer Aneignung verfolgten, von kommerziell, künstlerisch bis gemeinwohlorientiert, die so neu oder auch marginal waren, dass ihnen zu Beginn der Debatte (noch) kein gesellschaftlicher Wert zugestanden wurde und daher auch nur wenig Kapital dafür eingesammelt werden konnte.

STADTPRODUKTION

Die relevante Rolle der ZN für die Stadtentwicklung wurde von UC zum Anlass genommen, diese als potentielle Systemalternative zur herkömmlichen Stadtplanung und zum Immobilienmarkt zu verstehen. Im Kontext der Debatte um die Stadtentwicklung in Berlin Ende der 1990er Jahre, in dem sich auch UC bewegte, war ein großer Teil der Planer und Architekten, die sich selbst als progressiv verstanden,[19] staats- und planungskritisch gegen die konservativ-neoliberale Stadtentwicklungspolitik stimmannscher Prägung[20] eingestellt. Man teilte die Ablehnung einer autoritären und ineffizienten obrigkeitsstaatlichen Stadtplanung, die die Bedürfnisse der Bürger/-innen nicht erfüllen konnte und der ‚Gier' der großen Player auf dem Immobilienmarkt nichts entgegensetzten konnte bzw. diese sogar forcierte, war sich aber über die richtige Alternative dazu uneins. Die Kreativität der „neuen Stadtmacher" mit ihren „Experimentierräumen eines neuen Urbanismus"[21] wurde gegen die „Bürgerstadt" eines Dieter Hofmann-Axthelms[22] und das neue „steinerne Berlin" des Planwerk Innenstadt[23], entworfen von Architekten wie

‚Temporären' weniger stark in Besitz nehmende Formen der Aneignung, die sich vorwiegend in öffentlichen Freiräumen ereigneten, diskutiert. Vgl. F. Haydn/R. Temel: Temporäre Räume.

19 Z.B. P. Oswalt: Berlin – Stadt ohne Form; J. Fezer/M. Heyden: Hier entsteht.

20 Vgl. Siehe dazu S. Hennecke: Die Kritische Rekonstruktion als Leitbild, S. 120 ff.

21 P. Oswalt/K. Overmeyer/P. Misselwitz: Urban Catalyst, S. 32.

22 Vgl. D. Hofmann-Axthelm: Die dritte Stadt; Ders.: Anleitung zum Stadtumbau; S. Hennecke: Die Kritische Rekonstruktion als Leitbild, S. 99 ff.

23 Vgl. http://www.stadtentwicklung.berlin.de/planen/planwerke/pix/innere_stadt/download/planwerk_innenstadt_19990518.jpg am 24.02.2017.

z.B. Hans Kollhoff oder Josef Paul Kleihues, in Stellung gebracht.[24] Das, was die „neuen Stadtmacher" gegenüber den Investoren, Stadtplanern und den kapitalkräftigen Bürgern der „Bürgerstadt" auszeichnete und sie zu Trägern und zur Avantgarde einer alternativen Stadtentwicklung machen sollte, war ihre Kreativität bezogen auf die Erfindung innovativer Praktiken der Nutzung von urbanen Räumen. Damit konnten Staat und Investoren in ihrer orthodoxen Planungs- und Verwertungslogik zunächst nichts anfangen. Die Kreativität der Nutzer/-innen war der Kern, um den die mit der Forschung verbundene utopistische Erzählung einer stadtplanerischen Systemalternative durch Zwischennutzung gesponnen wurde. UC und andere brachen mit ihrem Fokus auf die Kreativität der Nutzer mit einem Verständnis von Kreativität, wie es im Normalfall in Stadtplanung, Städtebau und Architektur vertreten wird: Die Produktion von Neuem wird von künstlerischen und anderen Avantgarden als „revolutionärer Sprung" oder von Experten als unendlicher Optimierungsprozess vollzogen, der zu einer endgültigen oder unendlich fortzuschreibenden Verbesserung gegenüber dem Alten führt.[25] Mit diesem Bruch fand aber nicht einfach nur eine Rollenverschiebung vom Architekten zum Nutzer hin statt, sondern auch die Stadt, die durch die Kreativität der Nutzer produziert wird, ist eine andere als die von Planern und Architekten entworfene.

ROLLENÄNDERUNG VON ARCHITEKTEN UND PLANERN

Die Kernkompetenz, neue Stadt zu produzieren würde vermutlich von Architekten und Planern nicht so bereitwillig an Nutzer abgegeben oder zumindest geteilt worden sein, wenn damit nicht auch ein neues Rollenverständnis für das eigene Berufsfeld verbunden gewesen wäre, das einerseits (im Sinne einer notwendigen Erneuerung) als zukunftsfähiger erachtet wurde, andererseits aber auch neue planerische Tätigkeitsfelder erschließen sollte und den bevorzugten Arbeitsweisen der progressiven Planer besser entsprach.

24 Die Kritik an der Berliner Stadtplanung wird in den Buchpublikationen, die in Folge des Forschungsprojektes UC entstanden, nur noch verallgemeinert formuliert, indem man sich z.B. in die Reihe von Arbeiten stellt, die die „herrschende Orthodoxie der Stadtplaner und Architekten" kritisiert. P. Oswalt/K. Overmeyer/P. Misselwitz: Urban Catalyst, S. 8.

25 Vgl. A. Reckwitz: Die Erfindung der Kreativität, S. 44 ff.

„An die Stelle des zugleich heroischen und visionären Entwerfers tritt der Agent, der im Auftrag anderer handelt. Er ist nicht Bestimmer, sondern Ermöglicher, der die verschiedenen Akteure zusammenbringt. [...] Die Rolle des Planers ist die eines Strategen, eines Agenten oder eines Kurators."[26]

Es ist ein postheroisches Rollenverständnis, das hier konzipiert wurde, das sich in den Dienst der neuen Stadtproduzenten – der Nutzer – stellte. Da das heroische Rollenverständnis in den 1990er Jahren aber sowieso schon Makulatur war und Architekten und Planer schon lange keine ‚Bestimmer' mehr waren, sondern Agenten von Investoren oder einer unternehmerisch ausgerichteten Stadtpolitik, war das Ziel der neuen Rollendefinition nicht Teilung von Macht, sondern Autonomiegewinn gegenüber Politik und Kapital. Die Teilhabe an der neuen Gestaltungsmacht der Nutzer durch die funktionale Integration des Berufsfeldes in einen neuen nutzergetragenen Urbanismus sollte das möglich machen. Planer und Architekten sollten dafür zu Ermöglichern, Strategen und Kuratoren werden, die in Zukunft die dynamischen, nutzergetragenen und experimentellen Prozesse des neuen Urbanismus steuern. Sie sollten nun nicht mehr im Sinne eines staatlichen Interventionismus eingreifen, um zu fördern oder zu verbieten, sondern dafür sorgen, dass sich das vielfältige Interesse der Nutzer – man könnte im Sinne von Foucault auch sagen, die „Rationalität der Regierten"[27] – möglichst frei entfalten kann.[28] Denn erst durch die Befreiung des Nutzerinteresses kann dieses gesellschaftlichen Nutzen erbringen – als entfesselte Kreativität, die immer wieder Neues produziert, nur marktförmig reguliert durch die Aufmerksamkeit der Konsumenten einer immer wieder überraschenden und ereignishaften Stadt.

Der Diskurs über Zwischennutzung entfaltet ab ca. 2005 erste Wirkungen in Politik, Planungspraxis und Verwaltungshandeln einiger Kommunen u.a. auch in Berlin. Herausragende Beispiele dafür sind die Planungen für die Nachnutzung des Flughafens Tempelhof, der 2008 stillgelegt werden sollte, oder die Zwischennutzung des ehemaligen Palastes der Republik 2004 und 2005 vor seinem Abriss

26 P. Oswalt/K. Overmeyer/P. Misselwitz: Urban Catalyst, S. 217.

27 M. Foucault: Die Geburt der Biopolitik, S. 428 f.

28 Dieser hohe Anspruch der Planer/-innen an die Kreativität der Nutzer wurde aber auch immer wieder enttäuscht, wie zum Beispiel im Rahmen des Projektes „Neuland" im Berliner Stadtteil Marzahn, bei dem 40 Brachflächen zu relativ günstigen Konditionen für Nutzungen aller Art zur Verfügung gestellt wurden, aber nur wenige Interessenten gefunden werden konnten.

im Jahr darauf, die aufgrund der kontroversen Diskussion von Abriss und Wiederaufbau des Stadtschlosses eine stadtpolitische Dimension erhielt.[29] In diesen Jahren begannen sich auch die immobilienwirtschaftlichen Rahmenbedingungen in Berlin langsam zu ändern. Berlin erlebte spätestens seit der Fußballweltmeisterschaft 2006 einen Boom im Bereich des Städtetourismus und konnte in der Standortkonkurrenz der Großstädte als „Creative City" platziert werden. Das bewirkte u.a. die Gründung von Firmen aus diesem Wirtschaftsbereich und den entsprechenden Zuzug von ‚Neu-Berlinern' aus diesen Branchen. Räumlich wurden durch die Kreativwirtschaft vor allem die Teile Berlins besetzt, die vorab durch Zwischennutzer ‚entdeckt' und erobert worden waren, vor allem die Spree und die Industrie- und Bahnbrachen im Umfeld des Ostbahnhofs. Bezogen auf die Bedürfnisse der Zwischennutzer führte das zu einer rasanten Verknappung der nutzbaren innerstädtischen Immobilien. Angesichts der abnehmenden Aneignungsmöglichkeiten wurden im Fachdiskurs sowohl die Rolle der ZN in der Stadtproduktion wie auch die Funktion der Planer und Architekten dabei mehrfach neu definiert.

Abbildung 1: Publikationen zu drei Typen von ZN-Stadtproduzenten (Thomas E. Hauck: Fotos und Bearbeitung der Bilder der Bucheinbände)

Dieser Wandel soll anhand von drei Typen von Stadtproduzenten – die maßgeblich von UC konstruiert und in den Fachdiskurs eingeführt wurden – dargestellt werden. Die Typen werden anhand von drei Ideen, die hinter der Konstruktion dieser Rollen stehen, beschrieben: der Idee der Modalität von Aneignung, der Idee

29 Vgl. A. Deuflhard/S. Krempl-Klieeisen/M. Lilienthal/H. Müller/P. Oswalt: Volkspalast.

wie Stadt produziert wird und der Idee der Funktion von Planern und Architekten bei dieser Art der Stadtproduktion.

TYP 1: ZWISCHENNUTZER

Der Akteurs-Typ der Zwischennutzer, die dazugehörige Form der Aneignung und Stadtproduktion sowie die Rolle von Planern und Architekten wird hier anhand des Schlussberichts des Forschungsprojekts „urban catalyst" von 2004[30] und dem 2013 erschienen Buch zu UC[31] herausgearbeitet.[32] Die Zwischennutzer als Prototyp der „neuen Stadtmacher" zeichnen sich durch die Fähigkeit zur Aneignung der „offenen Stadt"[33] aus. Dafür ist eine besondere Anpassungsfähigkeit notwendig – man fügt sich als ZN den Bedingungen der leeren Räume als Lückenbüßer, Nomade, Pionier, etc.[34] und nutzt die Chancen, die die offene Stadt bietet, um sie für eigene Zwecke und Bedürfnisse, die über Verfahren der herkömmlichen Stadtproduktion nicht erfüllt werden können, zu verändern. Das – gegenüber der herkömmlichen Stadtproduktion – Neue, das ZN anstreben und produzieren, zielt aber nicht, wie in den „Regimen der Orientierung am Neuen"[35] von Aufklärung und Moderne, auf die endgültige Verbesserung oder unendliche Optimierung des Bestandes, sondern auf die Produktion von Differenz zum Standard durch neue ästhetische Reize – wofür der Bestand exzellentes Material bietet.[36] Die urbanen Experimente der ZN wurden von UC und in der Fachdebatte also nicht aus funktionalen Gründen als wertvoll erachtet, weil damit etwas bestimmtes getestet werden sollte, z.B. neue Wohnungstypen, sondern weil sie für eine Urbanität des ästhetisch affizierenden Neuen stehen, das „normativ neutralisiert" ist – es ist weder sozialer, bürgerlicher, funktionaler, usw. als das Alte, sondern es ist einfach anregend anders.[37] Sie sind als Experimente um ihrer selbst Willen interessant. Sie

30 Vgl. P. Oswalt/K. Overmeyer/P. Misselwitz: urban catalyst – strategies for temporary use.

31 Vgl. P. Oswalt/K. Overmeyer/P. Misselwitz: Urban Catalyst.

32 Bedingt durch die verstrichene Zeit zwischen den beiden Publikationen wird ZN jeweils etwas anders profiliert – im später erschienen Buch wird v.a. der Diskurs um die „creative city" und „creative class" mitreflektiert.

33 P. Oswalt/K. Overmeyer/P. Misselwitz: Urban Catalyst, S. 15.

34 P. Oswalt/K. Overmeyer/P. Misselwitz: urban catalyst, S. 129 ff.

35 A. Reckwitz: Die Erfindung der Kreativität, S. 44.

36 Vgl. ebd., S. 45 f.

37 Vgl. ebd., S. 44.

können daher eine urbane Dynamik auslösen, die nach allen Seiten hin offen ist. Die „offene Stadt"[38] ist eine Stadt der unendlichen Veränderung und des Experiments, nur beschränkt durch die Grenzen des Ästhetischen – denn es sollen ja keine Experimente sein, die, wie z.T. im experimentellen Städtebau der Moderne, Menschen zu ihrem Glück ‚zwingen', bzw. vorgeben besser zu wissen, was für die Städter gut und richtig ist, als diese selbst. Die Stadt soll offen bleiben für Experimente, mit denen die Nutzer ihren ästhetischen Bedürfnissen und Vorlieben spielerisch folgen können und damit auch einen gesellschaftlichen Mehrwert durch Innovation produzieren. Die Rolle der Architekten/Architektinnen, wie sie von UC für dieses ‚Spiel' gedacht wurde, ist die der Entdecker und Reiseführer durch die Unübersichtlichkeit der „offenen Stadt", der Ermöglicher neuer Experimente und der Strippenzieher zur Förderung und Stimulierung der kreativen Kräfte. Dafür wurden von UC erste Handlungsmöglichkeiten und -tools unter der Überschrift „Cultivating Temporary Use" vorgeschlagen.[39] Diese dienen der Stimulierung von ZN durch die Erleichterung der Aneignung von Räumen und der Etablierung von Verhandlungsmöglichkeiten mit Grundstückeigentümern durch Integration von ZN ins reguläre Marktgeschehen, etwa indem die funktionale Rolle von ZN in der Immobilienentwicklung betont wird. Zusätzlich sollen durch staatliche Interventionen, z.B. durch finanzielle Förderung von Nutzern und Nutzungsräumen[40], durch sogenannte Public Private Partnerships (PPP) zwischen Kommune und Nutzern[41] oder non-monetäre Förderung, wie etwa die Einrichtung einer Informationsplattform oder die Entbürokratisierung, ein eigenständiger ZN-Immobilienmarkt geschaffen werden. Auf diesem Markt wird mit dem Kapital kreativer Ideen gehandelt. Denn das Spiel in der „offenen Stadt" muss zumindest sanft gesteuert werden in erster Linie, um es im Modus des Ästhetischen zu halten. Steuerung funktioniert durch die Moderation von Konflikten, um diese nicht ‚ernst' werden zu lassen, und durch das Absenken der ‚Zugansschwelle' zum Spielfeld, um möglichst vielen Akteuren die Teilnahme am Spiel zu ermöglichen.

38 P. Oswalt/K. Overmeyer/P. Misselwitz: Urban Catalyst, S. 15.

39 Vgl. P. Oswalt/K. Overmeyer/P. Misselwitz: urban catalyst, S. 181.

40 Vgl. „The Fund for Breeding Places" in ebd., S. 198.

41 Vgl. ebd., S. 197 und S. 215.

TYP 2: RAUMPIONIERE

Im 2007 erschienenen Buch „Urban Pioneers", das auf einer Forschungsarbeit von „Urban Catalyst – Studio"[42] für die Berliner Senatsverwaltung für Stadtentwicklung basiert, wird Aneignung und Stadtproduktion durch Zwischennutzung nicht mehr als innovatives Spiel definiert, sondern als ‚Pionierleistung', die einen wichtigen Beitrag zur Stadtentwicklung leisten kann. Denn Raumpioniere „stellen sich dem Problem innerstädtischer Brachen, indem sie scheinbar überflüssige Räume wieder in das Gefüge der Stadt zurückholen"[43]. Der Typ Raumpionier (RP) unterscheidet sich in seinen Merkmalen wenig vom ZN – nur der zur Brachenaktivierung notwendige Pioniergeist[44] und das unternehmerische Moment an der Aneignung für gemeinnützige oder kommerzielle Zwecke[45] wird stärker akzentuiert. Der Rollenwandel betrifft vor allem die Art und Weise der Stadtproduktion, für die RP als Vorbild fungieren. Es ist nicht mehr die ungerichtete und normativ neutrale Art der Stadtproduktion der ZN, sondern RP stehen – in Analogie zu Pionierpflanzen[46] – am Anfang einer neuen Art der Stadt- und Standortentwicklung – eines Open-Source-Urbanismus.[47] Diese Stadtproduktion beruht nicht mehr auf einem ZN-Markt, der als subversiver Untergrundmarkt in der Krise entsteht, sondern RP sollen durch ihre *Integration* in die Stadtentwicklung – durch die Synchronisierung von formellen Planungsprozessen und informeller Aktivierung – mit dem regulären Immobilienmarkt funktional verknüpft werden[48], um diesen für ZN bzw. Raumpioniere längerfristig zu öffnen. Das soll nicht nur einem gerechteren Marktzugang dienen[49], sondern auch zu einer vielfältigeren und nutzergetragenen Stadtentwicklung führen, die auf kollektiver Kreativität, Kooperation und dem offenen Zugang zu vielen Ideen beruht.[50]

---

42 „Urban Catalyst – Studio" ist der Name des Planungsbüros, das von Klaus Overmeyer, programmatisch bezugnehmend auf das Forschungsprojekt „Urban Catalyst", 2004 gegründet wurde.

43 Senatsverwaltung für Stadtentwicklung: Urban Pioneers, S. 22.

44 Vgl. ebd., S. 104.

45 Vgl. ebd., S. 38.

46 Vgl. ebd., S. 36.

47 Vgl. ebd., S. 105.

48 Vgl. ebd., S. 109.

49 Vgl. ebd., S. 108.

50 Vgl. ebd., S. 105 f.

Dieser Programmatik folgend sollten im Zuge der Schließung des Flughafens Berlin-Tempelhof 2008 und der geplanten städtebaulichen und freiraumplanerischen Entwicklung RP in die Entwicklung des Geländes integriert werden.[51] Damit wurden zwei wichtige Ziele verfolgt: Erstens die „Aktivierung" der großen Leere des Flugfeldes mithilfe der RP, da man es zu diesem Zeitpunkt den zukünftigen Nutzer/-innen des ‚neuen' Freiraumes nicht zutraute bzw. angesichts der vielen Freiflächen in Berlin nicht das Bedürfnis sah, dass sich diese das Feld selbst aneignen würden. Man dachte, ein Aneignungsprozess müsste mithilfe von RP angeregt, aber auch gesteuert werden.[52] Zweitens sollten RP als „Katalysator[en] einer Stadt- und Standortentwicklung"[53] fungieren, d.h. der Kommune dabei helfen, Teile des Areals immobilienwirtschaftlich zu entwickeln.[54] RP sollten dabei nicht als Lückenbüßer missbraucht werden, sondern als integrierter Bestandteil eines offenen Entwicklungsprozesses ‚mitwachsen' können und die Chance haben, sich trotz der „konkurrenzstärkeren" Nachfolgenutzungen dauerhaft zu etablieren.

TYP 3: RAUMUNTERNEHMER

Das 2014 erschienene Buch „Raumunternehmen – Wie Nutzer selbst Räume entwickeln"[55] widmet sich einem dritten Typ von Stadtproduzenten, den Raumunternehmen bzw. Raumunternehmern (RU). In der Modalität der Aneignung unterscheiden sich RU nicht von ZN und RP – es werden mit Geschick und Anpassungsfähigkeit Chancen (zur rechten Zeit am rechten Ort zu sein) erkannt und genutzt, um sich „offene Räume" zur Verwirklichung von „Nutzungsideen und Visionen"[56] anzueignen. Doch wachsen RU über ZN und RP hinaus, denn sie verstehen es, die ergriffene Chance durch unternehmerisches Handeln und die Ver-

51 Das Konzept dafür wurde in der bereits vor der Schließung durchgeführten „Ideenwerkstatt Tempelhof" entwickelt und wurde von den Planungsbüros „mbup", „raumlabor Berlin" und „Urban Catalyst Studio" (damals noch „Studio UC") im Auftrag der Senatsverwaltung für Stadtentwicklung Berlin durchgeführt. Vgl. mbup/raumlabor berlin/Studio UC: Sachstandsbericht – Ideenwerkstatt Tempelhof.

52 Vgl. ebd., S. 37 ff. und S. 191 ff.

53 Senatsverwaltung für Stadtentwicklung: Urban Pioneers, S. 23 f.

54 Vgl. mbup/raumlabor berlin/Studio UC: Sachstandsbericht, S. 111 ff.

55 L. Buttenberg/K. Overmeyer/G. Spars: Raumunternehmen.

56 Ebd., S. 5.

netzung und Verankerung vor Ort in einen längerfristigen Zugriff auf die angeeigneten Räume und Flächen[57] zu verwandeln – sie ‚emanzipieren' sich „vom Nutzer zum Eigentümer, Verwalter und Betreiber"[58]. Raumunternehmer stehen daher auch für eine andere Stadtproduktion als ZN und RP – sie sind weder Macher von immer neuen DIY-Experimenten, noch Katalysatoren dynamischer ergebnisoffener Stadtentwicklung, sondern Träger einer co-produktiven, nutzergetragenen Stadt- und Projektentwicklung, die durch ihre lokalräumliche Verankerung ‚ihre' Stadt und ‚ihr' Quartier langfristig bereichern und sozialen und ökonomischen Mehrwert produzieren.[59] Bemerkenswert ist, dass, anders als in der Rollenkonstruktion von ZN und RP, den Raumunternehmern keine Planer und Architekten beiseite gestellt werden. Das liegt wohl daran, dass die Rolle der „Do-it-yourself-Projektentwickler"[60] mit ihrem komplexen Aufgabenprofil zwischen unternehmerischem Entwicklungsgeist, lokaler Verbundenheit und Bereitschaft zur Ko-Produktion von Stadt am besten von Planern und Architekten selbst eigenommen werden könnte.[61] Den Experten rationaler Stadtproduktion – Planern und Architekten – bietet sich hier die Gelegenheit, in Würde vom hohen Ross des Top-down herabzusteigen, um aus der Perspektive des Bottom-up als Träger kooperativer, nutzerorientierter Stadtentwicklung zu fungieren – eine gewisse Annäherung an den ursprünglich ‚weltanschaulichen Gegner' mit seiner „Bürgerstadt" lässt sich hier kaum übersehen.[62]

57 Vgl. ebd., S. 89 f.

58 Ebd., S. 6.

59 Vgl. ebd., S. 5.

60 Ebd., S. 5.

61 Genau das passiert in Krefeld im Rahmen des Projektes „Nachbarschaft Samtweberei" der „Montag Stiftung Urbane Räume" in dem die Stiftung als RU agiert. Mit dem „Modellprojekt" wird versucht co-produktive, nutzergetragene Stadtentwicklung als Geschäftskonzept zu etablieren. Nachfolgeprojekte sind daher geplant. Siehe: http://samtweberviertel.de/modellprojekt vom 09.02.2017.

62 Siehe dazu „Bodenständige Pioniere" in: L. Buttenberg/K. Overmeyer/G. Spars: Raumunternehmen, S. 99-105. Lokale Gemeinschaften mit ihrem bürgerschaftlichen Engagement werden hier zu Trägern einer polyzentrischen, bürgergetragenen Stadtentwicklung erkoren. Im Zentrum der jeweiligen Gemeinschaft stehen innovativ und unternehmerisch agierende Pioniertypen.

WAS BLEIBT? ZWISCHENNUTZER, RAUMPIONIERE, RAUMUNTERNEHMER UND GEMEINSCHAFTSINITIATIVEN IN DER WACHSENDEN STADT

Heute, 16 Jahre nach Beginn des Forschungsprojektes UC, ist der Begriff Zwischennutzung aus den stadtpolitischen und planerischen Diskursen Berlins mehr oder weniger verschwunden bzw. er wurde, wenn man genauer hinschaut, durch andere Begriffe der nutzerbestimmten Stadtentwicklung abgelöst. Angesichts einer in den letzten Jahren wachsenden Stadt mit ihrer größeren Konkurrenz um Flächenressourcen wurde die Rolle von ZN im Fachdiskurs an diese geänderten Rahmenbedingungen angepasst. In einem ersten Schritt wurde dafür das Spielerische und Normativ-Offene des liberalen ZN-Stadtmodells in ein zweckmäßiges Transformationsmodell umgewandelt mit dem Ziel, dynamische aber gesteuerte Stadtentwicklungsprozesse unter Einbeziehung von Raumpionieren zu initiieren. Angesichts der zunehmenden Verschärfung der Konkurrenz um Flächen und Räume wurde in einem zweiten Schritt die „Emanzipation vom Raumpionier zum Raumunternehmen“[63] diskutiert, ergänzt durch die Akzentuierung der Bedeutung von RU für Quartier und Gemeinschaft. Beide Schritte dienten dazu, das Rollenmodell ZN so zu verändern, dass ihm weiterhin Relevanz für die Stadtentwicklung zugeschrieben werden konnte und somit auch das utopische Potenzial von ZN als Avantgarde einer nutzergetragenen Stadtproduktion erhalten blieb. Das wurde versucht, indem im ersten Schritt die Zweckmäßigkeit von RP für eine transformative Stadtentwicklung gegenüber der experimentellen Zweckfreiheit von ZN betont wurde. Im zweiten Schritt wurde der Nutzen von RU für lokalräumliche Gemeinschaften und eine kooperative Stadtentwicklung hervorgehoben. Durch diese beiden Schritte wurde das liberale Stadtproduktionsmodell von ZN, das den herkömmlichen Immobilienmarkt zu einer weiterhin marktförmigen, aber inklusiveren Art der Aneignung von Flächen transformieren wollte, durch das Modell einer gemeinschaftlich-polyzentrischen, bürgergetragenen Stadtproduktion[64], wie sie z.B. auch dem „Urban Gardening“[65] zugrunde liegt, ersetzt. Dieser kommunitaristische Ansatz zielt nicht in erster Linie auf eine Erweiterung der Aneignungsmöglichkeiten durch Änderung der Marktregeln, sondern auf den Zugriff auf Flächen und Räume der öffentlichen Hand. Die Forderung nach gemeinschaftlicher Nutzung von öffentlichen Flächen wird mit zwei Argumenten begründet: Damit,

---

63 L. Buttenberg/K. Overmeyer/G. Spars: Raumunternehmen, S. 5.

64 Vgl. ebd., S. 105.

65 Z.B. Ch. Müller: Urban Gardening.

dass öffentliche Flächen Allmenden seien, die von ‚allen' gemeinschaftlich genutzt werden sollten, und damit, dass Gemeinschaftsprojekte oder auch RU einen Mehrwert für die ganze Stadt oder das Quartier haben würden. Der öffentliche Flächenbestand soll dafür erhalten und ausgebaut werden und, zumindest in Teilen, verschiedenen Gemeinschaftsinitiativen zur Aneignung überlassen werden. Es sollen also öffentliche Grundstücke oder Gebäudebestände nicht in erster Linie an Investoren verkauft, sondern auch an Gemeinschaftsprojekte oder RU übergeben werden.[66] Kommunale Frei- und Grünflächen sollen in Teilen Initiativen, wie Interkulturellen Gärten, überlassen werden.

Nach mehr als 15 Jahren Fachdebatte über ZN als Modell für eine nutzergetragene Stadtproduktion lässt sich zurzeit folgendes Fazit ziehen: Ein Immobilienmarkt, der auch für experimentelle Stadtproduktion durch ZN offen ist, funktioniert offenbar nur unter den Bedingungen des „Luxus der Leere"[67], gepaart mit Akteuren, die diesen Luxus genießen wollen. Diesen Luxus bietet eine wachsende Stadt wie Berlin nicht mehr.[68] Das Konzept, ZN als ‚Pionierpflanzen' in Stadtentwicklungsprojekte zu integrieren, entfaltet unter den Bedingungen wachsender Städte nur geringe Wirkung, da sie sowohl aus ökonomischer wie auch aus Nutzersicht als überflüssige Zutat erscheinen – entweder weil das ‚Projekt' eigentlich auch ohne sie funktionieren würde, oder weil sie sowieso nicht verhindern, dass am Ende des Prozesses der übliche Investorenstädtebau herauskommt. So bleibt unter den Bedingungen wachsender Städte als letzte Alternative einer nutzergetragenen Stadtentwicklung offenbar nur die Stadtproduktion auf öffentlichen Flächen übrig. – so bleibt die Frage: Wie kann die in Besitz nehmende Aneignung von öffentlichen Flächen, mag sie nun gemeinschaftlich durch Initiativen oder RU erfolgen oder ‚egoistisch' durch ZN oder RP organisiert werden, ohne Teile der Gesellschaft von der Nutzung dieser angeeigneten Flächen auszuschließen? Die ‚klassischen' Aneignungstheorien der Freiraumplanung bieten hierfür wenige Anknüpfungspunkte, da sie davon ausgehen, dass ein in seiner Verfügbarkeit und Aneigenbarkeit abgestuftes Freiraumsystem von privat (Balkon, Kleingarten, Privatgarten), halböffentlich/gemeinschaftlich (Vorgarten, Innenhof) bis öffentlich (Park, Platz) verschiedene Aneignungsmodalitäten befriedigen können sollte. Das

66 Z.B. ExRotaprint in Berlin: http://www.exrotaprint.de vom 24.02.2017; oder das Gängeviertel in Hamburg: http://das-gaengeviertel.info vom 24.02.2017; vgl. L. Buttenberg/K. Overmeyer/G. Spars: Raumunternehmen, S. 13-37; siehe auch die Initiative Stadt Neu Denken: http://stadt-neudenken.tumblr.com vom 24.02.2017.

67 W. Kil: Luxus der Leere.

68 An anderen Orten findet sich dieser Luxus noch, z.B. in Frankfurt a.d.O. – aber angesichts des peripheren ‚Standortes' interessiert sich dafür kaum jemand.

für die öffentlichen Freiräume geeignete Aneignungsverhalten sollte dabei von gegenseitiger Rücksicht und kooperativem Verhalten geprägt sein. Aneignung war als ideelle (Zuständigkeit) oder vorübergehende, bzw. die Raumausstattung wenig verändernde Tätigkeit konzipiert, für die von den Planern multifunktionale[69] bzw. „lesbare" und alltäglich-gebrauchsfähige[70] Freiräume zur Verfügung gestellt werden sollen. Das ist sicherlich noch immer ein erstrebenswertes Ideal. In wachsenden Städten mit dichter Bebauung bei einer gleichzeitig gewandelten Freiraumkultur[71], die zumindest bei einem Teil der Freiraumnutzer unter anderem mit dem Anspruch einhergeht sich auch öffentliche Räume möglichst ‚eigensinnig' und selbstbestimmt aneignen zu können, kann dieses Ideal kaum erreicht werden. Planerische Ansätze zur Überwindung der Widersprüche zwischen Eigen- bzw. Gemeinschaftsinteressen und Allgemeininteresse angesichts der Aneignung öffentlicher Freiflächen wurden auch in der Forschung von UC diskutiert, aber angesichts des damaligen Überschusses an ‚leeren Räumen' nicht tiefergehend verfolgt.[72] Hier lohnt ein Blick auf die Tendenzen der Berliner Parkentwicklung in den letzten Jahren: Um Konflikte, die durch unterschiedliche Aneignungsinteressen entstehen, zu lösen, wurden Planungs- und Managementansätze entwickelt, die selbstbestimmte, auch längerfristige Aneignung von Flächen in öffentlichen Parkanlagen ermöglichen oder zumindest erdulden. Sowohl der Park am Gleisdreieck wie auch der Mauerpark oder der Preußenpark ermöglichen die ‚eigensinnige' Aneignung der Parks durch Gemeinschaftsgärten[73], Vereinsaktivitäten, Musikveranstaltungen[74] oder Streetfood-Märkte.[75] Diese ‚Inseln der Eigensinnigkeit'

69 Vgl. W. Nohl: Städtischer Freiraum und Reproduktion der Arbeitskraft, S. 169 ff.

70 Vgl. H. Böse: Die Aneignung von städtischen Freiräumen; und die Beiträge von Bellin-Harder, Körner und Lorberg in diesem Band.

71 Vgl. W. Tessin: Freiraum und Verhalten, S. 98 ff.

72 So wurden z.B. Ansätze aus Wien, die sich stärker mit ZN auf kommunalen Flächen befassten, nicht tiefergehend behandelt. Ein interessantes Konzept, das sich mit ZN oder undefinierten Nutzungen im Rahmen einer städtebaulichen Planung befasst, ist das städtebauliche Leitprojekt für das Flugfeld Aspern in Wien, das in den Jahren 1993-1995 vom Büro Rüdiger Lainer erstellt wurde. Lainer definiert sogenannte „offene Räume", deren Nutzung nicht festgelegt ist und die angeeignet werden sollen.

73 Interkultureller Garten Rosenduft im Park am Gleisdreick in Berlin: http://www.suedost-ev.de/interkultureller_garten/interkultureller_garten.php am 24.02.2017.

74 Siehe z.B. Joe Hatchibans Karaoke am Sonntagnachmittag im Mauerpark.

75 Siehe z.B. den Streetfood-Markt auf der sogenannten „Thaiwiese" im Preußenpark (siehe auch die Abbildung auf dem Umschlag dieses Buches).

in öffentlichen Parks zeichnen sich dadurch aus, dass sie selbstbestimmte Aneignung ermöglichen, aber auf Teilflächen und/oder auf bestimmte Zeiträume beschränkt werden. Das Projekt der Pioniernutzungen für das Tempelhofer Flugfeld hat diese ‚Inseln' sogar als Ausgangspunkt für eine mögliche städtebauliche Entwicklung genommen, die aber, nachdem die immobilienwirtschaftliche Verwertungsperspektive nach dem Volksentscheid „Tempelhofer Feld“ wegfiel, als Möglichkeit der Parkentwicklung kaum noch aktiv verfolgt wird. Verschiedene Konzepte, die versuchen, selbstbestimmte Aneignung auf öffentlichen Flächen zuzulassen oder zu ermöglichen, haben gemeinsam, dass sie versuchen, die konkreten Eigen- und Gruppeninteressen der ZN, RP, RU und Gemeinschaftsinitiativen unter die abstrakte regulative Idee des Allgemeininteresses, das sich in öffentlichen Frei- und Grünflächen, v.a. als Zugänglichkeit für alle und in Form von für alle geltenden Nutzungsregeln äußert, zu subsumieren. Die dazu notwendigen Modalitäten, Formate und Regeln der Öffnung, Exklusion und Inklusion gilt es weiter zu entwickeln und auszuprobieren. Denn trotz aller Flächenknappheit – das Bedürfnis nach einer nutzergetragenen Stadtentwicklung, die ein spielerisches Experimentieren mit Formen des Zusammenlebens und Arbeitens zulässt, besteht weiterhin.

LITERATUR

Altrock, Uwe: „Manifest für eine Kultivierung des Vorläufigen“, in: Arbeitskreis Stadterneuerung an deutschsprachigen Hochschulen und Institut für Stadt- und Regionalplanung (Hg.), Jahrbuch Stadterneuerung 1998 – Nachhaltige (Stadt-) Entwicklung Berlin: Eigenverlag TU Berlin 1998, S. 25-34.

Böse, Helmut: Die Aneignung von städtischen Freiräumen – Beiträge zur Theorie und sozialen Praxis des Freiraums, Arbeitsberichte des Fachbereichs Stadtplanung und Landschaftsplanung der GhK, Heft 22, Kassel 1981.

Bundesministerium für Verkehr, Bau und Stadtentwicklung (BMVBS), Bundesamt für Bauwesen und Raumordnung (BBR) (Hg.): Stadtumbau Ost – Stand und Perspektiven, Berlin 2006.

Buttenberg, Lisa/Overmeyer, Klaus/Spars, Guido (Hg.): Raumunternehmen – Wie Nutzer selbst Räume entwickeln, Berlin: Jovis 2014.

Chombart de Lauwe, Paul-Henry: „Aneignung, Eigentum, Enteignung – Sozialpsychologie der Raumaneignung und Prozesse der gesellschaftlichen Veränderung“, in: ARCH+ 34 (1977), S. 2-6.

Deinet, Ulrich/Reutlinger, Christian (Hg.): „Aneignung“ als Bildungskonzept der Sozialpädagogik, Wiesbaden: VS Verlag für Sozialwissenschaften 2004.

Deuflhard, Amelie/Krempl-Klieeisen, Sophie/Lilienthal, Matthias/Müller, Harald/Oswalt, Philipp (Hg.): Volkspalast – Zwischen Aktivismus und Kunst, Berlin: Theater der Zeit 2006.

Fezer, Jesko/Heyden, Mathias (Hg.): Hier entsteht – Strategien partizipativer Architektur und räumlicher Aneignung, Berlin: b_books 2004.

Foucault, Michel: Die Geburt der Biopolitik – Geschichte der Gouvernementalität II, Frankfurt a.M.: Suhrkamp 2006.

Graumann, Carl-Friedrich: „Aneignung", in: Lenelis Kruse/Carl-Friedrich Graumann/Ernst-D. Lantermann (Hg.): Ökologische Psychologie – Ein Handbuch in Schlüsselbegriffen, München: Psychologie Verlags Union 1990. S. 124-130.

Haydn, Florian/Temel, Robert (Hg.): Temporäre Räume – Konzepte zur Stadtnutzung, Basel u.a.: Birkhäuser 2006.

Heinemann, Georg/Pommerening, Karla: Struktur und Nutzung dysfunktionaler Freiräume – dargestellt an Beispielen der Stadt Kassel, Notizbuch 12 der Kasseler Schule, 3. Auflage 1994, Kassel 1989.

Hennecke, Stefanie: Die Kritische Rekonstruktion als Leitbild – Stadtentwicklungspolitik in Berlin zwischen 1991 und 1999, Hamburg: Verlag Dr. Kovač 2010.

Hofmann-Axthelm, Dieter: Anleitung zum Stadtumbau, Frankfurt a.M. u.a.: Campus Verlag 1996.

Hofmann-Axthelm, Dieter: Die dritte Stadt – Bausteine eines neuen Gründungsvertrags, Frankfurt a.M.: Suhrkamp 1993.

Kil, Wolfgang: Luxus der Leere – Vom schwierigen Rückzug aus der Wachstumswelt – Eine Streitschrift, Wuppertal: Verlag Müller und Busmann 2004.

Mbup/raumlabor berlin/Studio UC: Sachstandsbericht – Ideenwerkstatt Tempelhof, Dokumentation der Ideenwerkstatt im Auftrag der Senatsverwaltung für Stadtentwicklung Berlin, Berlin 2008.

Müller, Christa: Urban Gardening – Über die Rückkehr der Gärten in die Stadt, München: Oekom 2011.

Nohl, Werner: Städtischer Freiraum und Reproduktion der Arbeitskraft: Einführung in eine arbeitnehmerorientierte Freiraumplanung, München: IMU-Institut 1984.

Oswalt, Philipp: Berlin – Stadt ohne Form: Strategien einer anderen Architektur, München: Prestel Verlag 2000.

Oswalt, Philipp/Overmeyer, Klaus/Misselwitz, Philipp (Hg.): Urban Catalyst – Mit Zwischennutzungen Stadt entwickeln, Berlin: DOM publishers 2013.

Oswalt, Philipp/Overmeyer, Klaus/Misselwitz, Philipp (Hg.): urban catalyst – strategies for temporary use: results of the european research project 2001-2003, Digitaler Forschungsbericht, Berlin 2004.

Reckwitz, Andreas: Die Erfindung der Kreativität – Zum Prozess gesellschaftlicher Ästhetisierung, Berlin: Suhrkamp 2012.

Senatsverwaltung für Stadtentwicklung (Hg.): Urban Pioneers – Berlin: Stadtentwicklung durch Zwischennutzung, Berlin: Jovis 2006.

Tessin, Wulf: Freiraum und Verhalten: Soziologische Aspekte der Nutzung und Planung städtischer Freiräume – Eine Einführung, Wiesbaden: VS Verlag für Sozialwissenschaften 2011 (2., überarbeitete Auflage).

Thalia Theater Halle (Hg.): Hotel Neustadt, Berlin: Alexander Verlag 2004.

Autorinnen und Autoren

Susann Ahn ist Landschaftsarchitektin und Mediatorin. Nach ihrem Studium an der TU München war sie über mehrere Jahre als Projektleiterin bei internationalen Bauvorhaben sowie bei Ausstellungsprojekten tätig, bevor sie sich 2014 als Landschaftsarchitektin und Mediatorin für Konflikte im öffentlichen Raum selbstständig machte. Seit 2013 unterrichtet und forscht sie am Lehrstuhl für Landschaftsarchitektur von Prof. Christophe Girot an der ETH Zürich und leitet dort das „Theorie Lab". In ihrer Forschung untersucht sie den Einfluss kulturell tradierter Deutungsmuster in zeitgenössischen Landschaftsarchitekturprojekten in Südkorea.

Florian Bellin-Harder ist wissenschaftlicher Mitarbeiter am Fachgebiet Landschaftsbau, Landschaftsmanagement und Vegetationsentwicklung am Fachbereich Architektur Stadtplanung Landschaftsplanung der Universität Kassel. Er war Redakteur der Reihe „Notizbuch der Kasseler Schule" und promovierte zu Pflegeplanung und Vegetationsentwicklung im Rahmen der Gartendenkmalpflege. Als Lehrkraft für besondere Aufgaben erforscht und vermittelt er Kenntnisse zur Freiraumpflege und –aneignung sowie zur Anwendung der Pflanzensoziologie in der Pflanzenverwendung.

Andrea Benze ist Professorin für Städtebau und Theorie der Stadt an der Hochschule München, Mitgründerin von „offsea" (office for socially engaged architecture) und Architektin in der Architektenkammer Berlin. Nach ihrem Studium der Architektur an der TU Darmstadt und der Bartlett School of Architecture and Planning London promovierte sie zu „Alltagsorten" in der Stadtregion in Stadt- und Regionalplanung an der Universität Kassel. Darüber hinaus engagiert sie sich in der baukulturellen Bildung von Kindern und Jugendlichen in Jugend-Architektur-Stadt e.V. Ihre Forschungsinteressen liegen in der Alltagskultur, sowie in Fragen der Teilhabe am urbanen Raum.

Sonja Dümpelmann ist Associate Professor of Landscape Architecture an der Harvard University, Graduate School of Design in den USA. Sie lehrt Theorie und Geschichte der Landschaftsarchitektur. Ihre Forschungsgebiete umfassen die Geschichte des Stadtgrüns sowie die Beziehungen zwischen Landschaft, Wissenschaft, Technik und Politik. Zu ihren Buchpublikationen gehören *Flights of Imagination: Aviation, Landscape, Design* (University of Virginia Press, 2014); *A Cultural History of Gardens in the Age of Empire* (Bloomsbury Publishers, 2013); *Women, Modernity, and Landscape Architecture* (mit John Beardsley; Routledge, 2015); *Greening the City: Urban Landscapes in the Twentieth Century* (mit Dorothee Brantz; University of Virginia Press, 2011); und *Maria Teresa Parpagliolo Shephard (1903-1974). Ein Beitrag zur Entwicklung der Gartenkultur in Italien im 20. Jahrhundert* (VDG Weimar, 2004).

Jürgen Furchtlehner studierte Landschaftsplanung und Landschaftsarchitektur in Wien und Kopenhagen. Seit 2012 ist er wissenschaftlicher Mitarbeiter und Lehrender am Institut für Landschaftsarchitektur, Department für Raum, Landschaft und Infrastruktur an der Universität für Bodenkultur Wien. Zum Tätigkeitsfeld (in Lehre und Forschung) zählen u.a. Nutzungs- und Raumtheorie sowie Gestaltung und Nutzbarkeit von öffentlichen Räumen im urbanen Kontext. Aktuelle Projekte befassen sich mit Aufwertungsmaßnahmen und Nutzungsverbesserungen in Straßenräumen.

Christof Göbel lehrt und forscht als Professor an der Universidad Autónoma Metropolitana (UAM) – Azcapotzalco in Mexiko-Stadt und ist aktuell Leiter des Aufbaustudiengangs Design und Städtische Studien. Er studierte Architektur an der TU Berlin und der TU Darmstadt sowie der University of Strathclyde, Glasgow, und arbeitete anschlie*ß*end in den Büros Studio Architetto Mar, Venedig, sowie AS&P – Albert Speer & Partner GmbH, Frankfurt a.M. 2009 folgte die Promotion an der Universität Stuttgart mit dem Titel „Strukturwandel urbaner Agglomerationen in Mexiko, 1990-2005 – Fallstudie Querétaro". Aktuelle Forschungsprojekte beschäftigen sich mit dem öffentlichen Raum in der Megalopolis Mexiko-Stadt sowie der Rolle des Platzes als sozialer Lernort.

Udo W. Häberlin studierte in Kassel und Wien Stadt- bzw. Raumplanung und arbeitet in der Magistratsabteilung 18, Stadtentwicklung und Stadtplanung, der Stadt Wien. Seine Schwerpunkte liegen in der anwendungsorientierten Stadtforschung, Urbanität und im Kontext der Sozialraumtheorie. Er leitete in der MA 18 das Projekt zur Erhebung von physischen und sozialen Verunsicherungsphänomenen und organisiert die interdisziplinäre Sicherheitsplattform Stadtentwicklung. Er arbeitet im Themenfeld öffentlicher Raum, soziale Prozesse, hierbei aktuell zu den Projekten: Identität und Raum, Potentiale öffentlicher Räume/„Straßenmenüs" sowie Frei- und Grünraumstudie Wien.

Thomas E. Hauck ist Landschaftsarchitekt und forscht und lehrt am Fachgebiet Freiraumplanung der Universität Kassel. Er leitet mit Prof. Wolfgang Weisser von der TU München das Forschungsprojekt „Animal-Aided Design" (AAD), ist Büropartner bei „Polinna Hauck Landscape+Urbanism – Büro für Stadtforschung und strategische Planung" und Mitglied der Künstlergruppe „Club Real". Er war Akademischer Oberrat an der TU München und promovierte dort zur Vergegenständlichung der ästhetischen Idee ‚Landschaft'.

Stefanie Hennecke ist Professorin für Freiraumplanung am Fachbereich Architektur Stadtplanung Landschaftsplanung der Universität Kassel. Sie studierte Landschaftsarchitektur und Landschaftsplanung in München und Berlin und promovierte an der Universität der Künste Berlin zur Stadtentwicklungspolitik Berlins in der Nachwendezeit. Sie war wissenschaftliche Mitarbeiterin an der Universität der Künste Berlin, koordinierte dort die Graduiertenschule für die Künste und die Wissenschaften und war Juniorprofessorin für Geschichte und Theorie der Landschaftsarchitektur an der TU München. Ihre Forschungsgebiete sind die Geschichte des Stadtgrüns und die Nutzung urbaner Freiräume.

Stefan Körner ist Professor für Landschaftsbau, Landschaftsmanagement und Vegetationsentwicklung an der Universität Kassel. Nach einer Gärtnerlehre studierte er Landschaftsplanung an der TU Berlin. Danach folgten eine Tätigkeit als Landschaftsarchitekt in Berlin, eine wissenschaftliche Assistenz am Lehrstuhl für Landschaftsökologie der TU München und zeitgleich eine Promotion an der TU Berlin. Danach war er bis zu seinem Ruf an die Universität Kassel wissenschaftlicher Mitarbeiter am Institut für Stadtökologie der TU Berlin und verfasste in dieser Zeit seine Habilitationsschrift zur Rehabilitation der Landschaftsgestaltung als kulturelle Aufgabe. Daneben war er Lehrbeauftragter für das Fach Kulturgeschichte der Natur im Studiengang Landschaftsplanung. Forschungsschwerpunkte sind: Theorie der Landschaft, Planungstheorie, Naturschutz und Denkmalschutz, Naturschutztheorie, urbane Pflanzenverwendung und Vegetationsmanagement.

Pia Kühnemann hat einen Bachelorabschluss in Umweltwissenschaften und studiert an der Leibniz Universität Hannover Atlantic Studies in History, Culture and Society (MA). Sie arbeitet als studentische Mitarbeiterin am „Forum für Gender-Kompetenz in Architektur|Landschaft|Planung, gender_archland". Sie interessiert sich für feministische, machtanalytische und herrschaftskritische Perspektiven auf Ökonomie und Gesellschaft und ist auf der Suche nach einer Praxis des guten Lebens.

Anuschka Kutz ist Gastprofessorin für Architektur, Urbane Kultur und Praxis an der Katholieke Universiteit Leuven, campus Sint-Lucas Ghent/Brüssel und Senior Lecturer an der School of Architecture and Design, University of Brighton, UK. Sie ist Mitgründerin von „offsea" (office for socially engaged architecture). Nach dem Studium an der TU Berlin und MArchi Moskau, absolvierte sie an der Bartlett, University College London einen Master in zeitgenössischer Architekturgeschichte und Architekturtheorie. Ihr Forschungsinteresse liegt im Schnittpunkt von Urbaner Kultur, Alltagsraum, Architektur und Ethnographie. Aktuell beschäftigt sie sich mit Alltagspraktiken älterer Menschen und deren Teilhabe am urbanen Leben.

Frank Lorberg studierte Landschaftsplanung, Kunstwissenschaft und Philosophie an der Universität Kassel und promovierte dort zu Leitbildern der Nachhaltigkeit in der Landespflege. Er war beteiligt an Forschungsprojekten in der Erziehungswissenschaft und der Verkehrs- und Landschaftsplanung. Daneben ist er im Buchhandel, in der Kunstvermittlung sowie in der Lehre an der Universität Kassel und an der Volkshochschule Kassel tätig. Seine Forschungsschwerpunkte sind die Struktur und Nutzung von Freiräumen, die Vegetationskunde und die Geschichte der Landschaft.

Felix Lüdicke ist Landschaftsarchitekt und Künstler. Er studierte Landschaftsarchitektur an der TU München. Seit 2008 entwickelt er in der Gruppe „raumzeug" künstlerische Interventionen im öffentlichen Raum, die das Sichtbarmachen und Hinterfragen von Gestalt und Nutzung zum Ziel haben. Seit 2010 ist er wissenschaftlicher Mitarbeiter am Lehrstuhl für Landschaftsarchitektur und öffentlichen Raum an der TU München. Sein Forschungsschwerpunkt liegt an der Schnittstelle zwischen Partizipation und Intervention in Diskussions- und Planungsprozessen. 2015 war er Stipendiat der Akademie der Künste Berlin.

Tanja Mölders ist seit 2013 Maria-Goeppert-Mayer Juniorprofessorin für Raum und Gender an der Fakultät für Architektur und Landschaft der Leibniz Universität Hannover („Forum für GenderKompetenz in Architektur | Landschaft | Planung, gender_archland"). Sie studierte Umweltwissenschaften an der Universität Lüneburg und promovierte dort zum Thema gesellschaftliche Naturverhältnisse. Sie war wissenschaftliche Mitarbeiterin an den Universitäten Lüneburg und Hamburg und arbeitete dort zur Verbindung gesellschaftlicher Natur- und Geschlechterverhältnisse aus sozial-ökologischer Perspektive. Ihre Forschungsschwerpunkte sind raumbezogene Themen der Geschlechterforschung, Geschlechterverhältnisse und Nachhaltigkeit sowie Für_Sorge – Vor_Sorge (Die Kategorie Care).

Serjoscha P. Ostermeyer hat Kulturwissenschaft und Kommunikationsmanagement in Magdeburg, Friedrichshafen und Charlotte (USA) studiert. Er lehrt Kulturwissenschaft im Studiengang Cultural Engineering an der Otto-von-Guericke-Universität Magdeburg. Seine Forschungsthemen kombinieren Kulturwissenschaft, Wissenschaftstheorie, soziale Netzwerke und Kultur als urbanen Wirtschaftsfaktor. Aktuell hat er bei Kadmos *Der Kampf um die Kulturwissenschaft* veröffentlicht.

Norika Rehfeld ist Magistra der Erziehungswissenschaft, Soziologie und Kulturanthropologie. Sie untersucht das Phänomen der subjektiven Raumkonstruktion und der Raumaneignung nicht nur theoretisch, sondern auch praktisch in ihrer Tätigkeit in der offenen Kinder- und Jugendarbeit. Als Mitglied des „Kooperativen Labors Studierender" erforscht sie durch experimentelle und partizipatorische Praxis den Einfluss von Architektur auf soziale Prozesse. Außerdem hegt sie ein großes Interesse für Architekturutopien der Sozialistischen Moderne.

Dorothee Rummel ist Architektin und Stadtplanerin. Sie studierte Architektur mit städtebaulichem Schwerpunkt an der Universität Karlsruhe (TH), der University of California at Berkeley und der Hochschule der Künste Berlin und ist wissenschaftliche Mitarbeiterin am Lehrstuhl für Nachhaltige Entwicklung von Stadt und Land/Sustainable Urbanism der Fakultät für Architektur, TU München. Sie war wissenschaftliche Mitarbeiterin am Leibniz-Institut für Regionalentwicklung und Strukturplanung IRS, Erkner und gründete 2007 in München „XOStudio" (Studio für Architektur und Stadtplanung). Ihre Promotion zum Thema „Unbestimmte Räume in Städten: der Wert des Restraums" am Karlsruher Institut für Technologie (KIT) verfasste sie als Teilnehmerin am Internationalen Doktorandenkolleg „Forschungslabor Raum" und als Schlieben-Lange-Stipendiatin.

Soziologie

Uwe Becker
Die Inklusionslüge
Behinderung im flexiblen Kapitalismus

2015, 216 S., kart., 19,99 € (DE),
ISBN 978-3-8376-3056-5
E-Book: 17,99 € (DE), ISBN 978-3-8394-3056-9
EPUB: 17,99 € (DE), ISBN 978-3-7328-3056-5

Gabriele Winker
Care Revolution
Schritte in eine solidarische Gesellschaft

2015, 208 S., kart., 11,99 € (DE),
ISBN 978-3-8376-3040-4
E-Book: 10,99 € (DE), ISBN 978-3-8394-3040-8
EPUB: 10,99 € (DE), ISBN 978-3-7328-3040-4

Johannes Angermuller, Martin Nonhoff, Eva Herschinger, Felicitas Macgilchrist, Martin Reisigl, Juliette Wedl, Daniel Wrana, Alexander Ziem (Hg.)
Diskursforschung
Ein interdisziplinäres Handbuch (2 Bde.)

2014, 1264 S., kart., 2 Bde. im Schuber, zahlr. Abb.
44,99 € (DE), ISBN 978-3-8376-2722-0
E-Book: 44,99 € (DE), ISBN 978-3-8394-2722-4

Leseproben, weitere Informationen und Bestellmöglichkeiten finden Sie unter www.transcript-verlag.de